陇上学人文存

LONGSHANG XUEREN WENCUN

陇上学人文存

赛仓·罗桑华丹 卷

赛仓·罗桑华丹 著　丹　曲 编选

甘肃人民出版社

图书在版编目（ＣＩＰ）数据

　　陇上学人文存. 赛仓·罗桑华丹卷 / 范鹏，王福生
总主编 ；赛仓·罗桑华丹著 ；丹曲编选. -- 兰州 ：甘
肃人民出版社，2017. 11
　　ISBN 978-7-226-05228-0

　　Ⅰ. ①陇… Ⅱ. ①范… ②王… ③赛… ④丹… Ⅲ.
①社会科学－文集 Ⅳ. ①C53

　　中国版本图书馆CIP数据核字(2017)第297379号

出　版　人：王永生
责任编辑：马晓燕
封面设计：王林强

陇上学人文存·赛仓·罗桑华丹卷

范鹏　王福生　总主编

赛仓·罗桑华丹　著　丹曲　编选

甘肃人民出版社出版发行

（730030　兰州市读者大道 568 号）

兰州新华印刷厂印刷

开本 890 毫米 × 1240 毫米　1/32　印张 14.75　　插页 7　字数 371 千
2017 年 12 月第 1 版　　2017 年 12 月第 1 次印刷
印数：1~1000

ISBN 978-7-226-05228-0　定价：60.00 元

（图书若有破损、缺页可随时与印厂联系）

《陇上学人文存》第二辑

编辑委员会

学术指导委员会

《陇上学人文存》第五辑

编辑委员会

名誉主任：林 铎
主　　任：梁言顺　夏红民
副 主 任：张建昌　范　鹏　彭鸿嘉
委　　员：管钰年　王永生　王福生　朱智文
　　　　　安文华　马廷旭　王俊莲　张亚杰
　　　　　李树军

学术指导委员会

王希隆　王肃元　王洲塔　王晓兴　王嘉毅
傅德印　伏俊琏　李朝东　陈晓龙　张先堂
郝树声　贾东海　高新才　董汉河　程金城

总 主 编：范　鹏　王福生
副总主编：马廷旭

《陇上学人文存》第六辑

编辑委员会

名誉主任：林　铎
主　　任：陈　青
副 主 任：范　鹏　　彭鸿嘉　　王福生
委　　员：管钰年　　王永生　　朱智文　　安文华
　　　　　马廷旭　　王俊莲　　王　琦　　方忠义
　　　　　李树军

学术指导委员会

王希隆　　王肃元　　王洲塔　　王晓兴　　王嘉毅
田　澍　　刘进军　　伏俊琏　　张先堂　　陈晓龙
李朝东　　郝树声　　傅德印　　程金城　　蔡文浩

总 主 编：范　鹏　　王福生
副总主编：马廷旭

编 辑 部 主 任：董积生　　周小鹃
编辑部副主任：赵　敏　　胡圣方
学 术 编 辑：丁宏武　　丹　曲　　王志鹏　　艾买提
　　　　　　庆振轩　　孙　强　　李君才　　李瑾瑜
　　　　　　汪受宽　　郭国昌

总　序

陇者甘肃，历史悠久，文化醇厚。陇上学人，或生于斯长于斯的本地学者，或外来而其学术成就多产于甘肃者。学人是学术活动的主体，就《陇上学人文存》（以下简称《文存》）的选编范围而言，我们这里所说的学术主要指人文社会科学研究。《文存》精选中华人民共和国成立以来，甘肃人文社会科学领域成就卓著的专家学者的代表性著作，每人辑为一卷，或标时代之识，或为学问之精，或开风气之先，或补学科之白，均编者以为足以存当代而传后世之作。《文存》力求以此丛集荟萃的方式，全面立体地展示新中国为甘肃学术文化发展提供的良好环境和陇上学人不负新时代期望而为我国人文社会科学事业做出的新贡献，也力求呈现陇上学人所接续的先秦以来颇具地域特色的学根文脉。

陇原乃中华文明发祥地之一，人文学脉悠远隆盛，纯朴百姓崇文达理，文化氛围日渐浓厚，学术土壤积久而沃，在科学文化特别是人文学术领域的探索可远溯至伏羲时代，大地湾文化遗存、举世无双的甘肃彩陶、陇东早期周文化对农耕文明的贡献、秦先祖扫六合以统一中国，奠定了甘肃在中国文化史上始源性和奠基性的重要地位；汉唐盛世，甘肃作为中西交通的要道，内承中华主体文化熏陶，外接经中亚而来的异域文明，风云际会，相摩相荡，得天独厚而人才辈出，学术思想繁荣发达，为中华文明做出了重要贡献。

近代以来，甘肃相对于逐渐开放的东南沿海而言成为偏远之地，反而少受战乱影响，学术得以继续繁荣。抗日战争期间作为大后方，接纳了不少内地著名学府和学者，使陇上学术空前活跃。新中国成立之后，人文社会科学领域的专家学者更是为国家民族的新生而欢欣鼓舞，全力投入到祖国新的学术事业之中，取得了一大批重要的研究成果，涌现出众多知名专家，在历史、文献、文学、民族、考古、美学、宗教等领域的研究均居全国前列，影响广泛而深远。新中国成立之后，人文社会科学几次对当代学术具有重大影响的争鸣，不仅都有甘肃学者的声音，而且在美学三大学派（客观派、主观派、关系派）、史学"五朵金花"（史学在新中国成立之后重点研究的历史分期、土地制度史、农民战争史等五个方面的重点问题）等领域，陇上学人成为十分引人注目的代表性人物。改革开放以来，甘肃学者更是如鱼得水，继承并发扬了关陇学人既注重学理求索又崇尚经世致用的优良传统，形成了甘肃学者新的风范。宋代西北学者张载有言："为天地立心，为生民立命，为往圣继绝学，为万世开太平"，此乃中华学人贯通古今、一脉相承的文化使命，其本质正是发源于陇原的《易》之生生不已的刚健精神，《文存》乃此一精神在现代陇上得到了大力弘扬与传承的最佳证明。

《文存》启动于中华人民共和国成立六十周年之际，在选择入编对象时，我们首先注重了两个代表性：一是代表性的学者，二是代表性的成果，欲以此构成一部个案式的甘肃当代学术史，亦以此传先贤学术命脉，为后进立治学标杆。此议为我甘肃省社会科学院首倡，随之得到政界主要领导、学界精英与社会各界广泛认同与政府大力支持，此宏愿因此而得以付诸实施。

为保证选编的权威性，编委会专门成立了由十几位省内人文社会科学领域著名学者组成的专家指导委员会，并通过召开专题会议研讨、发放推荐表格和学术机构、个人举荐等多种方式确定入选者。为使读者对作者的学术成就、治学特色和重要贡献有比较准确和全面的了解，在出版社选配业务精良的责任编辑的同时，编委会为每一卷配备了一位学术编辑，负责选编并撰写前言。由于我院已经完成《甘肃省志·社会科学志》（古代至1990年卷，1990至

2000 年卷）的编辑出版工作，为《文存》的选编提供了坚实的基础和基本依据，加之同行专家对这一时期甘肃人文社会科学发展的研究，使《文存》能够比较充分地反映同期内甘肃人文社会科学的基本状况。

我们的愿望是坚持十年，《文存》年出十卷，到 2019 年中华人民共和国成立七十周年之际达至百卷规模。若经努力此百卷终能完整问世，则从 1949 至 2009 年六十年间陇上学人以"人一之、我十之，人十之、我百之"的甘肃精神献身学术、追求真理的轨迹和脉络或可大体清晰。如此长卷宏图实为新中国六十年间甘肃人文社会科学全部成果的一个缩影，亦为此期间甘肃人文社会科学学术业绩的一次全面检阅，堪作后辈学者学习先贤的范本，是陇上学人献给祖国母亲的一份厚礼。此一理想若能实现，百卷巨著蔚为大观，《文存》和它所承载的学术精神必可存于当代，传之后世，陇上学人和学术亦可因此而无愧于我们所处的伟大时代，并有所报于生养我们的淳厚故土。

因我们眼界和学术水平的局限，选编过程中必定会出现未曾意料的问题，我们衷心期望读者能够及时教正，以使《文存》的后续选编工作日臻完善。

是为序。

2009 年 12 月 26 日

目 录

目 录

编选前言

赛仓·罗藏华丹,男,藏族,1931年1月出生在青海同仁。1939年,他被九世班禅认定为德尔隆寺第六世赛仓活佛,取法名为赛仓·罗桑华丹。1940年9月,迎至德尔隆寺坐床。1952年,他前往西藏拉萨,进入哲蚌寺郭莽学院求学深造。1955年,完成学业并获得般若部格西学位后,返回德尔隆寺。1979年,受党和政府的邀请,赛仓·罗藏华丹从事革命工作,任教于甘南藏族自治州民族学校。1985年,调入合作民族师范高等专科学校任教,先后担任藏语系系主任、藏学研究所所长和副校长等职务。1992年,甘肃省委、省政府授予他"民族团结进步先进个人"荣誉称号。被国务院授予"有特殊贡献的专家"称号,享受政府特殊津贴。赛仓·罗藏华丹先生是我国藏学的奠基人之一,也是藏传佛教德尔隆寺的寺主。

赛仓·罗藏华丹先生现任甘肃省政协委员、甘南藏族自治州政协副主席、甘肃省民族研究所副所长、中国佛教协会常务理事、甘肃省藏学研究会理事、甘肃省民俗研究会副会长、甘肃省佛教协会副会长等职务。

赛仓活佛系藏传佛教界著名活佛, 具有较高的宗教地位和社会威望, 历辈赛仓系统中学者辈出,形成了以赛仓活佛为主的学术传统,备受人们的尊崇。他们传承了数百年的优良学术传统,激励着后学不断迈进,这个传统在当今的六世赛仓活佛·罗藏华丹延续得更加完美。六世赛仓活佛是"著名的佛学家和藏学家",同时也是"藏族著名的教育家"。追寻他人生的足迹,坚毅执着、矢志不渝的精神令人感动。如今古稀之年的他,仍然在教育和藏学事业中发挥着余热,是甘肃合作民族师范学院师生心中树起的一座丰碑,也是我国民族教育界的一面旗帜。品评他的人格风范,儒雅博学、知趣高远的风采令人敬仰。他先后发表学术论文30余篇;出版有《修辞学明鉴》《格鲁派史略》等专著多部,著述收录在《赛仓·罗桑华丹文集》(1~9册),总计有400余万字。

一、赛仓·罗桑华丹生平简述

出生在青海同仁的赛仓·罗桑华丹,于1939年,被九世班禅认定为德尔隆寺第六世赛仓活佛,取法名为赛仓·罗桑华丹·曲吉道吉(blo-bzang-dpal-ldan-chos-kyi-rdor-rje)。1940年9月22日,迎至德尔隆寺坐床,从此,便开始了他的活佛生涯。1945年,从根噶华藏、阿绕仁宝切、然卷巴嘉央智华等高僧学习藏文书法、语法、修辞以及经典诵读。1952年5月4日,14岁时,经人民政府协助,他前往西藏拉萨,进入哲蚌寺郭莽学院求学深造,拜华秀·嘉央嘉措等知名学者为师,学习因明、修辞、历算等学科。1953年,前往日喀则扎什伦布寺,并拜见十世班禅大师学习佛学,获得"诺门汗"封号、册文和印鉴。1955年,17岁时,完成学业并获得般若部格西学位后,返回德尔隆寺。1956年,在德尔隆寺主持寺院,继续攻读般若及文法、修辞学,他不仅精于藏、梵文书法,而且喜爱人物、山水绘画。同年,被选为甘肃省佛协副会长,并任甘南州政府民政处处长。他曾多次赴青海,恭请丹巴嘉措等诸多高僧到德尔隆寺讲法,其间修习了《中观论》《俱舍论》等经典。到青海兴海县赛宗寺,师从阿绕大师学习佛学,接受密宗灌顶。1957年,再次到青海兴海县赛宗寺,师从阿绕大师学习佛学。1958年,他作为牛鬼蛇神的代言人被捕入狱,送到青海监狱接受劳动改造。1962年,释放出狱,生活漂泊不定,并与拉卜楞寺寺主六世嘉木样活佛见面。1963年,当选为甘南藏族自治州政协委员。1965年,派到甘肃省政治学校学习政治。1966年,史无前例的"文化大革命"开始,他又被送进监狱。1968年,释放后送往拉卜楞寺受监督,后被送到夏河县王格塘村接受劳动改造。

1979年,党的民族宗教政策逐步得到了落实,他受党和政府的邀请,参加革命工作,任教于甘南藏族自治州民族学校。1980年,全国人大常委会副委员长、十世班禅大师到甘南藏族自治州视察,赛仓活佛陪同考察。1981年,先后修复德尔隆寺大经堂、无量寿佛殿、文殊菩萨殿。1982年,十世班禅大师再次到甘南藏区视察,赛仓活佛陪同考察。1984年,合作民族师专建立,从事教学工作,就任藏语系系主任、藏学研究所所长、副校长等职务。

1986年,十世班禅大师前往四川甘孜藏族自治州视察,赛仓活佛陪同考察。《修辞学明鉴》,获得第四届北方十五省、市、自治区优秀图书奖。1987年,十世班禅大师要求他作为处理事务的助理,去北京参与中国藏语系高级佛学院的筹建工作,委任他为教材编写组总编,主持并撰写《格鲁派史略》。《修辞学明鉴》,获得甘肃省哲学社会科学优秀成果奖和甘肃省优秀教材奖。1988年,遵照十世班禅大师的指示,定期到中国藏语系高级佛学院授课,长达6年时间。1989年,为中国藏语系高级佛学院撰写的《格鲁派史略》教材完稿,被列入"雪域知识百科金钥匙丛书"。1992年,被甘肃省委、省政府授予"民族团结进步先进个人"荣誉称号。被国务院授予"有特殊贡献的专家"称号,享受政府特殊津贴。1997年,被甘肃省委、省政府授予"民族团结进步先进个人"荣誉称号。1998年6月,就任青海隆务寺和卓尼禅定寺法台。2001年1月,中国藏语系高级佛学院撰写的《格鲁派史略》教材由王世镇翻译成汉文,由宗教文化出版社出版发行。2002年5月,御任青海隆务寺和卓尼禅定寺法台职务。2003年,荣获"全省高校名师奖"。2009年,他主持修建了合作寺大经堂,并主持开光典礼。2010年,获甘肃省委、省政府"甘肃少数民族杰出人才奖""全省藏传佛教寺庙法制宣传教育工作特别奖"。80岁高龄的赛仓·罗桑华丹先生,现仍然在甘肃合作民族师范学院从事教育工作。

关于研究和记述赛仓活佛的历史和生平的藏文文献和资料不是很多,其中常见的有一世赛仓·阿旺扎西的弟子噶居罗藏桑培(blo-bzang-bsam-vpel)所著的《文殊上师阿旺扎西传》(vjam-dbyangs-bla-ma-ngag-dbang-bkra-shis-dpal-bzang-povi-rnam-bar-thar-ba)①格隆桑杰贡却乎所著二世赛仓活佛的传记《阿旺嘉央扎西传》②。在智观巴的《安多政教史》(mdo-smad-chos-vbyung)③、阿莽班智达著的《拉卜楞寺志》④。(bla-brang-bkra-shis-vkhyil-gyi-gdan-rabs-lhavi-rnga-chen)、《辅国阐化正觉禅师第五世嘉木样呼图克图纪念集》⑤、吉迈特却著的

---

①噶居罗藏桑培:《文殊上师阿旺扎西传》(藏文木刻板),拉楞寺刻印,1748年成书于拉卜楞寺,1753年藏文木刻版印刷流通。此书成书年代早,根据当时拉卜楞寺的档案记载,内容翔实,可信度高。据洲塔先生考证,在德尔隆寺原先还藏有另两种版本的《一世赛仓活佛传》,一种为一世赛仓活佛的亲传弟子阿坝·格西丹增嘉措所作,部头较大;另一种为一世德哇仓罗藏东珠所著,系手抄本,完成一半。两种版本的《一世赛仓活佛传》都在"文革"中不幸被毁,实属可惜。

②格隆桑杰贡却乎:《阿旺嘉央扎西传》,为藏文木刻版,成书年代不详,从文中内容看成书可能很晚,此书中有二世赛仓活佛一生活动的线索,但语焉不详,错讹之处又较多,显然系后人依照各家著作中的二手材料汇总而成,缺载之处多用宗教语言和内容代替。

③智观巴贡却乎·丹巴饶吉:《安多政教史》(藏文版),甘肃民族出版社,1984年。

④阿芒班智达:《拉卜楞寺志》(藏文版),甘肃民族出版社,1987年。

⑤第五世嘉木样治丧委员会编:《辅国阐化正觉禅师第五世嘉木样呼图纪念集》(藏汉两文版),南京,1948。

《隆务寺志》(rrong-po-dgon-chen-gyi-gdan-rabs-rdzogs-ldan-gtam-gyi-rang-sgra-zhes-bya-ba-bzhugs-so)①以及道周主编的《甘肃藏传佛教寺院大系》②等书中也皆有一些德尔隆寺历史和赛仓活佛的评述。

研究和评述赛仓活佛的历史和生平的汉文资料有陈庆英主编的《中国藏族部落》③、蒲文成主编的《甘青藏传佛教寺院》④、丹曲编著的《甘肃藏传佛教寺院录》⑤、丹曲著的《甘肃藏族史》⑥、扎扎编著的《嘉木样呼图克图世系》⑦等，以上著述都是基于藏文文献资料的基础上完成的。

二、德尔隆寺与赛仓活佛转世系统

"德尔隆寺自创建后的数百年中，历辈赛仓不遗余力，苦心经营，健全了修习体制，以弘扬佛法为宗旨，也以崇尚学术传统为目标，形成了辐射周边地区的寺院网络体系，逐步成为甘青川交界藏传佛教著名的寺院，不仅深深吸引着蒙藏子弟纷纷前来修学，人们也为进入该寺深造而倍感自豪。"⑧

德尔隆寺(gter-lung-dgon-pa)，坐落在今甘南藏族自治州夏河县王格尔塘乡西南五公里处，坐北向南，面积约100亩。该寺藏语全称"德尔隆益噶曲增朗"(gt-lung-yid-dgav-chos-vtshin-gling)，汉语俗

---

①吉迈特却：《隆务寺志》(藏文版)，青海民族出版社，1988年。

②道周主编《甘肃藏传佛教寺院大系》(藏文版)，甘肃民族出版社，2010年。

③陈庆英主编：《中国藏族部落》，中国藏学出版社，2004年。

④蒲文成主编：《甘青藏传佛教寺院》，青海人民出版社，1990年。

⑤丹曲编著：《甘肃藏传佛教寺院录》，甘肃民族出版社，2003年。

⑥丹曲：《甘肃藏族史》，民族出版社，2000年。

⑦扎扎编著：《嘉木样呼图克图世系》，甘肃民族出版社，1998年。

⑧丹曲：《试述当代藏族学者赛仓·罗桑华丹的学术实践》，《甘肃社会科学》2013年第1期，第247页。

称"沙沟寺"。"德尔隆"汉语意为"宝藏谷",传说此沟为藏族历史上著名的女密宗师、藏传佛教能断派创始人玛玖拉仲"伏藏"之处,并因此而得名。①藏历第四饶迥水马年(1222年),年波拉杰尊师旨意止贡·仁钦桑保建造了一座小寺院,这便是最早的德尔隆寺,当时该寺属噶举派和宁玛派。于藏历第九饶迥土马年(1558年),年波·释迦坚参时,他从西藏哲蚌寺求学回归故乡后,将帕旺静修院和达宗静修院归并于德尔隆寺,改宗格鲁派,建造了大经堂。②该寺最大的活佛就是寺主赛仓活佛转世系统。

早在18世纪初叶,是藏族历史上的多事之秋,以代表清朝中央政府驻锡拉萨的和硕特蒙古部首领拉藏汗和以代表西藏地方政府为首的第巴·桑结嘉措的政治角逐③,导致西藏政局动荡,同时也致使藏传佛教界的一些知名高僧包括拉卜楞寺的根本寺主第一世嘉木样活

---

① 相传,1184年前后,玛玖拉仲师徒在大夏河旁山谷中修行、传法,大约藏历木龙年年初"伏藏",自此这里逐渐成为著名的佛教圣地之一;后来又有止贡噶举派的僧人如止贡·仁钦桑保、曹玉格年、宗卡道让等人带着门徒来到这里驻锡。藏历水马年(1222年)在止贡噶举的僧人们修持的故址建造了一座小寺院,这便是最早的德尔隆寺。当时该寺属噶举派和宁玛派,后来德尔隆寺改宗为格鲁派的寺院。此后,这座小寺一直由年波家族的后裔护持。传至年波·释迦坚参时,此人前往西藏求学,遂入哲蚌寺学习格鲁派教义,最终成为格鲁派的高僧。他返回故乡,于藏历土马年(1558年)将帕旺静修院和达宗静修院归并于德尔隆寺,改宗格鲁派,建造了大经堂。相传藏历第十一饶迥(1624—1683年)中期,格鲁派大成就者噶丹嘉措来到雅尔莫合隆山谷修禅。

② 洲塔、陈小强编著:《德尔隆寺与历辈赛仓活佛》,中国藏学出版社,1994年,第235页。

③ 18世纪初期,拉萨政局动荡,风云迭起,代表清朝中央政府驻守在拉萨的西藏藏王拉藏汗与代表西藏地方政府的第巴·桑结嘉措的斗争达到了白热化,最终兵锋相见,两败俱伤,导致了六世达赖喇嘛·仓央嘉措被废除,和硕特蒙古在西藏权利的废除。这场政治风波也波及到了周边地区藏区社会的稳定。

佛卷入这场政治漩涡而被迫出走拉萨。1709 年,在甘、川边境游牧的青海黄河南蒙古部和硕特前首旗部落首领岱青和硕齐察罕丹津（藏语称"嘉吾吉昂"rgyal-po-ju-nang)的再三迎请下,就任拉萨哲蚌寺郭莽学院堪布的高僧第一世嘉木样协巴·阿旺宗哲抵达故乡,创建了拉卜楞寺,随行的弟子中就有第一世赛仓·阿旺扎西[①]诚然功不可没。在成就嘉木样协巴的过程中,同时也成就了这位学富五车的佛学大师。他的出现也许是继嘉木样协巴之后,安多地区的又一个典范,拉卜楞寺建立后在他的努力下健全了寺院的修习体制,编制修习教程,监管修习传承。在偶然的一个机会里,跟随尊师嘉木样大师前往德尔隆地方,启开"伏藏"之门[②],建立了德尔隆寺,并住持这座寺院。

嘉木样协巴鉴于赛仓·阿旺扎西为协理创建拉卜楞寺之贡献,将自己在哲蚌寺所穿戴的法衣、僧帽交给他,并委任他担任拉卜楞寺第一任总法台。赛仓也不辜负老师的期望,不遗余力,为拉卜楞寺的政

[①]赛仓·昂旺扎西,1676 年(清康熙十五年)生于青海同仁"赛"部落土官家,1692 年,赛仓随父进藏入拉萨哲蚌寺郭莽学院初习因明。1694 年经六世达赖亲试获优异成绩,得到了达赖喇嘛的赞扬,并嘉奖袈裟、茶叶等物品。1696 年,赛仓身患重病时,由青海隆务寺夏日仓活佛(shar-tshang)赐名为阿旺扎西,同年与嘉木样协巴邂逅,拜嘉木样协巴为师。1704 年赛仓以优异成绩获取"噶居巴"学位后,转至拉萨续部下院开始修习密宗。1707 年荣获密宗格西"俄仁巴"学位。此间他还经常参加甘丹寺辩经大会,成为群贤中之佼佼者。1708 年嘉木样大师捎来口信,让他准备返回安多,遂于是年与大师等众多格西一道返回安多藏区创建了拉卜楞寺,嘉木样协巴委任他担任拉卜楞大寺第一任大法台。

[②]嘉木样协巴在创建拉卜楞寺的同时,对玛玖拉仲埋藏在德尔隆地方的"伏藏"非常关心,清康熙五十七年(1718 年)正月上旬,带领赛仓等弟子来到德尔隆山谷启开"伏藏"洞口,掘出佛像、经文等。年波噶居将寺院奉献给了嘉木样大师。嘉木样大师嘱托赛·阿旺扎西护持此寺。

教而操劳。1721年嘉木样大师病重期间,将自己的一颗牙齿①交给了赛仓·阿旺扎西。嘉木样去世后,他亲自主持建造灵塔。就师傅嘉木样转世一事,赛仓和德哇仓两大弟子意见产生了分歧,致使嘉木样佛位空虚达29年之久。②1738年赛仓·阿旺扎西去世,终年62岁。

第二世赛仓·阿旺嘉央扎西(ngag-dbang-vjam-dbyan-gs-bkra-shis),1738年生于甘南夏河甘加部落,l746年(清乾隆十一年),经德哇仓·罗桑东珠为首的高僧寻访,将拉卜楞寺附近甘加部落头人之子拥立为第二世赛仓活佛并迎入拉卜楞寺坐床,自此,赛仓活佛转世系

---

①宗喀巴大师圆寂前,曾把牙齿送给了弟子嘉央却吉,故效仿之,其意是照宗喀巴的作法把拉卜楞寺的事业托付给赛仓。

②关于嘉木样协巴的转世问题有两种说法:一种是第一世赛仓·阿旺扎西在嘉木样协巴大师去世后,根据他的遗嘱不再转世而反对寻找转世灵童;而嘉木样大师的另一高足第一世德哇仓·罗藏东珠力主转世,于是两者产生矛盾。由于赛仓·阿旺扎西时任拉卜楞寺法台,手握重权,致使嘉木样大师的转世问题得不到解决,被拖延了20余年,直到赛仓去世,德哇仓才将局面逆转回来使得嘉木样活佛系统得以形成。另一说法是,在嘉木样协巴去世以前就其转生来世问题赛仓请示过嘉木样,但未得到明确答复。嘉木样协巴去世后,赛仓继续担任寺院法台,就寻找嘉木样协巴的转世灵童一事也表示同意。在寻访灵童的过程中,德哇仓·罗藏东珠等人认定为青海境内尖扎头人之子"郭喇"是嘉木样大师的转世灵童;而作为总法台赛仓经过卜算则认为第二代亲王丹津旺舒克之子噶丹桑珠是嘉木样的转世灵童。转世灵童出现了两个候选人,真伪难辨,使嘉木样大师的转世问题拖延了很久,河南蒙古亲王也亲自插手此问题,使得分歧进一步扩大。当时,第一代亲王察罕丹津已故,二代亲王与第一代亲王妃南吉卓玛存在着利害冲突,两人的矛盾不断加深,这在认定一世嘉木样大师转世灵童问题进一步复杂化,寻找转世灵童的正常活动陷于停顿。1738年赛仓阿旺扎西去世后,德哇仓·罗桑东珠担任了法台,他和王妃南吉卓玛力排众议,于1738年认定郭喇为嘉木样大师的转世灵童,并于1743年迎至拉卜楞寺坐床,从而结束了根本寺主一世嘉木样转世问题长达20余年的纷争。

统也正式形成。第二世赛仓活佛,继承先辈优秀传统,仍然是辅佐寺主第二世嘉木样大师的得力弟子。1748 年在黑错寺随赛赤活佛学法,1753 年随二世嘉木样学法。1759 年应二世嘉木样之邀请,二世赛仓担任总法台,他按西藏三大寺的制度法规治理,治教严厉,他与寺院个别高僧意见不合,从而产生隔阂,于 1760 年毅然辞去法台职位离寺赴德尔隆寺并住持该寺,自此与拉卜楞寺断绝关系,分道扬镳。①1792年,住持修建瓜什则寺弥勒佛殿。暮年他不顾年迈体弱,仍经常赴甘、青一带讲经传教,弘扬佛法。1811 年二世赛仓去世,终年 73 岁,人们建造了银质灵塔以示纪念。

第三世赛仓·罗桑扎西饶杰(blo-bzang-bkra-shis-rab-rgyas),1811 年出生于青海同仁。5 岁时被认定为第二世赛仓活佛的转世灵童。13 岁至 17 岁,他先后在黑错寺、隆务寺、卓尼肖哇(sho-ba)寺随高僧学法。1846 年,第三世赛仓活佛赴藏留学,抵达拉萨后受到了当时西藏噶厦地方政府的欢迎和接待,觐见摄政王,并拜见了班禅大师。赛仓在拉萨学经 3 年,1849 年离藏。临行前西藏噶厦政府赐封他"堪钦"尊号。1854 年,三世赛仓应同仁隆务寺之敦请,担任该寺续部学院法台。1859 年,他先后抵达兰州、阿拉善旗、山西五台山等地寺

---

①赛仓活佛离开拉卜楞寺的时间问题:传统的说法是 1721 年寺主嘉木样协巴去世之后就是否转世问题,一世赛仓活佛·阿旺扎西在与拉卜楞寺发生争执,赛仓活佛于 1726 年离开拉卜楞寺。到德尔隆地方单独建寺,以后自成活佛转世系统。事实上,德尔隆寺最早是嘉木样协巴大师委派其高足弟子年波噶居兴建的,时在拉卜楞寺初建后不久。在赛仓·阿旺扎西 49 岁时(1726 年),应德尔隆地方僧俗群众的邀请前往德尔隆寺,对该寺进行较大规模的扩建,并为寺院订立清规。约从同年起,赛仓就成为德尔隆寺的寺主。二世赛仓·阿旺嘉央扎西,于 1762年,辞去拉卜楞寺法台职务抵达德尔隆寺,自此赛仓活佛转世系统就坐镇德尔隆寺。

院讲经说法。是年由达达贡亲王护送去朝礼圣迹,后赴外蒙大库伦嘎尔麻各旗讲经弘法。1862年3月应布尔堆亲王之敦请前去俄国传教弘法,但因俄国边防军阻止未能入境。赛仓活佛在外蒙伊拉哈斯寺整整住了3年时间。1864年亲赴北京朝觐,在故宫晋见了同治皇帝,并得到皇上御旨,确认了伊拉哈斯呼图克图呼毕勒罕人选,1865年,赛仓应德尔隆寺请求,他从外蒙古打算回归故里,1869年,他到达阿拉善旗住了一年时间,后经宁夏固原抵达兰州后受到了总督欢迎,6月份抵达德尔隆寺。1873年,赛仓又应阿拉善亲王敦请,赴阿拉善旗弘法,亲王为他新建了"昂谦"。1876年,他身染重病,临终前他嘱咐弟子说:"我寿命即将结束,这生未能成为一个优秀学者深感悔恨和遗憾。"后圆寂于阿拉善寺,终年66岁。

第四世赛仓·罗桑扎西丹贝坚参(blo-bzang-bkra-shis-bstan-pavi-rgyal-mtshan),1876年诞生于青海同仁隆务,13岁时去世。

第五世赛仓·罗桑扎西成勒嘉措(blo-bzang-bkra-shis-tshut-khrims-rgya-mtsho),1889年出生于同仁隆务索仓。9岁时入隆务寺闻思学院学习。25岁时习完因明、般若、中论后,从显宗部毕业,任隆务寺法台,1916年,宁海军与拉卜楞寺挑起矛盾,试图统治拉卜楞藏区,德尔隆寺在冲突中被破坏。五世赛仓目睹先辈之业迹付之一炬的惨状,心中万分悲痛,于是云游四方,募化钱财,发誓重整佛业,修复寺院,终于在1934年重建了德尔隆寺,于1936年圆寂,终年47岁。

如今赛仓活佛系统转至六世。赛仓活佛系统的传承,对德尔隆寺的发展壮大发挥了重要作用,也对赛仓活佛的学术传统的继承和创新起到了承前启后的作用。正如多识活佛所言:"转世活佛的崇高威望并不完全取决于他们的历史地位,而很大程度上取决于今世的戒行品德、学术贡献、宗教业绩三个方面的杰出成就。今世赛仓活佛在戒行品德、学术贡献、宗教业绩三个方面都十分杰出，这是我们宗教界最看重的方面。所以我说:赛仓活佛是我们这个时代活佛中杰出的代表之一。"①

三、赛仓·罗桑华丹的教育实践

作为传统知识分子的六世赛仓活佛,他树立正确的人生观,以藏族传统文化为基点,教书育人为手段,著书立说,治学严谨,为弘扬藏族文化做出了不朽功绩。他自觉地认识自己所处的时代,把影响或改造所处的时代,当作自己义不容辞的责任,充满了强烈的"忧患意识""责任意识",重视把学习所得的学识,以"力行"的方式,付诸实践,贡献于社会,令世人敬重与钦佩。

"众所周知,成立于改革开放的特殊年代的合作师专,以赛仓活佛为首的先锋,首先举起了藏族传统文化的大旗,认识到时下的重要任务是重建藏族本位文化,寻找藏族文化之魂。在 20 世纪八九十年代,这是一种了不起的举措,不看他们的成就,单看他们勇敢地举起这杆大旗的精神,就是令人敬佩的。由此,我们可以得到两点启示,第一,藏族文化和民族精神的传承,不能用简单的纯学术研究来概括;第二,它说明藏族传统文化的重要性,传统文化是根本,丢弃传统文化,对于藏民族而言,就是丢了魂魄,而丢了魂魄的人还谈得上有什么人文精神和爱国精神可以发扬光大? "②

六世赛仓·罗桑华丹先生,他经历中华民国和中华人民共和国两个时代、两种不同的社会制度,从旧社会跨入新中国,目睹了时代的

①多识:《赛仓活佛学术评价》,甘肃民族师范学院安多藏文化中心编:《〈赛仓·罗桑华丹文集〉简述》,内部资料,2011 年,第 28 页。

②丹曲:《试述当代藏族学者赛仓·罗桑华丹的学术实践》,《甘肃社会科学》2013 年第 1 期,第 250 页。

伟大变迁，经历了"文化大革命"的浩劫，身心都得到了历练和净化，他深刻体会到文化知识的重要性。住持教务的寺主成为培养国家人才的教授，深刻认识到自己对民族地区社会进步事业所担负的责任，积极投身于教育事业，曾就任甘南藏族自治州师范专科学校副校长、藏语文教授，把自己所学的传统藏族文化知识传授给肩负建设民族地区任务的新一代，培养出一批批藏汉双语兼备的青年人才。

赛仓·罗桑华丹先生全身心地将自己的精力投入到民族教育事业中，提倡"教育为本"的思想，明确提出"民族进步、社会发展的根本在于教育"，强调："只有大力发展民族教育，才能培养服务民族地区建设与发展的人才；只有全民、全社会高度重视民族教育，才能实现促进社会进步与发展的目标；我们有义务维护民族教育与文化的良好发展环境，有义务促进文化教育事业的持续发展。"[①]从改革开放的1979年起，就辛勤耕耘在民族教育的第一线。作为藏语言文学专业的教授，承担了诗学修辞、五明概论等专业课的教学任务。先后被中央民族大学、中国藏语系高级佛学院、西北民族大学等院校聘请为客座教授。

1987年，经党和国家批准，建立中国藏语系高级佛学，作为首任院长的十世班禅大师，特意邀请赛仓·罗桑华丹作为处理事务的助理，从事筹建工作。一切都是从零开始，没有现成的教材，委任他为教材编写组总编，主持并撰写《格鲁派史略》，遵照十世班禅大师的指示，定期到中国藏语系高级佛学院授课，长达6年时间，为中国藏语系高级佛学的创立和发展做出了积极的贡献。

在几十年的教育生涯中，赛仓活佛非常关心教师队伍的培养，认

---

①杨世宏：《智慧与爱心的使者》，甘肃民族师范学院安多藏文化研究中心编：《〈赛仓·罗桑华丹文集〉简述》（内部资料），2011年，第43—44页。

为教育的关键在于教师，教师队伍的建设是发展民族教育的核心问题。必须建设一支乐于吃苦、甘于奉献、德才兼备的民族师资队伍，民族教育才有希望，勉励在校的青年教师或即将奔赴山村牧区从事教学的学子们：热爱民族教育，安心本职工作，为民族教育的明天贡献力量。在他的关心和培养下，甘肃合作师范学院形成了一支老中青搭配，结构合理，业务精良的教师队伍；学校毕业的藏汉双语兼备的学子们，在教育战线上犹如草原上的格桑花，开遍了整个甘肃藏区。

赛仓·罗桑华丹先生在主持和从事高等教育工作的同时，还积极扶持基础教育工作，先后担任过甘南藏族自治州藏族中学、合作藏族中学、卓尼尼巴学校等多所学校的名誉校长。为扶持民族教育事业的发展，先后设立"香港赛仓助学金""奇正赛仓助学金""大明赛仓女子助学金"等系列奖学、助学金，累计资助贫困学生 3239 名，资助金额近百万元。

赛仓·罗桑华丹先生长期献身于民族教育事业，积极培养英才，真可谓桃李芬芳。他始终不渝地坚持"振兴民族的希望在于教育，提高民族整体素质只有依靠教育"这一崇高信念。从 1986 年以来，他长期担任中国藏语系高级佛学院、中国社会科学院、中央民族大学的客座教授。1995 年特聘为西北民族大学藏语系硕士研究生导师，2001年，被聘任为中央民族大学大学藏学系博士生导师，培养了一批藏族高级知识分子。

此外，还利用一切机会，深入广大农牧区，向广大牧民群众宣传教育的意义，让更多的农牧民子女走出村舍牧场，进入校园接受现代教育。鉴于赛仓教授渊博的知识和严谨的治学精神以及在藏学方面的突出贡献，2006 年他被评为甘肃省第一批教学名师。

四、赛仓·罗桑华丹的学术成就

在审视和梳理中国文化的学术传统和资源时，学人在重视定位与诠释学术概念的同时，不得不关注"经世致用"学术传统，因为它是传统学术经典中的精髓。经世致用的思想，在我国先秦时代的经典中就有举足轻重的地位。他们做学问，不曾把自己置身于世道之外，去追求所谓"纯粹的学问"，而是自觉地把认识自己所处的时代、影响或改造所处的时代，当作自己义不容辞的责任。为此，我国传统知识分子们均有强烈的"忧患意识""责任意识""承担意识""使命意识"。重视把学习所得的学识，以"力行"的方式，付诸实践，贡献于社会，这是我国传统文化熏陶之下成长起来的仁人志士为人处世的重要原则。1949年新中国成立后，特别是1979年改革开放后，藏学界和民族教育界以东嘎教授（活佛）、才旦夏茸教授（活佛）、毛兰木教授（高僧）、毛尔盖三木丹（高僧）先生、多识教授（活佛）以及赛仓教授（活佛）为首的领军人物，坚守藏族文化本位论，认为这是藏族文明于世界、藏民族能产生自信心的根本。如果一个人对自己本民族的历史和文明不了解就根本无法树立自己的人身观，所以弘扬民族文化，最重要的是了解和研究民族的历史和文化。

作为德尔隆寺寺主的历辈赛仓活佛，就有崇尚民族文化的光荣传统。他们为了弘扬佛法，治学严谨，著书立说，不畏艰辛，往来不同民族之间，为加强藏区内部的经济文化联系，促进蒙藏民族之间和汉藏民族之间的友好往来，加强边疆民族地区与内地的联系，激励边疆各族人民的向心力做出了贡献。作为甘南藏区宗教文化中心之一的德尔隆寺，在赛仓活佛的经营下，形成了除了拉卜楞寺以外，又一大寺院网络体系。该寺也以弘扬佛法和崇尚学术而享誉藏蒙地区，同时也形成了以赛仓活佛为主的学术传统。历代赛仓活佛系统中学者辈出，其中自古迄今该活佛转世系统转至六世，其中就有四世留学西藏，在格鲁派中心寺院取得过优异成绩，备受人们的尊崇。其中的佼佼者除了第一世赛仓外，当属今天的六世赛仓活佛罗藏华丹先生。

如第一世赛仓·阿旺扎西曾住持拉卜楞寺教务长达29年，他是该寺历史上任职最久的法台，由于寺主嘉木样协巴大师经常外出讲经说法，赛仓就成为寺院政教事务的实际住持者。在寺院初创阶段，百业待兴，创建寺规，订立学经制度，著书立说，开坛讲学，使寺院的宗教活动逐步走上正轨，赢得藏蒙教民的普遍尊崇，拉卜楞寺教区僧俗把他看作知识的宝库、智慧的象征、文殊菩萨的化身。在二世嘉木样大师的《一世嘉木样传》中恭敬地称他为"赤甘仓"（khri-rgan-tshang，资深的法台），阿莽班智达在其《拉卜楞寺志》中美誉阿旺扎西是"说法自在文殊怙主"；智观巴在《安多政教史》中称赞他是"智慧宝藏"。他的威望日臻高深，权位不断巩固，到了晚年时他与嘉木样齐名。赛仓大师著述丰厚，全集有4部，共32篇，全长1496页。其代表作有《集类论教程》《中观教理藏宣讲录》《集类论破立嘉言》等。全集中最有影响、最具有代表性的是因明学著作《集类论教程》，成书后逐步成为安多藏区各大寺院的初级学习教理辩论和逻辑推理的基础知识，也是因明部班级初级必修教材而受到高度重视。该作品分为上下两册，因赛仓大师写就，故称之为"赛堆扎"（bse-bsdus-sgra，赛氏集类论）。有人评价："在拉寺初期历史上，俄昂扎西应是排在嘉木样之后名垂史册的人物。他在学业上令人羡慕，代理寺主遗职，集政教全力为一身，号令教区僧俗，竖起一面信仰的旗帜。他逝世后，围绕他的思想主张，其亲信及其追随者们不看形势转变，卷入派纷争，致使经历一场严重的内部风波。无论如何评说是非，事实证明他仍以功德保持了应有的社会地位，影响辐射经纬，形象留在教民当中。"①

　　除了一世赛仓·阿旺扎西外，在学术上卓有建树的便是六世赛仓·罗桑华丹，在新的时代里他一面参与学校管理一面亲自授课，一面还从事藏学研究工作，把求真务实、经世致用的优良学风贯彻到行动中，写下了许多传世佳作，大多已成为学术经典，培养了一大批学子，在现代藏族教育史产生了极大影响。

　　目前《赛仓·罗桑华丹文集》(bse-tshang-blo-bzang-dpal-ldan-gyi-gsung-vbum)问世，总计九卷，《文集》是分三期完成的：第一期工程由 6 卷组成，于 2001 年由民族出版社出版，分别是《诗学修辞明鉴》《阿绕仁波切传》《格鲁派史略》《殊胜赞注疏》《戒律学讲义》《论文、诗歌及其它》；第二期工程在原 6 卷的基础上新增 3 卷，即《修辞学入门》《格西罗赛嘉措传》以及《安多合作寺历史》，共由九卷组成，这套《文集》已于 2011 年圆满完成并发行；第三期工程是《文集》中部分作品的精选汉译与出版工作，目前汉译工作已经启动，并正在进行当中。总之，《文集》是他"长期以来从事高等教育和潜心社会科学研究的教育成果和学术探索的结晶，它是赛仓·罗桑华丹学术思想和宗教哲学思想的集中体现"②。

　　多识活佛曾说道："任何一部著作都是作者的思想品德，思想境界，知识才能，阅历见识的一种综合的展示。古人说：人若其文，文若其人。因此在学术界评价一部著作是和他的作者联系在一起的。藏传佛教学术界尤其重视这条。""藏传佛教界有一个传统习惯，各专业领域的学者，学术水平和公认的学术地位达不到顶级，没有人请求著

---

　　①扎扎：《拉卜楞寺活佛世系》，甘肃民族出版社，2000 年，第 202 页。
　　②甘肃民族师范学院安多藏文化研究中心：《〈赛仓·罗桑华丹文集〉简述》，内部资料，2011 年，第 5 页。

述。过去的藏文书籍和文章后面都注明该著作的请求著作者是谁,有的书是经再三请求,经多人请求而才写作的。不到顶级水平就没有人请你写作,不请求就没有人敢妄自尊大地进行写作,即使你写了,也没有人捐资刻板传播……至今在寺院上仍然保持这种习俗。虽格西学者很多,写著作的人却很少。这样的学术环境中所产生的作品,各个都是千锤百炼的精品。"①赛仓·罗桑华丹先生的著述当属这样的精品。按照学术内容划分,《赛仓·罗桑华丹文集》大致分为显密经典注释、教法史、修辞学、寺院志、高僧传记、寺规、仪轨、祈愿文以及期刊序言等九类。

教法史方面,第三卷为《格鲁派教法史》(dpal-mnyam-med-ri-bo-dge-ldan-bavi-grub-mthavi-rnam-bzhag-mdo-tsam-brjod-pa-vjam-mgon-bstan-pavi-mdzes-rgyan-zhis-bya-ba-bzhugs-so),始写于1987年,1989年成书。中国高级藏语系佛学院建立后,六世赛仓·罗桑华丹受十世班禅大师的旨意,为佛学院编写了此教材。主要内容阐述藏传佛教格鲁派的形成及发展历史以及修习的显密教义。《格鲁派教法史》是一部融文史哲于一体的藏传佛教格鲁派发展史的著作,赛仓·罗桑华丹先生在对藏传佛教各教派进行评述的基础上,重点对格鲁派的创始人宗喀巴大师的求学生涯、宗教哲学的特点及其创立格鲁教派的过程进行了阐述,特别是对格鲁派理论体系的完善、格鲁派教法的弘扬、传承等也作了翔实的阐述。总计由八章构成。这部专著,由王世镇先生翻译成汉文,2002年由宗教文化出版社出版。②

①多识:《赛仓活佛学术评价》,甘肃民族师范学院安多藏文化中心编:内部资料,《〈赛仓·罗桑华丹文集〉简述》,2011年,第28—29页。

②赛仓·罗桑华丹著,王世镇译注:《藏传佛教格鲁派史略》,宗教文化出版社,第2002年。

　　修辞学方面，首卷和卷七第一编就系此类著术，卷首名为《诗学修辞明鉴》(tshangs-sras-bzhad-bavi-sgra-dhyangs) ①，撰写于 1980年，此书是六世赛仓活佛在甘南民族学校讲授藏族古典诗歌课程时编写的教材，1984 年由甘肃民族出版社出版。该书是一部将藏族传统文艺理论和修辞学融为一体的理论著作，主要内容将奠定藏族古典诗学理论即印度学者执杖所著《诗镜论》(snyan-ngag-vtsa-vgrel)为蓝本，五世达赖喇嘛所著《妙音天女欢歌》(dpyid-kyi-rgyal-mo-glu-dbyangs)的诗学讲授传承为依据，对印度诗学的东派和南派的不同写作风格以及两派所共同遵循的写作方法和修辞手法逐一注释并体例说明。对藏族的诗学理论和实践影响作了深入的探索和考释，尤其就藏族诗歌的审美原则以及 300 余种修辞技巧在艺术创作中的具体运用进行了详尽释证，真可谓资料翔实，考释精审，吸纳百家之长，己见纷呈，是专门探讨藏族传统文艺理论的集大成之作，对创作实践具有很强的理论指导性。《诗学修辞明鉴》主要包含三个部分：第一部分主要阐述了藏族古典诗学理论及十大特殊修辞法的功能；第二部分主要详细阐释了意饰的意义、功能以及意饰修辞法的运用技巧；第三部分主要分析音饰法、隐语饰及改正诗病等问题。卷七第一编，辑录了赛仓·罗桑华丹撰写的《修辞学入门》(gang-can-bod-kyi-snyan-ngag-la-vjug-pavi-sgo)，总计八章，第一章苦学五明的重要性，第二章修辞学与五明学的关系，第三章修辞学入门方法，第四章修辞学知识应用范围，第五章修辞学体裁，第六章修辞学的体裁，第七章修辞学得修饰法，第八章论修辞学之分析明辨。主要论述了修辞学的体裁、风格、修饰法以及运用修饰比喻法创作的人物传记等内容。

　　寺院志方面，第九卷中的《合作寺志》(mdo-smad-gtsos-dgav-

---

　　①赛仓·罗桑华丹：《诗学修辞明鉴》（藏文版），甘肃民族出版社，1984 年。

ldan -chos -gling -gi -gdan -rabs -legs -bshad -nor -buvi -vphreng -ba -
mdzes-pavi-rgan-shes-bya-ba-bzhugs-so)共分六章,记述了合作寺院
的所在地及修建历史、历代赛赤仁波切坚赞桑布传略、该寺历代大堪
布传、该寺各佛殿所供佛像、佛经及佛塔、该寺所属各寺史略、后宏期
该寺如何弘扬佛法等内容。此外在第七卷中收录的《夏秀寺志》《德尔
隆寺志》《瓜什则寺志》《纳仓寺志》等。研究藏传佛教历史,首先要对
寺院进行研究,研究寺院最佳的切入点首先要阅读寺志,为此,藏传
佛教各教派的高僧大德撰写了大量的寺院志,寺志成为藏文文献中
重要的一个类别。赛仓·罗桑华丹先生,曾就任过部分寺院的法台,熟
悉上述寺院的历史与现状,通过搜集大量的藏文文献,从而书写各寺
院的历史发展脉络,这些寺志的成书,对我们研究藏区藏传佛教发展
的历史奠定了重要的史料基础。

佛传、高僧传记方面,如第四卷的第一部分为《〈殊胜赞〉的注疏》
(khyad -par -vphags -bstod -kyi -vgrel -ba -thub -dbang -dgyes -pavi -
mchod-sprin-zhis-bya-ba-bzhugs-so),记述了释迦牟尼的一生的事
迹,如兜率降世、入住母胎、圆满诞生、少年嬉戏、受用妃眷、出家为
僧、行苦难行、趋金刚座、调服魔军、成正觉、转妙法轮、入大涅槃等;
第二部分为《热贡夏日仓传》,记述了前几世夏日仓的功德和第七世
夏日仓诞生及坐床纪实、出家受戒、师从罗桑华丹修习经典、在阿若
仁波切座前受到教诲、从高僧大德处得到灌顶传承、利益众生、入大
涅槃等;第二卷的《阿若罗桑隆多丹贝坚参传》(skyabs-rje-Aa-ro1-
rin-po-cheyi-rnam-thar),著于 1998 年。阿若仓活佛为青海省兴海县
赛宗寺寺主、近代著名佛学家,赛仓在其座前先后受居士、沙弥、比丘
戒律,并聆受诸多佛学要义及秘传,成为心传弟子。为自己的上师著
书立传是一种传统,也是众多僧众及施主的愿望,作为弟子的赛仓活
佛为上师立传是一件天经地义之事。该书主要叙述阿若仓一生的经

历;第五卷第二部分《历辈阿莽仓传略》(rje-dba1-mang-sku-preng-rim-rgyn-gyi-rnam-thae-mdo-tsam-brjod-pa-bden-gded-gtam-ngag-gi-ril-mtsho-zhes-bya-ba-bshigs),分别记述了第一世阿莽仓·罗桑东珠、第三世阿莽仓·嘉样丹增嘉措、第四世阿莽仓·晋美慈成南杰、第五世阿莽仓·罗桑华旦嘉措的传记;第九卷的《大成就者智观巴·噶桑丹巴格勒嘉措大师传》(nges-don-grub-pavi-dbang-phyug-chen-po-brag-dgon-pa-rje-skal-bzang-bstn-pa-dge-legs-rgya-mtsho-dpal-bzang-povi-rnam-par-thar-ba-pad-ma-dkar-bovi-phreng-mdzes-zhes-bya-bzhugs-so),记述了历代智观巴仓之传略、诞生及青年时代、坐床出家受戒入拉卜楞寺拜高僧大德学经、教化四方民众、圆寂等历史。高僧大德是藏族历史上传统文化的传承者,也是藏传佛教界的精英分子,高僧传也是藏文文献中的一个重要类别,重在叙述传主的高尚品格和弘法事迹,对研究藏传佛教史具有重要的价值。

仪规方面,第五卷的第一部分为戒律笔记(dam-chos-vdul-bavi-zin-btis-thub-bstan-lhun-grub-povi-mdzis-rgyal-zhis-bya-ba-bzhugs-so),内容分别为颂词及前言、闻思修的功效、戒律的本义和本质、别解脱戒的人为原因、如何获得别解脱戒、恪守别解脱戒的方法、比丘戒概述;第六卷的《菩提道广论方面》,阐述了僧侣的修炼方法、规约、常用依轨、祈福、祈求灵童转世。

此外,显密经典注释、寺规、祈愿文以及杂志序言等方面,如第六卷的最后一部分辑录了六世赛仓活佛回忆录、刻板题词和友人间的书信往来、期刊寄语、赞词等方面的作品;第七卷辑录了赛仓活佛所写的修习方法、常用仪轨、祝寿祈愿文、文章序言、颂词等等;第八卷辑录了显密宗佛经注释、历史与传记、诵经仪轨、焚香祭祀颂词、寺庙规章制度、祝寿祈愿文、刊物序言等方面的文章;第九卷辑录了一些诵经仪轨、焚香祭祀颂词、祝寿祈愿文、序言等方面的作品。

　　浩浩九卷文集,扬扬千万文字。凝结的是第六世赛仓活佛此生学术成就的大部分,也是继承和弘扬藏族传统文化的一种践行方式。在2011年举行的《赛仓·罗桑华丹文集》(藏文)发行式暨汉译工程启动仪式上,诸多专家学者已对该宏世精品的价值和地位给予了高度赞扬。但纵观全集,内容广博,在编排方面略显唐突,从体例归类上没有按照严格的学术规范将同类文章集中编排,不得不说是一个遗憾,不管怎样,浩大的整理工程也当经历了"搜集、整理和编辑的十三载历程"①。瑕不掩瑜,赛仓·罗桑华丹的著作正如学者所评价:"这些学术著作,对正确认识和理解藏传佛教派,规范使用藏语言文学,均具有很高的学术理论价值和实用价值,《赛仓·罗桑华丹文集》,无疑是当代藏学研究领域中有特殊贡献的学术成果,具有里程碑的意义。"②"赛仓著作的出版无疑是给藏学园地增添了一处使众人仰慕、使学子解渴的雪域甘露神泉。"③

西藏民族大学　丹　曲

2016 年 10 月 1 日

---

　　①甘肃民族师范学院安多藏文化研究中心编:《〈赛仓·罗桑华丹文集〉简述》,内部资料,2011 年,第 110 页。

　　②道周:《拜读大师　仰望大师》,甘肃民族师范学院安多藏文化中心编:《〈赛仓·罗桑华丹文集〉简述》,内部资料,2011 年,第 41 页。

　　③多识:《赛仓活佛学术评价》,甘肃民族师范学院安多藏文化中心编:《〈赛仓·罗桑华丹文集〉简述》,内部资料,2011 年,第 31 页。

第一辑
教法史

第一章

游击战

藏传佛教格鲁派史略

书首礼赞与序

南无古汝(梵音)

敬礼上师(汉义)

　　发心①乳海澎湃浪叠戏至为方辐辋②际，十万贤种星中央志士千月笑逐颜开，

　　千万善业光屑平等散遍三界③持女④域，敬礼天具无畏十力⑤

----

　　①发心:发菩提心。生起为利众生愿成无上菩提心。

　　②方轮辐辋:太阳的异名。

　　③三界:天世界、龙世界、人世界。

　　④持女:大地的异名。

　　⑤十力:佛之十种智力。即;1.知觉处非处智力,"处"意为道理,即了知事物之理与非理的智力;2.知三世业报智力,即了知一切众生三世因果业报的智力;3.知诸禅定解脱三昧智力,即了知诸禅定及八解脱、三三昧的智力;4.知众生上下根智力,即了知众生能力和性质优劣的智力;5.知种种愿望的智力,即了知众生种种愿望的智力;6.知种种界智力,即了知世界众生种种境界的智力;7.知一切圣处智力,即了知转生人、天和达到涅槃等因果的智力;8.知天眼无碍智力,即以天眼见知众生的生死及善恶业缘的智力;9.知宿命无漏智力,即了知众生宿命和无漏涅槃的智力;10.知永断习气智力,即了知永断烦恼惑业不再流转生死的智力。

诸能无匹释迦狮①；

一面聪慧智镜圆具尽所有知识领域，善行大海波纹附于持
宝②态媚美女颊，
四方持女中央名称盛誉白幡高飘扬，保任胜者③业于佛教文
殊怙尊顶上严；

十万妙智白光照遍智慧天路④辽阔境，无畏广志善业长养成
熟末劫⑤诸众生，
功业均布三域⑥是故二利⑦事业任运成，法幢举至三有⑧究竟
最胜依怙语日王；

闻思修体能极旺盛戒律清净美毫灿，经教正理讲台极广讲
辩著作笑语喧，

---

①释迦狮：释迦狮子，释迦牟尼的别称。
②持宝：大地的异名。
③胜者：即佛祖释迦牟尼。
④天路：天空的异名。
⑤末劫：末日，世界坏灭的时际。
⑥三域：天上、地上、地下。
⑦二利：自利和他利。
⑧三有：本有、当有、中有。三有者即三界之别名。谓欲界、色界和无色界。六
道众生各随所作善恶之业，即成善恶之报。因果不亡。故名为有。一欲有，谓欲界
天人、修罗、畜生、俄鬼、地狱，各各随其业因而受果报，故名为欲有。二色有，谓色
界四禅诸天，由昔往修习有漏禅定而报生此天。虽离欲界粗染之身而有清净之
色，故名色有。三无色有，谓无色界四空诸天，由昔往修习有漏禅定，报生此天。虽
无色贡为碍而亦随其所作之因，受其果报.故名为无色有。

愿护持弘扬噶丹①妙规圆具勇心智者,诸善知识语狮子成办
我心为智慧藏。

　　释教天空金日笑,现为讲修莲花亲②,
　　教证③芳香漫地际,善缘方成末劫严;

　　见持龙树④意趣精,修稳止观交替⑤定,
　　行任噶当⑥纯正迹,文殊怙教三别法⑦;

　　无餍闻海精勤行,思闻义慧断增益⑧,

---

　　①噶丹:亦译成甘丹,即格鲁派的别名。意为喜足天。梵音译作睹史多天,旧
译兜率天。六欲天之一。妙欲资具胜于以下诸天,身心安适,且喜具足大乘法乐,
故名喜足。

　　②莲花亲:太阳的异名。

　　③教证:即教法与证法。教法指十二部契经,证法指戒、定、慧三学。

　　④龙树:又译龙猛、龙胜。约公元二世纪人。古印度大乘佛教中观学派的创始
人。青年时为著名婆罗门学者。后皈依佛法,精通三藏,并大力弘扬佛法,使大乘
般若性空学说风靡全印度。主要著作有《中论》《十二门论》《大智度论》《回净
论》等。藏传佛教格鲁派的教义,就源于中观论。

　　⑤止观交替:观即观察修,一种修习空性的法。以智慧分别观察无我性空,安
住远离一切戏论境界之中。止即安住修,心不外散,刻意内向,安住修习。是观修
止修辗转交替的修法。

　　⑥噶当:即噶当派。意为了知佛语不遗一字,悉为修行要诀之教授,故名"噶
当"。噶当派,是以其传教法之特征命名。"噶"者译为教,教即教言,指一切显密
经。"当"者译为教诫或教授,意为对僧徒修习的指导、指示。该派源于阿底峡宗
者。以经教为修学指示,故称"噶当"。其弟子仲敦巴于1057年创建热振寺,依此
道场,成立噶当派,为十一世纪中叶藏传佛教中兴期的一派。

　　⑦别法:差别法。

　　⑧增益:即捏造、虚构、以无为有。

修习除昏①胜瑜伽,文殊怙教三别法;

调柔德行智②故圣③,圣者成胜乐空④定⑤,
成就者戒净根坚,文殊怙教三别法;

了诸教法无违慧,

除执显密相违偏,取诸佛经为教授,
文殊怙教差别法;乐空道要执为命,
二谛⑥便智⑦各各修,光幻⑧双运⑨显密合,道乃洛桑佛
法藏。

---

①昏:昏聩。指神志不清,心力涣散。旧译昏沉。

②智:智者的省略。

③圣:圣者的省略,亦译大法。指道德品质行为高尚者。佛教徒对受持戒律的出家人的敬称。佛书旧译为敦肃。

④乐空:大乐与空性,即大乐的内心与空性的外境二者。

⑤定:禅定、等持。梵音译作三摩地。略作三味。于所观察事或于所缘一心安住稳定不移的心所有法。佛教以此作为取得正确认识,达到出世或成佛的修禅方法。此有两种:一谓"坐定",即人们与生俱有的一种精神功能。一谓"修定"指专为获得佛教智慧、功德或神通而修习所生者。

⑥二谛:世欲谛与胜义谛。

⑦便智:方便与智慧的略称。

⑧光幻:即光明幻身。由修习无上密乘圆满次第之力,所起虚空形色如圆光等。虽无行相而有种种现分;虽有现分而无自性,故名幻身。

⑨双运:密乘五圆满次之一。智慧空性与方便大悲双运,智慧光明空性与方便俱生大乐双运或指外境完美空性与内心永恒大乐双运。双运,谓两种事物同时存在,两两融合。

雪域天空闪烁极多种种宗派星宿皆以自大光矜骄，

殊胜别法成无上甘露藏噶丹妙道新月圆轮居中央，

功业千万白光屑平等遍布四大洲①美誉飞扬三有顶，

尽夺他部莲傲希有睡莲含笑我以百万三信②香恭迎。

由是意乐③云冠中，噶丹妙规天鼓音，

悦耳敲响公正智，除器三过④请聆听。

此亦如《经庄严论》中所讲："此中，由依先闻如理作意⑤生，由能如理作意正义悟慧生。"即是说，应当以意乐加行⑥二者之门，如理依止大乘善知识，用猛励的精进，长久闻习佛经及其注释；根据闻所生慧，善断增益；凭依熟习与思维所闻义的思所生慧，如理了解所修持的行止取舍之诸要，从而回遮三门⑦的一切恶行，并以思所生慧，获得定解；凭依修所生慧，断除生死的根本⑧，证得涅槃果位。应当以如是闻思修三者互不分离之门，将一切佛经枢要拿来汇归为一个补特伽

---

①四大洲：四大部洲。佛书所说位于须弥山四方大海中的大陆，即东胜身洲、南赡部洲，西牛货洲和北俱卢洲。

②三信：三种信，即清净信、胜解信和现求信。

③意乐：或译为增上意乐和胜，即热忱、忠心和衷心的意思。

④器三过：法器三过，即闻法弟子的三种缺点。耳不闻，如器口下覆，不能注入；心不记，器底穿漏，终归流失；具烦恼，如容器不洁。终变污秽，不堪使用。

⑤作意：思维、思索、思考。

⑥意乐加行：思想与行动。

⑦三门：身、语、意，即行动、语言和思想。

⑧生死的根本：三有根本有六事，谓贪、瞋、慢、无明、染污见和疑。

罗①成佛的顺缘,将如是全部佛法的实修,作为正行的心要。即如章嘉若白多吉②所讲:

> 闻思不偏狭,经论达教授,
> 宣说正理道,此即名智者;
>
> 堪足拔烦恼,能调自他心,
> 见修决无误,此名成就者;
>
> 智不坏成就,成就不坏智,
> 于教成利益,亦称为正士。

在如是于全部显密之枢要,以闻思断除增益中,首先听闻成反主要的道理,亦在《菩萨藏》中讲道:

> 由闻知诸法,由闻遮罪孽,
> 由闻断无益,由闻获涅槃。

其中第一句偈颂讲了由于不混淆地通达了内外道③各派的基、道、果④的立论和明了一切所知处的取舍建立,故能生发正见的道理。

---

①补特伽罗:是梵文译音,即人。依附五蕴命名为人,为士夫,为有情众生。汉文亦译作数取趣。指人不断流转六趣而言。其身心中所有功德过失,时增时减,数数聚散,故名数取趣。

②章嘉若白多吉:生于 1717 年。八岁时由雍正帝迎至北京。1735 年护送七世达赖格桑嘉措回藏。乾隆时被封为"灌顶普善广慈大国师"。

③内外道:内外教派。佛教徒自称为内道,称异于佛教的为外道。

④基、道、果:大小乘的见、修、果三位。基位,指抉择正见;道位,指修习行持;果位,指现证菩提。

第二句偈颂讲了由获得戒学，业集①就能从罪恶中回遮的道理。第三句偈颂是说由获得定学，就能断除杂染和散动②等。第四句偈颂讲了由获得慧学，就能得到断除了生集——生死的涅槃果位之理。详广者，当如《正理海注疏》所讲而了知。此外，《菩萨藏》中讲道：

> 不学若遍知，业果岂真实。

又讲道：

> 不学皆不知。

《智树论》中也讲道："故于诸学问，应舍命勤学。"等。如此所讲，如果对于一切内外所知明处③全无所闻或不学习，休说浩若大海的佛经旨趣，其至世俗善恶的些许取舍也不能知，而那种只满足于吃喝的所知，何异于黄牛之所为。因此，仅得一次的暇满④人身，便是唯成无义虚耗了。龙树菩萨讲道：

> 凡不习学问，彼愚同畜牲，

---

①业集：指能招引后果的业。是业和烦恼二者之一。集，积集众生诸业习气，招聚天等六趣同类同形之果，故名为集。佛教把人们产生现世痛苦的原因，看成是起源于人体本能的欲望，是多方面原因集合而成，人生痛苦起源于此，故名"集"。

②散动：纵心流散于诸妙欲，称为散动。此分六种：有自性散动、外散动、内散动、相散动、粗重散动和作意散动。

③明处：即学科、学问。经过学习可以获得知识的科目。略作明。明有大五明和小五明共十科。大五明有工艺学、医学、声律学、正理学和佛学。旧译工巧明、医方明、声明、因明和内明。小五明有修辞学、辞藻学、韵律学、戏剧学和星相学。

④暇满：八有暇和十圆满。八有暇，意谓脱离八难，有修学佛道的余暇，世称为离八无暇，反之则为八无暇。八无暇，即地狱有情、畜性、长寿天、生于边地、诸根不全、执邪见和如来不出世。十圆满，即生为人、生于中土、诸根全具、未犯无间、净信三藏、值佛出世、值佛说法、佛法住世、信奉佛教和有缘修学。前五者为自圆满，后五者为他圆满。

此无学问口，皆如地之穴。

至尊萨班①讲道：

　　不辨有无益，不思亦不闻，

　　唯求食饱腹，是只无毛猪。

即如此等所讲。所以，一切智者皆应在此难得而义大的暇满人身大宝仅得一次之时，以意乐加行之门，彻底依止善知识，总于所知、明处，别于《五部大论》②和密乘四续部③之立论等显密的一切经义，达到全无餍足的闻思究竟。即如萨班所讲：

　　大海不嫌水多，王库不嫌宝多，

　　享用不嫌欲多，智不嫌善说多。

此外，《大师传记》中讲道：

　　是故于不败④，二胜六庄严⑤

　　所有名论典，不满于一分，

---

①至尊萨班：即萨迦班智达(1182—1251)。全名萨迦班智达·公哥监藏。是萨钦之孙；萨迦五祖之第四祖。幼从其伯父吃剌巴监藏广学显密教法。23岁起又从迦湿弥罗班钦等遍学大小五明，成为西藏获得"班智达"称号的第一人。1344年，应窝阔台次子阔端之请，携侄八思巴及恰纳相于凉州，即今之甘肃武威县。于1247年商定在西藏设官，征收贡赋等条件，先后两次致书卫藏僧俗首领，说服卫藏归附蒙古，是为元代中央对西藏地方行政管理奠定基础之始。著有《三律仪论》、《正理藏论》、《智者入门》、《格言宝藏》等多种著作。

②《五部大论》：藏传佛教格鲁派格西必须修学的五部经典著作。包括《般若》、《中观》、《释量》、《律经》和《俱舍》等五论。

③四续部：事续、行续、瑜伽续和无上瑜伽续。

④不败：不败法王，即弥勒佛的异名。

⑤二圣六庄严：二圣指精通佛教最胜根本即律学的二位大论师释迦光和功德光；大庄严指龙树、圣天、无著、世来、陈那和法称。

或仅得粗略，要详尽学习。

又讲道：

故金刚胜乘，较佛尤难得。

二成就①宝藏，入此甚深道，

应长时勤习。

如此所讲，总干佛祖之绍圣弥勒菩萨与佛所授记的大乘师龙树和无著②等天竺之诸大班智达的经典《慈氏五论》③、《瑜伽师地论》等《五部地论》④、共乘与不共乘的《摄集二部》⑤、《中观理聚六论》⑥及注

---

①二成就：共通成就和殊胜成就。

②无著：印度大乘佛教广行派的创始人。生于王族世家，年青时即谙熟五明，以后又学密宗法和大乘经典。中年于乌仗那（今阿富汗）和天竺南部弘扬佛法。一生著作甚多，主要有《瑜伽师地论》、《摄大乘论本》《阿毗达磨论集》等。其中大多于八世纪中叶赞普赤松德赞时期由译师香·益西德译成藏文。

③《慈代五论》：弥勒为无著讲说的五部经典，有《现观庄严论》、《庄严经论》、《宝性论》、《辨法性论》和《辨中边论》。

④《五部地论》：即《瑜伽师地论》，此分五部，有《本地分》、《摄扶择分》、《摄事分》、《摄异门分》和《摄释分》。藏译本署名无著著作，汉译本署名弥勒著作。玄奘汉译共一百卷。汉译本五分次第，《本地分》与《摄抉择分》之后，次《摄释分》、次《摄异门分》，次《摄事分》，与藏译本次第不同。

⑤《摄集二部》：无著论师所著属于共通宗的《阿毗达磨集论》和属于不共乘的摄大乘论》。

⑥《中观理聚六论》：即《中论》、《回诤论》、《七十空性论》、《六十正理论》、《细研磨论》和《宝鬘论》，皆为龙树所著。

释、《因明七论》①、《对法七论》②和《大毗婆沙论》③等，以及密宗下部密乘④法类中佛密⑤论师所著的《禅定后续释》、《妙臂间经》；胜菩提论师所著的《苏悉地经释》⑥等；大圣龙树与龙觉⑦、圣天⑧、月称⑨和佛足⑩等论师完满解释无上部⑪义理的一切经典，别于降生雪域藏地本土的

---

①《因明七论》：又名《七部量理论》。古印度因明家法称发扬陈那所著《集量论》的七部注释，即《释量论》、《定量论》、《理滴论》、《因滴论》、《关系论》、《悟他论》和《净理论》。前三论解释因明的本体，后四论解释因明的组成部分，故有"三本四支"之称。

②《对法七论》：即《发智论》与《六足论》。说一切有部的七种根本论著。以迦多衍尼子著《发智论》为总。为身，以世友著《品类论》、天寂著《识身论》、舍利子著《法蕴论》、日键连子著《施设论》、拘瑟耻罗著《集异门论》、满慈子著《界身论》等第六论为支，为足，故后诸论亦分别名为《品类论》乃至《界身论》。七论著者，称为七阿罗汉。

③《大毗婆沙论》：即《阿毗达磨大毗婆沙论》的略名。佛圆寂后，优婆俱多等五百阿罗汉在北印度宾陀山名优寺中集体写成的一部论著。唐代玄奘由梵文译为汉文。近人法尊法师由汉文译成藏文。

④下部密宗：密宗四部中的事部和行部。

⑤佛密：亦译觉密。古印度一阿阇黎名。约公元8世纪末，应吐蕃王赤松德赞之请入藏，对于在藏地传播佛教密法颇有贡献。

⑥《苏悉地经释》：即《苏悉地经明咒毗奈耶品注释》的简名。

⑦龙觉：即龙菩提，别名龙慧。古印度龙树论师的弟子。据称为龙树所传密法的继承人，证得大手印成就者之。

⑧圣天：藏音译作帕巴拉。梵音译作阿离野提婆。亦作圣提婆，古印度一论师名，为龙树有名的弟子。著有《中观四百论》等书，阐扬龙树意旨。

⑨月称：古印度一位佛学家名。公元7世纪时出生于南印度一婆罗门家族。出家后学习龙树中观论等，后为那烂陀寺堪布。著有《中论释句》、《入中论》等。承佛之传，开中观应成派。

⑩佛足：（994—1018），是后宏时期最大的译师。他的新译密法，由萨迦的祖师继承，后来形成萨迦派。

⑪无上部：佛教密宗无上瑜伽部的略名。

佛祖第二夏·宗喀巴洛桑扎巴[①]师徒等如日月盛名于世、等同恒河沙数的所有学问通达、德行高妙而有成就之正士所著的浩若大海的显密经义,不应只满足于片面的闻思和词句的一般肤浅理解,而要依止贤能的善知识之语密,结合各种经典的正文和本注,对于寻求理解的方法、微细正理密语解释的规理、各个细节划分之规、各部经论的违越界限、正理观察的界限、心向所注处的关键和以经教正理证成的道理等,不应只流于词句的大概,而要做到逐字逐句地细致学习和心中再三串习。应当同诸多辩才一起,以不止一次的反复辩难、提问和反驳推求之门,进行判断。应当通过长久研习诸大经论,勤学获得彻底正确理解的方便,并以如实修持所闻诸义之门,对一切经义皆为一个补持伽罗成佛的教授,获得定解后,应当夜以继日地实修成办解脱和一切种智的所有道次,将所得的暇满,做到有意义。如是先师唐吉钦巴[②]讲道:

> 最初广求多听闻,中达经论皆教授,最后日夜勤修持,一切回向为弘教。

下面,该略述名为吉祥无匹日沃噶丹派[③]的美誉白幡飘扬三域的无垢宗规的建立。

---

①夏·宗喀巴·洛桑扎巴:东方宗喀巴地方人·善慧名称(1357—1419)。今青海省湟中县宗喀地方人。藏传佛教格鲁派的创始人。1363年7岁出家为僧。1372年十六岁动身去西藏,博学显密经典。38岁以后致力于进行宗教改革。著述甚多,主要有《菩提道次第广论》《密宗道次第广论》等。1409年,在拉萨大昭寺举办祈愿大法会。后来一年一度在拉萨举行的传召大会就从此开始。同年倡建甘丹寺,并住此寺收徒传法,形成格鲁派。其主要弟子有杰曹杰(第一代甘丹赤巴)、克珠杰(第一世班禅)、根敦珠(第一世达赖)等人。

②唐吉钦巴:义为"一切智者"。这里是对宗喀巴大师的普称。

③日沃噶丹派:亦名噶丹山派。因格鲁派的开山祖寺建于拉萨东郊卓日沃齐山上,故有此名。

第一章　总说对于内道佛教不同

宗派之建立应当知何获得定解的道理

在等同虚空的诸刹土①中，诸异生②玄学推理者③各依自己的臆想，于心中确定了基、道、果的立论，产生了数以难计的宣说此等立论的宗派风规。特别是正量④本师佛薄伽梵释迦狮子以为所化三种性⑤，依次三转法轮⑥，摧伏了外道六师⑦的一切邪说，弘扬了一切利乐之源佛教大宝后，经过诸位佛语解释师将三法轮的密意，分别解释后，佛教的宗轮师中就产生了有、经二部⑧和中观、唯

---

①刹土：世间、世界。佛门认为包括四大洲、须弥山和太阳、月亮等。

②异生：凡夫。未证得正道者。

③推理者：寻思者。佛学的法相学者未能如实现见事物本性，但依各派因理，略思详察，以进行推理者。

④正量：真切认识自境。从新认识自境之心，如真现量及真比量等。有标准、真实之义。

⑤所化三种姓：三种不同的根器，声闻种姓、独觉种姓和大乘种性。

⑥三转法转：初转四谛法轮、中转无相法轮、三转分别法轮。

⑦外道：不皈依三宝，不承认四法印的教派。这里称之外道。

⑧有、经二部：即有部和经部。有部，即分别说一切有部。梵音译作毗婆沙，信奉《大毗婆沙论》的古印度佛教派宗名。承认无为和有为三世的四宗派之一。即过去、现在和未来三时诸法，其体皆有，名为实有。经部，信从契经，固执承认内心、外境二者皆是实有的古印度小乘佛教的一派宗名。

识二派①等四大宗派。《金刚心释经》中讲道："佛教有四宗，五非能仁旨。"在此雪域藏地，亦是自从由佛身变化的诸法王、译师和班智达等的宏恩大德，佛教大宝得以兴旺发展以来，诸王臣、菩萨，以及通晓二种语言的诸大恩译师等，他们何况财富与受用，更以身命也置之度外的难行刻苦和猛励的大勇勤奋，前往印度、尼泊尔和克什米尔等若干地方，以三种喜②，爱戴一切无诤公认的班智达和大自在圣人，听闻了众多佛法的教授，将所有的佛经及其注释典籍，译成藏语文，迎回了藏地。对于这些经典，如天盖地的所有学问、德行兼优之士，各依自己的智能，充分解释了诸多显密经论的旨趣，并且实修了法力相承未断的教授。根据实修的体验，从如何教授各自弟子的道理中，对见解寻求之理和正行为主的教授修行之规等出自新旧密教之见、修、行三者的立论，产生了非一的主张和种种不同的名言应用法，从而形成了许多不同类别的宗派。此等宗派，即如宁玛派依时间；如噶当派、佐钦派和希解派等依教授；如帕竹派和迦玛噶举派依祖师之言；如萨迦派和噶丹派依地名等而立各自宗派之名，并也就产生了宗派立名的各种方法。但是，这些宗派中，无一不承许皈依和四法印③，所以，那些任何不同的见行主张也全未超越自部根本四宗④的任何宗规。特别是由于

①中观、唯识二派：中观派，也称"大乘空乐"，与瑜伽行派并称为印度大乘佛教的两大派别。两派约三世纪时为龙树、提婆所创，各分别为佛护、清辨所发展。中观主要讲缘起性空的道理。他们认为一切万有，都是相依相待的条件下而存在，叫做缘起，叫有。其中没有一个超越条件而能独立自成、固定不变的实体，叫无自性，叫空。空有两方双融双成，叫做中道，即是中观。唯识派，此派说宇宙现象一切外境都只是识所变的，是内心世界的反应，外境没有实体，就叫唯识。是绝对的主观唯心主义。

②三种喜：财、物、服侍。以此三种喜来承事上师。

③四法印：诸行无常、有漏皆苦、诸法无我、涅槃寂静。

④根本四宗：即指大小乘佛教的宗派，有部、经部、唯识派和中观派。

大乘总体和金刚乘的基、道、果的立论等全都是根据各自的本续和各种大论，以及凭依上师的要门、验证和化机的特殊需要而宣说的，所以，没有一个不成为甚深教授藏。因此，那种被贪爱自宗，憎恶他宗的杂染乱了心而任意讲说贪瞋偏袒之恶语和增益者就造积了严重的借法罪业，所以，唯是堕入地狱之因。《宝性论》中讲道："杂染愚昧皆谤法，贪见令彼侮佛法。"接着又讲道："凡瞋法者无解脱。"《中观心要论》中讲道："由偏向而心恼，故终不证寂静。"班丹达瓦①讲道："贪爱自见憎他见，凡此唯是邪分别。"布教唐吉钦巴②讲道：

> 其教性相具不具，不知不见由四因③。
>
> 魔启其口妄分别，谤法能仁经中戒。

如此所讲，当了知了借法偏袒会成为谤法之业及其过患后，即如下面大佛希瓦拉④所讲：

> 获如是暇已，我若不修善，
>
> 无余欺过此。亦无过此愚。

如《宝鬘论》中所讲："贪瞋痴三毒，所生业不善。"在此有幸这回只得一次暇满人身大宝之时，就不该由于瞋恚和偏袒之故，而造积严重的借法之过来成办恶趣⑤之因。一切不分派别的守持佛教者和圣教

---

①班丹达瓦：吉祥月。印度大乘佛教中观学派的论师。

②布敦唐吉钦巴：布教一切智。全名布敦·仁钦珠（布敦·宝成）。藏族著名佛学家。藏历第五饶迥铁虎年（公元1290）生于后藏夏麦地方。为查普译师之三传弟子。后居夏鲁寺。所传教派名为布教派，亦名秋季夏鲁派。第六饶迥木虎年（公元1364）逝世。有《佛教史》等著作甚多。

③四因：生因、依因、立因、持因。

④希瓦拉：寂天。公元七、八世纪时古印度一位佛学家。为印度国王善铠之子，幼名寂铠，于那烂陀寺出家。著有《入行论》和《集菩萨学论》等。

⑤恶趣：恶途、三途。佛书所说多行上品恶业为因，往趋忍受单纯上品痛苦为果的三类有情之总名。

宗派都应当修学远离偏袒的净相和以公道正直的智慧,充分观察,精进于现一切教法皆为无违和将无余佛经现为教授的实践。如是在班禅·唐吉钦巴①所著的《大印根本大道》中讲道:

> 《俱生和合》《大印盒》、《五俱》《一味》《四种学》、
>
> 《能息》《能断》《大圆满》、
>
> 《中观正见引导》等,各别立名虽众多,
>
> 然通了义与教理,得有证验瑜伽师,观之乃同一意趣。

正如尊贵的五世达赖所讲:

> 无偏宗派蔗乳等,不同甘甜差别大。

即是说,不同宗派的根本堪布②从各自证悟的体验上,专为适应自己化机的觉知,虽然各有一套不共的种种宣说之规,但是,此等若由公道正直的智者以正理观察的话,除了仅仅理解的方式和名言的立法上有所不同外,究竟意趣之枢要是同一的。此说意义极大,故当必须了知。总的来讲,就一切经义的理解方式上说法不同,不只是各个宗派如此,就是一个宗派也有若干不同的内部讲法。所以,不可以仅仅因此,就成为乌鸦与猫头鹰之喻。因为,对于佛经,大小乘的说法也不相同;彼有优劣之别,是佛自己所讲;对于佛经,分辨了不了义之

---

①班禅·唐吉钦巴:唐吉钦巴是称号,义为一切智。本名洛桑却季坚赞,译为善慧法幢(1567—1662)。为四世达赖和五世达赖喇嘛近圆戒师,是札什伦布寺第一仟座主和色拉、哲蚌寺座土。以后由他转世的活佛继承札什伦布寺法座。1645年,受固始汗封为"班禅博克多"称号。1647年,又受清顺治帝封为"金刚上师"名号,后被追认为第四世班禅额尔德尼。

②堪布:是藏音,即亲教师。梵音邬波驮耶。即传授出家戒或近圆戒的和尚,故为亲教授师,略称亲教。藏地或称为剃度堪布、近圆堪布。

理的立论是合理的;自部根本四宗从各自基、道、果的立论主张上也有优劣上下的差别等。所以,经中既破斥上上宗派不承认诸下下宗派的主张,又讲了那种下下见能成为理解上上见的方便或台阶之义。这是应当了知的。但是,正如文殊怙主萨班所讲:

> 论著错无错,终生常议事,
>
> 于析其正误。谓厌是自过。

是不应当成为愚夫随波逐流和群狗随吠而跟奔之喻的。对于不同宗派的论著之义也应当以精细的正理来探讨分析,所依据的经文契合于何处、其意趣如何解释的方法、是否达到全如意趣、能立的正理是否成为正确的情形等皆应不沾偏袒之垢地再三观察,分辨善说与恶说的差别。《经藏》中讲道:

> 一切比丘或智者,犹如锻炼磨黄金,
>
> 应善思择吾之说,非为敬尊是所取。

无匹的大觉沃①讲道:

> 安立龙树规二谛,此于金王心中立,
>
> 虽为今世士夫信,亦当善择是所取,
>
> 非唯信仰与敬募。

---

①大觉沃:阿底峡的敬称,意为大尊者(982—1054)。出生于东印度萨霍尔王室,曾任那烂陀寺和超岩寺上座。吐蕃王室后裔降秋殷重礼聘,于1042年自尼泊尔来西藏传法收徒。他摄显密两宗的关要,合为修行次第,著有《菩提道炬论》等论著二十多种,对藏传佛教后宏期起过重大作用,成为噶当派的祖师。此外,还著有《医头术》等医学著作多种传世。他所传的医学八部,对于西藏医学流派的形成也起了重要作用。他在阿里居住三年,卫藏九年,卒于聂塘。终年七十三岁。因其一生对古代与我国藏传佛教文化交流有重大的贡献,故藏族尊之为"大觉沃",意为大尊者。

《三宝语加行论》中讲道：

　　　若仅以一正承诺，获得定解然于疑，不以破立量力断，
故如泥中所钉橛。

　　即加此所言。此外，大善知识喜饶嘉措大师①讲道："正法者，乃是
成办增上生②、决定胜③安乐之唯一方便。故当详细观察优劣与错否
后，无误随转。现见因被立名为似深非深、胡乱动听之夸张言辞充耳，
故而受骗上当，想望全不需要共道的修学等，现在就能一步虎跃于佛

────────────

　　①喜饶嘉措：意为智慧海。1883年出生于青海省循化县道帏乡起台沟贺庄。
法号全称是喜饶嘉措·坚华杰贝罗垢，意为智慧海·文殊菩萨喜悦智慧。八岁在循
化古雷寺出家学经。十六岁负笈到拉卜楞寺游学。1904年到拉萨，入哲蚌寺果莽
经院深造。1915年考取拉萨三大寺拉然巴格西学位。他潜心佛学研究，获得了藏
族文化历史方面的大量知识，在三大寺担任讲学，成为藏语系文化学术界的知名
学者。1937年应国立中央、北平、清华、武汉、中山等五大学之聘，担任藏族文化讲
座的讲师。1939年返回青海，曾写了《白法螺妙音》等文章，号召佛门僧徒团结起
来，保种护教，抗日救国。1942年国民政府为其颁以"辅教宣济禅师"的名号。1949
年西宁解放后，任青海省人民政府副主席、省文教委员会主任、西北军政委员会
委员、西北民族事务委员会副主任和先后几任青海省及全国人民代表大会代表
和全国政协委员，1955年任中国佛协会长，1956年任中国佛学院院长。喜饶嘉措
大师是位维护祖国统一、民族团结的著名爱国者。国务院为表彰大师的爱国行
为，特由周总理赠给大师明代隆庆大铜钟一口。大师还是一位友好使者，多次率
团出国，访问过许多国家，为增进与这些国家人民和佛教徒的友谊作出重大贡
献。他著有《颂尊圣的香池》《宗喀巴大师赞》等许多名著。他在佛学上的重大成
就，不仅在西藏、青海，而且在国内佛界和世界佛教界都有很大的影响。大师于
1968年圆寂。终年八十五岁。

　　②上生：现高、胜生，即人天善趣的圆满福报。

　　③决定胜：定胜，永久安乐。指解脱位和一切种智位。

土的痴心者和紧闭双目,以世俗的好恶持教派之偏见者甚多。此等皆为腐败,故我合十胸前,请君自爱勿误。"这段公道正直贤者的如乳精的遗教,是应当持于一切公正宗论师之心中的。

文间偈颂

释教高大无忧树,十万无偏宗莲开,

种种光华景意春,尽除有苦最胜药;

由多智者慧雪山,十万希有见河流,

百味差别虽各异,法界海中体性同;

可叹少数偏愚士,由摇炉蛇舌尖中。

偏私恶说毒气喷,持断解脱命根行;

谤法业报虽无欺,逞傲不畏受业报,

贪瞋痴浪所遍覆,末劫恶人性难伏;

无爱子①举释教地。不沉五浊②海游戏,

公正智者以细理,观察即是佛密意;

各种化机趣与愿,变成优劣万喉笛。

顿具七音③德虽弱。成欲脱耳甘露藏;

偏颇污净一新月。公正空中起圣舞.

白光万屑洒十方④,无偏释教须弥严。

---

①无爱子:遍入天的异名。

②五浊:五渣、五浑。即寿浊、烦恼浊、众生浊、劫浊和见浊。

③七音:歌音七品。古印度流行的六十四技艺之一类。谓六合、仙曲、绕地、中令、五合、奋志和近闻等七品歌唱的声乐。六合声如孔雀,所以表惊奇;仙曲声如黄牛。所以表神异;绕地声如山羊,所以表慈爱;中令声如鸣雁,所以表豪强;五合声如杜鹃。所以表欢娱;奋志如骏马,所以表战阵;近闻声如巨象,所以表亲和。

④十方:东、南、西、北及其四隅,以及上、下,共为十方。

第二章　别说吉祥无匹

日沃噶丹派之无垢宗规的建立

于此雪域之境,诸学识渊博、得成就的先师圣人已充分解说了宗派的建立。现在,别就其中成为上品的、殊胜的、最胜的和极顶的持金黄色顶冠派之无垢宗规的建立,加以解说。此中分三。第一节、噶丹派教主夏·宗喀巴·洛桑扎巴出世后,为佛教做事业的情况。第二节、诸持教法嗣弘扬宗喀巴大师无垢正宗的情况。第三节、正说吉祥无匹日沃噶丹派无垢宗规的立论。

第一节　噶丹派教主夏·宗喀巴·洛桑扎巴出世后为佛教做事业的情况

一、受生为圆满种性的情况

(一)最初如何发心愿成最胜菩提的情况

我等的无上导师、三界法王夏·宗喀巴·洛桑扎巴,在了义中与怙主文殊菩萨无别。故如《健行三摩地经》中所讲:"此复,早从无量大劫之前,在世界称做平等时,如来成等正觉为龙之最胜种姓的体性,圆满究竟了转法轮等佛之事业。"以及如《圣宝聚经》中授记所讲:"早在超过所有恒河沙数七倍之大劫时,世界称做大种善妙。圣者妙音在转轮王①名为虚空时,于如来天雷音王前发起愿成最胜菩提之心,于未来世界称做无尘积中,将成佛为普见如来。"如此所讲,学习菩萨行,于无生法获得法忍后,又过了六十四条恒河的所有沙数之劫,从此以后,虽然圆满了如来十力②,但是,行相仍取菩萨之状,于一切佛前表现出守持甚深语密的上首弟子之情等。这种任何有学无学的行相展示,即如经中所讲:

> 有时降生于他土亦示菩萨行相师汝身,
>
> 此胜庄严此他世皆成众生遍智亦难诠。

即是说,从无量大劫之前,虽然已成等正觉,但是,为了随应化机之缘,有时是重新发愿之情,有时是学习正行之情,有的是成佛之情,有的是转法轮,有的是帝释与梵夫之色,以及是在家菩萨和出家菩萨等所变化的种种庄严如水中月与影像一样,直至轮回未尽,所做的一切示现,皆超出想象,难以言表。继而,在不了义化机的心目中,则是于若干人寿中至尊文殊亲任妙乘善知识,完满教学菩萨一切广大行的情形。此亦如克珠·唐吉钦巴③所讲:

> 师于众多人寿前,
>
> 已成文殊上首子,

----

①转轮王:转轮圣王,略作轮王。佛书说。人寿自无量岁至八万岁中。分别有金、银、铜、铁四轮王出世,征服四大部洲的一切众生。

②如来十力:即佛的十种智力。见第2页注①。

③克珠·唐吉钦巴:意为贤哲一切智。本名格勒贝桑(贤成善)(1385—1438)。宗喀巴大师的大弟子之一。他先从萨迦派出家,后谒见宗喀巴大师,遂转依宗喀巴大师。曾继杰曹杰后,任第三代噶丹赤巴,后被追认为第一世班禅额尔德尼。

統治持、才、定、通、变①，

慧眼遍见一切法。

此外，关于如何发心的情况，如克珠·唐吉钦巴所讲：

一日如来自在顶，

于众眷中宣妙乘，

文殊菩萨并海眷，

亲临于彼大集会。

即是说，昔往名为如来自在顶佛应化世间，在广如大海的眷众中广转金刚乘法轮时，即此达尼钦布②已成至尊文殊菩萨的上首弟子。彼时至尊文殊菩萨及诸眷众来临于彼，住于大转金刚乘法轮之集会中。当由薄伽梵自在顶佛之语——梵音发出"任何菩萨，凡能于诸净与不净之无量刹土中不惜翻身丧命，弘扬甚深中观见相属之金刚乘妙道者，彼便成为诸菩萨广大行海中之最高者、殊胜者和最胜者。"的狮子吼声时，那位与达尼钦布心性同一的菩萨，勇气极盛，速从眷众中站起，以无畏之声讲道："从今起，我将不惜翻身丧命，于无数不净刹土中弘扬甚深中观见相属的金刚乘妙道。"即以加来自在顶佛等

---

①持、才、定、通、变：持即总持。受持所闻法义不忘为总持；才即辩才，宣讲法义无穷无碍为辩才；定即禅定、等持；通即通慧、神通。佛书所说明白现见一切远时、远地、现前、不现前、极不现前等各种情况的一种神秘智力；变即神变。佛书说基础内慧示现的非常身形为神，现象外体引发的内心如意变化为通。

②达尼钦布：即宗喀巴大师。达尼钦布意为大土、大圣、大主宰者。全称就是法王大圣，是对宗喀巴大师的一种敬称。对宗喀巴大师的敬称，还有吉仁布钦（法主宝）、吉喇嘛（法主大师）、杰瓦宗喀巴（宗喀佛）等之名号很多。一般为了尊重大师，只用敬称，不用本名。恐阅读不便，除此处作音译加注外，本文以下所见，一律均译作宗喀巴大师，不特译出尊号。

十方佛与佛子为证,当面发誓,发出了真言之声。彼时,如来自在顶佛等十方诸佛安慰道:"善哉,汝为大勇菩萨。"从此以后,于一切佛土中,这位达尼钦布之名便共许为大勇。此后,从自在顶佛身中放出了千万无边光束,并微笑地授记道:"汝当全如所发誓愿,从今而后于诸无数不净土中弘扬显密圣教。最后于希有神奇的庄严刹土中将成佛名如来狮子吼。"如是即如克珠·唐吉敏巴所讲:

由因彼时佛梵音,

又讲道:

师于无数不净土,从今以深中观见。

发起遍持金刚道。圆具能增广大行,

越多佛土东北隅,希有神奇庄严界,

名为如来狮子吼,疾速成佛现等觉。

特别对于此贤劫异师千出中被赞如大勇白莲的第四导师释迦牟尼的这个圣教,亦如《传授教诫王经》中所讲:

阿难陀,

现以水晶鬘,供吾发誓愿,

未来劫浊①时,于具牝托界,

建寺名为甘。复出洛桑名。

即是说,在佛住世时,此达尼钦布在天竺已降生为一个婆罗门童子。彼时,由于与一个叫做菩萨信受慧的比丘相遇,由他带引,参见了释迦牟尼,敬献了一串纯净的百珠水晶鬘,发了无颠倒证悟空性见的

---

①劫浊:五浊之一。遭受瘟疫、战争和饥荒劫的痛苦。

誓愿,并发心愿成最胜菩提。对此,又有大贤哲降央却杰·扎西班丹①
所讲:

　　昔时曾于金刚座②供佛百珠水晶鬘、发誓愿成菩提心,

故具通达正见缘。

　　如果认为,若昔往曾于自在损佛前也已发心,正在修学菩萨行的
当中,又在此土于本师能仁尊前发心愿成最胜菩提,当成重复之过。
答:无过。这就像《俱舍论》的随行者说的"大悲本师亦于梵天童子太
阳之所依时重新发心。"和《律经》中讲的"于星辰之所依时重新发
心。"以及《贤劫经》、《能仁密意庄严经》、《大悲白莲华经》、《广智经》、
《三聚经》、《报恩经》、《不可思议经》、《除阿阇世王悔经》、《菩萨藏》和
《如意树》等中所讲的各种发心之情并不相违之理,亦是说,发心以坚
固为利他而欲证得菩提的誓愿并不相违。而总的发心之初衷、于彼所
依时最初发心和在彼彼分位之初发心等,即一再发心并不相违一样,
这里也不能将若干发心的情况,当作有过。

　　(二)诸多显密经典中授记的情况

　　1. 显宗经典中授记的情况

　　《传授教诫王经》中讲道:

　　　①降史却杰·扎西班丹:意为妙音法王·祥瑞。在甘丹寺拜宗喀巴大师为师,
受比丘戒。受宗喀巴大师委托,修建了哲蚌寺,并任该寺的寺主,弘扬讲、辩、著作
诸事业。他一直住持哲蚌寺,培养了穆哲等许多弟子。于藏历第八饶迥之土蛇年
(1449、明正统十四年)圆寂。

　　　②金刚座:菩提道场,坚固永恒的地方。中印度伽耶地方一佛教主要圣地名,
是释迦牟尼等三世诸佛成道处。

　　　　未来劫浊中,于具牝牦界,

　　　　建寺名为甘。复出洛桑名,

　　　　广收四类眷,如实宣佛经,

　　　　佛堂柱具叶,于我二身像,

　　　　供养献头饰。

　　即是明确地授记说,将于直工①与拉萨河下游的交界处,修建甘丹寺。其修建者是大师洛桑扎巴之名者。他招收许多具足学问通达、德行高妙之德的眷众,大转由显密二教如实所摄的佛陀密意之善说法轮,在羊土神变寺②中,向觉沃释迦牟尼和不动金刚二尊身像教献头饰,创立神变节的供养,做佛教大宝昌隆久住的祈祷等。又在汉译本《楞伽经》中讲道:"无热龙王向世尊敬献白螺一只。世尊交与目键连子,令其伏藏于廓巴山③,授记道:"未来将由彼比丘莲花香气从伏藏中掘出,故成其会供螺号。伏藏主,由猴色任之。"此中所讲的比丘莲花香气,即是那位曾在本师前敬献水晶鬘的梵天童子出家受近圆戒的法号,公许为比丘莲花香气。这是尊者吉美旺布(无畏自在)所著的《噶丹宗教史》中所讲的。

　　2. 密宗经典中授记的情况

　　《文殊本缘》中讲道:

　　　　当吾涅槃时,于此地上没.

———————————

　　①直工:地名,在西藏自治区墨竹工卡县学绒藏布江畔。

　　②羊土神变寺:即拉萨大昭寺。相传大昭寺初建时,驱使山羊群驮土填湖,故名羊土神变寺。

　　③廓巴山:甘丹寺所在山名。在拉萨市达改县境内。

汝以童子色，当做佛事业，

彼时热噶寺①，乃于雪域有。

此即佛祖亲自向至尊文殊菩萨明确授记说，你以童子或普通凡夫之状，于末劫中凭依如来的主要事业——语业，弘扬佛教，并建卓日沃齐甘丹尊胜洲寺②。《空行密续》中讲道：

"文殊化身名洛桑，弘扬佛教希有者。"旧译密乘《密集续·意言宝》中讲道：

未来北方出，名首称做洛(慧)，

桑(善)行护佛教，扎巴(名称)周遍士，

文殊刹庄严。

又在《佛说妙吉祥最胜根本大教经》中讲道：

从此五百后。

吾教能出现，一切教灭时，

吾教能出现，行无间③恶业。

彼时吾教出，食恶食牛粪，

彼时吾教出，穿褴褛恶衣，彼时吾教出。

吾乃三时身，一切教灭时。彼时吾教出。

即是说，宗喀巴大师是大威德④的真化身。所以，大师的这个教法

---

①热噶寺：极乐寺，甘丹寺的别名。

②卓日沃齐甘丹普胜洲寺："卓日沃齐"是山名。此山又名旺古尔山，在拉萨东 50 里达孜县境内。甘丹尊胜洲，即甘丹寺。1409 年宗喀巴人师倡建。

③无间：即无间往生。死后立即往生地狱，无"中有"等从中间隔。此处的无间业，是指五无间恶业：弑父、弑母、杀阿罗汉、破僧和合、恶心出佛身血。

④大威德：亦译阎摩敌、作怖畏金刚、金刚大威德。古印度密宗成道者拉立达由邬坚地方发现的无上密宗中父续一本尊名。

亦称做大威德教法。此义是说，在恶浊时，由于诸有情对无间罪等不善业无忌而行和由于彼业力之故，情器世间①的一切功能全都退失后，瘟疫、灾荒、战争和纠纷等一切不欲的灾难遍及所有方隅，诸多众生亦皆堕入食尽和穿破衣之苦海。然于如是末劫中，大威德教法——宗喀巴大师的这个教法则出现或安住。

3. 若干论典中授记的情况

《柱间遗嘱》中讲道：

> 从此广做胜承事，比丘菩萨东方生，
>
> 守持密乘大瑜伽，心要门徒彼圣者，
>
> 亦改佛颜正承事，于彼广行承事者，
>
> 皆为圣者修善士。

即是说，宗喀巴大师降生于东方宗喀地方。所谓心要门徒，是指此宗喀巴大师从迦玛·若比多吉②受居士戒时，起法号为衮噶宁布或也公称杰瓦降白宁布。所谓改佛颜，是指将觉沃释迦牟尼像，改变为报身③装束，向此供养承事。即明确地授记了创立神变大祈祷定期法会的供养。《莲花遗教》中讲道：

> 文殊化身诸化机教主，掌显密教谓洛桑扎巴，
>
> 广宣密乘诸法至八代，此土寂后赴往弥勒前，
>
> 彼之法嗣悉皆一寿佛，僧人胜缘者，

---

①情器世间：即大地和动物。

②迦玛·若比多吉：迦玛噶举黑帽派活佛第四世。1359年应元朝迎请，自藏进京，路经西宁，为宗师受戒。受到元顺帝的礼遇。

③报身：受用身、圆满受用身。佛身之一，亦为智度七十义之一。住法身中不动不起，但于化机菩萨圣众之前示现身形，成为化身之所依处，为诸相好庄严者。

定得阿罗汉。

又在《莲花遗教一规》中讲道：

于称甘丹殊胜寺院中，智中至尊善巧显密义。

金刚持①化身启密咒门，乃是众生舵手指路人，

出此洛桑名者正士夫，赐密号兰饶多吉德瓦②。

莲花生大师所著的《策励牌文》中讲道：

临近汉地东方处，出释迦僧名洛桑。

《大宝总记别经》中也讲道：

出具慧力扎巴名，文殊化身持密教。

《噶当书》之父法第二十六品《未来授记》中讲道：

末法③教余烬，扎巴者重光，

成办众利乐。

又讲道：

扎与再扎宝④，扎巴⑤后贤祥，

称洛追喜饶⑥，余多扎巴名，

剑造众幸福。

即是授记说，将出现以宗喀巴大师为首的律师扎巴坚赞（名称胜幢）等许多名字后都加有"扎巴"之名的随行弟子。又在该品中讲道：

---

①金刚持：诸佛共主。梵音译作伐拆罗陀罗。佛书说为释迦牟尼讲演密乘所现身相。

②兰饶多吉德瓦：意为妙缘乐金刚。

③末法：指佛教教法处于最衰弱的时代。

④札与再扎宝：意为盛名的宗喀巴洛桑扎巴与其后又有名的弟子。

⑤扎巴：指宗喀巴大师。

⑥洛追喜饶：智慧。

迦叶①携度母,现身在圣地,
无贪化缘者②,收十方有缘,
增广吾会供。祈祷以信音。

接着又讲道:

一圣③吾化身,有时变比丘,
彼持此圣地,时成凡夫色,
时为乞丐色,有时鸡犬色,
有是祈祷者,有是总持文,
扎巴者比丘。至教住复来,
此唯同传承,具戒彼加持,
修禅于彼处,彼为见稍损,
出现欲魔引,静虑失贪瞋,
化身加持故,定成应敬仰,
人天供养处。总之此圣地,
从初四院后,有僧三千五,
佛子具三学④,皆成众生怙,
怀愿从方隅。无量聚此处,
有德达十万。总同诸外海,
百川不能满,谁都不能诋。

即是授记讲了觉沃迦叶为教化诸有情,显现数千化身庄严,并以
"增上无贪化缘者"一偈句,展示了宗喀巴大师,他收摄诸多有缘化

①迦叶:迦叶佛,燃灯佛。
②无贪化缘者:此处指宗喀巴大师。
③一圣:一位圣人。是指宗喀巴大师。
④三学:戒学、定学和慧学。

机,首创神变供养,出现许多修学三士道次的禅师,建立具足三学的僧伽;在色拉、哲蚌、甘丹和扎什伦布等寺中将从一切地方云集无量有缘者;宗喀巴大师之功业运转连续不断,为了佛教众生的利乐,种种化身与再化身无有边际地成办着众生利益之情。又在出自《噶当书》的"清净上师授记"中也有所谓"我亦赴彼圣地调神鬼。"一语,这是指莲花生大师①;所谓"一化身云游天竺圣地。"一语,是指无匹的觉沃杰;所谓"一化身赴多康下区。",就是授记为宗喀巴大师。此等成为标准信许的无诤授记之义,亦如唐吉钦巴·根敦嘉措(一切智·僧海)②所讲:

> 持明自在圣人莲花生,五百③顶严吉祥燃灯佛,
>
> 金刚持主洛桑扎巴班,作种种神变舞我敬礼。

此外,在上师邬玛巴④向至尊文殊菩萨请问宗喀巴大师的前后转

---

①莲花生:别名白玛桑巴瓦。邬仗那国人,是密教的大阿阇黎。公元761年受赤松德赞迎请入藏,修建了在西藏佛教史上最著名的桑耶寺,宏传密教,教藏族弟子学习翻译学;从印度邀无垢友等通人正士来藏,翻译重要的显密经论为藏文。为赤松德赞及王妃也协措杰等有缘者传授无上密乘等八法、金刚橛及诀窍正见等教法;创建显密经院为密宗道场,发展出家在家两种僧团等,奠定西藏旧派密乘之基。其后离开西藏,往之遮末罗等印度西方古国教化有缘。号称罗刹王者、罗刹颅鬘大师等。

②唐吉钦巴·根顿嘉措(1476—1542),出生于后藏达纳(今谢通门县境内)。历任札什伦布、哲蚌、色拉等寺的堪布。后被追认为第二世达赖喇嘛。他1485年就学于札什伦布寺。1509年倡建倾科杰寺(山南桑日县境内)。1516年接受乃东扎西扎巴所献哲蚌寺内多康恩莫殿,更名为噶丹顿章,后为格鲁派政权首建之地。

③五百:最后百年。佛法住世十期,最后一期500年,即唯相期。此期佛教衰落,仅余外表形象。

④邬玛巴:本名尊追僧格,原为青海西宁喇嘛,在卫藏游学。遇宗喀巴大师,为大师传授"妙音天女随许法"等诸法。

世等所做的授记中讲道:"此身来世将于甘丹寺弥勒佛前,受用大乘无量财富。其法号亦成为文殊菩萨藏。"密主(金刚手)向洛扎大成就者(即南喀圣赞)所做的授记中也讲道:

> 洛桑扎巴悉无匹,释迦王前发胜心,
> 显密经义弘此土,由此转赴甘丹处,
> 弥勒高足文殊藏,疾速成佛为如来。

又讲道:

> 弃舍此身于甘丹,弥勒佛前闻佛法,
> 法号称做文殊藏,慧悯一切众有情,
> 彼乃十地①究竟者。

如是又如降央却主·扎喜班丹(妙音法王·具德祥贤)所讲:

> 甘丹圣地弥勒前,佛子名谓文殊藏,
> 文殊菩萨与密主,授记尊者为法主。

关于在化机信解的心目中,展示又成等正觉的情理,亦如前面所讲,曾于自在顶佛前发宏誓愿后,彼薄伽梵亲自授记说:"大勇,汝于未来越过无量佛土之东北界希有神奇的庄严土中,或佛谓如来狮子吼。"莲花生大师所著的《策励牌文》中讲道:

> 佛子名尾扎巴者,改释迦王为报身,
> 父续深要细瑜伽,离四边戏正现见,
> 成熟解脱众有情,善收此土身严后,
> 希有神奇世间中,成等正觉狮子吼,
> 由其手中大供炷,遍放十万光辉聚。

---

①十地:大乘菩萨十地。1.欢喜地;2.离垢地;3.发光地;4.焰慧地;5.极难胜地;6.现前地;7.远行地;8.不动地;9.善慧地;10.法云地。

《玛吉劳准授记》①中讲道：

> 女汝所问彼菩萨,未来贤动第七佛,
> 现为菩萨大勇识,浊时藏地出邪行,
> 格龙楚程扎巴名,于彼土许师子吼,
> 勇摧犯戒邪行故,犯戒放逸绳以律,
> 创佛风规持教相,显扬佛教胜比丘.
> 统治无边续部众,提取续部海旨精,
> 满足所化有缘众。

此中所讲的贤劫第七佛善目如来和成为狮子吼佛的二情理,其中善目如来,是从弥勒算起的第七佛,从拘留孙佛算起的第十佛。这是大师的传记《有缘莲池增广千光》中所讲的。此外,大师他的正变化本体,即彼怙主文殊,亦在《健行三摩地经》中讲道:"于世界名为平等时,如来成等正觉为龙之最胜种姓体性,究竟佛之宏化。"《饶益手鬘王经》中讲道:"于世间恒常极喜中所住的那位称做极喜藏的胜解佛,即此成为圣文殊童子者。"《大慧白莲花经》中详广所讲的"于未来世界称做尘无积中,如来成佛为普见"的授记之情理,亦变如前面所讲。由此看来,变化本体文殊菩萨,以及与彼体性无二无别的宗喀巴大师,亦于了义中早在无量大劫之前已经成佛。但是,于诸多彼土中又将十二宏化②游戏显现到乃至世界未尽的这种幻化庄严,若不成为佛

---

①玛吉劳准:觉域派当巴桑结的法嗣,女传觉域派的创始人。大约是公元十二世纪时人。

②十二宏化:十二相成道。化身佛示现一生经历的十二件大事。有兜率降世、入住母胎、圆满诞生、少年嬉戏、受用妃眷、从家出家、行苦难行、趋金刚座、调伏魔军、成正等觉、转妙法轮和入大涅槃。

与佛子的智境,岂能成为观现世心①的行境②。虽在文字表达上将成佛之情讲成不同,但是,此等并不构成相违。这种宣说每一佛亦于诸多不同方域成佛之情,比如纵以大慧本师为例,亦在《宝积经》中讲道:"早在无量大劫前,已成佛谓如来自在顶,行现十二宠化。"以及《白莲花经》中讲道:"早从无数无量千百那由陀③俱胝④以前,已成为无上正等正觉。但是,为了所化有情,我时而展示诸如是善巧方便,然于彼时,我全未成为说妄语。"即是说,虽然早在诸多劫以前已经成佛,但是,仍在展示若干成佛之情。如此所讲,经中所讲的宗喀巴大师虽然也已成佛谓如来龙的优胜种姓,但是在不了义化机的心目中,那位住于十地自在之情的至尊文殊则是一时于此雪域之境展示为着褐黄色袈裟的善知识之身,于浑浊之时,极大地显扬佛祖释迦牟尼之教证的佛法大宝,证得中有双运之情,以及又在此贤劫中成佛为善目如来、于他地域成为狮子吼佛和尘无积劫中成佛为普见佛等,也应当了知为教化诸众生的善巧方便的无上宏化。如是在众多显密经典中,虽以种种直接间接的方式,做有诸多授记,但是,这里恐文太繁,只列举了一些义显者。然而,噶当教派史《黄琉璃宝鉴》中却说:"《经庄严论》中的'如是洛桑具无厌慧悯者'等是明确授记了宗喀巴大师的名字。"以及将《入中论》中所讲的"洛桑尼玛之黑暗"等的偈句,也说成了是授记宗喀巴大师的词句等,这是最上怙主·吉美旺布⑤和贡唐·丹班

①观现世心:一般凡夫所有的心识。
②行境:所行处,语声及心识涉入之处或人们所享用的对象。即思想活动范围。
③那由陀:梵音,亦译那庾多。一大数字,即千亿。
④俱胝:梵音,即千万。
⑤吉美旺布:二世嘉木样吉美旺布。

仲美①等诸晚近的贤者们所不承许的。《经庄严论》和《入中论》这二部论典，不是授记补特加罗的论典，那一词句也不是授记之品。《经庄严论》中的那一句正文，是展示说法功德之品，《入中论》中的那一偈句，也是四边生②于二谛中俱破除了的断净之品，所以，不成为对大师的授记之义。而普觉·阿旺强巴(语自在慈)等一些先圣，虽然将那两句文义，说成是对宗喀巴大的授记，但是，诸智者则说："这只是想到在此斗净之时，于化机共同心目中除了如宗喀巴大师外，不能安立何人后，为了抑制那些嫉炉持金黄色顶冠派之宗规的毒水沸开者的心脉，而向已得说法功德的补持伽罗和向以空的智慧，解脱轮回的补特伽罗诠说的。"

(三)在化机共同心目中于此土化身转世的情况

这位名为一切三时佛之父的最胜怙主文殊菩萨，虽然于此雪域之境，在人们的可能想象中是以幻舞而游戏之时。然而，是以无垢眼光观察了地域、时辰、种姓和母系血统等悉皆圆满后，这才入胎的。所以，降生于何处的那个地方，就属于大圣莲花手③之化田、广寒雪山绵亘环抱的境中分作卫藏教区④、多堆人区⑤和多麦马区⑥等三大区中的

---

①贡唐·丹贝仲美：全名贡唐·贡却丹班仲美，是拉卜楞寺著名高僧。他的著作颇多，据拉卜楞寺总书目所载共有 12 函。除显密方面的论述外，还有声明、工巧明、诗学、医学、历算学等。《贡唐·丹班仲美全集》《贵教兴盛祈祷词》和《白莲传》颇负盛名。尤其《水树格言》和《经验表人之劝世箴言》闻名中外，是脍炙人口之作。

②四边生：又名四际生，即我生、他生、我他—生和无因生。

③莲花手：观普菩萨的异名。

④卫藏教区：习惯上指卫为前藏，藏为后藏。元史作乌斯藏。

⑤多堆人区：指今昌都地区到甘孜阿坝藏族自治州一带。元史作朵甘思。

⑥多麦马区：即安多地区，元史作脱思麻。

后者一多麦雅莫塘①地之中心、十八德康地方之精粹宗喀，即现在大丛林塔尔寺坐落之地，这便是大师出生地。于彼地方，种姓与母系血统圆满、七代传宗未断的亲属与亲戚最极兴旺。在曼的代族中，有父名卡切·鲁邦喀和母名辛萨阿曲二位生子六人，其中第四子便是这位宗喀巴大师。关于出生于何时的时辰，按普氏历算②，是在佛涅槃后的二千二百三十七年。若按克珠杰所著的《时轮大流》算，则在佛灭后的二千一百九十一年，即大蒙古王妥甘铁木尔十七年藏历第六饶回之三十一年（公元 1357）称做持金的火鸡年（丁酉年）的十月十五日凌寅时。于此时辰，这位称做一切人天世间之未熟识的密友、摄一切佛与佛子之智慧悲心于一身的本体、三界法王夏·宗喀巴·洛桑扎巴的盛誉白幡高高飘扬三界的大师，便在诸多奇异的吉兆中降生了。这是佛王法主所同意的。此外，还有主张降生于初十的说法。出生后，在凡人的心目中，说是从剪断脐带中流出赤血落于地上，从此自然长出了一株殊胜的白旃树，树的每一只叶上都天然地印有狮子吼佛像在和 a-ra-pa-tsa（阿喏吧昨）的咒字。此树日渐茂盛，所以，佛像就达到了十万尊，故而公许谓十万佛像旃树。关于由此大师的功业，即于此处形成了多麦讲修的法源这座大丛林塔尔寺的历史，即如下面当讲。复次，克珠·唐吉敏巴讲道：

> 所成初身苗，分际乃德花，
>
> 众香圆具藏，此奇谁不思。

彼时，住于秋喀山间小庙的法主顿珠仁钦（义成宝）③在其梦中梦

---

①雅莫塘：地方名。

②普氏历算：普巴·天成海所创的历算学派。普巴·天成海是西藏一位有名的历算学家。1447 年著有《白莲宗教论》等书。

③珠仁钦：噶当喇嘛。宗喀巴大师学显密法最早的上师。

到由于祈祷,一再亲见了金刚大威德之圣容,故而真正看到在宗喀方向有一金刚大威德面手圆具之身后,听到说:明日此时将来此地沟口。此间少安勿躁。云云。因此,为了观察此是何义,便打坐参禅。由此得知乃是那个在宗喀地方出生的小儿后,想到此乃特意安排的吉兆,便于大师出生的第二天,将甘露丹丸、护身结、显灵的大威德画像和《婴儿养育法》读本等交与其近住弟子一个具戒比丘送了去。由此情理也说明宗喀巴大师是吉祥金刚大威德的真化身。这是无需以他类经文来证明的。

二、此身获得功德的情况

(一)一切功德之本是受持律仪戒的情况

如是童子,虽然一时年幼,还未长大,但是,对于进入大宝佛门,其心却成极迫切之情。故于年三岁时,当被迎为大蒙古王①的供养上师的迦玛四世法王·若比多吉住于夏宗山中小寺时,便由其父带去,从此法王受了近事戒,授记将成为能展示同真佛一样的宏化的大掌教正士,起法号为衮噶宁布。彼时,当法主顿殊仁钦被大师之父迎请到家中时,此法主向大师父亲赠送了大量马羊等厚礼后,讲道:"请将汝子交与我。"其父应诺,欣然献与。这是佛王法主所讲。但是圣者吉美旺布所著的《噶当教派史》中却说:"年三岁时,父亲应诺献与法主·顿珠仁钦。年到六岁时才来到法主跟前。"从此到十六岁之间,便一直在甲穹寺②住于此法主近前。对于所教授的诸经典,不论何

---

①大蒙古王:即元顺帝。

②甲穹寺:又名甲穹札寺,青海省内一寺庙。公元 1349 年,顿珠仁钦所倡建。宗喀巴大师十六岁入藏以前,均住此寺中。

种,仅一过目和念诵,就全记心中。在年到十七岁时,法主·顿珠仁钦便令大师进入吉祥大威德、铃派的胜乐、喜金刚和金刚手等的坛场而授灌顶,为师起密号为顿悦多吉。所以,在共同的心目中是首先进入了按照此年寿的本尊坛场,圆受了四灌顶①河流,故而播下了四身②生力旺盛的种子,将持明③的三昧耶④和律仪,视若眼珠而守护。此后,由法主任亲教师⑤,大本·迅努森格的弟子迅努降秋任轨范师⑥,因前期已经出家,所以正受了沙弥律仪⑦,起法号为洛桑扎巴班。在此等期间,大师不顾求教之劳,全以法主的决断,完满受学了《金刚界》、《顶》、《吉祥最胜》和《法界》的语灌顶;《九顶不动佛》和《五部陀罗尼》等下三部;红黑怖三种大威德⑧、卢那直三种传规⑨、金刚手大势至和金刚手大轮等无上部的诸灌顶、传经和要门等。于是法王·顿殊仁钦便知此宗喀巴大师将成为教主后,便从此年幼时起取为已有,改编了以养育、教习显密经文和本尊念诵之门,增长智慧的诸多

---

①四灌顶:宝瓶灌顶、秘密灌顶、智慧灌顶、句义灌顶或第四条顶。

②四身:佛所具备的自性身、智慧法身、受用报身和变化身。证得四身以此为果。

③持明:修持密宗,证得成就者。明谓密宗本尊大乐智慧。深入修持此智慧者称为持明。

④三昧耶:不可逾越的金刚誓词。

⑤亲教师:即堪布。

⑥轨范师:对自己的徒众,从法财上给予利益的善知识。梵音译作阿阇黎或阿遮利耶。

⑦沙弥律仪:沙弥戒。沙弥所应受的戒律。即十戒,有谓三十六戒。

⑧红黑怖三种大威德:是萨迦派的密法,红、黑、怖畏三种"阎罗德迦法"。

⑨卢、那、直三种传规:是关于密法胜乐金刚修法的三种风规,即1.卢伊巴派;2.那波巴或黑行派;3.直布派或铃派。

方便，并以于金刚乘门使僧人成熟的诸多门类，全如对待将成一株高大药树之幼苗一样地爱护培育着。当年到二十五岁时，大师见到佛教内库①那七类别解脱律仪②中那如宝顶殊胜的最胜者唯是比丘戒③，并想到佛教住世的关键亦唯取决于此后，便前往雅砻朗杰寺④，由噶希瓦·楚程仁钦⑤任亲教师，由吉增堪布·喜饶贡布⑥任羯摩师⑦由东尊·索南多吉任屏教师⑧，正好补充足数，于善信的僧伽中，正受了从迦湿弥罗班钦传承⑨的近圆戒⑩，将一切人天世界福田⑪皆树为

---

①佛教内库：律学和毗奈耶经的异名。

②七类别解脱律仪：别解脱戒之依报有七种，谓比丘、比丘尼；沙弥、沙弥尼；优婆塞或男居士、优婆夷或女居士；正学女，即介于具足比丘尼与沙弥尼二戒中间戒之女性。

③比丘戒：比丘律仪。认可终身戒绝一切损他诸罪及罪因的别解脱戒。

④雅砻朗杰寺：尊胜寺，在今山南。

⑤噶希瓦·楚程仁钦：噶希瓦，意为四难论师，即精通《律本论》、《现观庄严论》、《因明论》和《中观论》四大论典，能以之立宗答辩人的称号，后来成为一种学位名称。楚程仁钦住持雅砻朗杰寺时，为宗喀巴授比丘戒。

⑥吉增堪布·喜饶贡布：吉增是寺名在今尼木县内。喜饶贡布是1385年为宗喀巴授戒的羯摩师。

⑦羯摩师：羯摩阿阇黎。授戒时宣读"羯摩文"的戒师。

⑧屏教师：《毗奈耶经》所说五轨范师之一。授比丘戒时，私下询问受戒人是否具备堪当比丘条件的戒师。

⑨迦湿弥罗班钦传承：萨迦班钦二十三岁从释迦室利学法，受比丘戒，由此传出的比丘戒律传承，即称迦湿弥罗班钦传承。

⑩近圆戒：即具足戒。佛教比丘和比丘尼所受的戒律。因与沙弥、沙弥尼所受的十戒相比，戒品具足，故名近圆戒。

⑪福田：供境、供养对象，如三宝等。

神圣,将所受的学处遮制①的细而又细的开遮②以内者守护如睛,故由增上戒学③大宝充满了心相续。如是克珠·唐吉钦巴讲道:

> 天资最极调柔德,梵行使得老天仙,
>
> 亦似粗鲁愚凡夫,童成此时雪域粹。

(二)广求多闻获得教理功德的情况

大师想到浩若大海的佛经旨趣,应当依止善巧的舵手善知识,以闻思善断增益,如理了知一切行止取舍之处后,心中便生起了欲往卫藏之愿,而且法主上师也赐教劝慰道:"救汝危难天大眷,增广智慧是文殊,无量寿佛祇多黎④,成办顺缘多闻子。从人与非人的危害中给以拯救并成办顺缘的天是六臂护法。此等亦是我的本尊,皆施与你,是故不得中断此等的念修与食子。"此外又吩咐道:"首先闻思这样做,此后皆应如是行。"等,即是将闻思方法的程序,此后实修此等之义,其后应当成熟诸化机的教诲,做了偈句的讲说。师徒互相于依依不舍之情中,殷重互致保佑。大师于年十六岁藏历水鸡年(1372 年),与二位舅父结伴,随同直工派的毕本·旦玛仁钦等多麦的许多商旅一道,犹如求蜜之蜂飞赴花园似地向卫藏法源走去。大师全然不思征途艰辛之苦,对于寻求正法,全如常啼菩萨⑤之行,保持着顽强、勇敢和坚毅,前进在路途之上。首先经昌都来到了直工吉祥林间,从塔布噶举

①遮制:制戒或遮戒。佛为制止某种罪行特别制定的教规。
②开遮:允许和阻止。
③增上戒学:七种别解脱戒和三种菩萨戒。
④祇多黎:意为胜者,由胜四魔故。
⑤常啼菩萨:印度法胜论师的弟子。

派①教主·直工京俄法王②听受了《大乘发心仪轨》、《大手印》和《五具》
的指教等大部分直工派全集的经教。从苏曲巴·贡噶洛追听受了《金
刚鬘》的灌顶。向蔡巴门巴·衮乔郊③学习了医疗方面的典籍，掌握了
八支④故而未经多久便十分精通了经文、要门和实践。此后未作久住，
便前往大学院聂塘德瓦坚寺⑤，依聂塘巴·扎西森格⑥和座主格贡瓦二
位，听受了《法缘》。由阿阇黎云丹嘉措⑦任主教师，由阿阇黎邬坚巴任
副教师，听受了从《文殊怙主萨班大疏》上所讲解的般若波罗蜜多经
典《现观庄严论》及其本释并做了修道养心。仅用十八天就极其娴熟
地通达了正文的一切词句。未经多久，又十分精通了《般若波罗蜜多》
的全部文义，使得阿阇黎和所有同师弟子也都对此大圣的智慧和智
能深感惊奇。又从共许为降仁巴大师⑧的大善知识，听受了《经庄严
论》等慈氏的其余诸论并做到了彻底理解。

----

①塔布噶举派：藏传佛教噶举派两大传承之一（另一传承为香巴噶举）。渊源
于玛尔巴、米拉日巴，创始于塔布拉结(1079—1153)。此派以后，派系繁多。有"四
大八小"之称。一般所谓噶举派，实指此派传承系统。

②直工京俄：即白钦却耶，是直工噶举派创始人郊巴·义敦贡布的弟子朱、
噶、却三位大师之一。

③衮乔郊：意为宝救亦称拉杰·衮乔郊，他是蔡巴噶举派僧人，住持公塘寺。
1373年，宗喀巴大师从他学习医学理论。

④八支：西藏医学分疾病为不同的八支：全身病支、儿童病支、妇女病支、魔
鬼病支、创伤病支、中毒支、返老支和壮阳支。

⑤聂塘德瓦坚寺：译作极乐寺。在拉萨西南聂塘附近。是噶当派的土要寺庙。

⑥聂塘巴·扎西森格：是聂塘德瓦坚寺的座主。1373年，宗喀巴从他学习显密
教典。

⑦云丹嘉措：是德瓦坚寺的阿阇黎住持。宗喀巴大师从他学经。

⑧降仁巴：是德瓦坚寺住持。宗喀巴大师从他学习弥勒、龙树的诸论典。

年十九岁上,大师在卫的桑普寺①和德瓦坚寺等处,进行了《现观庄严论》的游学辩经,从而博得了一切善知识大德的不禁信服,美名传遍了雪域全境。此后来到了夏鲁寺②,参见了布教一切智的心徒弟子住持扎才巴·仁钦朗杰③,听受了《胜乐弥勒十三尊》的灌顶。又从此处去了萨迦和觉摩朗寺④,从萨桑·玛底班钦⑤听受了各种法的口教并从法主巧勒南杰⑥学习了《六支加行》的指教等。在此期间,先后去往萨迦寺、大经院俄寺⑦和乃宁寺⑧等处,亦进行了《现观庄严论》的立宗辩论。

年二十岁时,前往年堆孜庆寺⑨,参加夏祀法会,从大智者年本·贡噶班听了一回《现观庄严论》的甚深讲说。此师十分精通讲学,故而大师深感满意。尤其依止年本的门徒,已成吉祥萨迦派教主的至尊仁

①桑普寺:在拉萨西南聂塘河东,现属堆龙德庆县。1073年,俄勒比协饶所建,是后宏期讲传性相教理的大寺院。原名内邬托。

②夏鲁寺:在后藏日喀则市内。初建于11世纪。14世纪初,元代西藏著名历史学家布敦久住此寺,僧徒甚多,形成夏鲁派。相传旧时寺中藏有梵文经典甚多。

③扎才巴·仁钦朗杰:是布敦大师的弟子。宗喀巴大师从他学经。

④觉摩朗寺:原为萨迦派属寺。在后藏南木林县内。

⑤萨桑·玛底班钦:萨桑是地名,在萨迦附近。玛底班钦是兑补巴的弟子。宗喀巴大师从他学《五明论》等。

⑥巧勒南杰:别名珀东巴。珀东是地名,在日喀则以西的彭措岭境内。巧勒南杰,意为全胜。他是兑补巴的最大弟子,曾继兑补巴住觉摩朗寺和昂仁寺的座主。

⑦俄寺:即艾旺却丹寺,在纳塘以西附近。

⑧乃宁寺:坐落在后藏江孜县南部的一座古寺院。据传阿底峡在驻锡此寺时曾为其开光。

⑨年堆孜庆寺:年堆,即后藏年楚河上游。该寺在江孜县境内。

达瓦·迅努洛追①为主师,学习了将《俱舍论》从其本释上所作的指授。因此,这种指授就不仅仅根据经中文句,而是一种将整个经文的中心意思,善加条理,据其要点能给以心得的指授,所以,大师生起了大信乐。由于大师对诸难点做了详细的问辩,所以至尊仁达瓦亦被折服。夏祀法会结束后,师徒二人来到年堆桑丹寺,大师从至尊仁达瓦学习了《入中论》。彼时闻知邦译师②的弟子堪钦译师·降秋孜莫,已抵前藏,大师想到此大师已成为当今《对法藏》之主,所以立愿定要从此师学一回《阿毗达磨集论》的教授,于是起程去了拉萨,拜见了这位大译师。但是,由于大译师年事甚高,要速返后藏,所以听受《对法藏》的愿望未能实现。但是,据说学习了一些相属的法类。从此又去了觉摩隆寺③,从堪布噶希巴·罗赛④完满学习了《律经根本律》及其本释分支。在此期间,于大殿参加了斋僧茶会。在诸比丘进行《大般若十万颂》的修习中,在讲说《般若经》的期间,当大师讲说《般若经》时,则入定于空性之义。所以在诸比丘连经中所讲的法行和驱魔之词句全无感受中,大师则一切粗略的妄想游动悉皆退失,安住于一心专注明空无

①仁达瓦·迅努罗追:仁达是地名。迅努罗追(1349—1412),十四世纪后半期,萨迦派一著名高僧。是萨迦衮噶班和玛底班钦的弟子。为布敦仁钦珠和宗喀巴大师之间的一个重要人物。原在西藏几乎失传的中观应成这一派,由于他的努力才居于重要地位。萨迦派在显宗方面有两个支派,一派就是以仁达瓦为首。仁达瓦是宗喀巴大师在显宗方面的主要老师。

②邦译师:即无著的弟子洛追登巴。

③觉摩隆寺:是噶当派格西·拜底札迥巴所建,后在宗喀巴时代变成格鲁派寺院,在今拉萨市堆龙德庆县境内。在色拉、甘丹、哲蚌三大寺未建前,此寺为前藏地区六大寺院之一。

④噶希巴·罗赛:罗赛是噶当派僧人。1377 年,宗喀巴大师从他学习《律经》等时,他是觉摩隆寺的堪布。

执①之心性。在如是心性中能保持住于斋僧茶始终。从此处又经纳唐寺②来到了萨迦寺,从至尊仁达瓦闻习了《大乘阿毗达磨集论》的甚深解说,以及学习了《释量论》、《中论》和《律经》等的讲说。从萨迦寺上师多吉仁钦(金刚宝)听受了一回《欢喜金刚二品经》的萨迦派的解说。

　　大师年二十二岁时,听说从家乡多麦有来人迎请,便去了拉萨。得知母亲切盼自己返乡,故答应遂返多麦。来到墨竹的拉隆后,当就多麦地区所需的一些修行又发起修道养心时,从一次闭关修行中觉见无彼需要,遂决定不返多麦,便于墨竹拉隆闭关修证。在此期间,研读了乌益巴·日班森格所著的《释量论》的注疏,故对却吉扎巴(法称)③的理论和理规,生起了强烈的真实信仰。其次,藏地诸先德唯将因明七论作为抉择名言学立论的共同理论,不承认是宣说趋赴解脱和一切智的道次理论。而由于宗喀巴大师总于明因的理论,别于《集量论》和《释量论》做了详细的研读,所以,大师获得的定解是一切因明理论不仅仅是能断外知解的名言学立论,而由于能从正理法则上圆满无误地展示修持上下乘的次第,所以是修持的最胜教授。即如《宗喀巴大师传》中所讲:

　　　　于此比方因明学,学未学者一致说:

----

　　①明空无执:系萨迦派之见。即自心体性不离明分为明,明分全无形色可得为空。即此明时显空,明空双运无别,远离言说,不由造作,就是心性。

　　②纳唐寺:由博朵瓦的再传弟子冬循·罗追扎巴创建于1153年。此寺继承噶当派所传教法和迦湿弥罗班钦释迦室所传戒律。十三世纪时,该寺的堪布·均丹热赤及其弟子卫巴洛赛将当时所有的藏译三藏佛经,编订为《甘珠尔》和《丹珠尔》,即佛说与论疏两部藏文经典,刻板印行,故有纳唐版大藏经之说。

　　③却吉扎巴:古印度一位哲学家,属佛教瑜伽宗。他继承并发展了陈那的因明、认识论的学说。著有名论七部。

经藏与因明七论,无趋赴菩提修次。

接着又讲道:

佛法唯是欲脱径,获此定解自内心,

包容二乘诸道要,出自理路故甚喜。

此后,秋祀法会时,来到了大经院埃寺,从大译师南喀桑布①听受了《诗镜》的讲解。此后与仁达瓦一起,去了萨迦。在萨迦、桑普和泽当②等各大寺院,进行了四部大经典③的立宗辩论,故使卫藏各大寺院的一切善知识和三藏法师因受用了出自这位至尊大师智莲的甜蜜善说喜宴而满意。大师以出自辩才的教理辩驳——狮子的怒笑,制伏一切敌论的胜鼓虽于世间之顶鼓响,但是,宗喀巴大师却毫无骄傲自满之情,唯是最胜的文温善良的本性。对此,一切高低贵贱者皆撒出赞美妙花,信仰的毛髮无不竖动。美誉盛名均匀地传遍了辽阔的南赡部洲整个大地。大师从此处又来到丹萨提寺④,参见了法王京俄·扎巴降秋⑤。由于此师著有《正法随笔》,故而深深敬信这位京俄大师,不禁泪流。据说后来再三传出对住于京俄门下的诸弟子讲了"如此年少青年能有如是功德大藏,吾之转世即如此。"的心所⑥之语。彼时,大师从京俄大师学习了包括《道果》在内的全部要门,以及《纳若六法》、《至尊

①南喀桑布:是埃寺的住持。仁达瓦亦曾从他学过《密集》等一切本续要门。

②译当寺:公元1351年,噶举派大司徒降曲坚赞所倡建。

③四部经典:有《中论》、《现观庄严论》、《律经》和《俱舍论》。

④丹萨提寺:在山南专区桑日县境内。1158年由帕木竹巴所建。

⑤京俄·扎巴降秋:京俄为帕竹噶举丹萨提寺座主的称号。扎巴降秋(1356—1386)一度曾任帕竹政权的第斯,故又称为王扎巴降秋。"王"即明代给予他的"阐化王"封号的简称。

⑥心所:自力能见各自对境事物特殊属性心所生法。如受第五十一心所。

帕木竹巴①全集》和《直工义敦贡布②全集》等许多塔布噶举派的法类。当时译师南喀桑布亦应京俄大师之邀，来在彼处，于是宗喀巴大师从他学习了如地上画图的大部分迦拉波③和旃陀罗波④的文学成法。于此某时，做妙音仙女的长期闭关念诵，当诵到五千万次时，妙音仙女的圣容便真实显示，承诺恒常摄受。所以，极大地证得了总的经义和一切共同明处的智慧境界。后又来到机雪蔡公塘寺⑤，详细研读了一切现有的佛说经教和典籍，故而心中生起了审慎观察一切佛经的诸多门路。

大师在年三十三岁上著作了《现观庄严论》及其注解的大疏善说《金鬘疏》。从此处又来到觉摩隆，从蔡巴多丹·益喜坚赞⑥详听了《时轮无垢光大疏》、历算以及事相等，皆达到了精通。

大师于年三十四岁时来到了藏绒的鲁却隆寺，依止却隆寺的住持扎巴协宁(称友)学习了《五次第》法类等许多教敕。彼时上师邬玛巴·尊珠森格住于德庆隐居之地，当大师前去参见时，邬玛巴遵照本尊对自己所做的授论，向宗喀巴大师请教了《妙音天女随许法》，大师故做了如是的讲授并就诸甚深难解之处，做了询问究竟等许多正法

---

①帕木竹巴：即第斯·帕木竹巴。(1110—1170)。其全名为帕木竹巴·多吉结波。系藏传佛教帕竹噶举派创始人。

②直工义敦贡布：直工是地名，在拉萨市墨竹公卡县东北处。义敦贡布，意为世间怙主，本名仁钦白(1143—1217)。他在此建寺，开创直工噶举系，故有此尊号。

③迦拉波：佛教理想国北方香拔拉一城市名。

④旃陀罗波：即八戒居士皎月。公元七世纪时印度一声明学家。著有《旃陀罗波字经》。

⑤蔡公塘寺：位于拉萨市东郊。公元1187年，为宇札巴·达玛循努所倡建。

⑥蔡巴多丹·益喜坚赞：是蔡巴噶举派僧人。1389年为宗喀巴大师讲授(时轮)等。

的讨论。从此处大师来到了达仓宗,由法主译师却乔贝①做承事,至尊仁达瓦、堪钦译师扎巴坚赞、译师吞桑上师(义妙)和宗喀巴大师等聚会,并同诸多善知识、三藏法师和当地的僧团一起,于许多天中进行了正法的希有说教。彼时,大译师却乔贝讲说了《喜金刚根本经二品续》、大译师扎巴坚赞讲说了《现观庄严论》、至尊仁达瓦广讲了一次他本人所著的注释《现观庄严论大疏》与《密集根本续》的解说,宗喀巴大师悉皆听了讲解。师徒二人亦多次进行了抉择诸难解之处的正理问难。此后,大师又来到绒却隆,与邬玛巴上师会晤,由他传语,大师向文殊菩萨请问了法义,尤其多以见地方面为主,做了请问。如问:"今时我见,于应成自续两方究属何见?"菩萨答道:"此二全非。"又嘱咐说:"现分与空分②,绝不可有偏重。尤其对于显现应当重视。"菩萨又就应成和自续的差别;由俱生和偏计的二种我执如何所执的我与正理之所破的粗细量;了达正见的标准和以应成派见,建立世俗的道理等方面应当详细观择的种子等,极其总括地作了指示。对于显密二道共与不共的差别;《吉祥密集圆满次第》五次第的体性、程序和数量等的诸不共精要,也作了总括的指示。大师回禀道:"仍然还不了解。"菩萨说:"不要把所讲的忘掉,暂时作上记录。于上师本尊无二无别前,要虔诚祈祷,并做近修;勤策励力积资净罪;以正理观察经论之义而详细思考,这三方面要结合一起来做实修。切勿轻易满足,应持久而善观薰。到时以我现在所播的此诸种子为缘,则能疾速善悟。"等作了许多教诲。此后,度过短暂的法会假期后,欲做密乘的闻习,便来到

①却乔贝:别名空利跋陀罗,是噶当派僧人。1401年,宗喀巴大师来到达仓宗时,他正任朗孜顶寺住持。

②现分与空分:即空和有,有方与空方。"空"是指性空,"有"是指因果缘起,修善积福和成佛等方便。佛教认为:"对于空有两者,不可偏重一方,尤其是对于有方应当重视。"这是中观见的观点。

了年堆贡松德庆寺①，参见了布敦·一切智的及门弟子、精通《时轮》的最者德庆巴·却吉白上师（法祥）②，请教《时轮大疏》及其分支法类。上师欣然应允，随即圆满学习了详广的《续释解说》、实修及其分支的指授引导和六支加行的证验引导等，从而无余了解了《吉祥时轮》的内、外、别③等三方面的诸要义。又受学了《金刚鬘》的灌顶、传经、指授、解释，以及舞、画、唪等三艺④的实践指异。通过这些学习，遂对三鬘类⑤皆已达到精通。此外还学习了大曼陀罗的灌顶、传经和要门等许多深广妙法⑥。此后，当想到要听受瑜伽的教敕和解说时，欲愿首先学习先行仪轨的清净实践，遂于称做衮桑的瑜伽师前，详细学习了《金刚界》、《吉祥最胜》、《顶》等一切瑜伽大曼陀罗的绘坛、舞蹈和歌赞；《曼陀罗仪轨汇集》结手印法并做到了娴熟。此后来到了夏鲁寺，从大金刚持琼布勒巴⑦听受了以瑜伽部的诸曼陀罗灌顶为首，现存藏地的大部分清净灌顶河流未断的传承——密宗下三部的诸口旨，此外，还听受了《胜乐》卢、那等派的密宗无上部的许多教敕。总之，从这位上师处如瓶满灌之状地听受了现存的大密金刚乘的一切灌顶、传经和要

①年堆贡松德庆寺：年堆，即年楚河上游。贡松德庆寺在江孜县境内。

②德庆巴·却吉白：他是德庆寺堪布，属夏鲁派。

③《吉祥时轮》内、外、别：即内外别三种时轮。外时轮，指须弥山、四大洲、八小洲等器世间；内时轮，指五欲界、六欲天、十六色界、四无色处边等三十一有情世间；别时轮，指生起次第的所依能依坛场和圆满次第的风、脉、明点等。

④舞、画、唪三艺：亲教师、轨范师、悦众师及供祀师等必须娴熟的三种技艺。舞，谓穿戴舞衣面具跳神；画，谓绘制坛场；唪，谓举腔唪诵。

⑤三鬘类：有《金刚鬘》、《瑜伽鬘》、《光明穗鬘》。

⑥深广妙法："深"指文殊菩萨宏传的甚深见——中观见；"广"指弥勒菩萨宏传的广大行——菩萨行。大乘佛教就是这二者的结合。

⑦琼布勒巴：即穹勒巴。本名迅努索南，布敦大师的弟子，是宗喀巴大师学密法的主要上师。

门，做到了悉皆饱学。琼布上师讲道："今法已归主人，无遗憾矣。"从此处又来到上师德庆巴·却吉白尊前，学习了《金刚心释》、《金刚手赞疏》和《那若巴大疏》等《时轮》的全部分支，以及学习了布敦大师所著的《密集二规书》等许多密乘法类。此后又来到日沃德庆寺，从善巧瑜伽的三藏法师坚赞扎巴①又听受了布敦大师所著的《金刚生大疏》、《瑜伽本释续》、《恶趣净治续》、《吉祥最胜真实光明》、《阁萨罗庄严》、《吉祥最胜大疏》等各种无量的本续及其天竺原疏的各类经传，故而圆满掌握了金刚乘的法理。此后与邬玛巴上师一起，来到噶瓦栋②，在师徒二人严格闭关实修中，由邬玛巴上师传语，从文殊菩萨听受了许多法义，并请问了无量难解之处。特别将上师与文殊菩萨视为无二无别，日夜祈祷念修，故而未经多日，独勇文殊真身便显现，向大师施授了独勇文殊、内修、密修、护法神羯摩阎罗法王的内外密三修的随许、加持和等持四灌顶等，并还听受了许多羯摩集法类的讲授。此外又由邬玛巴上师传语，文殊菩萨指示道："从今以后视上师本等为无二无别，虔诚祈祷、积资净罪和做观察。这三方面结合一起不断实修，无需长久，对见要究竟及显密的一切法便能获得无误定解。若虽现在就观察，然而只会有近似利益，故当暂先循世，将依止远离而修行作为要义。"大师仰仗文殊之策励，决定随即循世，将于静处修行作为要义。

大师年三十六岁时，携同眷众七人，去了沃卡却隆③。在此安住期间，念起首先积净为要，于是师徒全体便励力精进于具足四力④的积

①坚赞扎巴：布敦大师的法嗣，夏鲁派僧人。

②噶瓦栋：寺名，在拉萨市堆龙德庆县觉摩隆河对岸，为噶当派古寺。

③沃卡却隆：在山南专区桑县沃卡河谷内。

④四力：1. 恃像力，指归依和发心两种念头；2. 弃舍力，指对以前恶业所生悔改决心；3. 远离恶业力，指以后不再作恶的誓言；4. 遍行对治力，指为净除恶业而作善事的实际行动。

资净罪。大师自己亦不间断地进行忏悔相属的拜佛和敬献曼陀罗，手指全都破裂。由于敬献石制的曼陀罗供，两腕竟皆磨破，然而全然不顾，长期坚持进行着难以计量的猛励精进等缘想契经所讲的菩萨之大勇和每一广大行之修行养心。所以，对一切佛经非只取一般字句，而是将全部经论之要义，无余现为教授。如此之情，亦如《宗喀巴大师传》中所讲：

> 从此恒励坚信最胜者，消除化机心闇文殊尊，
>
> 为现一切经文为教授，励力精进一切因资粮。

此后，为吉祥金刚手所亲自摄受的堪钦却多瓦·南喀坚赞（虚空藏）[①]遵照本尊的授记，迎请大师。大师故于年三十七岁上。经涅[②]在转法轮节藏历六月初四来到洛扎的扎窝寺[③]。当堪钦前来迎接时，亲见一位光网庄严的文殊驾临。大师亦见堪钦南喀坚赞为真金刚手，彼此互生了奇异的清净观相。那天黎明，堪钦却多瓦于梦中听到说，令他向弥勒请教《集学论》。大师应其请求，向以堪钦为主的洛扎诸比立，讲说了《集学论》，又单为堪钦一人授与了《五部陀罗尼》的许多灌顶和随许。大师从堪钦却多瓦圆满学习了《菩提道次第引导法》。此法有由贡巴瓦[④]大师传给乃邬素巴[⑤]和由京俄互传给甲域瓦[⑥]两系的验证引导，大师皆做了圆满的学习。此外还受学了金刚手法类的许多随许和堪钦本人的全集等。彼时，大师心中念起应当明确抉择圣师徒的意

---

①却多瓦·南喀坚赞：噶当教典派大德（1326—1402）。住持洛扎寺。宗喀巴大师曾与他共研经教。

②涅：地区名，即山南隆子县列麦乡一带。

③扎窝寺：全名洛扎·扎窝寺。是噶举派始祖玛尔巴译师的居住地。

④贡巴瓦：十一世纪藏传佛教噶当派的一位格西名。热振寺第三任座主。仲敦巴的弟子。

⑤乃邬素巴：本名耶协拔（1042—1118）。属噶当要门派法统。

⑥甲域瓦：（1075—1138）。甲域是地名，在塔布以南接近门域地区，即今加玉县。此僧本名仁钦宁布，是京俄瓦的弟子，属噶当教授派法统。

趣——见地究竟和《吉祥胜乐轮》的诸法类,尤其是《密集》的五次第,以其中这个幻身的立论最难了悟,故若通达,意义甚大;若不了悟,那凭依无上密宗乘道而成佛之理,便唯成了空言。于是,一种现在就应当为了寻求能如实无误地宣示圣者密意的善知识而不惜翻身舍命,甘愿承受任何艰难,遂赴天竺,拜见阿阇黎龙菩提①和大德弥多罗佐格②的心意,便经常生起并禀告了堪钦。堪钦却多瓦授记道:"仁者赴竺,纵可成为善巧十八明处③的大班智达,作大菩提寺的住持,但寿量会减短。诸弟子亦不堪炎热,故成寿命之难,对弟子众徒无益。是故不如安住藏地,祈祷最胜本尊至尊文殊菩萨,定能成就广大教义。"劝请勿赴天竺。大师即遵堪钦之旨,打消了赴竺之念,又来到了涅与洛若④。在洛若栋达约五个月中,专精修持,详阅了噶当派大善知识卓隆巴⑤

---

①龙菩提:那烂陀寺主,约为公元十四世纪时人。

②弥多罗佐格:即月贤,是传持释迦牟尼演说的时轮密法的人,他是苦婆罗闰的法王之一。

③十八明处:1. 音乐;2. 春方;3. 生艺;4. 数目;5. 声学;6. 察医方;7. 礼仪;8. 造作;9. 射方;10. 成语、正语;11. 修习;12. 闻;13. 念;14. 观星;15. 占卜;16. 幻术;17. 历史;18. 故事。又称十八大经,包括六论与八论和四吠陀。六论:1. 式叉论,明六十四种之能法;2. 毗伽论,释诸无常之法;3. 柯剌波论、释诸天仙上古以来之因缘名字;4. 坚底沙论,释天文、地理、算数等之法;5. 阐陀论,释作首庐迦之法;6. 尼鹿多论,释一切物之名之因缘。八论:7. 肩亡婆论,简释诸法之是非;8. 那邪毗萨多论,明诸法之道理;9. 伊底迦婆论,明传记宿世之事;10. 僧法论,明二十五谛之义;11. 课伽论,明摄心之事(此之两论,皆释解脱之法);12. 陀菟论,释用兵杖之法;13. 键阇婆论,释音乐之法;14. 阿输陀,释医方(出自《百疏》上之下199·3)。四吠陀:15. 耶柔吠陀,即祠祀吠陀;16. 黎俱吠陀,即禳灾明论;17. 阿达婆吠陀,即赞颂明论;18. 娑摩吠陀,即歌咏明论。

④洛若:是指山南隆子县和错那县之间的洛若河谷一带的地名。

⑤卓隆巴:本名罗朱炯乃。噶当派大德,是俄·罗丹协饶的弟子,曾建赤列寺。幼时也曾拜见过阿底峡。

所著的《正教次第》，故对《现观庄严论》中的一切所诠，拿来作为一个补特伽罗成佛之教授的道理，并非仅取词句的一般理解，而是产生了与二位大乘师之主张特别随顺的道之体性、数量和程序等的殊胜定解。此后又参见了堪钦却郊桑布（救贤）①，从堪钦圆满听受了错那巴②道次的《菩提道灯论》的解释和阿底峡的教授。此教授有从噶当教典派③传出的指导，经博多瓦④传与夏惹瓦⑤和传与兑巴⑥的二种，大师皆已学完。故而宗喀巴大师便成为通掌一切佛经之集要——二位大乘师之道规、三士夫实修的一切次第之全集——吉祥无匹大觉沃的菩提道次教授修持之规和总括噶当派传承三河流的全部教诫等的大法王。

如是宗喀巴大师对此等显密大经论，进行闻思的这种情况，亦是从最初发心起，就已连根拔除了对佛教大宝不了悟和邪分别的一切污垢，以无间铭记将此所有的清净佛法心要，显扬如日的猛励誓愿之力，并非仅仅片面听闻，而是从《律经》开头的偈颂到《吉祥密集》之间

---

①却郊桑布：噶当教典派大师。1395年，宗喀巴大师参见他时，他是扎果寺住持。

②错那巴：即错那巴·协饶桑波。是藏族一重要佛学家。著有《毗奈耶根本论日光疏》。

③噶当教典派：从仲敦巴·甲卫琼内的亲授弟子格西·博多瓦钦波、格西·夏惹瓦等到涅·扎果大堪布曲加桑波之间，逐步传承的教授法，称做噶当正典。因为这是结合《噶当六书》。即《本生经》、《集法句经》、《大乘庄严经论》、《菩萨学论》、《入菩萨行论》、《菩萨地》来进行传授的教法。

④博多瓦：全名博多瓦·仁钦色（1031—1105）。是仲敦巴的最著名弟子之一。他所传的噶当派的一支。称教典派，意为这一支派比较重视佛教经典的学习。他曾任过热振寺堪布，收门徒数千人。因他曾修建了博多寺，故又被称为博多瓦。

⑤夏惹瓦：（1070—1141）。本名云丹扎。从博多瓦出家学经。默记经论甚多。为宋代西藏噶当派一大学者。

⑥兑巴：又称兑巴玛修瓦，本名协饶嘉措（1059—1141）。兑是地名，指山南桑耶之东和温浦之西的一个地区。他是博多瓦的弟子，愿噶当教典派法统。

的契经和论著,总于印藏智者的经论,别于二位大宝师龙树和无著为代表的世间二圣六庄严等如虚空日月的诸贤哲之浩若大海的标准经论,做到了闻思究竟,故将各个自他宗派的一切主张,皆已无误地详细通晓。总之,对一切名为善巧之处,大师无一未学。因此,其广求多闻便达到了教德大海彼岸,成为整体佛教的大主宰。如此之情,亦如克珠杰所著的《正信津梁传》中所讲:"特别是由于此大师从无始起,就已圆满成熟了善于修学的种姓之能,故于佛经及其注释所做的一切闻思修,皆无掺杂心想今生之利养恭敬、名誉眷属和个人谋求等皆成圆满和能见自己较他人尤为殊胜该有多好的动念之垢,却唯因专为一切智而不禁动心,故而全未仅以措辞妥帖、语义善巧,随出得较他人所讲殊胜、在众会中他方不能辩驳自宗的立论,却以种种方便之门,能破他方的主张而为满足,以及毫无唯勤奋于如此的污垢。是故,如那种主张自己获胜,击伤他人和以自诩为智者的我慢,为了使他人共许即彼而才或讲说或辩论或著作等,从大师开始主要精进闻思之最初起,乃至如今任何时候,所谓'于此时曾有过如此之情'是任何公平正直者在说实话时,连一次也未找到的。此情,即使下至心稍向往正法者谁来思考,若能以公正之心思维的话,这也是不禁生发增上信仰的希有圣者之行迹。"

(三)如理修习获得证悟功德的情况

这位如是宗喀巴大师,自随从法主顿珠仁钦以来,特别是从年十七岁到三十六岁之间,通过亲近成为卫藏地方的智者和有成就者之功德藏的上十位无净的善知识,对包括诸明处在内的显密一切经论,做到了抵达听闻大海彼岸。约在年二十二岁上,大师于雅耆门卡扎喜栋①驻锡时,应格西夏敦等的殷切劝请,在从桑普等上下地方之诸寺

①雅耆门卡扎喜栋:在山南乃东其境内。

院所聚集的无量三藏法师之比丘海会中，从当月初一起，三天内讲说了玛尔巴[①]和米拉日巴[②]传记，以及一些零散的口传。从初五起，将一天订为天竺语的一个十五正时，每天都是天竺经典的讲经。十五个法座，无一间断，将《释量论》、《现观庄严论》、《上下对法》、《律经本律》、慈氏的后四论、《中观理聚五论》、《入中论》、《四百论》和《入行论》等十七部大论的解说，进行了三个月。复次，对于此等大论的一切难解的要处，在以藏地诸智者大德的每一大疏为本之上，将众多其他注释的讲法，以破立而加以抉择。将其余诸论典，大多在各自的任一原注上，全以现有的智慧，做了详细的解说。所以，像以这样的善巧智慧，讲说的情形，休说在雪域藏地，就是在昔往天竺圣地也无所闻。因此，卫藏的一切大善知识亦对大师如此年少而能无余圆具智慧与辩才之情，无不十分惊异，从心底不禁起信，信仰之毛发骤然竖动。悉皆异口同声地说："此乃为本尊所摄受。是对不可思议的陀罗尼和辩才获得了自在上地果位之相。"

　　大师年三十六岁时，遵照文殊菩萨的教诲策励，舍弃一切世俗事物，观修上师与本尊无有分别而为祈祷，修积甚多福德资粮，凭依此等，将一切经论皆现为教授。此复不是仅取圣道一分，而是集中精进

---

　　①玛尔巴：全名玛尔巴·曲吉洛追（法慧）（1012—1097）。藏传佛教一大派别的创始人，达波噶举派的祖师，被称为讲说与实修之主。生于洛扎县普曲地方，为玛尔巴族，故又称洛扎巴·玛尔巴。自幼习法，15 岁时从卓弥译师学梵文。数次去印度和尼泊尔，从那惹巴等佛学家学习《喜金刚》、《密集》和《大手印》等密法。回藏后，在洛扎卓窝拢地方收徒说法，一生未出家。从学弟子甚多，最著名者有米拉日巴和梅顿村波·索南坚赞。终年 81 岁。
　　②米拉日巴：全名米拉日巴·推巴噶（闻喜）（1040—1128）。生于阿里拉堆贡塘的加阿杂地方。1078 年，闻玛尔巴译师之名，前往洛扎学道，历经六年之久，勤服劳役，极尽苦行，终得玛尔巴之要道。重返阿里。隐迹山林中，采食荨麻度日，专心修行。著有《道歌集》行世。有弟子日穷巴和达波拉杰等，形成噶举派中修行派。

于显密整体圣道的实修。所以，不是像那种仅得内外共有的一种功德，便自以为是很高的证悟，而是于心中产生了全如佛经及其注释所讲的标准证悟。大师讲道："并不仅仅因为他人于我敷设妙座、恭敬承事等做了多少而特去想。即于当时便知此等一切皆是无常不可信赖如同幻术骗局，在内心中幡然生起猛利的厌离。这种常久生自内心的变化，自最初便自然而有。"如此所讲，内心厌。离已成殊胜的依他之情，亦非如初业者需要观待于一再特意思维和修习总的生死与诸别苦，而是唯从幼年时起，就见一切生死如火炽燃之界的真实厌离便于内心自然而有。即如克珠·唐吉钦巴所讲："此乃此生所得之俱生功德，而非于此生重新生发对治的加行所成。"又讲道："此乃极高的证悟。其为殊胜，是诸多盛名藏地者仅连一分亦不能比的现证功德。"大师自己也讲道："一切功德之本，就是清净自己所承许守护的律仪。我于别解脱中之他胜罪、僧残罪等粗罪未曾犯过。即使有时误犯某些堕罪与恶作，亦立即忏悔防护。"如此所讲，大师念起佛法之必不可少的根本唯是正法《律经》后，故在住于涅的期间，向诸化机讲了众多律学法类。下至戒律细微之处，亦使修持不致违犯。师徒全体纵于行住的一切临时也都做到守持以三法衣①为主的比丘应有的相装，故而持戒之美誉传遍了一切方隅。在朗孜顶寺②，三位法主③聚会，校订《律经》教法大宝，对《十七事》和《广戒经》等中所讲的粗细律制的体性、程序、如何守护之规和改正的仪轨等，完整地建立了《律经》所讲的实修清规。总之，不论任何时间与临时之中，也永远不被别解脱中的堕罪

---

①三法衣：上衣、下衣、内衣（又译作祖衣）。
②朗孜顶寺：十三世纪时噶当派僧阿尔钦布·降曲耶协建。在热振寺以西，堆龙浦河谷内。
③三位法主：即宗喀巴、仁达瓦和郊乔白桑。

污垢所沾染，唯将最极清净的风规，作为主要的加行，故那戒蕴圆满之情，即如克珠·唐吉钦巴所讲：

纵以佛智如何观。尊心所见仅一分，

松弛清净戒律罪，细微亦断我启白。

如是那种对菩萨戒律和密乘誓言，更以视为最重要之门，恶行虽仅一分，也不使沾染，将如眼睛一般地守护誓言作为首要和由大慈大悲而等起的菩提心大宝于心中无间存有等全如昔往发心祈祷之情，皆如前面略讲。总之，直至轮回不尽，都不仅无间地学习菩萨广大行，而且在共同的心目中，那种即使按照大师此寿，内心也永存真实菩提心之情，亦如克珠·唐吉钦巴所讲：

尊于意乐骄不取，有情利乐荷绝无，

诸广大行达究竟，希有勇心我启白。

特别是内心生起清净正见之情，由于在未参见邬玛巴上师前，大师已想到若能无颠倒获得此甚深中观正见该有多好的猛励心愿就已常有，所以，参见邬玛巴以后，由上师代语，因向真实的文殊菩萨请教了诸多正见法类的问题而断除了增益。尤其由于文殊菩萨将应成自续宗见之差别、所破的粗细正量和了悟正见的标准等要义，做了总括的教导。于沃卡和却隆等处，无间地广修了积资净罪，故而亲见了无量的佛菩萨和静猛本尊之圣容。特别在沃卡拉顶时，当观上师与文殊菩萨为无二无别，猛励祈祷，使正见的观修生发实效时，遂见圣者龙树师徒五位之容。其中桑杰琼(佛护)[1]手持一本《中论》，为做加持。翌

---

①桑杰琼：佛护(470—546)。亦作觉护。印度大乘佛教中观派论师。据西藏多罗那他《印度佛教史》第二十三章等载，为南印度坦婆罗人。出家博学，是龙友的弟子。从僧伽罗若什达学龙树的空宗教义，为龙树、提婆等人所撰的诸论作注释。著有《根本中论注》等，发展中观派学说。

日便得一部《佛护论》。经详细研读，便对正见之究竟枢要——龙树师徒的无误意趣，生发了透彻的定解，相执的缘虑随即自灭。对真实义理，担心落入诸边的怀疑，悉皆连根拔除，如实现见了真实义，故对本师薄伽梵生发了坚固的虔信，著作了这部由讲甚深缘起之门而赞美如来的《善说藏》。如是亦如克珠。唐吉钦巴所讲："大师以正理力，于真实义全断增益。勤修一心等持空性的三摩地并运用正知正念，善巧保任的串修已达究竟。由此力故，大师自言道：'现已串修熟练。故于出定后所见种种境相，皆如空而现，犹如幻起。不由空见所印持之自喜境相多不独起了。'"如是圣道三要①等大乘共通的诸殊胜证悟，大师心中不仅领有，而且那种总于不共的密宗，别于无上密乘二次第②除凡常执着，自己能转成真实天幔，并当次第明想粗分所依能依时，能如所明想而显现得最极明了。这由于需要一种现如真实，所以，此又除非由次第外，不能刹那间显现明了的间段是初业位；粗分所依能依曼陀罗，虽能刹那间显现明了，眼等处之细分本尊和脉与界的本尊等诸细分，虽能次第出现明相，但是，此等皆不能刹那出现明相的间段是略降少智；不仅粗分，而且诸细微天身之面臂眼等的黑白界限，若也不混淆而能刹那如实明了，就是于智慧获得了自在。此复若能坚持并保任到随时如愿，则安立粗分生次为一念瑜伽究竟。所谓一念之义，亦在《辨析宝苗论》中讲道："所谓一念，非谓或念佛一次或唯念一佛，而是完全念佛或念自与佛为一体。"如此所讲，就是指串修本尊明相和我慢。经中是将此分位说为获得显乘的第八住心③之量。又修

①圣道三要：出离心、菩提心和正见等三者。
②二次第：即生起次第和圆满次第。
③第八住心：即励力求得无功用住，是为专注一境。

习下门细分时,若能于降入佛母①莲花②的芥子粒大小的明点内,顿时最极明了地明想出一切所依能依曼陀罗而且复又一切粗细本尊之黑白眼睛行相等也不混淆而能获得极明了又不动的坚固的话,则将于智慧获得自在的生次,说成细微瑜伽究竟之量,并将此分位说为显乘的寂止与胜观已成之量。此时寂止成就之情,说是若能内心强将字母和细点,持于或上下顶端或脐间或心间,便由所修之处与所缘之要令风心住于体内,此时,被身心轻安之喜乐所摄持的寂止就能成就。又胜观成就之理,说是由于串习了细点瑜伽,所以在再次收放的妙观察之观修进行之终,胜观就能成就。

大师来到沃卡札栋③后,由修学了总摄轮④的近修和尼古六法⑤的引导,故而生起了诸多希有的验证。转赴沃卡桑昂朗⑥后,进行了最极严密的冬令闭修。在奋力修证期间,欲著《建立次第疏》和《密宗道次第广论》时,大师说:"总于《五次第》要义,别于第三次第幻身的修法等凡《吉祥密集根本解释续》和圣父子师徒之论典所讲的诸不共义,均已彻底了解。虽过十余载,但至今未能宣说。现在亦只略说其少分。"即是说并不成为昔往雪域之境的大多数自诩为智者那样所了悟的境界,而是由大师的无上智慧与辩才,无颠倒地如实了解了一切续

①佛母:本尊阴体。密宗本尊代表智慧的部分。

②莲花:女生殖器的异名。

③沃卡扎栋:在乃东县西和津河谷口,原为宁玛派古庙。

④总摄轮:即胜乐,无上密乘本尊(口四)噜迦的异名。

⑤尼古六法:密乘尼古空行所传六种秘法;脐火暖乐自然、自身贪愤自解、梦境迷乱自净、光明愚钝自醒、往生不修自觉、中有如来报身。总为尼古空行所传六法。

⑥沃卡桑昂朗:在山南桑日县东,曲松县北。

部之义——圣师徒的意趣,并于内心生起希有的证悟后,虽经久时,然而想到如若一旦宣与非法器者,则会产生宣秘之罪和未到时机后,除留存于自己心境外,于他人极为守秘。时机到后,将以极秘密的方式,向诸具法器的弟子略宣其一二。此外,宗喀巴大师在进行本尊念修和正见的观察时,在平凡者的印象中,诸身边弟子曾请问道:"不论修习三门任一之行,除非特别专注,细心观察外,此等似乎由心不能决定。如此者是在何时?"大师答道:"于善行时有过如此,是在降巴林寺。在进行详细观察和伺察时出现如此,早已有之。是有如是者。"大师之此语,就是对三摩地获得稳固的殊胜相。即如克珠·唐吉钦巴所讲:

> 究竟粗细天瑜伽,远弃常相执妄念,
> 凡现皆坛轮变幻。尊心不动我启白。

如是又怎样获得圆次证语的方法。总的讲,在生起次第的证悟达到究竟后,圆满次第的证悟所生的量,是怎样的呢?按照《密集》所讲,初次第——金刚念诵次第中有身远离①分和语远离②分两部分。身远离又有生起次第分和圆满次第分二者。所以,以依止手印的大乐,现起空性的乐空智之所取行相③现为天的身远离,就安立为生起次第;以修所成力④使风息入、住、融于中脉,以由此所生的俱生乐,证得空

---

①身远离:即身寂。三寂之一。修微细明点于下门,吸纳风息渗入中脉以生起俱生的融化乐。

②语远离:即语寂。三寂之一。修三明点之心风于鼻、心及密处等三尖端,使风息内渗以生起四空。

③所取行相:又名所了相。心识面向外境,生成所取外境之相状。如眼识等一切了别外境之识。

④修所成力:长期修道所得殊胜工夫和力量。

性的乐空智之所取行相现为天的身远离,则安立为圆满次第。这是如《五次第明灯论》中所讲。此中,若现证无学①双运金刚持果位,则需要证得彼由何所生的胜义光明心和清净幻身双运转的有学②双运,而清净幻身能成,则需要修办其近因③——唯由第三次第之风心所成的世俗幻身;此中又需要其成就的本体———切风息如死次第而隐没的心远离④竟究的喻光明⑤先行;此中需要由三顶端的命力⑥解开心间的大多数脉结⑦,诸粗风息融入中脉的语远离先行,此中又需要能固心于末尼中脉中心的标帜或细点的身远离细瑜伽先行。所以,如是降央却吉·扎西班丹讲道:

　　常情器⑧以现空幻,深明无二之瑜伽⑨,

　　现为大乐天相时。身金刚瑜伽法主。

　因此是说,以修所成力,吸纳风息,使入中脉和以脐轮火⑩炽燃,

————————

　①无学:住无学道。各自证得究竟的补特伽罗。

　②有学:尚须修学道位者。

　③近因:亲因。迅即生起后果的种子。近因:亲因。迅即生起后果的种子。

　④心远离:心寂。三寂之一。凭依内外二边,使风息渗入心间以生起殊胜四空。

　⑤喻光明:譬喻光明。圆满次第法门之一。收摄心风入于心间,由此之力。睡眠、错乱所起二障,不复现行。

　⑥命力:如来金刚云:"由于脐处修细音韵阿利噶利加行瑜伽或于心处修习明点等瑜伽静处,能遮命向外转,故名命力。"

　⑦脉结:藏医所说人体血管扭结处。脉结:藏医所说人体血管扭结处。

　⑧常情器:凡常情器世间的简化。即平常的大地和动物。

　⑨深明无二瑜伽:空分和智慧无二无别的相应观行。

　⑩脐轮火:猛厉火或名绝地火。梵音译作拺陀离。密宗圆满次第根本法之一。集中坚守脉、风、明点,以使脐中针形(形如倒竖梵文字母短阿)燃起乐暖。功能猛励焚烧一切不净蕴界,尽灭一切烦恼寻思,迅速生起俱生妙智。

熔化菩提。即由于凭依如是二者,引生了上降下固的四喜①。所以,在从俱生的大乐和空性二者成了如水中加水的乐空无二无别的等持出定的后得中,就证得了凡显现皆为大乐的变化和此智慧现为天身行相的身远离——身金刚瑜伽。又讲道:

　　三身金②于心莲,生入诵此为咒音,

　　入住融光明大印,语金刚瑜伽法主。

　　因此是说,凭依三顶端瑜伽或使心间的不坏明点③生、入、住于三金刚体性——咒音的风咒无二无别之金刚念诵,就证得令风息入、住、融于中脉的乐空三摩地语远离——语金刚瑜伽。又讲道:

　　由旃陀离脐轮火,熔顶 ho(杭)字于中脉,

　　变为俱生大乐德,心金刚瑜伽法主。

　　因此是说,由于以脐轮猛厉火,熔化了顶间的菩提,所以,凭依上降的四喜,以及与随融④和整持⑤的二虑静相同的收摄次第,无余解开一切脉结,使一切风息全都融于心间的不坏明点,所以,就使基位心⑥生发为三空⑦,特别生发为一切空俱生的大乐体性,就现证了心远离

---

　　①上降下固四喜:无上密乘圆满次第所说摄气入窍,修脐轮火所生证境之一。菩提自顶下降为喜,降至喉轮为胜喜,降至心轮为离喜,降至脐轮为俱生喜。此为上降四喜。菩提自下逆行,由隐经脐、心、喉乃至顶轮四处,所生四喜。此为下固四喜。

　　②三身金:如来三身,即法身、报身和化身金刚。

　　③不坏明点:或译不散明点。密乘所说永时不散的明点。此明点住于有情心莲之中。

　　④随融:亦译随灭。是六加行的第五阶级。尤上密乘生起次第修习时,在本尊无量宫融成光明后,自身亦随而融成光明的先后次第。

　　⑤整持:是六加行的第四阶段。主要是修在光明中化粗身为细身的幻身修法。

　　⑥基位心:是指与微细持命风并存不离之心而言。

　　⑦三空:空、甚空、大空。

究竟的喻光明——心金刚瑜伽。

这样的密乘大瑜伽之心相续的证悟，除了在具足彼道和彼相续的瑜伽行者内部成为彼此的行境外，岂能成为观现世凡夫的能见境界。然而，仅以证悟达到极高之量的行相为例，大师来到塔布敏隆嘉索浦①后，一心勤奋修持时，就亲见了至尊度母和顶髻尊胜佛等诸多殊胜本尊和圣者龙树等天竺的许多班智达与成就者的圣容，特别是文殊菩萨，一把利剑之柄插在了众佛菩萨拥绕的文殊菩萨像之心间，剑端插于宗喀巴大师的心间，一股白黄色的甘露极其油亮，犹如光流，从文殊菩萨的心间，经过剑身，源源不断地注入了大师心间，故于心相续中生起了希有的无漏乐。又于该处亲见了金刚大威德之圣容。从彼时起，便不间断地每天修行着大威德的自入②。在涅麦森格宗驻锡③时，从修证的类别中，由于对《吉祥时轮》的圆满次第六支④等的诸道要，做了透彻的观察，故于心中生起了坚固的定解。彼时，世尊时轮独勇⑤之身相不断出现。某一夜晚，吉祥时轮之圣容又亲自展现，授记安慰道："汝娴于时轮法，犹如月贤之再来。"于沃卡桑登林寺⑥闭关精修，发心欲著《吉祥密集圆满次第五次第明灯论》方起稿时，大师于梦中见到了十九尊密集文殊金刚本尊的圆满曼陀罗，并梦到曼陀罗主

---

①塔布敏隆嘉索浦：在林艺专区境内。

②自入：自受灌顶。为他人灌顶之先，金刚阿阇黎自己进入智慧坛场之中。观自我与本尊身、语、意、德、业五者无二无别，按受灌顶，取得允许弟子进入坛场之权。

③涅麦森格宗：在山南隆子县列麦乡东部。

④圆满次第六支：即圆满次第修炼气息时，于所缘境上进行收摄、禅定、运气、持风、随念和三摩地。

⑤时轮独勇：指时轮金刚没有佛母的单身佛。

⑥沃卡桑登林寺：在山南桑日县东，曲松县北。

尊给予大师一只盛满净水的宝瓶，讲道："此水乃吉祥阿底峡住于聂塘机曲河边时，文殊菩萨与慈尊二佛就何为三身和二身，进行佛法研讨的水。此水从大尊者阿底峡以后至今，虽已过310年，但于此间未寻得授处，现授予你。"又梦见在一个堆嵌诸多珍宝的宝座上坐着布敦唐吉钦巴，他授予了一本《密集根本续》经书，吩咐说："现在作此法的主人吧。hum（吽，班桑乌迪恰）。"遂以三次明咒和手印，举在大师顶上，为其加持。这实际上是灌顶授权为大密金刚乘的教主。大师亦如是而想并做了应诺。彼时，由于研读了《摄行灯论》，故对洛扎玛尔巴译师的《九类融合》①的一切要门获得了定解。于甘丹寺，大师造了胜乐的立体坛场，进行修供②时，亲见了吉祥胜乐轮曼陀罗之全部天众的圣容。供鬘《三昧彩绘》和《杜鹃歌音》二颂词，大师此时亲见诸空行母从虚空中在讽诵。又在甘丹寺驻锡期间，于一身感不适之时，当在师徒们稳固入定中，在大师的所见情景中亲见一尊佛身极其魁梧、威严赫赫的无匹释迦王在结降魔手印，当入没于大师后，遂即获得了制伏一切魔部之位。与此同时，由六臂智尊护法引导，羯摩㕭罗法王将一魔王用绳索拴其颈项而带走，由护国药叉威逼着，从后面驱赶，用弯刀斩首，装入大师隐固的三摩地所变化的三角形地坑中。在此同时，外面黑品煞星、鬼宿、龙和食肉罗刹等四部之军哀号失败，不绝于耳，带着号啕声，逃往各方。大师身边的所有徒众亦皆出现了所见情

---

①《九类融合》：噶举派的特殊修法之一。即热穷巴九种往生法：贪欲和合大乐脐轮火、瞋恨和合无实修幻身、愚痴和合无分别修光明、幻身和合脐轮火昼间修、光明和合梦境夜间修、中阴和合往生死时修、精勤者修脐火、懈怠者修梦境和短寿者修和合往生。

②修供：修供仪轨。密乘为本尊而进行修习、供奉、颂赞的仪式。修供：修供仪轨。密乘为本尊而进行修习、供奉、颂赞的仪式。

景。此外,大师自己曾说:"每当年寿之众难恶兆某时出现时,就定会出现一次威严难忍的世尊金刚大威德之像和吉祥胜乐的粗壮身像,身躯之高大有如梵天世间之情景。由以此力,彼危难之兆亦皆自灭。"又一得证师梦中梦见一座名为大师的塔,此塔结构规格完满。塔顶高入白云。众多空行母手托盛满白色甘露的珍宝素瓶,从云隙中粉刷此塔。睡醒后,立即请问文殊菩萨,菩萨告知道:"此等征兆乃是大师心相续中彻底圆具了显密道的一切不可缺少的立论理解和殊胜的乐空三摩地于心相续中生起的征相。"又有些弟子问大师道:诸觉悟是从何时圆满的?大师答道:"密乘之诸不可缺少者,是从年五十六岁时圆满的。波罗密多相属者,是早已圆满了。但是,又能彻底了解证得一切度的修法,显然必须观待于能理解密行的一个分位。是故彼亦从年五十六岁时方圆满。"又在某时,文殊菩萨亲展圣容,获得授记说:"今后行持,主要应勤修生圆瑜伽。无上密乘之殊胜证悟,则能于心相续中速生。汝之诸有缘弟子,每人亦将各生一殊胜道悟。"大师曾说:"我在四大①不调时的觉受境界,不可信赖,即需去问已得证师。"得证师回禀道:"此无需重讲。对那些舍命今生,堪成法器的弟子,应当圆满传授显密道,令其起修。大师自己以闭关勤修为主,于心相续中彼道即能疾速生起的内因——殊胜的乐空妙智等,早已在心相续中生有;外缘——由刹生的诸信使女来作殊胜助伴,亦能疾速出现;本尊前来加持的诸因聚亦皆圆满,故于心相续中道能速生。此乃尊者所讲。"所谓此分位道于心相续中速生的那个道,经中讲了是指心远离的证悟于心相续中生起。又大师于年三十六岁,在甘丹寺闭关坐修时,亲见 ae-wm(厄旺)②二字直接从自己上方鼻端中脉上端不断下流。形如光

---

①四大:四大种,即地、水、火、风。
②厄旺:厄字表示智慧空。旺字表示方便大乐。

绳,白光闪闪。从此以后,心相续中便生起了不共的殊胜溶乐①与空性和合的乐空四喜妙智②和四空体性③。所以,从此以后。乐空妙智便经常保持,故于入定中就任持了随融和整持二静虑的收摄次第和在出定后凡显现亦皆是天曼陀罗现为乐空的变化,即以如此而度岁月等能生心远离证悟的内因——下至语远离的乐空妙智等已于心相续中产生了。此亦如克珠·唐吉钦巴所讲:"此非如仅将某一属于当今内外二道的共同三摩地分,安立为乐空智之名,而是由于乐空四喜妙智和四空体性生发后,从此经常保持了乐空妙智,故于入定中就将乐空智等持到全如续部所讲和大成就者的典籍中所讲的三摩地,并于出定后所现一切皆是天曼陀罗现为乐空的变化,而以如此来度岁月。此情理,若由一位对续部和大成就者的要门略有了解者来思维,就应当了知是难以计量的现证功德,即给与大金刚持今生的道类于心相续中生起。"在心远离究竟的证悟于大师的心相续中生起中,该到能依止外手印的时候,诸大弟子禀道:"现在,大师您诸内近因和缘皆已完具。是故应该取用外缘或外近因,即任一种业手印母④为宜。"大师讲道:"我本人诸内近取⑤皆已全有,并有可以依止手印之要,故能成为不生罪过而能疾速成佛之方便。但是,有恐损害佛教整体,特别是我的诸弟子会说我等上师亦是亲依手印,是故,我等亦依止为好,以及会将有无要门,是否到了依止之时等悉皆混淆而错乱后,以妇女为重,于今生后世使诸多自他颓废"如此所讲,心远离究竟的三摩地于

---

①溶乐:溶解种了所生的安乐感觉。

②四喜妙智:由四种喜所生的四种智慧。

③四空体性:由空、甚空、大空、一切空所生的四种空性妙智。

④手印母:藏传佛教活佛之妻;瑜伽咒师所依止的明妃。

⑤近取:略译为取,即近因、亲因。不断引生、继续维持自身者。

大师内心生起后,若依任一三行,幻身即能少劳而成;幻身若成,即于此生定能成佛。但是,大师他唯视佛教大宝为珍重,念起诸随行徒众若不主要守持佛教之本别解脱的律制,清净佛教就不能久住后,并未正式进行。于后来示现涅槃之情时,代替正行的是由死时光明与道位光明和合的光明——母子混合的等持,于中阴①起为圆满受用幻身而成佛之情。此亦如克珠·唐吉钦巴所讲:

> 光明法身已证得,尔时尊身变光团,
>
> 中阴圆满报幻身,得胜恶地我启白。

以及《正信津梁传》中讲道:"仅此所谓'即于此生其诸因聚已在心相续中如此完满生起了'的极细微的理由本身,我就有所讲述。但是,由于未准公开,故不书之。一些能稍了解的语义,已在不共传记中有所讲说。"

三、获得功德后为佛教做事业的情况

大师遵照文殊菩萨的语旨策励,念起修缮真起寺②来到了沃卡。此寺原由昔往贡巴饶色大喇嘛③的弟子喀米·悦丹雍仲所建的一座以觉沃弥勒铜像为主并有佛像佛塔的寺院。然而,一个时期此处已经衰落,极其贫困。大师见此情景,心中难忍,便将寺内佛像佛塔修缮一

---

①中阴:中有。前身已弃,后身未得。即死后未投生中间。

②真起寺:是公元十世纪噶当派所修的古庙,在沃卡的北面桑日县境内。

③贡巴饶色大喇嘛:藏传佛教东律初祖。西藏彭波地方人,生于公元952年。他从小迁居多康的丹德地方。二十二岁时(公元973),从西藏潜逃其地的藏僧三人及在西宁附近寻得汉僧二人,受近圆戒。布敦仁钦珠以此年为始计算藏传佛教的后弘期。公元978年,他为鲁梅等十名卫藏僧人传授近圆戒。仲敦巴以此年为藏传佛教后弘期起算之年。其所传戒律,称为下路弘传或称东律。

新。当举行开光仪轨时,出现了智尊①融入各三昧耶尊②等奇异的希有行状。对此,被公许为大师四大事业之一的真起寺弥勒佛像培修功业。此后,在驻锡洛扎扎窝寺期间,心中难忍当时《律经》教法大宝严重衰落,念起佛教之本取决于别解脱律仪清净后,为了此能最极兴盛的缘起。并又遵照文殊菩萨的语旨策励,遂造了《梵冠赞》并派人将此赞文,以及三法衣、钵杖、敷具和滤水袋③等无不齐全的比丘用器,供献于真起寺慈尊佛前。又于此寺讲了众多《律经》法类,建立了佛教大宝的基础。

大师年四十岁时来到了涅堆的饶村。在度夏令的安居中,后来的上首弟子杰曹·塔玛仁钦④初次参见了大师。大师以大慈大悲,摄受其为第一弟子。从此他便不离大师左右。彼时,大师承诺于涅地开转法轮,由饶村堪布作施主,聚集了涅一带大部分僧团的所有三藏法师。大师大转法轮长达数日,并为从各方聚来的无量士夫授予了斋戒和皈依,故以契合饶益当前与长远的纯净善业等圣教之喜宴而度岁月。对此,被公称为涅·隆热钦摩⑤。大师从此转赴了机雪,驻锡布达拉,为桑、德、贡三寺⑥和噶、觉、岁三寺⑦的众座主为首的三藏法师数百人大转了《中观光明论》、《律经》和《道次第》等的法轮。此后又来到噶栋,

---

①智尊:元始已有的,迎来融入三昧耶尊的出世间本尊。

②三昧耶尊:誓言本尊。密乘行者心中观想起的自生本尊和前生本尊影像。三昧耶尊:誓言本尊。密乘行者心中观想起的自生本尊和前生本尊影像。

③滤水袋:滤水器。滤去水中昆虫所用布袋。《律经》所说比丘用器之一。

④杰曹·塔玛仁钦:(1364—1431)。宗喀巴二大弟子之年长者。1419年,继宗喀巴大师住持甘丹寺法座,为第一任甘丹赤巴。

⑤涅·隆热钦摩:涅是地名,在山南隆子县。隆热钦摩义为大经师。

⑥桑、德、贡三寺:即桑浦、德瓦坚和贡松德庆三寺。

⑦噶、觉、岁三寺:即噶瓦栋、觉摩隆和岁浦三寺。

为众多具法器化机做了《菩萨地戒品》、《佛事五十颂》和《十四根本堕罪》等的详广解说，故而普降了由诸菩萨戒的体性、根本堕罪、恶行的立论有染与非有染的差别、如何学习诸学处的方法，以及欲入密咒金刚乘者如何首先依止上师之见、从具性相的金刚轨范师如何受各个续部灌顶之规、如何守护所承诺的誓言和戒律的方法等所造的大乘正法之甘露雨。彼时，至尊仁达瓦大师亦来到了噶栋。师徒二人以正法甘露，使四百五十多位善知识得到满足。此后师徒二人又来到噶当派教法的源地热振寺。至尊仁达瓦讲说了《六十正理论》、《密集五次第》。宗喀巴大师将《经庄严论》、《辩中论》、《集论》和《菩萨地》等大乘的诸大论做了有序的编排，广做了总的道次，特别是寂止的体性和所缘相等全如《修习次第》所讲的解说，令诸学员依法实修。因此大多数学徒心中生起了随顺佛经所讲的寂止的殊胜体验。师徒二人还就显密的难解处，以漫谈的方式做了详广的随笔。此后，大译师郊乔白桑布和至尊师徒二位等被公许为当时无净的贤哲之盛名传遍卫藏一切地方的三法主又聚会于朗孜顶寺的阿尔钦布·降曲耶协经堂，由本·悦旦嘉措（土官功德海）做承事，承诺与六百余位三藏法师一起夏居。彼时，三位法主意趣一致地想到要整顿此教，使归清净。佛曾说："佛教之本，在于正法律学。是故，何时律法大宝圆满住世，其时佛教则住世。若律不能住世，则圣教亦不能住世。"大师对此教言深感非常沉重，心中唯想连根拔除对此圣教大宝无悟、邪解、怀疑和以轻率思想而行等的一切污垢，将此律法大宝显如丽日，故做了一回《毗奈那根本经》之极详广的解说。与此同时，完满地建立了《十七事》和《广戒经》所讲的遮戒，下至粗细分的体性、程序和如何守护之规，以及回改的仪轨等全如《律经》所讲的行持清规。彼时，多数闻习《律经》者皆能不与过犯常久同住，犯即还净。致于加持资具、定时掩厨和防护夜不多眠等的行持，下至细分起，悉皆执行，圆满复兴了佛教之本别解脱

戒的基础。此外，三位法主还分别大转了法轮。晚近的一些智者，作为
大师四大事业之一的涅·隆热钦摩大功业的代表，博引这个于朗孜顶
寺复兴律法基础，整顿佛教，亦可见其重要。如是克珠·唐吉钦讲道：
"如是于此雪域之境，佛教唯剩偶像之时，即此圣尊大师为了以圆满
成就了守持正法的广大祈祷之力，于此北方一带复兴佛教大宝而出
世。以如上所讲之行，为一切自他之不可思议的利益，勤行了殊胜的
猛励精进。故而今时一切闻思者当勤求闻思之时亦能做到珍重律仪，
特别是住持三藏修持较佳者亦能把饮酒和非时食等放任不节之行，
作为可耻之事。过去诸大丛林的出家僧众亦多不知敷具和钵具等沙
门之诸资具为何物，致于上衣、禅裙和纳衣等更是闻所未闻了。现在
西自迦什米尔，东至汉地之间，一切出家僧众皆成如是清净沙门形相
和装束，能戒酒及夜食，下至授受、净水和夜不多眠等虽细微学处，悉
皆认真防护，全然符合沙门之行。这些若不全是我等的具德上师宗喀
巴之恩德，若依止他人岂有如此。应当考虑考虑。"如是三位法主为佛
教广做事业，解制①结束后，至尊仁达瓦起程去了后藏。宗喀巴大师同
法主大译师二人来到了热振寺，于查森山下隐居。在法主大译师郊却
班桑布和堪钦·岁浦贡觉班桑（热振寺大堪布·宝祥贤）二位的殷至劝
请和启白下，宗喀巴大师开始写作详广宣说以佛经之集要、二位大乘
师之道规和三种士夫修持之圆满无误的一切次第等之门，引导诸有
缘化机，趋赴佛土之道理的《菩提道次第广论》。彼时，大师在称做偏
头觉沃佛像前祈祷，故而亲见了从能仁王到南喀坚赞②之间噶当派的

————————

①解制：解夏、随意。毗奈耶十七事中净戒三事之一。比丘夏令安居时节，应
当制止自念堕犯、惩治、分财及界外过夜等事，及至此日，即可解禁自恣，故名解
制。此分为及时解制、非时解制和会众解制三种。
②南喀坚赞：即洛扎大成就者南喀坚赞。

诸传承上师之圣容,尤其亲见了阿底峡、仲敦巴①、博多瓦和夏惹瓦等的圣容达一月之久,授予了诸多教授和教诫。最后,博多瓦等隐没于阿底峡身中,于是阿底峡尊者手摩着大师头顶讲道:"汝当广做佛事业,修习菩提,作饶益有情之助主。"言毕即隐等出现许多奇兆。此后,大师便写完了菩提道次第寂止以上的篇章。此后在念起虽造胜观亦难利益他人,故而心愿遂减时,文殊菩萨的语相命令道:"务必造之!效益亦有中等。"故又对上师与文殊菩萨无二无别猛励祈祷。大师说:"当时观察空性时,《般若经》中的二十空性②之诸注疏偈句,那密布于面前虚空的银字之相和纸面上所写之相的印象,随着时时观察而全出现。"胜观广论的写作也彻底完成。此后来到了勒浦关沙寺③,为众多聪慧的三藏法师,做菩提道次第的指导和《释量论》等的讲说。《量论》所诠的一切要义,皆从理论法则上加以引证,将正文之意,编列成道次后,再配合上实修的方法而广为讲授等,恩赐了昔往藏地前所未闻的善说厚礼。对此,克珠·唐吉钦巴讲道:"过去于此雪域中,尽都认为《量论》在决断词句的臆度或外知解时,只是对阅读其他经典,识能捎变聪慧之分支所必需。此为实修之所需,仅一疑问,任何人亦未有过。是故,多数人将其当成无实际意义的智慧,如此而已。当今一切具足智慧而公道正直者能仅见此为指示实修的殊胜论典,是完全仰仗了宗喀巴大的恩德。仅此恩德,亦为全体藏人所不易报答。"此后,大师来到了沃卡降巴林寺,又为众多追求者讲说了《道次第》和生起次第圆满次第的指异。彼时,文殊菩萨的语相劝励道:"应为龙觉论师之《建立次第》造释,有大利益。"故而遂即收集材资,投入写作,很快完

①仲敦巴:噶当派开宗祖师杰瓦穷乃的别号。
②二十空性:十六空性上再加有法空、无法空、自法空和他法空四者,共为二十空。
③勒浦关沙寺:在拉萨市附近。

成,并为诸追求者做了详广的解说。在此期间,经大译师郊却班桑和京俄·索南桑布①等诸多知识的一致劝请,大师造了四续部道体圆满又辨别一切密要的大论《大金刚持道次第论》,为诸多具法器的持明弟子会众,大转了大密金刚乘的法轮。

大师于年五十一岁春季来到了机雪,承诺在色拉却顶②夏居。彼时克珠·格来班桑布初次参见大师,敬献了至尊仁达瓦的作为引荐的礼品。大师甚喜应诺,摄受为上首弟子。大师于此处为属于闭关精修内的一些具法器的弟子广讲了《密集五次第》和母续。《圆满次第》的诸法类。看在众多追求者启请的情上,大师应诺著作《中观根本智论广释》。此后便详细分析了该论中的诸正理之细微要义,故对某些细微正理颇感有少许疑问难解,遂向上师与文殊菩萨猛励祈祷,故于某时《般若经》中的二十空性的释偈句,写成纯金文字之相便明光闪亮,充满虚空之所见,一再出现。所以,从此对《中观根本智论》的诸细微正理的所有疑难,皆不劳而尽断,彻底完成了《中观根本智论大疏》的写作。此时,大师已成人世间全体佛教之唯一主人,故而盛名传遍了南瞻部洲的一切地方。因此,力轮转王汉地大皇地明成祖便对大师特生信仰,遂派天使迎请大师来京。但是,大师看到若赴汉地,所破甚多,但意义甚小,便以巧法,未从应召,派遣了代表大慈法王释迦也失(释迦智)③,以满足人主圣愿。彼时,噶、觉、岁三寺院的座主和塘

①京俄·索南桑布(1380—1416):为帕竹丹萨提寺第十一任座主兼摄政务。

②色拉却顶:在拉萨北郊。当时为一小庙,后来才建成色拉寺。

③释迦也失:释迦智(1352—1435)。宗喀巴弟子,格鲁派兴起时期的重要人物。公元1409年即明成祖永乐七年代替宗喀巴大师应召赴北京。1414年,第二次入朝,次年受封大国师。1419年倡建色拉寺。1434年,宣宗宣德九年,受封大慈法王。留北京时,驻嵩祝寺的东寺,当时为法渊寺。1435年卒于返藏途中。

萨寺①的卸任座主等三藏法师六百余人聚会，大师为他们广做了《中观根本智论大疏》、《释了义不了义论》、《四百论》、《菩提道次第广论》、《密宗道次第广论》、《根本堕罪疏》和《事师五十颂》等的讲解和指导，如是于色拉却顶的二年多中大转了法轮。应首领扎巴坚赞②之劝请，大师来到了机雪的仲补隆③，为前来随从大师的善知识五百余人，以及从各地来此的比丘千余人，广讲了《菩提道次第广论》和《胜乐》等母续甚深二次第立论的法类。此后便在拉萨，为创建誓愿大法会，做种种资具的准备，培修了羊土神变寺的诸佛像和佛塔，为诸佛周全地制做了美衣、法幢和飞幔等不可思议的各种供品。

　　大师年五十三岁，从藏历第七绕迥之土牛年(己丑年，公元 1409 年)正月初一到初五之间，正式举行了大神变定期法会④的供养。彼时会集了从各地前来参加的比丘约八千余人。正月初一那一天，由大师亲自主持供养，向觉沃释迦牟尼像，虔诚地敬献了宝石纯金头饰和镶嵌各种珠宝的金飘带。向觉沃不动金刚像和十一面大悲观音菩萨像，敬献了精制的白银头饰等不可思议的善妙供云等，悉皆布为虚空藏的体性，并以显密经典中所讲的清净仪轨，完满供养，使十方一切佛与佛子皆大欢喜。这种敬奉供养，亲自主持之情，亦如《大师密传》中所讲：

---

　　①塘萨寺：在拉萨北面彭域境内。

　　②首领扎巴坚赞：是帕木竹巴的第斯第五代(1374—1432)。是当时的政教最高领袖，明洪武时封为灌顶国师阐化王。明史作"吉刺思巴坚赞"。

　　③仲补隆：在拉萨附近。

　　④大神变定期法会：神变即神变月，是藏历正月。传说过去释迦牟尼在此月中曾显示神通变化，降伏六大外道，故有此称。1049 年藏历正月，宗喀巴大师为了纪念释迦佛，曾在拉萨大昭寺内兴创了一个发愿祈祷的大会，以后形成制度，便每年定期举行这样的宗教大活动一次，即俗说的传召大会。

大昭寺中神变节,希奇吉祥百庄严,

加持供养为大乐,十方佛与佛子喜。

又讲道:

十方所住佛佛子,迎为清净誓愿证,

吾以各方如来佛,身之庄严敬供养。

特别是大师以全为佛教众生利益而想的猛励发心,天天都进行着以一切门类,使利乐之源——佛之显密教法大宝于一切地方得以昌隆久住和由此神力,使全世间不断获得广大的吉祥如意。一切有情速得解脱与遍智果位的真诚祈祷,并且每天还向比丘与士夫的一切会众,就上师巴沃①所著的《本生》做了一个法座的讲说等。对此饶益佛教众生的无上善行,被公许为大师四大事业之一的拉萨誓愿大法会。从初二至十五之间,由首领扎巴坚赞和本·南喀桑布叔侄等担任供养和承事的施主,以不可思议的供物,进行了供养,并为比丘做了圆满的承事。此外,还有敬献信受和供养者甚多。故于一十六天中天天都为经院内的上万比丘做了盛大的承事,将一切众生所积的广大福德资粮之善业果报悉皆亲自筑成了无尽的大藏蕴。在此前后的数年中,投到大师门下的眷属和弟子逐年增多,故而大师稍显心烦之情,欲安住一静寺之愿便经常生起。因此,各位弟子和拖主们亦多次启白说,愿献一座旧寺院和提供修建新寺的顺缘。但是,大师的心愿,则如至尊密秘主所做的授记所讲:

将于旺古山附近,

母后高台平面处,聚集无量众比丘。

此山为何文殊说:卫藏多康和汉地、

---

①巴沃:即巴沃·祖拉程瓦(1504—1566)。噶举派僧人,迦玛巴八世不动金刚之高足,迦玛派乃囊寺活佛。名著《智者喜要》1564 年出自他手。

　　清净供田积资处,阿里北地皈依处,
　　村落寺院广十方。

　　大师见到于旺古山下之卓日沃齐处修建寺院的时机已到后,故当传昭刚一结束,大师便马上起程,前往卓日沃齐山。在彼处亲自给土地做了加持等。此后,大师又来到色拉却顶,为三藏法师六百余人广讲了《中观根本智论》、《菩萨地戒品》、《修法普贤》和《道次第》等诸多法类。彼时,后来的上首弟子上师噶久巴·塔玛仁钦①和堆瓦增巴②二位为首,大部分随从弟子来到卓日沃齐山,遵照大师之命令,开工修建甘丹朗巴林(妙善尊胜洲寺)。此亦按照《律径》中所讲,首先察看了基地,察看后,通告了僧众。此后,由诸僧伽发布开工、委任工头、决定奠定基石的净厨③和不逾标准地砌近房舍等的实施,一律正确进行,故而极大地显示了律法大宝。大师于沃卡桑丹林寺闭关精修,无颠倒地抉择了关于吉祥密集五次第的体性、程序和定数等各个的事项。特别抉择了第三次第幻身修法的不共枢要——圣师徒经论中所讲的诸义,发心欲造《吉祥密集圆满次第五次第》的大疏《五次第明灯论》。在起草时得一最极奇异的梦兆,即拼合成大师以文字所组连的偈句。其内容即如后来克珠·唐吉钦巴所圆满解释的那样。藏历虎年(1410年)二月初五,大师回到卓日沃齐甘丹尊胜洲寺,举行了隆重的开光仪轨,并为诸三藏法师广做了《道次第》、《大乘阿毗达磨集论》、《瑜伽师地论》、《密集明炬论》和《五次第论》等许多重要显密经典的解说。《五次第明灯论》等诸经论亦圆满完成了写作。如是于此殊胜寺

---

　　①噶久巴·塔码仁钦:即杰曹·塔玛仁钦。
　　②堆瓦增巴:即扎巴坚赞。
　　③净橱:香积厨。僧众食物依戒律可以存放一日的房间。

院中,大师完满地创建了显密圆满的佛教大宝基础。由此殊胜缘起的法力,使执持圣贤宗喀巴大师宗规者遍布了南赡部洲的一切地方,那名为吉祥无匹日沃噶丹派的盛名——硕大的天鼓于一切方位之域鼓起等,诚然如此。关于此寺的名称,公许为甘丹寺,在大成就者羯摩金刚的授记中讲道:"因寺院之名有缘起之音义,所以,汝从此前往甘丹(兜率天)弥勒寺前,安住于彼刹土。因此,寺名若也引为甘丹而起,便有如汝安住之缘起。"如此所讲,便命名为甘丹尊胜洲寺。又有一种说法是大师早先临近初次会见堪钦却多瓦时,曾有本尊对堪钦授记说:"弥勒菩萨正在光临,明日应向慈氏请教《集学论》。"以及大师讲说《集学论》时,堪钦真见大师为至尊弥勒菩萨,即由于大师与慈氏体性无别,所以将大师的寺院也命名谓弥勒菩萨刹土的正名甘丹(兜率天)。此为诸先师所讲。

大师年五十八岁时应首领扎巴坚赞的启请,承诺去温的扎喜多喀[①]定居。彼时,唐吉钦巴·根顿珠班桑布(一切智·僧成吉祥贤)[②]亦初次拜于大师足下,大师甚喜,摄受其为上首弟子,并向数百位三藏法师广做了《菩提道次第广论》、《中论》、《量论》和《入行论》等的讲说。彼时,当一塑像师变化的补特伽罗一天内塑成七尊大师身像时,大师亦以神通,于那一天内剃发七次,将像装入剃下的每一全发之内,故成了加持藏。相传那尊公许为尊者扎喜多喀玛的显灵佛像亦出于彼时。从此大师返回了甘丹寺,造了《胜乐卢伊巴大疏》和《圆满次第四

①扎喜多喀:在温河以东。
②根顿珠班桑布:(1391—1474)。宗喀巴大弟子。明正统十二年(1447)倡建札什伦布寺。后人追认为第一世达赖喇嘛。

瑜伽》的讲义与修法等。特别著作了包括《密集根本续》的注释、《月灯经》的批注、抉择各个品之总体难点的《辩析宝苗》和观察各个要义所缘的《掇义》等的有名的《四家合注》，详广地做了续部的解说。因此，佛教的心要——大密金刚乘的究竟要义，有如过去未发掘的地下宝藏，这才取了出来，加以充分显场。其无垢的讲规传统，时至如今亦盛行不衰。这种别的宗派所无的续部讲闻之规，就是噶丹派的无匹传统风规。在此期间的某时，大师讲道："修供等若于大殿进行，诸未得灌顶者现见曼陀罗的遮障则大。是故，密乘的修供显然必须于另外静室中进行。"于是在藏历木羊年（1415年）奠基修建央巴建殿①。经堂、迥廊和后殿等便于火猴年（1416年）完满建成。该殿内有诸佛像天然而成的密集、胜乐和金刚界佛等三本尊的立体坛城和用优质金铜材料铸造的金刚大威德等众多本尊身像。当时以吉祥大威德之门开光的仪轨，全以本续所讲的清净实行方式，将全部加行、正行和结行等进行得隆重圆满。彼时，亲见一座充满虚空的金刚大威德坛城从四方升起，融入诸本尊身像等出现了有本尊宫殿和眷属的智慧坛城真正进入誓言本尊的出乎想象的奇异吉兆。对此情景，被公许为宗喀巴大师四大事业之一的甘丹大修供。

彼时，遵照至尊文殊菩萨的语旨策励，大师造了诸根识低劣的化机心中容易掌握了悟的《菩提道次第略论》并为上下各方的数百位三藏法师和当地的比丘们，最极详广地做了《密集五次第导释》、《五次第明灯论》及其旁注和《吉祥胜乐根本续》等的解释，以及《六支加行》的指导和《时轮无垢光大疏》等的讲解。此外，还广转了《中论》、《量论》和《道次第》等全部显密的深广法轮，将诸有缘化机安置于成熟解

①央巴建殿：甘丹寺一著名佛殿名。梵音毗舍厘。汉义广严城。

脱之道。彼时也完成了《胜乐续释·隐义明镜》的著作。在这些年的前后，身体稍有病状，故于此等之时，六臂明王、四面护法和多闻子等的观像经常出现。大师讲道："六臂明王，自从过去于色拉却顶亲见其容以来，始终聚而不离。"护法神羯摩阁罗王和护国药叉二位亦随时随地住如仆从，遵命而行。特别是自从大师最初进行文殊菩萨的念修以来，这位羯摩阁罗王就经常出现如其自己的身相，有时还变成大师的任一随从之色，于寝室中走来走去和在大师近前等处效做诸事，并作附耳低语请示的诸多行相。其他诸随从皆对这种变成任一之色迷惑不解。这是大师所讲。不仅如此，大师的随从弟子，尤其是由衷地恭敬大师的一切人亦皆说："羯摩阁罗王永远聚而不离，如身影相随地承诺疾速成办所委之诸业。"

年六十三岁藏历土亥年（己亥年，1419年），大师从日沃甘丹寺起程，来到拉萨后，以向两尊觉沃释迦牟尼像为主的全部佛像敬献隆重的供施等清净的心愿，做了祈祷而去了堆龙温泉。当从此处前往哲蚌寺时，一道五色彩虹直贯于抬迎大师的轿子前瑞。大师为住于哲蚌寺内的善知识三藏法师二千余人广做了《道次第》、《那若六法》、《入中论》和《密集根本续》等的讲解。昔往虽有从不向任何乡间男女做类似的讲解以及《道次第》的讲解亦不准于会众中进行等的禁令。然而，此时出于殊胜的用意，不论乡间男女来多少、早晚何时而来，甚至对一切若干乞丐的集会也全无区别地放开进行《道次第》和《中论》的讲解，将其当作获得无量听闻功德的善缘者。在广转如是法轮中，过去除了《时轮》外，对本续从未有过间断章节之例。然而，此时在讲到《密集根本续》的第九品时，却要中断讲法。不论诸施主如何启请也不听从。说道："此次，一切所能尽快做的，皆欣然而做。对续部和《道次第》中断的想法昨日已想过。"便中止了讲法。此亦是念起安立诸众生于双运道的功业，直至回轮不尽而不断宣示的征相或预兆和显密的谈论解说传统不绝久住的殊胜征兆等而讲的。彼时，大师为哲蚌寺的密乘堂开了光。在迎诸智尊时，大地震动，大家都听到了巨大的声响，故而智尊真正融入了誓言本尊等。还隆重进行了吩咐久住与护法、任命施主和息、增的火供等全如续经所讲的仪则。此后，应降钦却吉·释迦也失的迎请，大师来到色拉却顶，常有想于此处创建一个续部的净清讲闻基地的心愿，故向法主释迦也失做了教诲和指示，即做了建立一个在基位别解脱戒律清净的基础上专门讲闻《吉祥密集》和《胜乐》本续的清净经院的指令和委任却本①等事。为了特意安排殊性的缘起，师徒们于此处举行了布萨②。大师从二部续部王经之开首起，各讲了一座的法。彼时，经院中学徒聚集之多，犹如须弥山。在此海会中当大师发出一二次有谁能执持续部讲规的提问时，别的智者都不敢站起，唯有尊者协饶森格（慧狮子）敬礼禀道：此由我来执持。顶戴了语旨。因此，大师极喜，递授予了一尊殊胜的密集金身和《四家合注》的经函，授权其为续部的讲闻师。此后，大师返回了大丛林甘丹尊胜洲寺。应为在大雄宝殿的僧众集会献斋僧菜供养的施主之迎请，大师来临会中，广做了极乐世界的祈祷，并在此比丘海会中做了隆重的吉祥祝福等圆满安排当前与最终的广大缘起的清净发愿后，返回了寝舍。从此日夜间起，现示了身体稍有病状。当尊者都瓦增巴和杰曹法主二位住于大师身边的一个时候，大师以手指摄住所戴的一顶通人冠③的顶尖，远远地抛到了杰曹法主怀中，同时还给了一件半圆形披风。讲道："应当通晓此义。尔等当修菩提心。"作了最后的语旨。这实际上是授

①却本：指主办法事的僧官。寺院内主持法事者。

②布萨：说戒，长净。月中定期比丘、沙弥集众对说忏悔犯罪；在家徒众受行斋戒。住净戒中。长善净恶的一种宗教仪轨。

③通人冠：佛教学者专用的一种帽型，帽顶尖长，左右有飘带。

权为法太子①的表示。当十月二十五日凌晨太阳刚一升起,三空遂次隐没,故而现起了胜义谛一切空光明法身。

这位如是大师在所化共同的心目中,如前面所讲,若行任一三辅助行,于此生无疑是能证得双运金刚持位。但是,大师念起诸随行弟子若不主要守持佛教之本别解脱戒律的话,佛教则不久住后,就未行此等行。代替此正行的则示现了涅槃之相。在此时,由于三空次第隐没,故而一心等持于基位光明与道位光明和合的三摩地,由此而起,便证得了由极细微的五彩光息所成的中有具足和合七支②的报身——双运金刚持之果位。此后,又如《金光明经》中所讲:

不可思议薄伽梵,如来恒常永固身,

全为饶益有情故,示现种种庄严相。

以及如《究竟一乘宝性论》中所讲:

于诸全然不净土,示现乃至世间住。

复又往生于兜率内院③刹土,名谓菩萨妙吉祥藏,于无边的净与不净刹土以无量的变化游戏,直至虚空存在,不断地成办着无边众生之当前和最终的利益。总之,文殊怙尊胜者王,

广闻经教断增益,无误三律调自心,

教证二轮弘教法,掌教顶严无匹尊。

如此所讲,大师对于佛经及其注释,以及二位大乘师等诸如日月的天竺班智达和得道者的一切论典,不是仅取大概和一分,而是对全

①法太子:补处。绍继如来讲演佛法者。

②和合七支:如来报身自性所具七支,即受用圆满支、和合支、大乐支、无自性支、大慧遍满支、利生无间支和水住无灭支。

③兜率内院:弥勒菩萨讲经院。

部文义与一切细而又细的要领，以断除增益的方式进行了透彻的闻习；以讲说、辨论、著作以及学优、行净、贤德等之门，于一切贤哲的顶严上美饰以趾甲花纹；以实修所闻之诸义，将从《律经》开头的偈颂至《吉祥密集》的一切显密经论之意趣，汇归为一个补特伽罗成佛之道的主体和种种分支，以如是方法，将一切经论皆现为教授；凭依对如是所现的圆满道体经常精勤证成的实修，真正如实见到了能无余连根拔除那种将总的道悟，尤其将真实义疑为他边的增益的真实义——圣师徒的意趣，并于心中生起了密宗金刚乘二次第的殊胜证悟后，变成了唯佛教与众生利益而念想的佛子广大勇心的依他。于此雪域之境中，当佛教只剩偶像之时，在此北方一带，连根拔除了对佛祖世尊之佛教大宝不悟和邪分别的一切恶垢，以一切门类，从根本上复兴了最极清净的大风规，使已衰者得以恢复，使未衰者得以光大等，如此功业周遍了西起郁金花盛开的迦湿弥逻，东抵织丝成衣之汉地的整片疆域，以及于此佛教被合理公许为佛陀第二的卓越的广大善事，即对这种安住于世间大地的圣众亦难计量的事迹，是应当敬尊合十，从心底奋力启白说：圣尊上师竟如此做实修，愿我欲脱者亦如是修。如是克珠·唐吉钦巴讲道：

> 为罢诤时圆劫来，尔时群山环绕域，
> 遍布三学胜利幢，末时善说密亲友，
> 能仁教日胜三域。任何发光众生师，
> 同汝光明余无有。

文间偈颂

由智藏幻舞游戏，金黄光纹移地春，
大地庄严佛教胜，末劫众生缘福盛；
发心乳海涌末劫，善行千月含微笑，

功业白光照四洲,名称三界美耳饰;
精勤听闻利铁钩,摄诸所知大宝藏,
集成一泓智慧海,慧海深广谁能测;
出离心泽润田地,戒律新苗根坚实,
意乐诚穗躬俯首,美德药苗末劫熟;
披褂不动定坚甲,无误正见箭锋利,
沉醉乐空胜瑜伽,高登双运宝座位;
为佛教做佛事业,噶丹教规佛教粹,
千万威光金色日,升为有情利乐福;
尊德高逾须弥天,雪域尘华故畏缩,
名称幡飘三有顶,赞乐高奏千万处。

第二节 诸持教法嗣弘扬
宗喀巴大师无垢正宗的情况

总的来讲,听闻宗喀巴大师之语而证道的弟子,皆是住于三种律仪,勤修三士道与二次第瑜伽,并以讲闻三藏四续部之解说和实修正行之门,将能仁之显密佛教心要——无垢的噶丹妙规弘扬于太阳边际的亲教弟子和传承弟子。他们如虚空繁星,出现之多,不可计量。现只举出其中一二主要者如下:

萨迦派的大尊者仁达瓦、上师邬玛巴和大堪布切多等为互相传法的三师。此中土观大师①算上了堪钦却效桑布,故为四师。

查柯·阿旺扎巴(语自在名称)等四人为大师未舍世俗事务前的

---

①土观大师:即第三世土观活佛洛桑却吉尼玛。青海佑宁寺(衮隆寺)格鲁派一著名活佛。1801年著有宗派史《论说晶鉴》。

四弟子①。

降迦大师(本名降白却桑)等四位卫部人和尊者朵丹巴等四位康区人等为舍离世俗事务时的八位清净眷属②。

杰曹·达玛仁钦和都瓦增巴扎巴坚赞为二大上首弟子。

内心传弟子一人，是克珠·唐吉钦巴。

降央却吉·扎喜白丹③、无匹法主贡汝·坚赞班桑布、尊者协饶森格、唐吉钦巴·更顿珠班桑布等为功业宏大等同虚空的四大弟子。

法主·衮乔楚程④等十师为卫藏十教炬⑤。

菩萨释迦索南等六师为任运成就他利的六菩萨⑥。

降钦却吉·释迦也失和降达玛二师为人主顶严的二帝师。

玛基土官·南喀白⑦和亚郊土官·索南朗杰⑧为广大博闻的二贤侄。

夏鲁巴·扎西嘉错和夏鲁巴·勒巴坚赞⑨为住持修德的大小二顶髻。

---

①未舍世俗事务前的四弟子:除前者外,另外三弟子是多表巴·扎巴协饶、洞敦·阇那室利和格西霞敦。

②八位清净眷属:除前者外,卫部的另三位是上座桑炯瓦、上座仁钦坚赞和上座绛僧。康区的另三位是:格西协饶扎、格西降白扎西和格西白炯瓦。

③降央却吉·扎喜白丹:(1379—1449)。他于公元1415年建哲蚌寺。

④衮乔楚程:他当时任桑浦寺堪布。

⑤十教炬:除前者外,另外九位是涅敦·仁钦桑珠、智慧自在扎巴桑布、桑浦瓦·杰旺喀齐、聂钦·协饶坚赞、霍敦·南喀白、却吉·罗朱却炯、跋苏·却季坚赞、却吉·白丹僧格、纳塘巴·饶乔。

⑥六菩萨:除前者外,另外五位是:菩萨衮噶桑布;菩萨德莫塘巴·罗朱坚赞;菩萨楚程白桑;菩萨循努杰乔;菩萨坚赞扎桑。

⑦玛基土官·南喀白:是宗喀巴大师之侄,也是他的弟子。

⑧亚郊土官·索南朗杰:此人是宗喀巴大师之侄,也是他的弟子。

⑨夏鲁巴·勒巴坚赞:曾继克珠杰后任甘丹赤巴第四任。

沫赛巴·罗追仁钦①和象雄巴·却旺扎巴为智慧殊胜的二智者。

堆协桑②和麦协羴③等六师为护持佛教于边地的六大旗手④。

桂译师循努班⑤和达隆译师为通晓二语的二译师。

法主班丹桑布⑥等六师为六地方首领兼法主⑦。

法王协炯巴等八师为博通经论的八掌教师⑧。

多麦巴·维赛和绒钦·加纳巴⑨等四师为多绒四智者⑩。

法主门朗塔耶和日米鲍巴·索南仁钦为二奇士。

哲新大师绛秋班瓦和仁钦班瓦为修成空行的二子嗣。

京俄·罗追坚赞等八师为八京俄⑪。

---

①沫赛巴·罗追仁钦：即降央却吉的弟子。属哲蚌寺座主传承系统。

②堆协桑：堆，指上部阿里。本名全称是协饶桑布。他在阿里建达摩等寺，皆宏宗喀巴大师教法。

③麦协羴：麦，指下部多麦。本名全称协饶桑布。他在多康建昌都寺，首宏宗喀巴大师教法。

④六大旗手：除前者外，另外四位是谷格·阿旺扎巴、洛巴·坚赞僧格、喇嘛白丹协饶和喇嘛云丹白瓦。

⑤桂译师循努班：本名耶桑孜瓦。（1392—1481）。即有名的藏史《青史》的作者。

⑥班丹桑布：他是噶举派帕木竹巴僧人。曾任丹萨提寺京俄第十任。

⑦六地方首领兼法主：另外五位是：仁布齐·索南桑布、仁布齐·降曲多吉、仁布齐·索南坚赞或名聂尼巴、直工·顿珠杰布和达隆·扎西白畏。

⑧八掌教师：除前者外，另外七位是杰瓦·仁钦桑珠、降林巴、扎巴仁钦、阿里巴·索南仁钦、降班仰·仁钦坚赞、谷格巴·松吉坚赞、降仰·仁钦扎巴和佛子德炯。

⑨绒钦·加纳巴：他1411年到安多，1412年在察柯修建了迦玛拉日寺。

⑩多绒四智者：除前者外，另外二位是多麦巴·勒桑和多麦巴·协饶。

⑪八京俄：另外七位是京俄·衮噶罗朱、京俄·循努畏，京俄·白桑瓦，京俄·南喀坚赞、京俄·索南伦珠、京俄·仁钦坚赞和京俄·仁钦培瓦。

贡塘巴法主·孜巴班等四师为庄严法座的四上师①。

大堪布却杰班桑等四师为教管僧众的四堪布②。

士绅扎巴桑布等五人为民寺五士绅③。

丹萨提寺传法令者降央喀齐和止贡传法令者扎西仁钦二人为大寺院的二位传法令者。

噶久巴·达玛桑布等四师为讲说教理的四位十难论师④。

提穹噶希巴·顿悦等十师为解持文义的十位四难论师⑤。

觉丹·达瓦罗追（月慧）等四人为传持戒律的四觉丹⑥。

上座却桑（法贤）等六人为戒律清净的六上座⑦。

古觉朵丹巴·桑结白瓦等五人为拼命此生的五位朵丹巴⑧等。这

①庄严法座的四上师：有贡塘巴法师，另外包括宁布·释迦坚赞、达浦同师白丹顿珠和德乌热瓦·却结白。

②教管僧众的四堪布：另外三位是：觉摩隆大堪布·法主扎西白、大堪布·衮噶多吉和京耶堪布·衮却白瓦。

③民寺五士绅：另外四位是：士绅达布·维安僧格、士绅朱白、士绅衮噶坚赞和士坤扎西坚赞。

④四位十难论师：另外三位是：鲍斯十难论师、左杂十难论师·云丹坚赞和鲁拉十难论师·勒巴白。

⑤十位四难论师：另外九位是：扎衮四难论师·仁钦白、甲瓦四难论师·仁钦却杰、吉热四难论师·桑结旺秋、达浦四难论师·桑结桑布、雅德四难论师·索南桑布、卓萨四难论师、楚浦巴四难论师、却僧四难论师和扎巴坚赞四难论师。

⑥四觉丹：另外三位是：觉丹·索南论珠、觉丹·勒仁巴和工布觉丹。"觉丹"，指传授戒律的戒师。

⑦六上座：别外五位是：上座甲顶巴·顿珠白、上座甲玛瓦·根顿杰布、上座维赛扎西、上座循努桑结和上座敦噶邦。

⑧五朵丹巴：另外四位是：朵丹·南喀肖日、贵楚法主·扎巴炯乃、朵丹·热希巴和布勒瓦·南喀坚赞。"朵丹巴"，义为证士，得道者。

些首要弟子之类,是根据尊者索朗扎巴所著的《新旧噶当宗教史》、尊者吉美旺布所著的《丹珠尔目录》和《土观宗派源流》等所讲而录写的。此外,《传记》和《宗教史》等中所多讲的那些,这里恐文太繁,故不录写。如是学向通达、德行高妙皆具的诸弟子如何弘扬大师教法的详广情况,皆于各自的传记等中有极清楚的记述。故不拟于此诠说,只将一二位首要弟子为佛教做事业的情况做一概述。

杰曹·达玛仁钦,于藏历第六绕迥之木龙年(公元 1364 年,元至正二十四年)生于后藏年堆地方的日囊。年十岁上,于大丛林勒守寺①先从大堪布仁钦坚赞出家,受沙弥戒,赐法号谓达玛仁钦。后从大德日囊巴·仁钦多吉、岗金·贡噶班瓦、蚕玛扎卡巴·顿珠仁钦、噶希巴·罗追桑布等,彻底学习了五部大论,尤其是接足顶礼至尊仁达瓦大师、大译师却郊班桑和香巴·贡噶瓦等,学习了显密经典,特别完满地学习了《密集》等诸经论,成为达到自他宗派大海彼岸的大德。年二十九岁上,于后藏由堆朵霍巴·贡噶班瓦任亲教师,至尊仁达瓦任业轨范师,法主岗金·贡噶班瓦任屏教师,于二十二位净信的僧伽中净受了比丘戒。此后,便于萨迦、桑浦和泽当等寺中进行了噶久②的游学辩经,以善说使智者悉皆倾倒,以正理使大家满意,善巧辩经的美名传遍了卫藏一切地方,故而尊者仁达瓦亦以"辩论殊胜者乃达玛仁钦。"而大加赞美。于泽当寺游学辩经结束后,闻得宗喀巴大师的贤哲盛名,欲想与当时住于涅·饶村(于山南隆子县)的宗喀巴大师辩经。当来此参见时,就为大师的不可思议的身语意功德,尤其为法四依③的

---

①勒宁寺:在后藏江孜县境内。

②噶久:十难。指格鲁派必修的《五部大遍》及其注释。共十部。

③法四依:学道时应当选取或依从的四事,即依法不依人、依义不依语、依智不依识和依了义不依不了义经。

解说所倾倒,生起了无量信仰,故而接足顶礼了大师,一心启白。大师亦视其为宝贝化机,以爱怜之心,摄受为徒众之首。又有一种说法,说是彼时此师与藏地大智者绒敦·玛畏森格(语狮子)辩经,获得全胜,故又想以获胜者的姿态,向在涅·饶村的宗喀巴大师发起辩论而来到大师前,却不脱顶冠地走进辩经院。宗喀巴大师见后并不中止讲法,仍然全神贯注地安坐在法台上。此时,此师以傲慢逞能之态,头戴顶冠地坐于大师法台上,听闻宗喀巴大师讲说佛法。结果全被过去未从其他智者口中听过的善说灌满了双耳,故而骄傲之山,自然倒塌,他随即脱掉顶冠,下了法台,躬身行礼后,走到诸弟子之中。云云,将彼时来到宗喀巴大师法台,说成是后来登上寺院第一任法台的祥瑞吉兆。尤其是听闻了当时宗喀巴大师所作的令人倾倒的法四依的解说,所以生起了无量胜解,再三顶足敬礼,泪流满面地发出启请今后悲怜摄受的悲鸣,故而大师欣然应诺,悲怜摄受。从此便始终不离地住于众徒之首。后来当大师将近升往他刹土时,付与了半圆形大氅和通人冠,讲道:"应当通晓此义。"遵此所讲,于年六十五岁藏历土亥年(1419年)由于都瓦增巴(即律师扎巴坚赞)和上座仁钦坚赞为首的渚比丘一致启请,于寺中庄严地继升了大雄狮子宝座,被授权为佛陀第二的杰曹正士。彼时,克珠·唐吉钦巴著了《吉祥功德赞》,一切智·更敦珠也寄了回文诗《希道》,撒出了赞美妙花。此师主要驻场于此大丛林,为上千名在居和外出的三藏法师做了诸大经论的讲说,特别详广地做了《释量论》的解说等,讲经修道的讲闻进行了十三年之久,尊定了日沃噶丹派教法大宝的基础,圆满了宗喀巴大师的心愿。有时也去沃卡和勒宁等寺,广转了法轮。克珠大师继任赤巴以后,此师便于寂静处杰康孜(天王堂)专心精进甚深的修证。听闻宗喀巴之语而证道的弟子,大多数也是此师的亲教弟子。不共的弟子,有智者罗追贡、林堆·班森瓦、林麦·悦江巴、阿阇黎·热日希、律师扎巴班丹、律师桑培、法主降林巴和乃浦·噶久巴等无数的学问通达、德行高妙的弟子。在将近涅槃时,见拉萨布达拉为住于地上的色究竟天①第二,便借口次第去往勒宁寺和昂仁寺②,来到布达拉后就马上现示身患疾病之状,于年六十八岁藏历水鼠年五月八日圆寂。迎遗体于甘丹寺,留舍利甚多。

克珠·唐吉钦巴,于藏历第六饶迥之木牛年(公元 1385 年,明洪武十八年),诞生在后藏拉堆北部多堆(今萨迦县境内)的一个降瓦官吏之家。由于是忆念克珠·拉旺的转世,故被公称为克珠杰。他从大堪布森格坚赞③出家,受沙弥戒,赐法号为格勒白桑。此师随从至尊仁达瓦,学习了《因明七论》、《上下对法》、《慈代五论》、《中观理聚论》和《律经》等,未经多久便彻底精通。从道果师益希班瓦,圆满听受了《喜金刚》的灌顶和道果的全部与分支。此外又从师尊索朗坚赞和那萨瓦(美衣者)等众多善知识,听闻了许多显密正法,获得了不畏讲说广大无边经论的智慧,达到了自他诸宗之大海彼岸。此后便于后藏各大寺院游学辩经。当时雪域大智者法主珀东瓦·班钦乔勒朗杰④在批驳萨

①色究竟天:四禅天之第八层即最上层,五净居天之一。生于此中诸天,已在色界最极胜处。自此以上再无有色,故为有色究竟之天。

②昂仁寺:在后藏昂仁县内,是兑补巴弟子降巴代万巴修建。

③森格坚赞:是当时萨迦寺大堪布。

④珀东瓦·班钦乔勒朗杰:珀东是地名,在后藏。该地有埃经院,形成珀东学派。班钦乔勒朗杰(1375—1451)。又名吉美扎巴或却季坚赞。他出身于埃经院,学识极为渊博,尤以词章之学著称。有《摄真实论》等著作近百卷,在藏族作家中著述最富。他倡建拜摩却顶等数座寺庙,并在其中讲学,创珀东学派,但流传未广。

班的《正理宝藏》，于萨迦寺和珀东寺等经院中立宗，任何智者都敌不过他。克珠杰来到昂仁寺时正与珀东班钦来到昂仁寺是同时。由于该寺的自诩为善巧者谁都不能与珀东班钦对答，所以诸智者商议，大家一致请克珠大师来对辩。当时此师年仅十六岁，年纪很小。但是，此师毫不畏惧，于广大众中尊处发誓，承诺我敢对辩，便在所有三藏法师的众会中与班钦乔勒朗杰展开了辩论。此师以十万无垢正理反驳，使得班钦乔勒朗杰无言对答。彼时，他们二位所辩论的与众不同、细而又细的正理所弃的界限，全都被在场的诸智者做了记录。此师说："后来在著作《因明七论除闇庄严疏》时，将彼时辩论的诸正理都引用于此。"据说珀东班钦·乔勒朗杰亦于彼时敬献了专门赞美克珠大师的颂词《蜜蜂游戏琴》。如果克珠大师从如此年少起，其讲、辩、著作等悉皆精通的善巧美名就传遍了一切地方。此后，由至尊仁达瓦大师任亲教师，法主班觉希饶任业轨范师，涅瓦·罗追丛美任屏教师，于足数的善信僧伽中正受了比丘戒。彼时，遵照至尊仁达瓦的策励，前去参见宗喀巴大师，途中住于聂塘时，梦中亲见文殊菩萨，最后融入了己身。翌日来到色拉却顶时，首先遇到一个贤善温良的比丘，故向他问道：哪是法主洛桑扎巴的寝舍？当时此比丘未做回答，回到佛堂中点了一支长香，举着来到黄色寝舍，马上行了三礼，双手持香，只为解义，才直呼大师的名字说：我的亲教大师洛桑扎巴驻锡的经堂即此。此香指向了彼处。由于看到此比丘全如《律经》所讲的清净行仪和十分恭敬大善知识之情，于是克珠大师便想到宗喀巴大师的诸随从亦皆如此，那大师本人更会是怎样的呢？不禁惊异，毛发竖立。顿生敬畏而胆怯。此后去了寝舍，当一参见宗喀巴大师，便马上被一种前世极深的师徒关系的征兆法力，使一心中生起了坚固的信仰，启请摄受。大师问道："汝于途中得何梦境？"于是禀告了在聂塘的所得。大师又讲道："汝乃密宗之利根化机。汝将对众多所化有大利益。"等做了许多教诲。最后问道："汝将何者作为本尊。"克珠大师禀告说："正以大威德红黑二尊作为本尊。"大师教导说："总之，不论以红黑畏大威德三尊任一作为本尊，亦皆为至尊所摄受。但是，我的这个传承，为至尊文殊所摄受且加持甚大，故当如是了知。特别当以作怖畏金刚为本尊，此中于因果二位时能有至尊圣容亲现，故有殊胜枢要。然而，有些人根本不解此中之枢要。"等，大师以详广的谈论，摄受他为唯一的内心传弟子。克珠大师如瓶满灌似地听受了无余语密。后又来到后藏，住持了年堆江热寺座主，故称江热噶久。此后与萨珺饶丹帕巴（地方首领善住圣者）互为施主供田，创建了白廓德庆寺①的大经院等噶丹派的许多札仓基地，如群蜂飞往花园似的聚集了众多三藏法师，讲经修道得到很大发展，从而弘扬了噶丹派的教法大宝。彼时，地方首领饶丹帕巴宣布要迎请法王绒钦巴②与克珠·唐吉钦巴辩经。克珠大师亦如是承诺。从上下各方的一切大小寺院来了许多讲说经义的大善知识和数百位三藏法师做裁判，开设了辩难道场。当时饶丹帕巴和绒钦却改变了主意，设法拖延。彼时，克珠·唐吉钦巴便以无畏的勇士气魄，讲了如下此等严紧缀成的偈句：

> 绒地所生释迦者，却具瞋恨佛教心，
>
> 执持辛饶③理论幢，愚人自傲为智者，
>
> 若能久住正告汝：同我一起来答辩；
>
> 具足诡诈心仙人，一再口出如谤语，
>
> 一旦从彼来此时，却边畏缩边怖惧，

①白廓德庆寺：在江孜县境内。

②绒钦巴：一宁玛派法主名。

③辛饶：辛饶祖师。相传与释迦牟尼同时，生于西藏阿里札达县所属的沃莫隆（汉文古史中名为羊同）地方，是西藏原始宗教本波教祖师。

> 边犯过失边悔恨，无依无怙寻庇护，
>
> 于此具德月白光，彼欲伺机黑影者①，
>
> 以吾正理金刚杵，全然摧伏现告汝。

又讲道：

> 如来教住雪山峦，十万正理狮发威，
>
> 正理爪牙强凶猛，唯我博学狮子王，
>
> 以一无垢正理笑，将傲论敌千象心，
>
> 除我格来班桑布，威拔至喉无语狮。

此后又来到寂静地当坚山（光华山），精勤修证。彼时，地方首领饶丹帕巴懊悔，又以种种手段发起迎请克珠大师回白廊德庆寺。克珠大师讲道：

> 欲将俐齿持爪力，守持雪山彼狮王，
>
> 炼捨以泔养为犬，其愿实为智者笑。

而未应诺，去了甘丹寺。克珠大师于年四十七岁藏历第七饶迥之铁亥年（1431 年），在大丛林甘丹尊胜洲寺被晋封住持高大金座，将一切讲闻说修之门弘广如上弦明月，尤其将宗喀巴大师的语旨，连细微部分也不掺杂他说地做了明确的宣说。对于余宗作为发起非难大师善说的一切道理，皆以无垢的教理之门做了破斥。特别是顾虑大师的不共讲风传统会断绝后，遂将珍如空行心血般的密咒难行枢要，不惜对众广宣，纵有一切空行责罚，亦不顾生命，心中唯怀佛法大宝，以讲说著述之门加以显扬。如此重恩，实属无匹。如是住持寺院法座历经八年中将文殊怙主洛桑扎巴的教法大宝——全胜一切的胜幢竖立于三有之顶，于藏历土马年（1438 年，明正统三年）神变月（正月）二十一

---

① 黑影者：罗喉星的异名。

日,仙逝于空行法宫。享年五十四岁。此师之清净见相,亦曾再三亲见文殊菩萨、妙音天女、本尊作怖畏金刚、六臂护法和四面护法等。特别在宗喀巴大师涅槃后,此师以五种不同的照见,亲见了大师圣容,并再三尝受了语旨甘露等,如是之诸情,全如传记等中所讲。此大师之语生弟子亦有大堪布桑朗乔珠(福胜成)、遍知帕巴畏、桑达瓦·乔丹饶觉、京俄·罗追坚赞、擦科土官·却吉札巴)、法主·顿珠班瓦、绒敦·罗桑扎巴、法主·贡勒巴、扎巴·却杰瓦、上座·却迥瓦等学行兼优的弟子无数。

此后,第四代法台夏鲁巴·勒巴坚赞(妙幢),藏历第六饶迥之木兔年(1375 年)出生于后藏。在夏鲁寺出家,依止宗喀巴大师,从新建甘丹寺时起,就任领诵师。年六十四岁于寺中继任住持金座。在共同的心目中虽不共许为智慧最极广大,然而,实际上是位瑜伽大自在。所以,诸三藏法师对此师越来越尊敬,诸粗鲁的人越来越畏惧。此乃尊者索朗扎巴所讲。后于年七十六岁藏历铁马年(1450 年)二月廿四日圆寂。

第五代甘丹法台雅德·罗珠却珺(智慧护法),藏历第七饶迥之土蛇年(公元 1389)诞生于雅德①。于却隆措巴寺出家。依止三师徒②,特别主要依止克珠大师,彻底学习了一切显密经义。于年六十二岁继任住持寺院金座,主要广做了《时轮大疏释》的讲闻,并著作了《时轮大疏补遗》。藏历水羊年(1463 年)九月十五日圆寂。享年七十五岁。

第六代甘丹法台克珠·唐吉钦巴之弟跋苏·却季坚赞 (法幢),藏历年七饶迥之水马年(1402 年)诞生于堆(上部)。随从宗喀巴师徒详

①雅德:在后藏聂拉木县境内。

②三师徒:指宗喀巴师徒三人,即大师宗喀巴、杰曹·达玛仁钦和克珠·格勒贝桑。

尽学习了诸显密经论，特别依止自在圣人朵丹·降白嘉措（得道者·曼殊海），如瓶满灌地饱授了文殊菩萨亲自授予宗喀巴大师的耳传要门——道体圆满的甚深妙道，即以上师天瑜伽之门，于一个浊世短寿中修成双运的无上方便——最极绝密的教授全部噶丹耳传要门。最后，大成就者朵丹·降白嘉措遵照文殊菩萨对自己所做的授记，又赠予了《甘丹变幻经卷》，一时封禁为独传。此外，跋苏·却季坚赞还圆满受学了《时轮》的生圆次第，内心做了实修，故于心相续中生起了不共的甚深乐空三摩地。据说诸内部及门弟子亦那样承认。年六十二岁继任寺院金座。如是为文殊怙主宗喀、巴大师的讲修教法广做事业后，于年七十二岁藏历水蛇年（1473年）圆寂。其语生弟子亦有守持宗喀巴大师之殊胜耳传要门的门徒大成就者却季多吉、堆龙·班丹多吉和康巴·多吉班瓦等出现了公许为此生成就了双运，并证得长生金刚身之金刚三兄弟等诸多学问通达、德行高妙的上土。

第七代甘丹法台法主·罗追丹巴诞生于藏堆①，与跋苏·却季坚赞同年。于勒宁寺出家。依止宗喀巴师徒三人，特别依止杰曹·唐吉钦巴学习了佛经，故而成为博闻的大智者。最初在桑浦寺进行讲闻。但是由于一时贪瞋增长，故不欲安住，便于拉堆②和沃卡地区进行讲闻。此后去了强孜札仓，广做了慈氏诸论的大论讲说。并著作了《释量论道序》和《慈氏后四论疏》等。年七十二岁继任寺院金座。年七十七岁藏历土狗年（1478年）于示现奇异的征兆中圆寂。

第八代甘丹法台法主门朗班瓦，藏历第七饶迥之木马年（1414年），诞生于耶茹强地方。依止更顿珠为根本经师，精学了一切佛经。

---

①藏堆：位于后藏定日县内。

②拉堆：指后藏定日一带。

从尊者协饶森格大师,学习了《密集续释》等。于泽当寺进行了三十六部经函的立宗辩经,故而智者的盛名传遍了十方。又于藏布洛大经院、札什伦布寺和上金殿等处,依次进行了讲闻。后又来到前藏,在色拉寺汉僧院、东法相院和迦唐(绘像)院等处,广做了讲闻,并著作了一部《释量论大疏》。年六十七岁继任甘丹寺金座。翌年又任哲蚌寺座主,故于二寺院讲说了许多显密经典,以讲经修道,善任了座主,于藏历铁亥年(1491年)十一月廿二日在拉萨布达拉宫圆寂。享年七十八岁。从杰曹大师到此师以上七人,被称为甘丹金座后藏七代文殊传承。

此后,第九代甘丹法台是赤钦·洛桑尼玛。第十代是丹玛·益希桑布。第十一代是塔钦·洛桑扎巴。第十二代是嘉木漾·希俄勒班罗追。第十三代是赤钦·却季协守。第十四代是堆龙巴·仁钦维赛。第十五代是班钦·索南扎巴。第十六代是迦热·却琼嘉措。第十七代是木雅·多吉桑布。第十八代是齐日·坚赞桑布。第十九代是赤钦·阿旺却季扎巴。第二十代是赤钦·却扎桑布。第二十一代是法主德瓦坚巴·格勒班桑。第二十二代是昝雪根顿·丹巴饶杰。第二十三代是法主才旦嘉措。第二十四代是额噶瓦·强巴嘉措。第二十五代是赤钦·班觉嘉措(富海)。第二十六代是赤钦·当曲班巴。第二十七代是法主释迦仁钦。第二十八代是赤钦·根顿坚赞。第二十九代是卓尼·协宁扎巴。第三十代是达隆查巴·罗追坚赞。第三十一代是法主当曲班瓦。第三十二代是仲孜·楚程曲培。第三十三代是赤钦·扎巴嘉措。第三十四代是赤钦·阿旺却季坚赞。第三十五代是林麦沙布隆·降央贡郊曲培。此人被佛王五世达赖依为经师。第三十六代是工布·旦增勒协。此时,因甘丹寺强孜和夏孜两札仓间发生纠纷,故此师不便住持,避往了康区。此师以上,甘丹赤巴虽由强孜夏孜两札仓轮流担任,但是,任期年限等并不一定。此后,由藏巴汗作出裁定,故才建立了法台任期的定制。第三十七代是赤钦·根顿仁钦坚赞。第三十八代是朝达瓦·丹巴坚赞。第三十九代是赤钦·贡却曲桑。第四十代是法主阿里巴·班丹坚赞或称丹巴坚赞。第四十一代是夏孜·洛桑坚赞。第四十二代是赤钦·洛桑顿悦当曲或称尊者朗塔多吉。第四十三代是赤钦·强巴扎喜。第四十四代是鲁布·阿旺洛追嘉措。第四十五代是卓尼·嘉木漾楚程培杰。此人正值佛王五世达赖时期。第四十六代法台后，他又代理法台，为高贵的五世达赖全金灵塔主持了开光，并为六世达赖仓央嘉措讲说过《菩提道次第广论》等许多教法。第四十六代是桑洛京巴嘉措。第四十七代是邦达瓦·洛桑曲培。第四十八代是赤钦·顿珠嘉措。第四十九代是赤钦·洛桑塔杰。第五十代是贡塘赤钦·根顿平措。第五十一代是霍藏赤钦·班丹扎巴。第五十二代是赤钦·阿旺曲培。第五十三代是赤钦·坚赞森格。第五十四代是赤钦·阿旺乔丹。第五十五代是桑查赤钦·阿旺朗喀。第五十六代是赤钦·洛桑赤梅。第五十七代是赤钦·桑丹平措。第五十八代是夏琼瓦·阿旺曲扎。第五十九代是秋桑·阿旺曲扎。此人因寿元早尽，故任座未满。第六十代是赤钦·洛桑丹巴培杰。第六十一代是擦朵·阿旺楚程。第六十二代是赤钦·洛桑门朗。第六十三代是赤钦·洛桑堪乔。此师只住持法台二月便圆寂。此后，又由洛桑门朗代理住持法台。第六十四代是赤钦·洛桑扎喜。第六十五代是赤钦·根顿楚程。第六十六代是甲琼·阿旺年扎。第六十七代是降央门朗。此师任座三月后便圆寂。第六十八代是赤钦·洛桑格勒。此师亦未任座期满便圆寂。第六十九代是赤钦·降秋曲培。第七十代是赤钦·阿旺曲培。第七十一代是赤钦·益希塔堆。第七十二代是赤钦·降白楚程。第七十三代是擦杂·阿旺降白楚程嘉措。第七十四代是洛桑伦珠。第七十五代是赤钦·阿旺隆朵嘉措。第七十六代是赤钦·洛桑钦饶旺秋。第七十七代是赤钦·楚程培杰。第七十八代是赤软·降央塔杰。第七十九代是赤钦·洛桑京巴。第八十代是赤钦·扎巴顿珠。第八十一代是赤钦·阿旺诺布。第八十二代是赤钦·益希曲培。第八十三代是赤钦·降秋朗喀。第八十四代是赤钦·洛桑楚程。第八十五代是赤钦·楚程班丹。第八十六代是策门林巴·洛桑坚赞。第八十七代是赤钦·阿旺土丹旦白坚赞。第八十八代是赤钦·钦饶悦丹。第八十九代是赤钦·洛桑年扎嘉措。第九十代是赤钦·强巴曲扎。第九十一代是赤钦·洛桑坚赞。第九十二代是赤钦·土旦宁齐。第九十三代是赤钦·益希班丹。第九十四代是赤钦·伦珠尊珠。第九十五代是赤钦·扎西东堆。第九十六代是赤钦·土旦贡噶。此等学问通达、德行高妙兼具的正士于大丛林甘丹尊胜洲寺中高掌金座，皆被授权为文殊怙主佛陀第二的正绍圣，广转了显密圆满的法轮，故以一切门，将法王宗喀巴大师的教法大宝弘扬于一切地方。

在此大丛林甘丹尊胜洲寺中虽然形成了夏强(东、北)两个札仓，但是，在过去克珠大师住持甘丹法台时，曾将班钦巴、嫩巴、雅卓巴和曲扎班瓦等四僧，委任为讲经院的讲闻师，分别进行讲闻。后来合并为夏强两院。夏孜札仓由宗喀巴大师的亲教弟子夏瓦·仁钦坚赞主持讲闻。此后，由其侄达扎、尼扎、法主才玛旺杰和法主杰旺瓦等次第相承堪布。在强孜札仓，由霍敦·南喀班瓦主持讲闻。此后，由年布·却季旺秋①和涅敦·班觉伦珠②等次第相承的堪布弘扬了讲闻。

上述四十五代以上的甘丹法台传承次序，排列方法上虽有某些不同。但这里是按照《黄琉璃宝鉴》所讲而编排的。

一切智·宗喀巴大师的上首弟子律师·扎巴坚赞，于名为全喜的藏历第六饶迥之木虎年(1374年)出生在前藏堆卓地方，他从直工法

---

①年布·却季旺秋：克珠大师的弟子，继任强孜札仓讲座。
②涅敦·班觉伦珠：克珠大师的弟子，继任强孜札仓讲座。

主出家，依止直工年尼大师等许多善知识，彻底学习了一切经论。尤其亲近一切智·宗喀巴大师，无不齐全地学习了显密经义，特别学习了全部《律经》经义后，三律仪的细而又细的还净界限以内，亦如理守护得全不衰败，并将菩提心大宝作为修证的中心，所以，掌握了经教与现证功德之藏。在宗喀巴大师讲说殊胜的教诲时，曾赞美说："如此律师，于天竺亦希有。"在修建甘丹尊胜洲寺时，此法主律师对于砌建各座经堂和断行者的小茅屋等事，亦不辞辛苦，以巨大的努力，将此等每一处都建得完全符合《律经》所讲。还担负起修成全部庙堂和佛像的重任直至最终。宗喀巴大师涅槃后，为了圆满大师的心愿，此师在尊莫（王后）林园内修建了寺院，摄受部众，故而聚有比丘八百余人。其著作的书类，亦有《比丘学处大论》、《沙弥学处》、《三事仪轨》、《毗奈耶因缘经》等《律经》法类甚多。此外，还著有胜乐、金刚手、大威德三尊、金刚界佛和普明大日如来等的修法，以及曼陀罗仪轨法类等的许多典籍。在完成了一切广大佛事后，于年六十三岁藏历第七饶迥之火龙年（1436 年）五月廿日，在尊莫园林内收摄了色身庄严而圆寂。班钦·索南扎巴说，此师于六十一岁藏历木虎年（1434 年）圆寂。

降央却杰·杰扎西白丹（文殊法主·大师吉祥贤），藏历第六饶迥之土羊年（1379 年）诞生于桑浦。最初于泽当寺出家，进入经院。于桑浦寺从涅·桂仁桑巴（宝鹫意乐）和玛·贡觉森格（宝狮），学习了《现观庄严论》和《量论》。在觉摩隆寺，从大堪布噶久巴学习了《律经》和《俱舍论》等，特别随从宗喀巴大师，听受了《中论》和《入中论》的讲说，以及《了不了义》、《律经》、《菩提道次第广论》、《密宗道次第广论》、《密集本续疏·明灯论》；《五部注解续》及其概要、综合和建立次第；胜乐与喜金刚法类和瑜伽法类等大部分显密经义，获得了无与伦比的智慧。智者益桑孜瓦亦赞美道："作为大师的一个弟子，唯此哲蚌寺法主智慧广博。"此后,由宗喀巴大师亲任亲教师,由律师任羯摩轨范师,由杰曹法主任屏教师,于善信比丘足数之中受了近圆戒。彼时,宗喀巴大师将从果巴日山①伏藏中取出的白法螺交给了此法主并指示说:"汝当建一圆满寺庙。子寺较甘母寺尤能发展兴盛。"故由内邬宗本南喀桑布②任施主,于此法主年三十八岁藏历第七饶迥之火猴年(1416年)修建了吉祥哲蚌大寺院。此后,不论何时开设辩经,此法主都亲自将显宗的八部经函,结合各自的注疏,各做一次详广明确的讲说,故使一切智者悉皆倾倒。宗喀巴大师曾说此法主"总的能熟记显密大经论一百三十部的一切词句和义理,是一位唯以所记而做讲说的智慧无与伦比者。"其听法亲教弟子亦出现了沫赛巴·罗追仁钦、年敦巴·释迦坚赞(释迦胜幢)③、尊者门朗白瓦④、阿阇黎噶勒和达勒、译师喜饶仁钦、法主南喀罗追、藏巴·贡杰瓦和上座格勒白瓦等无量的三藏法师。此法主于藏历土蛇年(1449年)之氐宿月(四月)十八日,在哲蚌寺于奇异征兆示现中圆寂。享年七十一岁。

此法主住持法座中委任了七位讲闻师,故而形成了七个札仓,即果莽(多门院)、罗赛林(明慧洲院)、德扬(广乐院)、霞廓(东院)、推桑林(闻思洲院)或杰瓦(胜利院)、都瓦(调伏院)和安巴札仓(密宗院)等,后来合并为果、罗、德、安四札仓。住持法座者,在此法主圆寂后,又有法主白丹森格(吉祥狮子)、法主仁钦降秋(宝菩提)、法主罗桑尼

---

①果巴日山:一座小山名,在甘丹寺旁。

②内邬宗本南喀桑布:该宗在拉萨罗布林卡南面。南喀桑布继其父仁钦桑布任宗本。他们父子均曾为宗喀巴师徒的施主。

③年敦巴·释迦坚赞:年,指后藏年楚河一带地区。释迦坚赞曾任札什伦布寺的座主。

④门朗白瓦:格鲁派僧人,为甘丹寺座主,最早的七代人之一。

玛(善慧日)①、绒敦·罗桑扎巴(善慧称)、宁布·释迦仁钦(释迦宝)、尊者门朗白瓦、降央勒巴却觉(妙音善法财)②或降央噶罗瓦(文殊欢喜慧)、法主云丹嘉措(功德海)、唐吉钦巴·根顿嘉措(僧海)③、班钦·索南扎巴(福称)④、佛王·索南嘉措(德海)⑤、佛王·云丹嘉措(功德海)⑥、班钦唐吉钦巴·罗桑却坚赞(班禅一切智·善慧法幢)⑦和高贵的五世达赖。此后便由次第转世的历代佛王继任法台,亲自住持。该寺成了噶丹派的重要核心,所以,名为千万贤哲之源——雪域那烂陀⑧的盛誉传遍了整个大地。若将每个札仓的住持世系也一一列出,恐文太繁。这里只举其中几位最主要者:

罗赛林札仓,最初由大堪布勒丹巴(具善)主持经论的讲说。其后由无间出现的法主秀索巴(弓福)、法主班丹罗追(祥慧)、工布·楚洛

①罗桑尼玛:第一世达赖之侄又是他的弟子。

②降央勒巴却觉:他是第二世达赖根顿嘉措之师。

③唐吉钦巴·根顿嘉措:即第二世达赖喇嘛。

④班钦·索南扎巴:他继达赖二世,1529年升为哲蚌寺第十五任座主,又任色拉寺座主。

⑤索南嘉措:(1543—1588)。即第三世达赖喇嘛。生于前藏堆龙。四岁时被认为根敦嘉措转世。1552年任哲蚌寺堪布,1558年任色拉寺堪布。1577年经青康赴蒙古途中倡建塔尔寺。1580年倡建理塘寺。旋应明顺义王俺答之请,由康人青,俺答赠号达赖喇嘛,译名"海上师",遂成以后历代转世定名。后随俺答前往蒙古地方,传播佛教。明万历赠号大国师,召往北京,未行即圆寂于蒙古。

⑥云丹嘉措:(1589—1616)。即第四世达赖喇嘛。生于内蒙古。十五岁时被西藏三大寺僧团迎至哲蚌寺,后从第四世班禅受近圆戒。先后任色拉、哲蚌寺寺主。享年27岁。

⑦罗桑却季坚赞:即第四世班禅额尔德尼。

⑧那烂陀:译义施无厌。古印度摩揭陀国王舍城的著名寺院。建于五世纪至六世纪初,有八大寺院,僧徒主客常至万人,学习大乘、小乘并吠陀、因明、声明、医方明等,为印度佛教的最高学府。我国唐代玄奘、义净等曾在此留学多年。

瓦(戒慧)、邓玛·耶桑瓦(本贤)、法主勒巴班觉(善富)、阿阇黎·释迦桑布(释迦贤)、阿阇黎·云丹维(德光)和班钦·索南扎巴等主持了讲闻。这位班钦住持了第十五代甘丹法台并担任过佛王·索南嘉措的亲教师,其功业颇大。特别是编写了显密经论的注疏,尤其著作了辨析《五部大论》的全套新典。所以,此典籍至今都作为罗赛林札仓的主要讲闻经典,而且还普及到了多堆多麦的许多大寺院,因此,其功业甚广。

果莽札仓,最初的住持是法主仁钦降秋。此后是智者噶勒和达勒、贡汝·楚桑瓦、钦布·班协巴、罗群·贡杰瓦、堪钦·旺班瓦、阿阇黎·班罗协洛、卓尼·却勒朗杰、贡汝·却季炯乃和秋桑·降巴伦珠等次第继任了住持。此后,是称做一切智·大德嘉木样协贝多吉(妙音笑金刚)①的贤哲盛名传遍三城、一切方面皆同成为南赡庄严之天竺大班智达的这位大贤哲住持了法座。此师写作了辨析一切显密经论的典籍,成为前所未有的善说法藏。所以,至今果莽札仓仍以此典籍作为默记之法。不仅在此处,安多和中区的一切正理论师皆将此典作为闻思之本。所以,土观·却季尼玛才这样撒出了所谓"较其他典籍尤为殊胜"的赞美妙花。

德扬札仓,最初由郊巴·降班瓦主持讲闻。此后,由次第出现的仲·却班瓦、扎穹·云丹坚赞、智者才玛旺杰、噶久巴·尊珠森格、喇嘛洛森瓦、仲·南喀瓦、喇嘛占江巴(吉祥光明)、仲·仁塔瓦和钦布·坚赞

①嘉木样协贝多吉:(1648—1721)。拉卜楞寺的创始人,该寺第一世活佛。生于甘肃夏河县甘加地方。1668年入西藏学法。1699年出任哲蚌寺果莽札仓堪布。1707年受拉藏汗邀请,任磐石寺住持。晚年返回了安多地区,于1710年,在甘肃夏河倡建了拉卜楞寺。1720年,清康熙皇帝颁赐金敕金印,封"扶法禅师班智达额尔德尼诺门罕"。1721年圆寂。终年74岁。

勒巴等堪布世代主持了讲闻。

安巴札仓,由次第出现的阿阇黎·杰楚瓦(严成)、阿阇黎·京乔巴、仲·仁乔巴和阿阇黎·班贡坚赞等堪布世代主持了讲闻。所以,显密讲修的佛法得到了蓬勃发展。

降钦却吉·释迦也失(大慈法王·释迦智),藏历第六饶迥之木马年(1354年)出生于蔡公堂的一个世代官吏家族。《松巴宗教史·如意宝树》中说,他诞生于水亥年(1383年)。此师掌握随念宿生等教证功德,特别为多闻子所护持,并应奉天承运文殊大皇帝永乐迎京之诏,于藏历第七饶迥之土鼠年(1408年),代表宗喀巴大师,此法王经南路康区理塘,进京朝觐永乐皇帝,敬奉了法甘露,故被敕封为大皇帝和皇子两代的国师。此法王在汉地一切地方创立了宗喀巴大师的清净正宗后,退回了西藏。此法王遵照一切智·宗喀巴大师之命,于藏历第七饶迥之土亥年(1419年)修建了色拉大乘洲寺,以讲闻而完满护持。彼时,又接大皇帝之迎诏,于土鸡年(1429年),作为法王自己的绍圣,封噶久巴·塔杰桑布为堪布座主,自己再次赴内地。奉天承运文殊大皇帝明成祖敕封法王·释迦狮子为"西天佛子大国师"。此法王广转了法轮,安立诸众生于成熟解脱之道后,于年八十二岁又启程返藏。途经佐毛喀①,于藏历木兔年(1435年)十月廿四日圆寂。此乃经师益希坚赞所讲,与汉文文献和《蒙古宗教史》所讲一致。郊杰·普觉仁钦(胜怙·普布觉寺大师)虽然说此师卒于年六十八岁藏历铁虎年(1410年)七月十日,但生年与属相不符。此法王的听法亲教弟子也出现了聂塘巴·法主阿莫伽巴(降伏)和法主索南希俒(福慧)等多人。不过,唯此二法主曾任奉天承运大明永乐皇太子宣德皇

---

①佐毛喀:即今青海省民和弘化寺。

帝的国师,其二规①功业甚广。保任此贤哲法座的堪布世代,在法主塔杰瓦之后,复由无匹法主或谓贡汝·坚赞桑布主持讲闻。此后是夏鲁热降巴·扎西嘉措②、法主沫赛巴、法主乃丹巴③、勒浦却季④、涅敦·班觉伦珠、芒推·班丹罗追⑤、降央·顿悦班丹⑥、佛王·根顿嘉措和至尊却季坚赞⑦。此师是一位无匹的正理自在。他著作了《中论》《现观庄严论》和《量论》等的注疏典籍甚多。在色拉寺切巴札仓和甘丹寺强孜札仓中,至今仍都从此典籍上进行讲闻。特别在安多、中区和康区等三大区的许多大丛林中,皆从其典籍上守持了讲经闻修的传统,故而功业取得了极大的发展。此师以后的诸座主是班钦·索南扎巴、法主扎桑巴(贤称)、佛王索南嘉措、东科尔·云丹嘉措(功德海)⑧、佛王云丹嘉措、班钦·罗桑却杰(善慧法王)和佛王五世达赖喇嘛等。此后,便由次第转世的历代佛王继任座主。

　　此寺院最初有五个札仓。但后来并为切巴(外出者)和麦巴(下院)两个札仓。复次,在贡汝·坚赞桑布住持法座时,为各个札仓都委

---

　　①二规:指世间与出世间两种规矩或指政教制度。

　　②夏鲁热降巴·扎西嘉措:夏鲁是夏鲁寺。"热降巴",即格西,高一级的学位名。亦译为广通经义者或博士。

　　③乃丹巴:义为上座师。他继任色拉寺第六任座主。

　　④勒浦却季:勒浦,即勒浦关沙寺,在拉萨附近。"却季"即法主,他是该寺的座主,色拉寺第七任座主。

　　⑤芒推·班丹罗追:"芒推"是尊号,义为博闻经教。班丹罗追(祥智)是色拉寺第八任座主。

　　⑥降央·顿悦班丹:义为文殊不空祥,他是色拉寺第九任座主。

　　⑦却季坚赞:即第四世班禅额尔德尼洛桑却季坚赞。

　　⑧东科尔·云丹嘉措:东科尔是寺名,该寺在青海省西宁市湟源县境内。云丹嘉措任色拉寺座主。

任了讲闻师。如在迦(汉)札仓,是由法主降央帕巴(妙音圣)主持讲闻。在仲登札仓,是由楚迦本布(六十土官)主持讲闻。在堆札仓,是由贡汝·坚桑瓦自己主持讲闻。此后,将迦和仲登两个札仓合并到了堆札仓,由钦布·协江巴、贡汝·却洛瓦(法慧)和本·释迦桑布(土官·释迦贤)等无间地以讲闻而护持。彼时,在降央却吉的弟子沫赛巴·罗追仁钦森格住持哲蚌寺时,有一些僧人修持邪法,因此,此师心生厌恶,不乐于安住哲蚌寺,遂去了色拉寺。当时,从哲蚌寺有其弟子数百智者随他而来,聚为色拉寺迦、仲登和堆等三个札仓的大部分智者,宏传了《中论》《现观庄严论》和《量论》等的讲闻,故称为切巴札仓。麦巴札仓,由贡钦·降秋邦或称降秋维赛①、法主尊珠桑布、阿阇黎·释迦占巴、才玛·旺杰瓦、钦布·楚杰瓦和钦布·桑布班瓦(贤祥)等次第继任堪布法座,宏传了讲闻。后来,拉萨汗②下令建立了安巴札仓。关于讲闻的经典,在切巴札仓也以至尊却季坚赞的典籍为主。在麦巴札仓,以第二十二代甘丹赤巴根顿丹塔的典籍为主,进行讲闻,故而成为守持日沃噶丹派教法三千万贤哲的清净源地。

唐吉钦巴·根顿珠,藏历第七饶迥之铁羊年(1391年)诞生于后藏霞堆③,在纳塘寺从堪布·楚巴希饶出家,遂次受了近圆戒。后来又到昌珠寺④从法主贡桑学习了《中论》和《量论》等,修道养心。此后来到前藏,在扎喜多喀,参见了宗喀巴大师,从此便摄如心中花蕾,为他

①贡钦·降秋邦:初为色拉寺座主,后任札什伦布寺座主。

②拉萨汗:全名拉萨鲁白。固始汗曾孙。公元1703年清康熙四十二年继任藏王。

③霞堆:又名下不堆,属萨迦县。

④昌珠寺:7世纪初,松赞干布为镇压古堪舆家所说罗刹女左肩所倡建的寺庙。在今山南乃东县。为西藏最早寺院之一。

讲说了许多显密正法。此外,还拜大菩萨贡桑瓦以及尊者协侥森格、杰曹·唐吉钦巴(即达玛仁钦)和克珠大师等,学习了所有显密经论,达到了彻底精通,故而盛名传遍了十方。复又返回后藏,于纳塘大弥勒佛像前长久闭修。年五十七岁藏历第八饶迥之火兔年(1447年)兴建了札什伦布吉祥大乐遍胜洲寺,向聚集于此寺的后藏大部分三藏法师,遍宣了宗喀巴三师徒的经义,广做了《五部大论》的讲解等,在后藏宏传了宗喀巴大师的教法。其听法的亲教弟子,亦有尊者门朗白瓦、都迦瓦·菩提萨埵①、都那巴·班丹桑布②、甲当·摩诃萨诃③、班钦·桑布扎西④、举德增巴·敬巴白瓦⑤、举德增巴·札桑瓦⑥、班钦·隆日嘉措⑦、勒宁瓦·贡噶德勒⑧、强瓦·罗追贡布、班钦·益希孜瓦⑨和法主达那巴等出现了许多不可思议的学行兼优的正士。其经论的著述亦著有《释量论小疏》、《总义·正理庄严》和《律经大疏》等许多典籍。此师广做了佛教事业后,于藏历第八饶迥之木马年(1474年)十二月初八,在示现奇异的兆象中圆寂。享年八十四岁。其法座由班钦–桑布扎西住持,以讲闻而善护持。此后,是班钦·隆日嘉措、班钦·益希孜莫继

①都迦瓦·菩提萨埵:达赖一世的弟子。后来由他发展成为"色举"系。

②都那巴·班丹桑布:达赖一世的弟子。他继承协饶森格法统,亦属"色举"系。

③甲当·摩诃萨诃:达赖一世的弟子。

④班钦·桑布西:一世达赖喇嘛的弟子,并继承其札什伦布寺法位。

⑤举德增巴·敬巴白瓦:为一世达赖喇嘛的弟子,亦为协饶森格弟子,继承下密院法座。

⑥举德增巴·札桑瓦:为一世达赖喇嘛中期弟子,继承其札什伦布寺法座。

⑦班钦·隆日嘉措:为一世达赖喇嘛中期弟子,并继承其札什伦寺法座。

⑧勒宁巴·贡噶德勒:勒宁在江孜地区。他为一世达赖喇嘛后期弟子。

⑨班钦·益希孜莫:为一世达赖喇嘛后期弟子。

任。在班钦·益希孜莫继任法座时，佛王根顿嘉措在札什伦布寺安住。对此，益希孜莫露出嫉妒之情，因此，佛王便不再住，去了哲蚌寺。此后，佛王兴建了倾科杰寺①等，功业蒸蒸日上之时，班钦·益希孜莫又请佛王宽恕，殷切请回。故此，佛王根顿嘉措又住持札什伦布寺座主约四年之久，而后又返回了哲蚌寺。此后继住座主的，是阿里拉尊·丹白尼玛②、班钦·罗追坚赞③、班钦·顿悦嘉措④、香敦·罗追勒桑⑤、勒宁巴·却季坚赞⑥、香敦·却白瓦⑦、曲雄瓦·索南坚赞⑧、香敦·桑桑瓦⑨、年敦·当曲巴⑩、娘敦·拉旺罗追⑪和班禅一切智·罗桑却季坚赞等。这以下皆由各代普照班禅一切智转世来继任法座，将文殊怙主洛桑扎巴的显密双运教法大宝，从一切方面加以宏扬，长久安住。

此札什伦布寺最初形成三个札仓。在霞孜札仓主持讲闻者，次第

---

①倾科杰寺：译为法轮胜寺，在山南桑日县境内的杰梅朵塘地方。1509年二世达赖喇嘛所建。

②阿里拉尊·丹白尼玛："拉尊"是对于王族出家人的敬称。他是阿里王族家的成员，任札什伦布寺座主。

③班钦·罗造坚赞：又称班钦·辛迪巴罗追坚赞。辛迪巴是印度哲人名。此指他是辛迪巴的转世化身。他是札什伦布寺座主。

④班钦·顿悦嘉措：札什伦布寺座主。

⑤香敦·罗追勒桑：香是地名，指后藏香曲河流域一带地区的总名。现为甲错、南木林、拉布三县区。他是札什伦布寺座主。

⑥勒宁巴·却季坚赞：是一世达赖喇嘛后期弟子，札什伦布寺座主。

⑦香敦·却白瓦：札什伦布寺座主。

⑧曲雄瓦·索南坚赞：曲雄是地名，位于藏北。他是札什伦布寺座主。

⑨香敦·桑桑瓦：又名桑桑白桑。札什伦布寺座主。

⑩年敦·当曲巴：又名当曲扬培。札什伦布寺座主。

⑪娘敦·拉旺罗追："娘"是氏族名，也是地名，他是札什伦布寺座主。

出现了香敦·尺美协宁①、法主多丹巴、仲·楚勒巴、噶希巴·曲扎和阿阇黎·罗追嘉措等。在推桑林札仓，最初的座主是贡钦·曲觉班桑。此后，依次出现了芒推·洛桑协宁、吉隆饶江巴·洛桑和穷楚·降巴扎西等。在基康札仓，第一位座主是阿阇黎·班曲巴。此后，依次出现了桑结·班仁巴、阿阇黎·桑结旺秋、仲·曲扎巴、法主拉尊巴、饶江巴·丹巴、饶江巴·根顿顿珠和热降巴·辛迪巴②等，宏传了讲闻。佛王根顿珠虽有建立安巴札仓的意趣，但未实现。后来由班禅一切智·洛桑却季坚赞新建了安巴札仓，故而始出了安钦·多吉增巴贡乔坚赞（大密咒师·金刚持宝幢）等许多学问通达、德行善妙的自在。

　　凭依如是卫藏四大丛林，在上区阿里三部、中区卫藏四翼和下区多康六岗等雪域藏地的一切边地和中心，日沃噶丹派的寺院发展了许多，文殊怙主洛桑扎巴大师的讲修教法大宝传遍了南赡洲全境。

　　下面讲说宗喀巴大师之显密教法如何宏扬的情况。大师的弟子如天覆地出现其多。此等之中，由修行密宗道而获得证悟高位和以为他人讲说之门，长期培育具法器弟子的学行真优、不可思议的正士虽然出现甚多，但是，得到成为密教之源的《密集》口旨传授者则是至尊协饶森格（慧狮子）。此师诞生于后藏叫做堆色的库玛地方③。年十四岁上，于纳塘寺从大堪布·楚巴希饶（成就慧）出家，受沙弥戒，赐法号为协饶森格。此后，便从此大堪布上师，特别从雅楚·桑杰班瓦（佛吉祥）彻底学习慈氏诸论、《中观理聚六论》、《入行论本释》、《入菩萨行论》、《量论》和《集量七注》等。年廿岁上，于纳塘寺从大堪布受了比丘

① 香敦·尺美协宁：根顿巴初期弟子。他是札什伦布寺霞孜教理院的创始人。

② 热江巴·辛迪巴：他是札什伦布寺基康札仓的讲闻师。

③ 库玛：位于今萨迦县内。

戒。彼时，由过去发心和祈祷的法力，闻得了宗喀巴大师的贤哲盛名，以此为缘，去了前藏。在甘丹寺，随从宗喀巴三师徒，总的学习了一切佛经，特别圆满学习了《吉祥密集》的原文和注疏及其解释。一切本续之义，悉皆掌握精通，故而智者美名遐迩。后来，宗喀巴大师在色拉却顶做本续的讲闻时，手持一部《四家合注》的经函，当众问道："尔等诸智者中有谁能受持《吉祥密集续》的讲风？"连问了三次。当时，诸智者谁都不敢禀以回答。此时，此法主顶礼三拜，答道："我欲受持。"随即承受了大师的口旨。宗喀巴大师十分欢喜，遂施与了密集金身、《四家合注》经函、阎摩法王面具、跳神的服装和骨杖绳索等，封其为密法之主，并且授记说："汝无需畏惧。我已将此法付与阎摩法王。汝可往后藏，那里有山如铃扣覆之状，上有修大威德之瑜伽师，他当弘扬汝之教法。又有山如仰卧之罗刹女，其上住有夜叉女。彼亦能弘扬汝之教法。那时你自己亦能了知。"于是，此师随根顿珠大师一起来到了后藏，暂住纳塘寺。此师徒二位与律师·罗追白巴相会，一起宏传显密讲闻，从而聚集了诸多弟子。在如是讲闻之风极盛的时候，某日协饶森格大师忽然念起曾在宗喀巴大师前，承诺宏传本续的讲闻后，便广做了《吉祥密集本续》的讲解。彼时，应夜叉女的化身女施主释迦班（释迦祥）的迎请，正在进行《吉祥密集本续》的讲闻中，来到了伦布孜寺①，为该寺的喇嘛帕巴畏②及其眷属讲说了密集和胜乐等的许多密法，封喇嘛帕巴畏为金刚师，并在此寺建立了本续的讲闻制。为作缘起，遂将宗喀巴大师所赐的阎摩法王面具、跳神的服装和骨杖绳索等留作圣物缘分。此后来到了色隆普③，在那里兴建了一座名为色·甘

①伦布孜寺：此有两处，一在后藏白朗县境内，一在拉萨市曲水县境内。
②帕巴畏：本名云丹嘉措。伦布孜寺座主。
③色隆普：色是地名，现属萨迦县色区。

丹颇章(色·兜率宫)的进行本续讲闻的道场,委都那巴·班丹桑布为讲闻师,故名为藏堆举巴法系。又将宗喀巴大师所赐的《四家合注》经函以及书夹子和钵盂给了都那巴,留作加持的圣缘。从此处又来到前藏,应乃伍东本·南喀班觉①的迎请,来到堆龙寺,为聚集在那里的众多三藏法师广做了本续王经《密集续释》和生圆二次第的讲闻。藏历第七饶迥之水牛年(1433年),于此寺建立了续部讲经院,称做吉祥麦举札仓(下密院)。在此寺建立了夏季春季进行《密集续释》的讲说,秋季进行五次第直接传授等六大引导②的讲闻制,并将宗喀巴大师所赐的密集金身留作了札仓的圣缘。由于如是在前后藏二大地区新建了进行续部讲闻的经院,故而就创下了广传大密本续王经道的立论——宗喀巴大师不共主张的传统和于此浊世大加弘扬了显密双运之教法大宝的不可思议的恩德。法主益桑孜瓦亦赞美道:"宗喀巴大师的弟子中无有能胜纳塘瓦·协饶森格之功德者。"如是于佛教广做事业后,便将前藏麦举札仓的讲闻事宜交给了阿阇黎·敬巴白,于藏历第七饶迥之木牛年(1445年)四月廿八日,在甘丹寺收摄色身庄严而圆寂。其听法亲教子亦出现了上师根顿珠、遍智帕巴畏、举钦·敬巴白、法主门朗班瓦、菩萨都噶瓦

　和都那巴·班丹桑布等不可思议之学行兼优的诸正士。后藏的堆举巴或色举巴③进行续部讲闻的历代堪布,在都那巴以后,也依次出

---

　①乃伍东本·南喀班觉:指当时居住在山南乃东县的第斯帕木竹巴政权下的地方头目。

　②六大引等:有密集五次第直接引导、胜乐多直(金刚铃杵)二派导引、大威德金刚四次第瑜伽、时轮六加行、金刚手大轮四加持和纳若六法。

　③色举巴:由宗喀巴大师的弟子协饶森格在后藏萨迦色地区,建立的密宗道场,从此传出的密法称为色举派密法。色举巴,是色举派人的通称。

现了降央·根顿培①、热降巴·曲英②、喇嘛扎帕③、举巴·桑珠嘉措④、举钦·尊珠帕巴⑤、克珠·多吉桑布⑥、举钦·桑结嘉措⑦、举钦·贡乔嘉措⑧和举钦·贡乔扬培⑨等。在前藏麦举中，进行讲闻的历代上师也依次出现了举钦·敬巴白、金刚持·协饶桑布、乌日噶久巴·希饶班瓦、法主楚桑、阿阇黎·仁钦巴、法主却穹嘉措和举巴·坚赞桑布等。这些举钦也全部是精通生圆次第之高深证悟者。本续的讲闻，也主要从《四空合注》《密集》的广略二注和都那巴所著的《金刚道序》第之上进行的。称为麦举八大引导的，是《密集五次第》《大成德四次第瑜伽》《大轮四加持》和《妙金刚四明点》等八大引导。这八大引导，是第二十代甘丹赤巴举钦·曲扎桑布所作的笔记。在此以前，说是由宗喀巴大师和尊者协饶森格等从记忆中讲说而辗转传授的。色举派的八大引导，是《密集五次第》《大威德圆次四瑜伽》《铃派五次第》《卢伊巴圆次大瑜伽》《时轮六加行》和《那若六法》等，即色举派六大引导和在此之上再加以《大轮四加持》和《迁识引导·开金门法》，故称为色举派八大引导。此外，还有《伏摩铁堡》《幻轮》和《护摩》等，即三要门的引导；《迁识引导·开金门法引导》《护法朵玛正行引导》《大朵玛引导》和《白伞

①降央·根敦培：义为妙音僧增。继都那巴后宏传色举派密法者。

②热降巴·曲英：义为法界。他继降央·根敦培后宏传色举派密法。

③喇嘛扎帕：全名扎西帕巴，义为吉祥圣。为根敦培弟子，色举派的第三代传承。

④举巴·桑珠嘉措：意为如意海。是色举派传承第四代。

⑤举钦·尊珠帕巴：意为精进圣。是色举派传承第五代。

⑥克珠·多吉桑布：意为金刚贤。是色举派传承第六代。

⑦举钦·桑结嘉措：意为佛海。是色举派传承第七代。

⑧举钦·贡乔嘉措：意为宝海。是色举派传承第八代。

⑨举钦·贡乔扬培：意为宝增。是色举派传承第九代。

盖大退敌法》等四大退敌法引导和《安神引导》等六种,称做六分支引导。举钦·贡乔扬培在其前半生,虽然由色举本身出现了许多弟子,但是,未有一人持得了法统。在其后半生,虽有墨根喇嘛①和夏鲁堪钦·降央丹增二人随从举钦·贡乔扬培,但是,未能学到《密集》法类的若干重大要门。在举钦·贡乔扬培八十岁上,有遍智·嘉木漾协巴多吉;在其年八十一岁上,有章嘉·阿旺罗桑却丹②和塘萨巴·额珠嘉措③等从前藏来投到举钦·贡乔扬培门下时,他才将《密集本续》的讲说和二次第的引导等色举派的全部教授,如瓶满灌之状地传授给他们。此后不久,举钦便圆寂。想他这样持寿久居,乃是一直等到将法交与法主的意思。这是土观大师所讲。上述三位正士无不齐全地学习了出自后藏堆举或色举、前藏麦举和温萨耳传④等的显密甚深教援,即如空行心血的一切要门,故而汇成了一个教授流,遍布于安多和中区的一切地方。

举钦·贡噶顿珠(大密乘师·喜庆义成)⑤,藏历第七饶迥之土亥年(1419 年)出生于后藏。于纳塘寺出家,在根顿珠大师尊前,他学习

①墨根喇嘛:墨根是蒙语。是对修行有成就者的称号。此人曾作协饶森格弟子。

②章嘉·阿旺罗桑却丹(1642—1714):章嘉是安多地区一地名。此人是拉卜楞寺创建人第一世嘉木样协贝多吉的弟子。尊号为章嘉多吉强,康熙封为国师。后在内蒙古多伦诺尔建寺,以后则由其转世活佛继任该寺寺主。

③塘萨巴·额珠嘉措:塘萨是地名,也是寺名,在拉萨北面彭域境内。他亦曾为协饶森格弟子。

④温萨耳传:温萨是地名,在后藏。温萨巴即班禅第三世罗桑顿珠。由他附耳亲口传授的格鲁派密法传统,称为温萨耳传。

⑤举钦·工噶顿珠:色举派传承法统。他是敬巴白的弟子,1474 年在拉萨立一密宗院,名为举堆巴。

了《释量论》。从尊者协饶森格，他又学习了五次第的直接传授以及本续第七品以上的解说。在哲蚌寺，他从大堪布班洛瓦学习了《中论》、《现观庄严论》、《律经》和《俱舍论》等许多经论。从举钦·敬巴白，圆满学习了《密集续释》和详细要门以内。此外，还从举巴·扎巴桑布（贤称）和法主巴索瓦（象牙）等学习了许多显密法类，成为全部显密要门大海之主。此后便在降巴林寺住持法座。经长期住持后，去了麦举。当时正是举钦·敬巴白主持讲闻之时。此后，举巴·桑瓦继任了法座，主持讲闻。然而寿数未尽。此后，虽然委了法主达瓦坚赞为讲闻师，但是，由于身体不济，未任法座。彼时，续部的全体比丘虽然很希望贡噶班瓦大师住持法座，但是，由于续部的领诵师顿悦（不空）之权力所使，委任了阿阇黎·扎西坚赞①为讲闻师。此师稍感不满，遂取续部的内所依护法神轴画和颅骨，去了卫堆（拉萨上院）。从此，进行续部讲闻的初期，有师六人。后来逐渐聚集了律师三十二人，故而吻合了等同密集诸本尊数目的吉兆。因此，此大师便于年五十六岁藏历第八饶迥之木马年（1474 年），兴建了前藏的举堆札仓（上密院），功业极为宏大。此后，举麦的阿阇黎·协桑瓦虽然再次迎请，但他始经未去，全在举堆札仓中广做讲闻达十三年之久，故而僧众发展了很多。其听法的亲教弟子也出现了举巴·拉仁巴、法主耶孜瓦和阿阇黎·班丹维赛等许多学行兼优的正士。如是于佛教广做事业后，于藏第八饶迥之火马年（1486 年）二月六日，在降巴林寺圆寂。时年六十八岁。此法主圆寂之当年马年和第二年羊年两年中未进行讲闻，处于空白。这是班钦·索南扎巴所讲。此后，依次出现了阿阇黎·拉仁巴、阿阇黎·曲丹罗追（法慧）、班钦·索南扎巴、法主·贡乔培

①阿阇黎·扎西坚赞：色举派传承法统。扎桑瓦后，由他继任麦举法座。

杰、贡德·南喀坚赞①和贡乔曲培大师②等弘扬了密乘教法大宝。

关于温萨耳传如何来源的情况。尊者朵丹·降央嘉措，藏历第六饶迥之火猴年（1356年）出生于多麦宗喀地方。由于前世贤善习气之能力得以滋长，所以从童年起就能记住《月灯经》等许多经书，并能经常口诵《月灯经》。年十八岁，他来到前藏，依止上师雪隆·曹喀巴、达隆译师、阿阇黎·贡乔森格和查昌堪布·根敦等，彻底学习了一切显密经义，特别是依止宗喀巴大师为根本经师，学习了摄显密二道要的全部噶丹耳传教授，并传授了《变幻经卷》等。后来，应邦藏堪布的迎请，他来到彼处，于隐居地色瓦绒的寝舍中，一心精进于修证等持，故而生起了诸多现证功德，并且亲见了文殊菩萨之圣容。从此以后，身与语的明相便随意而生。藏历土猴年（1428年），于诸多奇异兆象示现中，在隐居地色瓦绒圆寂。时年七十三岁。

宗喀巴大师所讲的诸多耳传教授，特别是现为文字之者的文殊大藏《变幻经卷》等，宗喀巴大师除了这位朵丹巴上师外，未传授给任何人。而上师朵丹巴亦将包括《变幻经卷》在内的噶丹耳传要门，只密传给了帕索·却李坚赞。而法主·帕索瓦亦尊照文殊菩萨对他的援记，作为密法，除了传授给犹如宝贝化机的弟子金刚三昆仲③外，也未讲给任何人。法主·帕索瓦又吩咐此三人说："若有一二真厌世之具法器的弟子，方可讲此耳传教授。否则，对其他任何人连有如此要门的话

---

①贡德·南喀坚赞：他是贡噶顿珠的弟子。由他传承举巴法座。

②贡乔曲培：他是举堆巴法统，继承衮噶顿珠法座第三世。

③金刚三昆仲：是大成就·却季多吉（法金刚）、堆龙巴·班丹多吉（吉祥金刚）和康巴·多吉班瓦（金刚祥）。格鲁派密法《变幻经卷》的传承，是从他们三人开始的，依次传授到班禅·罗桑却季坚赞时始笔之于书。此一密法传承，后来称为温萨派。

也不可讲。"以本尊、空行和护法等为证,做了极严的禁令。称作金刚三昆仲的三位上师,据说对此文殊怙主宗喀巴大师之教法,于此生成就了虹身,并且证得了不死金刚身,故而迄今亦在安住。此三昆仲中,据说堆龙巴·班丹多古只向一二个有缘弟子传援过这个耳传教授。《传记》中说:"佛王·根顿嘉措从这位成就了双运的勇识,获得了法恩。"《佛王·索南嘉措传》中也说:"称做大成就者·班丹多吉,他已得虹身,于日光静室中已得卢伊巴派的胜乐灌顶。大成就师又将他亲自得到的莲花生大师所传的长寿灌顶法传授给了此佛王。"三昆仲之一康巴·多吉白瓦,除了起初在帕索·却季坚赞前听受此耳传教授时,除了在根培山①安住时和除了后来包括他本人在内的金刚三昆仲聚会时外,普通人谁也全未耳闻目见过。是安住于某一别的成就圣地或是去了其他不净利土等不论怎样,总之,于此域所得法恩不甚明显。这是经师益希坚赞所讲。

三昆仲之一大成就者·却季多吉。在多麦宗喀地方有一父名叫贡噶杰布,母名叫班宗的两个出世男女去卫藏朝圣时,来到了达那金刚座②,于藏历第八饶迥之火牛年(1457年)生下了这位大成就者。他在年十一岁时,由父母带领,去朝拜了各处圣地,故由文殊怙主宗喀巴大师的发心和诸护法策励的法力所使,渐次来到了甘丹尊胜洲寺。彼时,首先参拜了帕索·却季坚赞。此法主当时就赐予了父母二人随顺世俗的无量奖赏,讲道:"请将此童施与我。"于是父母二人欣然献与。从此以后,便由此法主爱惜养育而出家,起法号为却吉多吉。他彻底学习了一切显密佛经,特别圆满地听受了菩提道次第的所缘法类、

---

①根培山:全名根培阿兰若。是寺名即静居寺,在哲蚌寺山上。

②那金刚座:在后藏的谢通门县境内。

要门、亲训、除障和生效等,以及胜乐、密集、大威德和时轮等四续部的灌顶传承和教授。尤其是此法主圆满传授了怙主文殊菩萨亲自授予宗喀巴大师的不共耳传显密二宗道体圆满的甚深妙道——上师天瑜伽的要门和亲训,最后将噶丹《变幻经卷》交在他的手上,讲道:"除了空行授记的一二个弟子外,不得向任何人展示。"做了严格的禁令后,给予了他。此后,他去了哲蚌寺,从大德·德勒多丹(圆满力士)彻底学习了以《中论》和《现观庄严论》为主的诸大乘师之经论,并从轨范师尼玛贡(日怙)和法主多丹受了比丘戒后,去了后藏。在后藏,他从律师·罗追班巴(慧隐),圆满学习了《律经》法类。此后,遵照法主·帕索大师的指示,去了雪山、山洼和林间等诸多静中之静的地方,将修证全部显密道,作为心要,故而修证功德愈加增上。特别是由于在诸先师获得成就的圣地帕襄珠穆拉日山①的大密成就处白玛京②奋力修证,故而生起次第达到了究竟,并因合一修了圆满次第,所以,真正成就了心远离譬喻光明和不净幻身③。彼时,由于修习了圆满次第相属的上师瑜伽,故而亲见了佛王宗喀巴大师之圣容,听受了诸多不共的耳传教授。复又于此修证处,一心勤修了圆满次第甚深瑜伽,故而凭依极无戏论之行,以身清净幻身和心清净胜义光明④二者双运转之道,无余尽断了诸细而又细的所知障⑤,证得了具足和合七支的双运

①帕襄珠穆拉日山:在后藏江孜县南面的绰摩地区,与不丹联界。

②白玛京:译义莲花园。

③不净幻身:圆满次第中六次第之一。以如幻如梦等譬喻论断,修习三界一切情器世间所有内外诸法皆是现分有而自性无。

④胜义光明:圆满次第法门之一。睡眠、错乱所起见修所断二障种子,亦被道位强力光明永远断除,顿然离垢之基位光明。

⑤所知障:烦恼习气及其自果事相分别之错乱分。能障碍证得一切种智的三轮寻思。

金刚持果位，由法身不动地变成了与一切有情各自缘分相合的种种庄严。以如是庄严，乃至虚空存在，为饶益众有情不怠而住。是这位大成就者将全部要门传授给了佛王温萨巴·罗桑顿珠①。

法主温萨巴·罗桑顿珠，藏历第八饶迥之木牛年（1505年）一月十日诞生于后藏一个名叫拉库的地方。十一岁时于曲科卫顶的拉日孜寺，从法主拉日孜瓦·扎巴顿珠（神山顶寺主名称义成）出家，赐法号为罗桑顿珠。此后，随同法主拉日孜瓦和阿阇黎·楚程仁钦巴（戒宝）二师一起来到哲蚌寺，从扎巴顿珠大师听受了菩提道次第的验证传授，以及时轮和大威德等的许多灌顶传承和教授。在根培山，从法主罗追坚赞（慧幢）听受了吉祥密集的灌顶等。此后，他去了札什伦布寺，从推桑林院的住持罗桑协宁（善慧知识），彻底学习了一切波罗密多乘的经义。彼时，天花病流行所有地方，此法主亦于年十七岁时染上了天花而生病。他在温萨寺居住时，一日门前来了一位唱诵祝贺赞词的出世者。当一听到其唱诵的语音，身上的毛发便马上竖起，心情出现了彻底的变化。故当来到门前一看时，便见到一位身穿百纳衣，能引生信念的长白下须者。故知其是一位守持宗喀巴大师耳传的大成就师，遂迎于室内。当启请护持时，吩咐说："当于如此时前来扎喜宗喀谷底之噶摩曲宗。"上述三昆仲之一那位大成就者却季多吉，虽然于此生成就了双运，但是，粗分异熟身暂未弃舍，在怙主文殊菩萨授记的耳传法主这位温萨巴·罗桑顿珠未出世期间，即超过百余岁之间都依止双运灌顶王经（宝箧经），对一些有缘化机给以正法甘露。是此时见到将无余耳传教授给予大德温萨巴的时机已到，才故意以一极年迈的比丘行相而来到尊者温萨巴住处门前的。此后，尊者温萨巴

---

①佛王温萨巴·罗桑顿珠：即班禅第三世。温萨传承从他开始，所以称他为温萨巴。

一脱离天花疾病后，便马上遵照那位大成就师所讲，去了噶摩曲宗。那位大成就师如瓶满灌地传授了菩提道次第的讲解等全部耳传教授；胜乐、密集、大咸德的灌顶；二种次第的全部要门等，赐封其为文殊怙主耳传的教主。此后，大成就者·却季多和温萨巴二师便一同摄受了卫藏各地的许多有缘化机和视为以耳濡目染、心念身受等成为当前和最终利乐的殊胜缘起而云游和加持了雪域的大部分圣地和地方，最后来到圣地白玛京。尊者温萨巴大德一心精进修证，故而证得了现证功德。彼时，大成就师却季多吉的眷属中有获得成就的弟子十余人。大成就师视其中这位尊者温萨巴为上首弟子，遂将噶丹耳传《变化经卷》交与了此尊者手中，以一切半尊和上师为证，授权其为正法之绍圣。此后，尊者温萨巴又来到根培山，完全护持了一切所见，皆现为乐空的明智禁戒之行。因此，多数心窍迷盲的土夫皆传出所谓"温萨疯子"之语。彼时，尊者温萨巴遵照空行的授记，将不共的耳传教授和《变幻经卷》中的一些时机已到的内容，传授给了贡钦·勒巴顿珠。在三十三岁上来到哲蚌寺，从唐吉钦巴·根敦嘉措受了比丘戒。此后，又去了后藏，遵照本尊和上师的授记，于卫白孜兴建了温寺，为诸有缘化机大转了深广的法轮，特别于此道场中，向克珠·桑益希（三世班禅的弟子）传授了胜乐、密集和大威德等的全部灌顶事项、包括二次第引导在内的诸殊胜教授和菩提道次第的验证介绍等，特别是如瓶满注地传授了宗喀巴大师不共耳传的亲训教授，赐封为宗喀巴大师的耳传教授之主。如是成办了佛教与众生的广大利益后，便到了自身亲教的化机圆满之时，故将至尊正士·桑结益希授权为自己的绍圣，示现了扎刺病状之后，于藏第九饶迥之火虎年（1566年）神变月（正月）廿三日，收摄色身庄严于法界而圆寂。享年六十二岁。此师之听法的亲教弟子亦出现了克珠·桑结益希、贡钦·勒巴顿珠、强孜·玛维旺布（语自在）、尊者·罗追朗杰、法主·格勒朗结、大堪布·诺桑嘉措和法主·当曲扬培等不可思议的无量掌教正士。此后，全部温萨耳传教授就由克珠·桑结益希传授给了班禅一切智·罗桑却季坚赞。温萨二师徒，特别是班禅一切智为了不使部分耳传教授失坏，特笔之于书。对于由温萨巴师徒传出，经朵丹·降班嘉措和克珠一切智传承的如是诸耳传，即以《变幻经卷》为主的宗喀巴大师之全部耳传教授，就称做温萨耳传。

在多康地区，首宏宗喀巴大师之教法者，是大师的亲教弟子、弘扬佛教于边地的六大旗手之一的麦的强森协饶桑布(下部的菩萨·慧贤)。当法主达杰布在色拉大乘洲寺正住持大慈法王的法座时，强森协饶桑布任副讲师。他正在群贤诲会中广做诸大经论的讲闻时，心中念起若是返回自己家乡迦玛地方，依止诸净戒律，将法统和见行整饬得最极清净，对宗喀巴大师的教法与众生可能有广大利益。此心意被贡钦·降秋邦觉知后，遂迎请了法主·协饶桑布，奉以妙供养后又赠送了氆氇一匹、黄帽一顶，对他讲道：“我无任何余义。因为你要速返康区，故当于康区对正法做一利益。”法主·协饶桑布心中自念：我根本未说过要速返康的话。他这样讲，难道是我不宜留住于此处吗？反正请示杰曹大师，或许会说暂先留下来的话吧。随即去了甘丹寺，就向杰曹大师禀告了诸情。不料杰曹大师非但不劝留下，反而授记说：“汝去康区甚妙。彼康地有一驰名的类乌山①。由从此山附近，你所教化的众生和功业会有大发展。”同时赐予了广大的财货送礼。此后，他就来到了中康地带昂曲河与澜沧江汇合处，听说在此处宗喀巴大师赴前藏求学时曾住过一日，亲自得见了十六阿罗汉之圣容并于现在的护法神殿所在地得见过六臂护法之容，故而授记说过未来于此处将会出现一座大寺院。云云。强森协饶桑布看到恰巧时机已到后，便于年

①类乌山：又名日阿山，在今昌都专区境内。

四十三岁藏历第七饶迥之火蛇年(1437年),在宗喀巴大师曾得见十六阿罗汉圣容之处兴建了昌都降巴林寺①。在遍智教历②中说是建于木鼠年(1444年)。在法主协桑之后,是象雄·曲旺扎巴、楚敦·南喀班瓦、吉仲·协饶班孜和吉仲·贡噶班瓦等次第住持法座,弘扬了讲闻。后来由宗喀巴大师的宗教弟子古交·朵丹巴或称瑜伽师·畏巴多吉之弟子杰瓦·帕巴拉③及其历代转世和帕巴拉的弟子希瓦桑布④等住持了法座。历代转世皆以正法和财货,完满护持了和在护持着这个法座。此法统以及吉仲·协饶旺布于藏历第九饶迥之土蛇年(1548年)兴建了康区塔杰寺和霍尔法王·阿旺平措兴建了康区甘孜扎西协楚诺布林寺(吉祥讲修宝洲寺),此外还有江热朱古⑤和嘉热朱古⑥及其历代转世;跋苏·却季坚赞的化身达擦吉仲⑦及其历代化身和称为俄译师⑧转生的察雅大小二活佛⑨等出现了守持大圣正土世代之鬘的诸

---

①昌都降巴林寺:通称昌都寺。最早为噶举迦玛派类乌齐寺的下院,协饶森格在1417年或说1437年改建为格鲁派寺院,后由其转世帕巴拉继承该寺的寺主法位。

②遍智教历:推算宗教上重要人物的年代之历算学。

③杰瓦·帕巴拉:义为佛至圣天,昌都大活佛。此为帕巴拉一世(1439—1487)。是明末清初统治中部康区(昌都地区)的四大呼图克图之一。

④希瓦桑布:为帕巴拉弟子,也是昌都寺的第二位大活佛。

⑤江热朱古:帕巴拉弟子转世,昌都寺活佛。

⑥嘉热朱古:帕巴拉弟子转世,也是昌都寺活佛。1535年在该寺坐床。

⑦达擦吉仲:昌都寺活佛。传说他是克珠大师之侄,曾任甘丹赤巴第六任的跋苏·却季坚赞的转世。

⑧俄译师:即俄·洛敦协饶和俄·勒比协饶二位。

⑨察雅大小二活佛:察雅寺的二位活佛。察雅寺建于1681年。在昌都地区察雅县境内。寺内有两大活佛,是清代统治中部康区的四大呼图克图之一。大活佛(正)住察雅寺,二活佛(副)住卡撒丁寺。

上师贤智和许多学行兼优的大善知识，他们皆宏传了显密的讲闻并于许多地方新建了寺院等，以此将文殊怙主洛桑扎巴的教法大宝弘扬于多康六岗①的一切地方。

在多康地区，又最初由法主·顿珠仁钦于藏历第六饶迥之土牛年（1349 年）兴建了甲穹大乘功德昌盛洲寺②。由宗喀巴大师受沙弥戒时的羯摩轨范师循努·降秋畏等历代堪布完满护持了法座。当第六代堪布洛扎·塔瓦桑布（解脱贤）住持法座时，在藏历第十饶迥之水羊年（1583 年）佛王·索南嘉措驾临此寺，认定了法主·顿珠仁钦的灵塔，用金铜包饰了此塔，以正法甘露使诸多三藏法师得到满足。第九代堪布降巴林巴·丹巴仁钦（教宝）于藏历第十饶迥之水亥年（1623 年）开创了《五部大论》的讲闻，弘广了讲修的教法大宝。

在宗喀巴大师降生地脐血滴落之处，长出了一株高大的旃檀树，每只树叶上都自然出现了狮子吼佛像一尊，大师年廿二岁时，其母曾托人给大师捎去了一封附有一绺白发的要他返回多麦的家信。大师委派本·扎巴坚赞为代表，给母亲和兄长二位捎去了大师自己的一幅画像、胜乐瓶身和狮子吼佛像等，回禀说："于我出生之地种下十万此身，作为内所依。若建一座以檀树作藏的佛塔，则与我至无乐。"遵此嘱托，母亲便负责于彼处修建了一座以彼檀树住为藏的聚莲塔③。藏历第九饶迥之铁猴年（1560 年）贡巴·仁钦尊珠（精进宝）以

①多康六岗：下区青康六高地。古代藏文典籍中分康青藏为上中下三区。下区青康一带，依水流和山势起伏情形，又分为色莫冈、擦瓦冈、玛康冈、绷波冈、马杂冈和木雅拉冈。

②甲穹大乘功德昌盛洲寺：在青海省西宁境内，1345 年顿珠仁钦应蒙古俺答汗之请，在此建寺，就原噶当派古庙扩建。

③聚莲塔：善逝塔的异名。聚莲塔：善逝塔的异名。

此为基础,扩建了包括庙堂和佛像在内的弥勒佛殿。藏历第十饶迥之
水牛年(1583 年),应申中·昂琐①之迎请,佛王·索南嘉措驾临于此
寺,改鎏金大灵塔为菩提塔并扩建了大丛林古本降巴林寺②,将先前
的律经法主·尊珠坚赞桑布任命为寺主。第一任座主后来的律经法
主·畏赛嘉措③遵照佛王·云丹嘉措之命,于藏历水鼠年(1612 年)创
立了讲闻制度。此后, 西纳法主·勒巴嘉措④成立了举巴札仓 (密宗
院)。第十八任座主秋桑·丹白坚赞成立了曼巴札仓(医药院)。节协长
老·协珠丹白尼玛(讲修教日)成立了顶科札仓(时轮院)。这些札仓的
历代住持都弘扬了显密讲经修道的讲闻, 成为文殊怙主教法之清净
源地。

　佛王·云丹嘉措复派杰赛·顿悦却季嘉措⑤住于多麦兴建寺宇。
藏历第十饶迥之木龙年(1604 年),杰赛大师修建了郭隆降巴林寺⑥,
创立了讲闻传统。该寺成为奉天承运曼殊室利清朝大皇帝的福田。由

———————

　①申中·昂锁:"申中"是当时居住于寺院附近的六个藏族部落之一的申中
族,昂锁是该部族的首领。

　②古本降巴林:通称塔尔寺。位于青海省湟中县境内。1583 年遵照第三世达
赖喇嘛索南嘉措倡议,持律法师光海为保护宗喀巴大师降生地而修建。后来逐步
扩建,发展成有四个僧院的格鲁派一大寺庙。

　③畏赛嘉措:即持律法师光海。他是当时塔尔寺住持,遵四世达赖喇嘛之命,
分离僧俗,整饬教规。塔尔寺法台,从他开始。

　④西纳法主·勒巴嘉措:"西纳"是居住在寺院附近的六个藏族部族之一的西
纳族。勒巴嘉措(妙海)于清顺治六年(1646)成立了举巴札仓。

　⑤杰赛·顿悦却季嘉措:"杰赛"即杰畏赛布,是尊号。他是四世达赖喇嘛的弟
子。1604 年,他在青海建郭隆降巴林寺。

　⑥郭隆降巴林寺:即土观大活佛住持的青海佑宁寺,在青海互助县境内。
1604 年建成。1723 年罗卜藏丹津反清寺毁,十年后修复。雍正帝赐名为佑宁寺。

章嘉·唐吉钦巴和土观大师二位的历代转世、赞普①的历代转世和松婆大堪布等诸多圣贤大士次第住持法座,完满护持了《五部大论》的讲闻传统。藏历第十二饶迥之铁虎年(1710 年),遍智·嘉木漾协巴②成立举巴札仓(密宗院),委任长老邓玛沙布隆·阿旺丹增程烈为续部的讲闻师。

却藏喇嘛·朗吉班觉于藏历第十一饶迥之土牛年(1649 年)兴建了却藏寺③甘丹明久林(兜率不变洲),由其历代转世住持了法座。藏历第十三饶迥之土虎年(1758 年),却藏·阿旺土丹旺秋(语自在佛教自在)创立讲闻制度,任命赛租·扎巴伦珠(名称义成)为讲闻师,以后由热降巴·班桑(祥贤)等历代座主完善护持。

敦隆寺第十代法台赞普·顿珠嘉措(义成海)于藏历第十一饶迥之铁虎年(1650 年)兴建了色阔甘丹当曲林寺(兜率圣法州)④。《黄琉璃》中说建于土牛年(1649 年),松婆说建于铁兔年(1651 年)。果莽副讲师霍尔·阿旺程烈伦珠⑤创立了讲闻制度,获得很大发展,有上下参尼札仓(显宗院)、安巴札仓(密宗院)和曼巴札仓(医药院)等四院。由敏珠朱古·洛桑丹增嘉措(敏珠林寺活佛·持教海)⑥等历代转

---

①赞普:全名赞普巴·顿珠嘉措。郭隆寺的第十任住持。他曾于 1650 年建色阔寺。

②遍智·嘉木样协巴:即嘉木样协贝多吉。

③却藏寺:位于青海省互助土族自治县境内。

④色阔甘丹当曲林寺:位于青海省大通县境内。由赞普·顿珠嘉措修建。1723 年罗卜藏丹津反清,寺毁。1732 年修复。雍正帝赐名为广惠寺。

⑤霍尔·阿旺程烈伦珠:曾任哲蚌寺果莽札仓副讲师,后继任甘丹与曲林寺法座。

⑥敏珠朱古·洛桑丹增嘉措:色阔寺活佛,说他是赞普巴的转世。曾受清封诺门汗,故又称敏珠诺门汗或赞普诺门汗。

世住持。

法主·顿珠仁钦的弟子隆务大师·禅旦仁钦①于藏历第六饶迥之某年,圆满修建了包括经堂、佛塔、佛像在内的三时佛殿,即隆务大寺德庆曲科林(大乐法轮洲)②的最初基础,成立了僧团。楚白旺秋·曲巴仁布钦洛桑丹白坚赞于藏历第十饶迥之木蛇年(1605年),集中热工寺③上下的僧源,奠定了新建大雄宝殿的基地。祖师·格丹嘉措④于年二十四岁藏历第十一饶迥之铁马年(1630年),创立了讲闻制度,以政教二门而完善护持,他自己住持了法座。他的二世阿程烈嘉措大师于年五十七岁藏历第十二饶迥之木虎年(1734年),成立了举巴札仓。第三世根敦程烈饶杰于年三十四岁藏历第十三饶迥之水蛇年(1773年),成立了顶科札仓。由祖师格丹嘉措的历代转世住持法座,以二轨之门而完善护持,故而讲修事业如上弘月兴旺发达。

千万贤哲之顶严遍智大德·嘉木漾协巴多吉于年六十二岁藏历第十二饶迥之土牛年(1709年),开始做兴建这座文殊怙主讲修教法之清净源地班丹札西耶苏吉瓦大寺院(具德吉祥右旋大寺院)⑤的占择吉日和先行的准备等事,后于铁虎年(1710年)正式修建。对语自在的心传弟子阿旺扎西⑥吩咐道:"令汝任寺主。务必珍重。"授权为

---

①隆务大师·禅旦仁钦:他是隆务寺寺主,故称法王大师。他是宗喀巴大师弟子。隆务寺在青海省同仁县隆务镇境内。

②隆务大寺德庆曲科林:是一座扩建了的格鲁派大寺院。

③热工寺:青海宁玛派一寺名。寺中全是蓄发咒师。

④格丹嘉措:或称十难论师。隆务寺主寺第一世。1648年又建扎西溪寺。

⑤班丹扎西耶苏吉瓦大寺院:通译为扎西溪寺,即拉卜楞寺前身。在甘肃省甘南自治州夏河县。

⑥阿旺扎西:为嘉木漾协贝多吉的大弟子,并继承扎西溪寺的法座。

法太子，宏传讲经修道之讲闻。后于年六十九岁藏历火猴年（1716年），成立了举巴札仓，委任霍尔·洛赛嘉措为续部的讲闻师。二世遍智大师·吉美旺布①于年三十六岁藏历第十三饶迥之水羊年（1763年），兴建了顶科札仓。于年五十七岁藏历木龙年（1784年），兴建了曼巴札仓。四世遍智噶桑土旦旺秋（善缘佛教自在）于年二十四岁藏历第十五饶迥之土兔年（1879年），成立了喜金刚札仓。五世遍智大师丹白坚赞班桑布于年十三岁藏历第十六饶迥之土龙年（1928年），成立了举堆札仓等，皆由历代遍智转世住持法座，以政教二门，圆满护持，故而成为文殊怙主宗喀巴大师之显密双运教法之唯一核心。

在卓尼土司江蒂②任职时期，卓衮帕巴③大师应元世祖忽必烈的迎请，前往汉地的途中，见到了现在这座卓尼寺的所在地，讲道："就在此处建寺院，于佛教有利益。"并作了令一及门弟子善知识于此处

①吉美旺布：即嘉木漾协贝第二世（1728—1793）。拉卜楞寺寺主中最突出的人物。

②卓尼土司江蒂：卓尼是地名，在甘肃省甘南藏族自治州中部，洮河上游。江蒂是土司名。

③卓衮帕巴：译义为众生怙主帕巴。全名是八思巴·洛追坚赞（1235—1280），萨迦派第五代祖师。公元1253年，随其叔父萨班往西凉（今甘肃武威）会见元太宗第二子阔端，初识忽必烈。1260年，世祖忽必烈即位，他被尊为国师，第一次赐玉印，奉命创蒙古新字。1264年，领总制院事。1266年返藏。荐释迦尚波为本钦。因任之为乌斯藏纳里速古鲁孙等三路宣慰使司，创本钦由帝师荐举，皇帝任命之创。1267年重赴北京。1269年献新字，颁行全国，是为八思巴文，定以后诏书公文一律采用新字，仍以各族通用文字副之例。1270年，世祖赐以蒙古新字所写僧人诏书，进封大宝法王，更赐玉印，至是统领西藏十三万户。1278年离京返回萨迦寺，自任萨迦法王，本钦释迦尚波管理政事，是为西藏政教合一之始。西藏正式成为祖国不可分离的一部分，即始于此时。

奠基建庙堂等的指示。那位善知识遵照八思巴大师之命,于藏历第五饶迥之木羊年(1295年),开工首建这座卓尼寺兜率讲修洲或称禅昌寺。当时此寺属于萨迦教派。此后,便由历任土司相继护持。一个时期,由生于土司家族的法主·仁钦伦珠巴①住持法座。他于藏历第八饶迥之土虎年(1459年),将此寺院改成了格鲁派的寺院。藏历第十二饶迥之木马年(1714年),大国师·阿旺程烈在措钦(大经殿)之外另设了讲经院,委任法主·扎巴②为讲经修道的讲闻师。后又由此师于藏历土鸡年(1729年),新立了举巴札仓。此寺院的首任法座,是法主·罗追坚赞。由于从此法主传出的历代法座传承和历任土司们相继以正法与财货,完善护持,所以,讲修功业得到了发展。

由于从如是多麦地区的日沃噶丹派的诸大寺院以分支和支流的形式,发展了许多讲经院和修道院,所以,戒律清净的比丘就如春天的大海一样兴旺发展。贤正善良皆具的掌教正士出现之多等同大地尘数,故将佛教,尤其将文殊怙主佛陀第二夏·宗喀巴大师之讲修教法大宝传遍了多麦南北的一切地方,高举不朽的胜幢至三有边际,故而现起了这席一切有情享用无尽利乐大藏的善缘喜宴。

文间偈颂

　　雪山环围美丽境,智藏韶华少年舞,
　　使心改变秘爱人,召得多智黄海尘,
　　讲说响达龙喉音,辩论猛烈匹霹雳。
　　著作歌出妙音喉,智慧超空念根多③;
　　三学莲严身故美,戒馨千万藏封开,

①仁钦伦珠巴:卓尼土司家人,曾建卓尼寺。后由其转世活佛继承法座。
②法主扎巴:即扎巴协珠,是卓尼寺的活佛。
③念根:智者的异名。

除众困苦施安慰,意乐持白拂尘媚;

发心如意增广楼,讲修金轮十万转,

整个文殊藏教法,遍布三域大地境;

众贤如积黄尘矗,亿万数字所难量,

如理闻思净行舟,取来见行净宝藏;

经理醉狮发大笑,击碎邪思千象脑,

竖起全胜白飞幡,美名传遍三域地;

教证十万新露①穗,饮者寺宇金花多,

佛教辽阔大地严,壮丽十方数无量。

第三节　正说吉祥无比日沃
噶丹派的无垢宗规的立论

正如大师世亲②所讲:"佛圣教有二,以教证为本。"教主本师有大慧心者随顺众生行于烦恼之门,所讲的四万八千法蕴,全都以所诠之门,归为主要从正面讲说世俗谛的不了义契经③和主要从正面讲说胜义谛的了义契经④两种经,以及以所化之门,归为专为自己的化机下乘种姓⑤者主要讲说下乘道果的下乘藏和专为自己的化机大乘种姓⑥

---

①新露:新鲜甘露。

②世亲:亦译天亲。赡洲六庄严之一。阐扬阿毗达磨经论的古印度佛学家。著有《俱舍论本注》和《八品论》等。后依无著为师。

③不了义契经:如《三摩地王经》等,为诱导众生而宣说的契经。

④了义契经:中观师说主要从正面讲说空性的契经。如大中小《般若经》等。

⑤下乘种姓:声闻和独觉种姓。三种姓之一。

⑥大乘种姓:三种姓之一。不畏高深道理,以大梵心乐于承担利他事业的种姓。

者主要讲说大乘道果的大乘藏两种藏或者归为主要讲说增上戒学的
《律藏》、主要讲说增上定学①的《经藏》和主要讲说增上慧学②的《论
藏》等三藏③，而且一切证法④也归为三学。所以，没有不归为三藏三学
的教证二法。如是亦如章嘉·若必多吉所讲：

> 若谁决定知，三藏诸密意，
>
> 善住不相违，是名大仙教；
>
> 任何教派中，三学诸正行，
>
> 善住无过失，是名如来教；
>
> 方便智慧二，结合能善达，
>
> 具空慧精要，是名大乘教；
>
> 离二边正见，观止⑤平等修，
>
> 显密行无违，是无过胜教。

即是把讲说不违背教法三藏的见、修、行和随顺自心正行证法三
学，在此之上具足方便——世俗菩提心⑥与智慧——胜义空二者结合
的空慧精要之发心称做大乘教法。对于这样的教证法大宝，《俱舍论》
中讲道："如理听闻具思维，以此与修遍结合。"《经庄严论》中讲道：

---

①增上定学：大乘说为首楞严等三摩地，小乘说为修不净观、四静虑及无色
定。

②增上慧学：大乘说为通达法无我和人无我的智慧，小乘说为通达人无我的
智慧。

③三藏：一切佛语，依所诠之义理分为三学，依能诠释之文字分为三藏，谓
《经藏》、《律藏》和《论藏》。十二分教一切文义、色法乃至遍智之间的一切所知，总
集于此三者之中，故名为藏。

④证法：所证悟法。依何能离欲道谛法和依何所离欲灭谛法所摄之法。

⑤观止：观察修和安住修。

⑥世俗菩提心：由文字言说可以理解的粗分菩提心。

"彼以习气、证和静,及以遍悟能解脱。"即是说,由于对教理三藏进行了听闻,所以能留下通达各自经义的习气;由于进行了思维,所以能以正量通达诸义;由于进行了修习,所以能以止观息灭烦恼现起并能从种子中解脱。如此所讲,即是以闻思互不分离、互除障碍和互为辅助之门,次第净治己心,以所通达的法增上戒学,能作证成增上生和决定胜圆满福报之共与不共功德的依据;以定学能无余尽除烦恼与所知障所摄的一切过失种类;以慧学能了知总摄蕴①、界②、处③等为基、道、果三位④的一切如所有和尽所有法并能无颠倒地通达真实义,所以能容易证得解脱和一切智之果位。即将这种由于连根拔除了对如是教、证二法大宝的不了悟、邪分别和怀疑等一切污垢,做到如剔除纯金的污垢,以佛教之根本别解脱戒律清净为基础,对于三藏,特别对于大宗藏中以菩提心、十地、六度广大行和细分无我正理等无边品类之门所讲的一切,闻思互不分离地外住于《律经》所讲的威仪,护持佛教总的规矩,内精进于密乘的甚深实修二种次第的瑜伽,所以能将显密全无偏私地拿来转为彼此无违相助等全未沾染细微过失的观、修、行的立论,即这种无垢的清净宗规称做吉祥无匹日沃噶派,其美名犹如天乐传遍了辽阔赡洲之一切境域。

对于这个如是宗喀巴大师大教派,公许谓格鲁派,如前面所讲,

---

①蕴:此有色、受、想、行、识等总名为五种。即蕴积事物一切差别于一处。故名为蕴。

②界:六识、六根、六尘等共为十八界。

③处:梵音译作阿耶怛那。内能取根,外所取境,均为心及心所诸识未生者新生,已生者增长之处或其生长之门。

④基、道、果三位:大小乘的见、修、果三位。基位,指抉择正见;道位,指修习行持;果位,指现证菩提。

这是以寺院名而命名的。宗喀巴大师修建了甘丹尊胜洲寺,晚年常住于此。根据这一点。便对大师的教派称做了法主噶(甘)丹班(人)鲁(宗派)。为了便于称呼,故而后来就称做格(噶或甘)鲁派,相沿成习而成定名。大师的教派出现了称做甘丹派的名称,也是《噶当书》中所做的授记。父法第二十六品《未来授记》中讲道:

　　末法教余烬,扎巴者重光。

　　成办众利乐,此为真圣地。

　　此中第二句偈颂是预示了大师名字的一部分。"真圣地"一语是预示了由此称做甘丹的名称亦扩展为其教派。这是我等的一些先德所解说的。又传说贡巴饶赛大喇嘛(意明)在鲁梅返藏进,曾将一顶多余的黄帽赠给了他,嘱咐说:"戴上它,要随念于我。"因此,过去的诸持律大师都是头戴黄帽。所以,宗喀巴大师也作为重振律法大宝的缘起,将僧帽的颜色染成黄色,以同过去的诸律师形成一致,故而大师的教派又称做持黄帽派。此外,所谓当代新旧宗派的新派,多误为唯指格鲁派。总的来讲,所谓新旧宗派的这个名词,除去新旧密宗外,显宗并无此名。复次,佛教后宏期的起始时间,班智达弥底[1]和大译师仁青桑布[2]等将密宗的续经译成藏文以下,称做新密。将在由此相对引

————

　　①班智达弥底:又作弥底扎涅那基底。印度著名的班智达,于十世纪末来西藏,他的译师在途中患胃病死去。由于他不懂藏语,故就在后藏达那地方一户人家中放羊,以后其弟子兼译师索南坚赞出黄金把他赎出,并邀请到多康丹玛地方,仲敦巴等几个弟子向他学习印度的声明学。传至今的《口剑论》,据说是他在当时所著。

　　②仁青桑布:(958—1055)。生于古格地区(今阿里)。他是天喇嘛智光派往印度学法的二十一人之一。精通梵藏两种语文,毕生译经甚多。古格王智光尊之为金刚阿阇黎,为建托林寺以居之。他又迎请印度的法护、慧护诸律师,广弘毗奈耶戒。

出的佛教前宏期时由译师白若杂纳(遍照)①等所译的密宗续经称做旧密。按照佛王五世达赖所著的《西藏王臣记》以及《白琉璃》所讲,藏历铁鸡年(907年),吐蕃王朗达玛执政,毁灭佛教,故是前宏期的结束。布敦大师说:"后宏期佛教的起算,始于水鸡年(973年)。"对于此等年代虽有不同的说法,但是,应当把这个前宏期佛法和后宏期佛法的名词,理解为律法。所以,新密者,应当是指从萨迦派和噶举以后,到噶丹派之间的所有宗派,而不是唯指噶丹派。总之,各个宗派,其基、道、果的立论主张虽有诸多不同,但是,主要是以见门来安立不同的宗派的。所以,在此藏地前宏期佛教时,关于正见,法王赤松德赞②曾首次颁布法令:"凡诸见行,皆应从大堪布静命③之传规。"在制伏了汉地和尚④以后,王又宣布说:"今后正见,须依龙树菩萨之教。若有从和尚之规者,定当惩罚。"因此,在前宏佛教时期,虽有少数持唯识派宗见的班智达来藏,然而主要者仍然是大堪布静命和莲花戒论师⑤之宗

①白若杂纳:八世纪中藏族大译师。生于前藏尼木、地方更甲巴阁家中,故号巴阁。是赤松德赞王最初命藏人出家时选拔的预试七人之一。后为西藏早期三大译师之一。

②法王赤松德赞:他是信奉佛教的一位赞普,从尼泊尔迎请了静命堪布,从印度迎请了莲华生大师来藏,大宏佛教。历史上称他们为师君三尊。

③静命:梵音希瓦措,亦译寂护。印度一位佛学家,大乘佛教中观学派衍化出的瑜伽中观派创始人,曾任那烂陀寺首座。八世纪中应藏王赤松德赞邀请,先后两次入藏宣说律学、中观,建桑耶寺,任该寺第一任堪布,并剃度了第一批西藏贵族青年出家为僧。死于西藏。著有《真性集》《中观庄严论》等。

④汉地和尚:即摩诃衍那和尚或称大乘和尚,是最早在藏地讲学的汉僧。他所持论点颇似禅宗,与静命之学大相径庭,因此在当时佛学中引起很大分歧。

⑤莲花戒论师:东印度僧人,是静命的弟子。藏王迎其入藏与和尚辩论。和尚词穷,被遣回汉地,从此印传佛学代替了仅传佛学。

见，所以唯中观自续派见最盛。这是章嘉大师所讲。从后宏佛教时期虽然出现了萨迦派和噶举派等许多不同宗派，但是，这个日沃噶丹派，其见、修、行部分连微细的过失种类也未沾染而住于佛祖密意之精华，并且因位波罗密多乘，特别是密宗金刚乘道的立论亦皆住于续部和大成就者的究竟意趣等，这个宗派确有诸多完整的不共别法。然而，这里若将此等皆一一加以诠说，恐文太繁，故当从长期研习宗喀巴师徒之经文中了知之。

不过，这个宗派较其他宗派尤为殊胜之情当做一略讲。

一、因位波罗密多乘规之见、修、行的立论远离过失的情况

（一）见清净，脱离常断二边的情况分三

1. 无偏私地辨认所破，如何破除的情况

在此雪山之中，产生了历代先贤大多根据见地的不同讲法而起见解之名的种种形式，即有宁玛派的"大圆满"①、噶举派的"大手印"②、萨迦派的"明空无执"③、香巴噶举派的"大印盒"④、塔布

---

①大圆满：旧密说，心性自体性空为法身，自性光明为报身，大悲普照为化身。三身一切功德任运圆满，即是诸法真实理趋，故名大圆满。

②大手印：旧密所说究竟果位或殊胜成就，极无变异之乐。与第一刹那所得印证此乐之一切种色，无亏无盈，体性如初，乃至虚空未尽，常住静静，斯之谓印；断、证、心德三大具备，斯之谓大，故大手印。

③明空无执：系萨迦派之见。即自心体性不离明分为明，明分全无形色可得为空。即此明时显空，明空双运无别，远离言说，不由造作，就是心性。

④大印盒：是修空性与大乐二无分别，如盒函盖相合，从而现证光明的教授。这与达布噶举派所传的"大手印"同一旨趣。

噶举派的"俱生和合"①、止贡噶举派的"五俱"②、向派的"唯一白法"③和觉朗派的"他空"④等，又有一部分人将空性主张为非有非无。有的人将胜义谛主张为非所知。有的人将胜义谛主张为经得起被正理观察的实有。有的人将平等住主张为无对境和无任何法尔。有的人持有不观察、少许观察和善观察的三个分位是由心假设之见的主张和持有香塘萨巴⑤等的所破有周遍大小的主张等虽有多种。但是，昔往曾在自在顶佛前，于登地菩萨之眷众海会中做过愿于一切不净土中不惜翻体性命，无误清净地弘广离边中观见和金刚乘妙道的发愿祈祷。是文殊怙主法王夏·宗喀巴洛桑扎巴班由邬玛巴传语，向文殊菩萨请教了许多法义，特别是大师心中念起"此甚深中观见，若不寻求，则不得道之核心，但寻之亦为极难。故若倒执，较之未得正见之人，错误与过失更大。而若能无颠倒获得圣师徒之究竟意趣该多好。"的心愿已住于常念，故而向真正怙主文殊菩萨，主要多做了见地方面的请问。文殊菩萨详细地向大师讲说了应成与自续的差别、如以俱生和遍计的二种我执，如何所取的我、因之所破的细量粗量、通达正见

①俱生和合："俱生"指一切相对事物如有与无。染与净。空与乐等都是同时一齐生起的。"和合"就是使对应的双方结合为一，即达到矛盾统一。

②五俱：1.应当先修菩提心；2.应当观自身为本尊；3.应当对上师修敬信或谓修上师为本尊；4.应修分别正见；5.应以发愿回向作印持。

③唯一白法：白法，梵语名阿边陀药，是一种能治百病的万应灵丹。这用来比喻乐空双运的大印，它能息一切生死苦恼。

④他空：即他空见。主要说胜义谛不空，空的唯是胜义谛中其他的世俗性。因为世俗谛是假有不实的，是自空，非胜义谛自体可空。可是，胜义谛若不空，则胜义谛成为有自性了，这与中观所说一切诸法皆无自性，皆是性空。就发生了矛盾。

⑤香塘萨巴：香塘是寺名。他系巴曹四弟子之一，建香塘寺，广传《中观》。著有《四百论疏》、《中论疏宝鬘论疏》等。

的量（标准）和建立应成派规之世俗的道理等。后来，大师遵照文殊菩
萨的教诲，前往避世住修，勤修了积净之后，于寂静处拉顶安住时，又
视上师与文殊菩萨无二无别，猛励祈祷并在详细观察见要中，一夜梦
见了龙树菩萨、圣天、佛护、月称和清辨论师等正在就见要进行谈论，
其中佛护论师手持一部梵文的《中论》来为大师加持。翌日便得到一
部《根本智论佛陀波黎多释》，随即阅读，故对中观应成派的究竟见要
与粗细所破界限的掌握方法等彻底生起了非同以前的定解，执相的
一切对境悉皆自灭，无余拔除了疑真实义理为他边的一切增益，如实
亲见了真实义，故而著作了甚深妙道中观的论典《根本智论释·正理
海》、《入中论释·密意极明》和广略《辨了不了义经·善说藏论》等。这
个圣师徒的无上意趣、解脱的唯一根本、一切正见的极顶、吉祥应成
派的离边正见——中观妙道，犹如地下的宝藏，昔往于此雪域之境谁
都不能使其显现，是此一切智·宗喀巴大师仰仗怙主文殊菩萨之恩
德，以数百经教和正理，做了极其详明的解释，授为全体有缘欲脱者
的公共财富，这就是较他宗派尤为殊胜的日沃噶丹派的无上别法。所
以，《入行论》中讲道："未触假立事，不执其无实。"如此所讲，首先识
别决定所破之要是极为重要的。然而，在此藏地，过去一些学习浩瀚
的经论，欲求甚深中观正见的智者不了解所破之要，是以观察生等于
真实性中有无的正理来破除从色到遍智的一切。若对如是所承认的
某一者也以正理来观察的话，能经得起观察的尘许亦无。若破除有无
等所有四边①的话，便主张没有不摄于彼中的法，因而所破就太泛，所
以堕入了断边。又有一部分人主张所破应当是一种具足因缘、不从他

---

①四边：谛实实有为常边、名言亦无为断边、谛实实有名言亦无二者俱有为
有边、谛实实无名言当有二者俱无为无边。即有边、无边、亦有亦无边和非有非无
边四种。

生、自性不异转、建立也不需要观待于他等三种差别者,因此所破就太狭,所以堕入了常边等。即由于懂得以粗细所破之门,区分差别的道理者还未出现,所以,班旦达瓦讲道:"虽然对自续派做了彻底批判和讲了应成自续二派有优劣。但是,能区分差别的根本要害,在宗喀巴大师未仰仗文殊菩萨的恩德,明确做出解释期间,他人谁都不了解。"所以,在区分所破的粗细界限差别,首先辨认所破上,应成自续派二者的规中,总的都不承认谛实有,主张一切法皆为无实,二派是相同的,故称做中观派。自续派主张一切法虽然无实,但为自体有、自相有和自性有。应成派则主张非谛实有、非自体有、非自相有和非自性有,但永认一切法皆为仅由分别假设、仅由名词安立和仅以名假立。比如瓶,它虽然实无,但根据堪能假立分的聚合,就能将假立的假有法那个真实无净的缘起所作能作的唯名者安立为瓶。所以,这个所谓"仅由名词安立和仅以名假立。"的"仅"字就能断除实有。对于如是安立所破实有或实执的规理,自续派除了自体有、自性有和自相有等以外,则将其余的谛实有和胜义有,主张为真正的所破。《善说藏》中讲道:"此论师的有关典籍中,讲得不甚清楚。而论师益希宁布的二谛法类与《中观庄严论》及其自释等中亦未真正明示。"《密意极明》中讲道:"自续派之其他可信赖的典籍中未能清楚辨认所破。而《中观光明论》中所说的那个世俗中有的道理之反面的有,则了知为胜义或实有。"如此所讲,由那种将胜义中无自性,增益为胜义中有或由错乱所起的实执而直接展示的似胜义中有——诸现见事,即经中所讲的世俗中有的道理之反面的有,则承认为因的所破的实量。此时的所见,则是寻伺而不是根识①。《密意极明》中讲道:"因为《中观二谛释》中所

---

①根识:依存于有形诸根之识,如五门识。

讲的'真实所破不于根识显现。'在这里亦同。"若尔,此宗规将由内心为诸事物所安立的自相承认为名言,而将不观待于由内心安立的实质有主张为因之所破的实量的话,那么所谓不由内心安立的外境,是怎样的呢?这就像当幻术师将石子木棍变为马牛时,对于幻术师,那个变幻物除了仅由被药咒影响了的内心而安立为马牛外,不观待于那个如此之心的石子和木棍非由自身实相显现为马牛,而由被药咒影响了的内心所安立的石子和木棍亦有一种由其本身也能显现为马牛的实相。又对于被药咒影响了眼的观众,那个现成的马牛则不显现为由内心所安立的实相,而是将那个能现马牛之物执为原来就有一个标准的马牛存在于自位一样,诸凡人是将那种诸事物不观待于由内心安立而由外境本身实相有者称做实有。如是执者,就是实执俱生的执法。《密意极明》中讲道:"非于心显现或非由内心安立,而于外境实相本有者就是谛实有、胜义有和真实有。执为彼者就是俱生的实执。"如此所讲,那种非由在未受损害心①前显现来安立,而从外境自身上不共的实相本已有者,就是此宗规之空性的所破外境,并主张那个所破由离一异因②就能破除,而由未受损害心所安立的法唯由本身实相就已存在,不承认它亦为正理所能破除。因此,自续派的宗规虽然承认诸事物皆由内心所安立,但不承认凡由内心所安立的一切皆于名言中有,所以,必须是一种由正量而使被未受损害心所安立能坏灭者。总之,诸中观大乘师的自著中都说:"由于自续派承认诸事物为自相有的言词未表达清楚,所以使藏地许多先辈贤哲说法超群者迷惑不解,说什么'应成自续二派对于名言中有自相,无有承认与否的

---

①未受损害心:指没有受到任何影响的正常心理,就是不颠倒错乱的正确认识。

②离一异:非一非异。抉择诸法实性,一异皆不存在之理。

差别,因此也无见地优劣之分。'"对此,至尊法王·宗喀巴大师根据《般若灯论》和《入中论自释》,明确揭示了自续派承认自相有,而应成派不承认它的关键,将应成自续二派有见地优劣之理引申为佛所喜欢的教理之最胜光明。此宗规安立粗细无我的道理也承认补特伽罗常一自在空①为粗分补特伽罗无我,补特伽罗独立实有空为细分补特伽罗无我。若按照瑜伽行中观派②,则将色和取色③之量——他物实空承许为粗分法无我和将一切法实有空承许为细分法无我。

应成派之宗规,如《入中论》中所讲:"此无我,为了众生解脱之故,以区分法与补特伽罗而讲了二类。"即是将在依处蕴等之上破除所破实有承许为细分法无我和将在依处补特伽罗之上破除所破实有承许为细分补特伽罗无我。所以,依处法与补特伽罗任何一者都不仅仅是分别假立,外境自身才是真正的所破。又那个成为我执俱生感受的外境之我,是此虚拟④时的所破,所以是无。如是即如《密意极明》中所讲:"那种执为非仅由前面所说的名词而安立的有,是执为谛实和胜义中真实有以及自体有、自相有和自性有的俱生,而从彼所取的耽著境则是虚拟的实量。"又讲道:"如是诸法(事物)之自性——有境不观待于他名言的分别,即将那个非由彼安立的自性称做所破的我。"若尔,非仅由分别假立或非依赖分别心而安立的实相有,若是此宗规之要破的我,那么所谓的依赖分别心而安立的那个分别,是指什么呢?依赖彼而安立的情形是怎样的呢?这同自续派主张没有不是由

---

①常一自在空:古印度一教派所说,不灭故常,无方分故一,独立存在故是自在。

②瑜伽行中观派:佛教中观自续派的一个派系名。

③取色:即视物、看东西。视觉接触外境,以辨别物体形象。亦译眼识取色。

④虚拟:就所论事物的两面,假定一面作为定论。

内心安立的实相有何差别？此中关于依赖分别心而安立的情形,在《优婆离清问经》中讲道:

> 悦意诸花开,金室生辉美,
>
> 此中无作者,皆由分别立,
>
> 分别心择世。

《六十正理论》中讲道:

> 因佛将世间,说为无明过。
>
> 故谓此世间,是疑何不理。

《四百颂》中讲道:

> 若无分别心,贪等既非有,
>
> 真义与寻思,智者有谁取。

以及如其注释所讲:"唯从有分别才有,无有分别有唯无。此等无疑犹如于盘绳所假设的蛇,肯定自相不实。"所谓分别,就是这种从无始以来就再三串习说这是色,这是受等而假立为色等的随己所欲的俱生心。由此内心而安立的情形就像当黑暗降于彩绳上时,绳的颜色和蜷曲之状与真蛇相同,对境若未明现,就会以为此是蛇。此时的彩绳颜色、诸其他部分和此等部分聚合等任何一项,都不能安立为蛇的真正事相,所以,于彼所见的蛇,唯是依据彩绳,仅由分别而假立。因此, 对蛇与彩绳若寻求蛇的假立义①,虽然全无能得与否的差别,但是,有无此等之上的蛇,却有为名言正量破除与否的差别,所以,蛇上有蛇,彩绳上无蛇的建立是合理的一样,认为我的命名处之五蕴②上就是"我"的知觉如果生起了的话,由于那个五蕴的每一分支、聚合、

---

①义:就是实义或事实。亦可译为外境。

②五蕴:1.色蕴,2.受蕴,3.想蕴,4.行蕴,5.识蕴。佛书说五蕴为人的身心之五种组合成分。

相续①和部分等任何一项都不能安立为那个"我"的事相，而且由于除了此等以外，其他性质不同的法（事物）也不能安立为彼的事相，所以，彼仅仅是以分别心，依据蕴而安立的，非自性有。《宝鬘论》中讲道：

> 士夫若非地与水、非火非风非虚空、
> 非识以及悉皆非，除此岂有何士夫。

此种"非识"以上诸句展示了非由每一个假设事。"悉皆无"展示了也不是假设事聚合。所以是讲了诸事物无自性。但是，对于此等唯由分别假设和由分别安立，各自的所作能作则是合理的。这又在《宝鬘论》中讲道：

> 色性唯名故，虚空亦唯名，
> 五大②色见无，是故名亦无。

又讲道：

> 除名言假设，凡成有或无——
> 世间实何有。

《密意极明》中讲道："胜义中仅名亦无。名言中除去唯依赖名词而安立的以外，无所有③。"如此所讲，所谓假立为名，是指将实词说成唯假有的实词。所以，实有即破除了常边和由于称做唯假有，所以破除了根本无——断边，即承许为唯名言中有。又如该论中所讲："此等若善了知，就能了知一切法皆应观待而立、没有不依赖他名言而安立的自在性、纵安立何法为有也能不求假立义而安立等。"又将那个寻求假立义的正理，自续派承许为能做观察世俗者，而应成派则承许其

---

①相续：流。自体前前后后众多刹那所成的事物。如年、月、日、时等。
②五大：即大种，有地、水、火、风、空等五类。
③无所有：空的异名。一切事物，空无所有。

为能做观察胜义者。所以，虽然破除了细分所破无尘许自身有，但对于唯由名称和仅由分别去假立，那个了知安立生死轮回的一切所作能作者便不住于自性有等的有边和常边，而且由于在名言中一切皆可安立为唯名称，所以是不住于断边和无边的中道。《迦叶品》中讲道："所谓有，即谓一概无解，就是二边。诸凡此二边之正中，彼则无所观察、无所展示、非所依、无显现、无知觉和不存在。迦叶，此即中观道，谓于诸法审慎分别。"复次，自续派所谓的将非由内心安立的实相作为所破的那种知觉，如前面所讲，应当承认其为一种未受损害心的无误识。而此宗规则主张这样的无损害不可能，将那个承认由分别心而安立的分别，主张为错觉。因此，也将俱生萨迦耶见①的所缘②安立为唯我和唯补特伽罗，而不安立为蕴等，这如《密意极明》中明确所讲："这个执我所的俱生萨迦耶见的所缘，即是我所有，而不将己之眼等取为所缘。"又讲道："彼即是由将诸眼等见为我所有后，而贪著我所有之义，而不是由缘我的事相眼等后而展示。若非如此，萨迦耶见和法我执二者就成为不相违了。法我执俱生的所缘，就是自他之相续的色蕴等、眼鼻等和不为相续所摄的器世间等。"又对于正理的所破，虽然计取实执，但主要是耽著境。《胜观广论》中讲道："总之，执着所破的分别心虽有无边，但主要是善辨何者是成为一切罪过之本的邪分别后，连根拔除其耽著境。因为彼若退舍，一切罪过皆成回遮。"这些都应当凭依学习中观大经论，特别详细研习宗喀巴师徒的诸经论、长久依止通达的善知识、勤修积净等诸多因聚而了知，而非愚修偏信

---

①萨迦耶见：梵语，译为坏聚见或身见。即于无我之处执为有我，是一种我执无明。

②所缘：就是意识活动的境界或对象。

的丑表功师和唯图咬文嚼字、枯燥对辩的推理者之类的行境。又关于
这样的所破如何破除的情况，总之，中观论典中讲了无量的抉择二种
无我的道理类种，此等皆归纳为抉择法无我与补特伽罗无我的二种
道理。因为能系缚生死的主要者那个将我贪著为二的依处，就是补特
伽罗和法。所以，抉择无我的主要所依也就是此二者。二种无我，自续
派不以空处①之门来分辨，而以所破之门来分辨，而且以感受之门来
分辨二种我执。应成派则以空处之门来分辨二种无我，并以所缘之门
来分辨二种我执，二派有如此的差别。抉择法无我的主要道理，就是
《中观根本智论》所讲的这个：

> 非自非从他，非俱非无因，
>
> 诸法任于何，其生终非有。

的四边生灭的道理。《了不了义经》中讲道："证成法无我的主要道理，
即是四边生灭之道理。"如此所讲，以四种道理②或以金刚屑理等来破
除法我，抉择法无我。抉择补特伽罗无我的主要道理是《经藏》和《中
观根本智论》中所讲的"于五相寻求的道理。"和《入中论》中所讲的
"于彼之上再加上破除靠将唯聚合的我说为命名处而承认唯聚合与
唯形状为我等是七相道理③。"《入中论》中讲道：

> 七相所无如说有，
>
> 此有观行师不得，

---

①空处：空性所依。据以论证抉择空性之处，即事物。

②四种道理：世界一切事物所有的四种如实情况；观待道理、作用道理、证成
道理和法尔道理。

③七相道理：以车喻我，由七种道理进行分析即：车与零件，是一？是异？是零
件依车？是车依零件？是车中有零件？是零件累积为车？是其总形为车？如是确
定车无自性，人无我性亦复如是。

此于真实亦易入，

此中如是许彼有。

《善说藏》中讲道："此亦唯以依蕴假设而于彼七相中不得补特伽罗。因为是补特伽罗无我之义，所以达到了缘起的道理。"如此所讲，是根据七相道理来破除人我而抉择补特伽罗无我的。抉择二种无我，也是以离一异和正理王这个缘起因①来破除一切边而抉择二种无我的。这在《海慧问经》中讲道："诸凡缘起生，彼由自性息。"即是讲了以缘起的理由来破除一切法自性实有。由于此宗规不承认非缘起的法，所以，主张若有定是观待有和无自性二者。《中观心要论》中讲道：

为因非缘起，非有任何法。

是故非空法，定是悉皆无。

《中论》中讲道：

诸凡缘起生，说彼为空性，

彼由依假立，此即中观道。

此中所谓缘起之义亦如月称的《显句论》中所讲："是故，诸事物之产生，观待于因和缘。此即缘起之义。"即是将由观待于自身之因缘而生和由观待于自身之部分或施设处或分支聚合而有，说成了观待生和缘起之义。此复，那个所谓相对有的观待法②，不能只比作如种子与水肥，而应该当作能假设的分别，《胜观广论》中讲道："此中，苗芽无自相实有之性，因为是由观待于自身因缘而生。比如所谓影像脸，是称做他许的比量。就像脸的影像若显现，诸小孩见为眼耳等，它于如是的觉知前是那样的，而不认为如所见之义不是自身的状况，却将

---

①缘起因：五大因之一。证成诸法无实之正理王，大缘起因，即对立相违中之相违可得因。如云："诸实有法，谛实不成，以是缘起故。"

②观待法：对着父亲，自己才是儿子，才成立父亲。即相待论。

彼对境执为自身的本性或实相一样，诸有情对于能受和能见的诸法，也不是以如是能见的内心来安立。对于彼义，是以如所见之门而执为于外境上有其本性。此即增益为有自性的情形。"此外如《胜观广论》中所讲："诸智者既然是凭依彼理由来破除有自性，并对无自性引生了定解而断除边执见①之束缚，所以，这种以缘起因来成立无自性，就是对殊胜方便的最大善巧。"即是以正理王这个缘起的因（理由）将现分作为因相，证成了不由施设处本身而有和将自性空作为因相，证成了任何现分都堪显现，所以将同时破除二边的功能，赞美得较别的道理更为殊胜。复次，由于没有别的理由能安立空分为因，唯有凭依缘起之因而假设的理由力量极大，所以，若能凭依此，获得诸事物无自性的定解，就会容易获得将一切法通达为自性空的见解。这在《入中论》中讲道：

> 为因缘起正理剑。能断一切恶见网。

《劝戒亲友书》中讲道：

> 佛语藏深宝，即是此缘起，
>
> 凡能正见此，知佛见胜相。

2. 对能诠的经典分别了不了义破除常断二边的情况

《楞伽经》中讲道：

> 能灭有无品，吾乘于世界，
>
> 谓无上大乘。

如此所讲，首先应当破除有无二边，以及复又需要观待于对经典分辨出了了不了义。如初转法轮之义，将补特伽我讲说为有等的，就作为不了义，将我执分别的耽著事讲说为自相实有的，是作为了义。

---

①边执见：于五蕴我，执计常断。把我或五种取蕴，看成是恒常的或断灭的事物能妨碍生起中观正见。

如三转法轮之义,诸将三相①讲说为谛实中同有同无的,是作为不了义,诸将依地起和圆成二者讲说为实有,将遍计所执之诸法讲说为实无的,是作为了义。这种安立了不了义之理的立论,也只是所化的见识,以此义不能破除常断二边。所以,诸将现象讲说成与显现为种种缘起的世俗道理符合者,是为不了义,诸将实相的自性空讲说成等味者,是为了义。这种安立了不了义之理的立论,是中转法轮的究竟密意。所以,以此能无余破除常断之边,阐明三乘②的解脱道。这样的安立了不了义之理亦如《胜观广论》中所讲:"若尔,何等名为了义,何等名为不了义? 答:此就所诠而安立,即诠显胜义者,是名为了义,诠显世俗者,应知即为不了义经。如是在《无尽慧经》中讲道:'何等名为了义的契经,何等名为不了义的契经? 一切契经,诸凡讲说为证成世俗者,此等即名不了义经。一切契经,诸凡讲说为证成胜义者,此等即名了义契经。一切契经,诸凡讲说种种字句者,此等即名不了义经。一切契经,诸凡讲说甚深难见难解者,此等是名了义经。'"如此所讲,如此经字面所表达的义是义了和不可以承认字面所表达,需要将密意解释为余者,将此二者安立为了不了义,是解释的方式问题。而彼经之所讲说的那个义达到了彼法的实情究竟,是为了义;若仅由此许不能使彼法的实情圆满,所以需要别求究竟之义者,是为不了义,即以现象和实情之门,安立了了不了义的根本,是在于承认无实有。这如《胜观广论》中所讲:"是故,将《中观理聚论》及其注释等执为如实讲说了义者。因为是在详广地抉择远离生死等一切(西戈)论群③的胜义。"又

①二相:三性。唯识派主张概括一切所知界为三性:遍计所执性,依他起性和圆成实性。

②三宗:声闻、独觉、菩萨三乘。

③(西戈)论群:指生、灭、常、断、去、来、一、异等八种偏见。

如接着所讲:"以如是讲说之力能了知不了义。谓若此义不可如所宣说而取,须引余文来释其密意或虽可如言而取,然仅此许非是究竟真实,既然除此以外,还须求其真实,故非了义或是义未了。"唯识宗以下诸承认大乘教诲者虽然也承许讲说无我的经典在破除生等,但是,此宗规不但不破除彼,而且还能以了义那个自性空的枢要,无可辩驳地将不了义展现为种种和以堪能将不了义这个种种缘起的现分变成任何的枢要,对了义一自性实有的无指望处给以定解,即对经中将空讲为缘起,将缘起讲为空义的道理获得定解,这就是对经典分别了不了义之情。应当了知,何况对如是甚深契经能分辨出了不了义,就是能知道有一种了不了义的安立方法,这也是宗喀巴大师的恩德。如是在《善说藏》中所讲的:

> 多闻经典亦于诸道理,依多辛劳现证功德聚,
>
> 虽以诸多非低功德聚,勤修亦未通达此境界,
>
> 唯仰文殊怙主上师恩,方才善见我以非心讲。

这唯是坦诚的直述。

3. 分别所诠义的了不了义,将空性与缘起现为无违相助的情况

诸事物,虽然由观待于各自的因缘、部分和能做假立的分别等现为种种,但在了义中自主独立的事物虽然如常存在,也成为无实,即缘起是空义;对于诸事物自性实有,任何立论都不合理,但是,对彼无自性,因果所作能作(活动、作用)的立论则成合理,即空是缘起之义。彼如何安立之理,亦在《中观根本智论大疏》中间道:"倘若多说自性实有的空义就是缘起义,此义为何?"如其随后所讲:"空义所以能成为缘起义,是指自性实有能以正量破除的诸中观师,而非余者。"此复,既非如将大腹安立为瓶的定义一样。也非如以直接了知某一个的心,就能间接了知另一个一样,也不像以直接诠说某一之言,就能依义引生出另一个一样,而是依赖能对以正量通达了无自性的中观师

的内心给以由此知彼的道理来把诸内外事物定解为取决于因缘的缘起的话，就会凭依此心本身的能力，将此等决定为无尘许自性实有的空义，而且对自性空的立论，怎样怎样获得定释，对因果的立论就会那样那样地定解愈异坚实；对因果无欺的道理能如此如此了知，对于自性空就能如是如是地顿然引生出定解，并且正见的理解能增长多少，对于业果的敬重也能增大多少的话，就是空现为缘起义和缘起义现为空义。宗喀巴大师讲道：

> 何时交替皆无顿时见，缘起全无欺诳即以此，
>
> 若能遍灭信念境感觉，彼时见之观察即圆满。

《菩提心释》中讲道：

> 若知诸法空，凡依业与果，
>
> 希奇此更奇，奇异此更异。

即如是以了义那个自性空的枢要，使显现种种不了义的无欺的缘起所作能作成为无可辩驳和以将不了义这个种种缘起之显是相变成任何的枢要，能对了义自性实有的无指望处给以定解，就是将空讲为缘起义和将缘起说为空义的甚深义，即以此甚深义这种无畏狮子的妙音大笑，能将唯一佛祖薄伽梵、无上楷范正士及其佛法证成无误清净，以此所证的功德来赞美佛祖薄伽梵。此亦在《善说藏》中讲道："佛将自性空讲为缘起。吾之上师视此为较余见更加殊胜的圣法后，于论师之诸多经论中以讲说缘起之门而赞美薄伽梵。"以及在龙树的《中论》开头有"师谓缘起生"等句，即以缘起甚深，赞美了薄伽梵。宗喀巴大师亦对此理十分倾倒，以缘起甚深义立论，而讲说了薄伽梵赞《善说藏》。

以对这样的空性之义等持的彼定之力，于出定后将缘起现如幻

化的情形,亦是凭依定解现分和空分①的二心,将现为色等的相显现为如幻的。即如《胜观广论》中所讲:"就像所现的那种幻术马象,要根据意识决定了无如眼识所见和所现的马象后,才生起定解那种现为马象者为幻化或虚妄之相一样,补特伽罗等是根据于名言识现为无争议和由理智决定了彼为自性本空这二者后,才生起定解彼补持伽罗为幻或虚妄之相。"又讲道:"昔往诸智者说,将由理智对有法显现仅破除了生灭等的自性空,称做如虚空的空性。此后,自性虽空,但将现为自性的色等之相的显现,称做如幻的空性。如是临修礼拜、转绕和念诵等行品之时也应当先以观察此等有无自性之理,详细观察后,破除自性并以其定解的智力来摄持,次进入彼等事,学习现为如幻,于此幻中行彼等事。若知此宗要,由于在定中修习了如虚空之空性,故能以此力于后得中就会善知如幻之空性的诸显现方法。"由于比照了如是自部上下乘的一切宗论师将那各自的见地安立为离边的中观宗的道理,特别是中观派与唯识派的其他大乘师安立离边中观义的道理和所建的诸如幻的立论等,所以,较下下乘,上上乘的诸主张就更成枢要,正理亦愈趋细微。因此,若能善知难解之处和唯由此宗规才能消除一切细微边的道理、安立显相如幻的道理亦与他宗根本不同有极深差别的道理等的话,总于龙树师徒,别于一切智·宗喀巴师徒的善说,就会生发出引自正理的真实坚定的信仰。因此,如龙树大菩萨所讲:"善趣解脱若遍欲,唯当修习正见解。"对于在修证增上生人天果位和决定胜解脱与一切种智之道中这个其诸因中不可或少的世出世的清净正见,应当以闻思来断除增益,集中精勤实修。复次,世间正见者,就是那种对善恶的取舍和业果获得坚实的胜解决定。出世

———————

①现分和空分:即方便与智慧。

的正见,唯是这个无颠倒地通达四谛十六差别①和无我的正见。这是对生死的根本我执能直接破损的究竟对治。所以,对此合理的犹豫②仅一产生也能远离一切有苦。即如圣天所讲:

> 福少于此法,不应生犹豫,
>
> 仅因一生疑,亦使有间疏。

吉祥月称也讲道:"当到佛教末劫时,于此最极甚深处仅刹那信受,缘分亦最极善妙。"宗喀巴大师也讲道:"中观经论中所讲的所有正理观察,一切唯为证得有情之解脱。"如此所讲,总之,不论在闻思修任何时候,能将审慎伺察作为一种对标准的经教和道理的确证,至为重要。以及如果诸如是观察也成了缘为获得自他之解脱和一切种智的方便之因和能成为一个为殊胜的时间等起③所摄受者的话,就与即此无上本师和诸大乘师以巨大奋力所作的一切教诲之意趣相随顺。所以,由此看来,上乘大善知识,以及正依怙等诸具足如理观察之智能者, 若能总于诸大乘师三经论,别于宗喀巴师徒的一切殊胜善说,闻思全不偏颇,将文义的结构学到优胜,无不齐全地成办诸多内外因聚后,以止观双运之门,首从辨认所破起,直至现空④现为无违相之间全都实修的话, 便唯于此道之中一切地道⑤的功德就会如愿而

---

①四谛十六差别:即四谛十六行相。四谛分别各有四种行相:苦谛四行相、集谛四行相、灭谛四行相和道谛四行相,总为十六。

②合理的犹豫:犹豫之一。犹豫之能引生合理认识自境之正确心识者。如思"声是常耶,抑无常耶? 大概很可能是无常。"此一犹豫,能引生了知声是无常之心。

③时间等起:受沙弥戒、比丘戒时,想顺缘中,时间等起为知得戒。谓从受戒仪轨中,行一启白三羯摩后,即自启、告业毕后,即得戒。

④现空:即现分与空分。简略为相空。即方便和智慧。

⑤地道:大乘菩萨十地和五道的简称。

生。即于基位时以二谛成为双运之要；道位时由现分方便分；果位时从胜解信、厌离和慈慧菩提心等乃至世俗幻之间，就会产生无不齐全的福德资粮，并且凭依这样的深广双聚或者方便智慧双运的实修，破除有寂二边，果报二身双运转的一切智位就容易成就。这如《六十正理论》中所讲：

> 一切士夫以此善，积集福德智慧资，
>
> 愿从福德与智慧，证得净妙二种身。

(二)修清净,远离昏瞶过失的情况

此复,藏地诸多先人认为一切修唯是安住修,观察是只能断除增益和能做夺心,故执为过失,而将修行安住分①作为主要者。因此,全不区分昏瞶与修的差别,将诸细微昏瞶误为一切种类的修,说什么观察修和安住修会成为相违。这是极不合理的。宗喀巴大师总的破除了修行唯需安住修,依照大德·莲华戒论师所著的《修次第论》等中所讲的"应观察修时观察修,应安住修时安住修,应止观交替时交替修"。的修习方法和三摩地无过修法的要门要点,以及《慈氏诸论》《瑜伽师地论》和《修次第论》等中所做的详广解释等,从止观各自的资粮与所缘的差别;观察修与安住修的品类;九种住心②的方便;五种罪③与断

---

①安住分:心在定境上持续留住,不向别处流散的部分。

②九种住心:就是修定后意念高度集中,精神逐渐处于极端宁静状态的九种情况:从外境中内收其心,使住内境。是为内住;内住之心,不他散逸,是为续住;数敛此心·使渐微细,是为近住;三摩地德,积而生喜,是为调伏;观散逸为过患,息灭不喜三摩地心·是为寂静;息灭一切贪及不悦等心,是为最极寂静;励力求得无功用性,是为专住一境;此心任运,住平等舍,是为等持。

③五种罪:即五堕,五犯聚。五种罪聚。指违犯比丘戒律的五种罪。即:他胜罪聚、众余罪聚、陨堕罪聚、别悔罪聚和恶作罪聚。

除彼的八行①；以六力②与四作意③之门，九种住心如何成就的方法；同分止与同分观成就的量；由此性相完具的止观，最初分别所成的量；此等的程序；由此止观双运的三摩地成为性相完具的量；于此等的初中后三期中觉受如何生起的方法；身心生起验相的差别；散乱与掉举的差别；以何对治能消除此等的方法；正念与正知二者的认识和此二者当于何时如何施用的方法等每一项上，如实而无误地明确抉择了彼等大乘师的意趣。以上这些，根据《菩提道次等广论》中关于修学静虑的实质寂止的方法等所详广讲说的那些，就能了知，故现不拟于此广说。不过，一些远离过失的修行别法，当略讲一二。总的来讲，修行有观察修和安住修两类。其中前者，就是以妙观察慧保持观察。后者，就是心不从所缘境散逸而持于内。因此，此又由于若无住心的坚固分，纵然观察力量也小；而唯以住于不观察，小许增益也不能断除，所以就像砍树需要劈斧刃利和斧柄坚实二者皆备一样，对于斩断烦恼的束缚，首先需要摧伏粗重④的系缚，即应摧灭辗转增长颠倒外境的势力留存于内心的习气和摧灭长养那个先后生起贪爱彼颠倒之习气的耽著现起此二者。因此，前者应以胜观断除，后者当以寂止断除。《菩提道次第广论》中讲道："此中粗重者，诸心相续中所有习气，增长

---

①八行：八种断行。即：一住心、二欲求、三勤奋、四轻安、五正念、六正知、七作行思、八正住舍。在修定时应用这八种方法来断除妨碍修定的五种过失的出现。

②六力：修止过程中能成九种住心的方法。有闻力、思力、正念力、正知力、精进力和串习力。

③四作意：修定时引心趋境的四种警觉性；励力运转作意、有间缺运转作意、无间缺运转作意和无功用运转作意。

④粗重：身、语、意不堪能。

颠倒外境之堪能。相者,谓长养于颠倒外境前后生起耽著之习气。《般若波罗密多教授》中讲道'前者为胜观所断,后者为寂止所断。'"所以,首先寂止的修法,是按照《修次第论》和《瑜伽师地论》中所讲来实修,故而生起身心轻安的定。此后,由于修习了能生发无颠倒定解真实义之智慧的胜观,故而能无余断除烦恼种子,从生死轮回中得以解脱。此道理在《释深意经》中讲道:

> 众生若串修。胜观与寂止。
>
> 能从粗重缚,相缚得解脱。

如是在《修次上篇》中讲道:"如是固心于所缘,以智慧观察。"《菩提道次第广论》中讲道:"寂止未成前,虽以妙观察慧,观察无我义,亦如风中烛心极动摇,故而无我之义共相①亦不明显。何时,寂止成时若观察,就能回遮极动摇过,故而无我之义共相便成明了。所以,胜观的心不动分,是从无分别的止中生起。通达真实之分,非从止中生起。"又讲道:"又止若成,不但能回遮于无我如理观察的智慧的动摇过失,而且以修习无常、业果、生死过患、慈慧、菩提心等的妙观察慧,做一切观修,也能舍去于所缘散逸之过,心不散往余处地唯住于自己的任何所缘。是故,凡修何善,悉皆力大。由于在未得寂止前,大多散往他所缘,所以,所修一切善行,悉皆力小。"《入行论》中讲道,"诸人心散乱,住烦恼齿中"。又讲道:

> 念诵苦行等,虽经长时修,
>
> 心散他所作,佛说无益利。

即全如此等所详广讲说的决定止观的次第和此二者不成相违,彼此成为互助的道理。又关于依止何所缘来修止的方法,亦在《菩提

---

①义共相:概念共相之一种,但存在于思维过程中之增益部分,即心中现起的外境形象。如思维中所现抽象之瓶。

道次第广论》中讲道："其缘于佛身像持心者,因是随念诸佛,故能引生无边福德。若彼佛身其行相明显而坚固,可作为礼拜、供养和发愿等积集资粮之田和悔除防护等除障之田。故此所缘最为殊胜。即如前面所引的《三摩地王经》中所讲:'有临终时随念诸佛不退失等的功德。若修密乘道,有于天瑜伽尤为殊胜等之诸多义利。'"又讲道:"又所缘境,亦非是现为画像与铸像等之相,要令现为真佛之形象。"又讲道:"以三摩地非于根识而修,要于意识而修,故妙三摩地之亲所缘境即是意识之亲所缘境,因此须于意识摄心故。"沉没与昏聩二者之差别是怎样的呢? 这如《菩提道次第广论》中所讲;"唯沉没相,诸可信的大经论多未明辨,故难了知。但极重要,以易将此误为无过三摩地故。因此,当如《修次第论》所讲,从修验上细心观察而求认识。"又讲道:"雪山聚中修静者,多将'安住不散往他境,并不明澄之心昏昧'许为沉。此不应理。因为经中讲了昏昧为沉之因。故此二者各异。"即是讲说了由于辨认沉没与昏聩,尤其是辨认粗细沉没差别的方法难行,以及由于未能认清此,所以藏地的一些先师亦将沉没承许为修,故使三摩地变成有过。若尔,此宗规是如何辨认沉没的呢? 这如《修次中篇》中所讲:"若时如天生盲或如人进入暗室或如闭目中其心不能明见所缘。应知尔时已成沉没。"和如《菩提道次第广论》中所讲:"沉没者,谓心于所缘执持力缓,不将所缘持于极明显或坚实。故而虽有明分,若取所缘,不极明显,即成为沉没。"总之,所谓沉没,应当按照当时情形,理解为堕入或没入等多种。就像沉没水中、没入泥塘和精神昏昧等一样。对此亦当从此意义上寻求,即从心专注于善所缘的策举高低和明显势力的大小上来详辨粗细沉没的差别。《答问·善慧发笑妙笑》中讲道:

> 无动修定时,所缘力稍失,
>
> 是为沉所摄,无力有明分,

是中沉没至,沉大无明分。

如此所讲,当心专注于善所缘时,虽有行相的明分,然而所取的明显势力稍有散失,便是细分沉没。彼时,全无所取的明显势力,唯有少许行相的明分,就是中等沉没。又于彼时,无任何所取的明显势力和明分,心的高举过缓而降低,便是大沉没或粗分沉没之义。这是诸智者所承认的。

关于昏聩,《集论》中讲道:"何谓昏聩,即此属于痴分之心无堪能,与一切烦恼及随烦恼助伴为业。"如此所讲,对任何所缘境,不论如何取相,身心依然沉重而无堪能性,即是染污性的心所,承许此为痴分。由于沉没生自昏聩,所以,此二者是不同的。沉没有善和无记二种。昏聩就是不善、有障和无记等任何一种,唯承许其为痴分。

又关于掉举和散乱的差别,其中掉举者,如《集论》中所讲:"何谓掉举,是属于随净相①而转的贪分之心极不寂静,即障碍寂止为业。"即是讲了其所缘是合意而净之境,行相是心不寂静,向外流散。即由于是贪的部分,故因爱相而于境随转。作业就是障碍心安住于所缘。因此,掉举与散乱的差别,亦是掉举与散动二者,在各自相应的心散往他处或做散逸的业上虽然相同,但是,由于贪爱而散乱,是掉举,由于别的烦恼而散乱,则是散动。《菩提道次第广论》中讲道:"若尔,由他烦恼令心从所缘境流散于他处的散乱和那个如是流散于他善所缘,是掉举吗?答:掉举是贪分,故由他烦恼而散乱,不是掉举,是二十随烦恼②之一的散乱心所。于善所缘散乱,由于能成为善心和任何一

---

①净相:美丽的形象。

②二十随烦恼:二十随惑。五十一心所之二十:忿、恨、覆、恼、嫉、悭、诳、谄、憍、害、无惭、无愧、昏沉、掉举、不信、懈怠、放逸、忘念、散乱和不正知。

种心所，故非一切散乱皆是掉举。"因此，诸智者就将由贪爱使心的一部分从善所缘流散他处，说成细分掉举，将由于贪爱使心的大部分从善所缘散失后，令心散乱于他处者，讲成粗分掉举的名称。如是应当以断除五重罪的八行、六力、四种作意和九种住心等来如理修止。又关于如何获得止的方法，虽然以所串习之力，修成第九住心，就能无功用地使心会合于三摩地。但是，倘若未得轻安，除了类似寂止外，不安立为已得真止。因为未断身心的粗重流，所以，心会自然地成为不分别；而若获得了轻安，就远离了身心的二种粗重，所以，身心既被役使于善事又成了堪能，故而安立为已得真止。《波罗密多教授》中讲道："乃至未生身心轻安，是随顺止的作意。何时轻安生起，尔时即是正寂止。"《修次中篇》中讲道："如是修止者，其身心何时成轻安，并能如其所欲，心于所缘获得自在，应知尔时是寂止已成。"《菩提道次第广论》中也讲道："获得此定者有得与未得轻安两类。故若未得轻安者，是随顺（近似）止，非真寂止。故名随顺止的作意。"若尔，所谓身心轻安，是怎么一回事呢？这在《集论》中讲道："何谓轻安，即是止息身心诸粗重流，身心堪能性，除遣一切障碍为业。"如此所讲，由于不能将身心全如所欲役使于善事，故当使断除烦恼时，身心沉重等的不堪能性，就称做身心的粗重。那个如是身心不堪能性止息后，心于善所缘随转无阻，就称做身心轻安。《菩提道次第广论》中讲道："身心粗重者，谓其身心于修善行无有堪能随所欲转。能对治此的那个身心轻安，由于远离了身心之二种粗重，故而其身心于善事转极有堪能。"又讲道："如是身心之堪能圆满，亦是从初得三摩地时便有细微少分现起。彼渐次增长，至于最后则成轻安与心一境性之止。"虽然得到了如是身心轻安的三摩地，然而，仅此三摩地仍不可安立为下乘道，何况大乘。这如《菩提道次第广论》中所讲："是故，外道诸仙由世界道，于无所有以下之诸下地能离欲者亦皆需依此进入上道。所以，此是内外道二所共同之三摩地。"又讲道:"此又若被无颠倒通达无我之见和善解三有过患而厌离生死、希求解脱的出离心所摄持,便转成解脱道。若为菩提心大宝所摄持,亦能转成大乘道。"如此所讲,我等追求解脱者,不应仅以此许三摩地就执为满足,而应当生发出无颠倒定解真实义的智慧来修胜观,对止观双运的瑜伽发志勤修。复次,止观双运的修法是怎样的呢? 这如《菩提道次第广论》中所讲:"从何时获得胜观之最初起,就成已得双运。故其方法,经中亦讲了这个依先得的寂止,进行观修,便渐次生起励力运转等的四种作意。因此,若时生起如前所说的第四作意,即成双运。"又讲道:"又何故于彼如是者,名双运道? 答:因为未得止观之前,唯以妙观察的观修自力不能引生无分别的住分,所以,观修与止修必须分别功用修习。而得彼二品后,即所行的妙观察之观修,就能引生正寂止,故名双运。此中观察,即是胜观。而那观后安住,即是殊胜止——缘空性。"如是宗喀巴大师之宗规、日沃噶丹派之教规,这种成为佛法心要增上定体性的正修,由远离沉昏过失又最极清净之门而殊胜之情,就有许多可讲。然因太繁,故简言此等精要。即在吉美旺布大师所著的《噶丹教派源流》一书中讲道:"由修行之门,实乃殊胜。然而,藏地诸禅师始修止时,重在住分。由高举其心而舍弃励力无分别住,既降低了心的高举也放缓了策励。故说善缓即是善修。此因未辨沉与修之差别而低劣。是宗喀巴大师随行圣者无著昆季之文义,抉择了新修定时非仅以住分而为满足,更需具足明分势力。并又遵照佛之密意,完善地抉择了以九种住心、六种力、四种作意等之门而新修定的方法;以正念与正知发挥效力的方法;粗细沉掉的辨认和止观双运的瑜伽修法等,故而具足了增上三摩地之殊胜功德。"

(一)行清净,主持噶当派纯正行迹的情况

《妙臂问经》中讲道:

如禾皆依地,苗壮能生长,

依戒胜白法,慧水浇故生。

《涅槃广论》中讲道:"戒律是一切善法之梯,如树等之本是地一样。"《劝戒亲友书》中讲道:"戒是一切德依处,如动不动依于地。"如此所讲,增上戒学是增上生与决定胜所摄的一切功德之依处或根本。依此得定,由此生慧,所以决定了三学的次第。特别是定学,需要以戒律清净为本的理由,亦在《集论》中讲道:"能修定之要,是正念与正知。此又由戒力而生。"《菩提道次第广论》中也讲道:"戒律是为根本,以余二学从此生故。"即是将前二学处的所依或根本,讲成了戒学。就是在三种戒律中,律仪戒也是后二种戒的根本。《摄抉择菩萨地》中讲道:"此三种戒中即如此:由此律仪戒摄持和使和合。因为若守护彼,余二戒亦成守护;若不守护彼,余二戒亦成不守护。"《菩提道次第广论》中讲道:"以经中多说律仪戒是后二戒之根本与依处之故。"如此所讲,从损害他人及其事中令心厌舍的这个断心,就是戒律的体性,所以,彼之根本亦唯是近断诸性罪①的律仪戒。而此中又有七类别解脱律仪,其中这个出家律仪,由于唯是一切律仪之最上和佛教的根本。所以,念起佛教基础之必不可少者唯是《律经》以后,宗喀巴大师便在此雪域之境,将佛薄伽梵之佛教大宝,以一切门从根本上创立了清净大规来大加弘扬。由此宏恩浩德,使清净戒律之守护清规——吉祥无匹日沃噶丹派的宗规,无一能比地如风一般,遍布了整个南赡部洲。如是克珠·唐吉欲巴讲道:

空言讲修貌似善,佛教只有虚名时,

三学教证佛圣教,将此师皆显如日。

---

①性罪:不由佛制,本身即是罪恶。如杀生等。

如此所讲，在宗喀巴大师未出世前，在此雪域之境佛教只剩偶像。比如传戒时，休说坚守、贤能之德兼具，仅近圆戒也不受地作他人的亲教师；于彼闭修界内住着诸多不属于业列之比丘而行余事；如诸纵属于业列者亦唯行不同的装束和威仪等不远离二不顺法[①]；纵行所修，也开始就认为不能断除如饮酒和晚食或者只打算断除几日等全不远离五决定[②]；应具之行相和服饰，连起码代替物也无有；出家资具与钵盂，却付以碗以下之器而为代替；轨则是虽半句亦不得有误，但也是照本念读等使诸实行全成过失。又中期守护的情形，在以讲、辩、著等之门、勤修闻思时也饮酒和非时食，以及连上流的在家人也认为做起来是可耻之处的唱歌、跳舞等种种放逸的玩耍全都照行，而且还说什么这是为了认真勤修闻思而养身舒体，故无过失。云云，以可以放任戒律的不知羞惭之言，向大善知识夸耀；盛行身着新袈裟以上、饮酒大醉和淫荡等为出家人所破斥之业亦皆放逸而行，甚至还沾染了连出家人的装束也故意抛弃的恶习。连敷具、钵盂和锡杖等沙门的资具亦不知晓，致于上衣、下衣、小幅和法衣条幅缝合等更是闻所未闻，何况实行等等。此诸情形全如大师传记《正信津深》和《佛教除污》等中所讲。在如是决心侮辱《律经》戒律之佛教末劫，即此五浊罪恶最极出现的世界末际，是此宗喀巴大师为了使守持正法的宏誓大愿之法力现前，于此北方雪域之境复兴佛教大宝而亲自降世。能使能仁之一切显密教法大宝增广和久住的根本，唯是律法大宝。然而，于一段时期此已十分衰败，故而大师心中不忍，唯为将此已衰者恢复，如上

①二不顺法：近圆僧现前之一。谓离二不顺法：戒坛不摄之不顺法和离收摄倒回之不顺法。

②五决定：众生决定、支决定、境决定、时决定和寿决定。

面所讲,首先为了缘起之故,修复了真起寺的弥勒佛像,并创作了弥勒赞《梵冠》,连同三种法衣、钵盂、锡杖、敷具和滤水袋等沙门之无不齐全的资具一起,做了敬献。以此之门,广做了从基础上复兴律法大宝的发心和誓愿,在涅驻锡时,为佛塔敬献了金粉大供,向众多化机讲说了律法多次。《律经》中的细而又细的遮界,甚至撒净水以内,亦全然照行,不使失坏。全体师徒于一切行住之临时亦皆守持三种法衣为主的沙门应具的行相和装束,故而持律上师之美名传遍了一切地方。在朗孜顶,三位法主:①聚会一起,完满地建立了《律经》的实行制、《十七事》与《广戒经》中所讲的细微遮戒以上和如《律经》所讲的执行清规,并将化机亦安置于彼规。甚至在兴建甘丹寺中,施土石工程时亦将《律经》舍事中所讲的诸规则,毫不缺少地亲自付诸实行等,纵然在此末世,亦同最初的僧伽复出一样,创下了弘扬律法大宝的如此宏恩大德。这如克珠·唐吉钦巴所讲:"现在,西自迦什米尔,东至汉地之间的一切地方,沙门之行相与装束皆成如此清净,戒除酒与晚食,下至授受、撒净水和夜不多眠等每一细微学处,皆如法般重防护,具足沙门之行,能如此普遍。这些若不是我等之具德大师宗喀巴的恩德,倘依止他人,能否有这样?应当考虑考虑。"如是在佛自己的授记中也讲道:"何处业亦有,殷重修行亦有,彼当名为正法安住;何处业亦无,殷重修行亦无,彼当名为正法坏灭。"即是讲了佛教安住与否,是以有无《律经》的实行而安立的。然而,诸多不解此要的蛮悍者却说:证得正见和直见心性为重要,正行不重要,那仅仅是为了有益于不堪成为展示正见之法器的纯根化机。有的人说:我乃密乘瑜伽行者,故无需希求别解脱。有的人说:诸大乘人不但无需观待于别解脱,而且还应

---

①三位法主,即宗喀巴、仁达瓦和郊乔白桑三位法主。

舍弃彼。别解脱律仪,是被自利作意所等起的律仪,所以那种意乐若不息止,菩萨律仪就不生起。因为菩萨若生彼意乐,便舍弃诸菩萨律仪。云云等,是在讲说不分别别解脱律仪和下乘意乐的谬论。如是又说:勤修静虑,因为心要贯注于内,所以是舍弃对一切经论的闻思、阅读和听讲等。此等除了唯解外知解外,当思维内心的真实时,就是散逸之因。虽不做上述闻思等诸事,也能唯从上师的要门中通达真实。此外又说:修习坛轮和念诵殊胜的陀罗尼①等讽诵、礼拜和敬奉供养等,皆是有(西戈)论的善行。所以应当舍弃这些,唯修无(西戈)论真实义为妙。又说:对于真实义,无需求得随顺正理的定解,可以全不作意地置寻常识于原状等。这些信口乱讲未解法要的言论,完全是其心中了置教法为有污之大魔的最下流的胡言。此等皆不应理。因为能证成咒悉地,其基础唯戒律清净为重要,故若无此,就生不出如续部所讲的功效。因为在《文殊根本续》中讲道:

> 念诵若毁戒。此无胜成就,
>
> 亦无中成就,又无下成就。
>
> 能仁未曾说,毁戒咒能成。

因为在《妙臂问经》中讲道:"咒本首为戒。"和在《本续》中讲道:"外护声闻行;内极喜密集。"此外,未受别解脱戒的在家咒师,也是除了个别特殊的遮戒外,一切别解脱戒亦当守护。这如《妙臂问经》中所讲:

> 佛我所说别解戒,清净全指毗奈耶。
>
> 除去形相与仪轨,余当在家咒师行。

---

①陀罗尼:梵音。义为总持、执持。以持久不忘诸法词义的念力和神验不测的智力为其本性,以受持善法,遮止不善法为其功用。

以及又讲道："于持密咒律仪时，外、密、三乘亦皆应，分别守护诸正法。"这是无量光如来的三昧耶。"于大殊胜业类中，应将一切相应戒，分别持为唯清净。"这是不空如来的三昧耶。即是说，在此二者之时，次第将三乘正法持于不弃和将所承诺的一切戒律持为清净等亦摄于五佛的三昧耶中。所以，修行密乘道的瑜伽师更应当重视戒律。如是善知识敦巴讲道："有一类人依律排斥咒，依咒排斥律。除我上师之教授传承外，无余能使律为咒之助伴，咒为律之助伴。"又讲道："虽多学法，然若寻求别的修法之规，实为错误。"善知识夏惹瓦讲道："总之，出现任何祸福，皆依于法。其中若也依止《律经》所讲，无需再讲，是心能清净、堪能观察、心意安然和最终善妙。"《菩提道次第广论》中也讲道："由见此等之中少有开遮不同之分，即执一切皆如寒热一般相违者，是显自智极粗浅耳。如是唯除个别特殊的开遮外，诸佛经极相随顺。故若进入上上三乘或五道，必须完具下下乘道之功德种类。"又讲道："若未获得如是知解，于一种法获得一分相似决定，便谤诸余。特别于上乘，若生起一种似胜解，便如其次第遂谤弃下乘之法藏与诸度彼岸，即于密乘亦会谤舍下三续部等。故会造积极相系属、甚易生起和异熟尤重之毁谤正法的深厚业障。"又如该论中所讲："若起是解：诸大经论乃是讲说法，其中无有可修要旨，别有开示修习心要之教授，遂于正法执有另外讲修二法。应知这是于无垢的显密经典以及无垢的释论起大敬重而造障碍。说彼等中不显内义，唯是开解广大外解，执可应轻毁之处，是集诽谤正法之业障。"

如是宗喀巴大师之殊胜宗规，这个日沃噶丹派，其正见清净，是守持圣师徒之意趣精华——吉祥应成派之无垢主张的宗规；修持清净，是如实无误地如理修行诸大乘师善择了佛子密意的一切经论所讲的三摩地体性——止观瑜伽；正行清净，是在外住于《律经》所讲的纯正威仪中，内修二次第甚深观行，全不违越三律仪的细微制戒界限

地守护清净戒律,珍若已晴等,这种因位波罗密多乘中,由见、修、行三门而殊胜之情,且如以上略讲。如是,高贵的五世达赖讲道:

> 希有事迹具净戒,大志大雄菩萨行,
>
> 乐空二次瑜伽行,愿遇洛桑佛教法。

文间偈颂

> 智藏白光千万丈,慧莲妙瓣遍开放,
>
> 离边深语香千万,遍布方维名无上;
>
> 龙树智越广海域,辩才劲风所提出,
>
> 离边中道甘露藏,无误受用非尊孰;
>
> 强手力持教与理,高发论式憍大笑,
>
> 偏私论敌象千军,顿摧胜鼓擂有顶;
>
> 所修禅定稳大地,诸德十万莲园灿,
>
> 除惑热恼做劝慰,施凉白拂媚态持;
>
> 玛拉雅风三戒净,遍及周围诸金山。
>
> 何人不说于末劫,僧伽初聚又现前;
>
> 法藏显密双运道,自慧心者发际降;
>
> 善说圣地恒河流,想为末劫缘分严;
>
> 佛教日从劫云中,妙显讲修净千光,
>
> 照陲教证莲花园,升为有情利乐福。

二、果位密宗金刚乘之基、道、果的立论如何主张的情况

(一)基位的主张与初次第道的立论

藏地先师,大都对四续部分别安立的差别、如何安立无上部的方法、四续部各自的成就、对所修道堪为法器的各个相续之根的差别和

依何灌顶而能成何果的安立道理,以及密乘律仪于相续生起之量等,皆未如本续和大成就者的意趣而通达,并且应以何为主尊的枢要也未认清,出现了诸多杜撰的说法。因此,多数后辈当实修密乘道时也缺少重要的不共必须法,以及从实修方面也产生了诸多不净的过失。见到如此,宗喀巴大师昔往于自在顶佛前发誓愿于五浊横流的诸不净刹土显场大密金刚乘道,弘扬密乘与中观见双运的佛法精要之发心和誓愿的法力便即现前,故而于此雪域之境才有了如前面所讲的将密乘教法大宝,光显如日的情形。特别是并非仅仅显扬每一个别续部的讲风和实修枢要,而是将浩瀚的大密续部之全部枢要显扬为总纲之理。即从汇集了大金刚持之道次、进入密乘的门径和灌顶的建立等的极清楚的根与外境本身上,总就四续部各自道的立论,别就曼陀罗的绘制、入门和灌顶等,向完全无诤典范的班智达和得成就者之经典,寻求了根据,以引自正确理路的破立,补充了仪轨之诸不清楚的分支而加以阐明。以及如何守护成就之本——誓言和律仪的方法,亦在《根本随罪释》等论典中无不齐全地讲了对何续部要否守持密宗律仪的界限、根本随罪与各种粗堕的认识、此等之分支齐全与否的细节、如何守护的方法和净除堕罪的方便等。对于大威德,密集和胜乐为主尊的二次第道如何实修的方法,也将生起次第必须完具转三身[①]为道用之枢要的理由;于浊世的一个短寿中成佛的所依身唯南赡部洲人决定必须具足六界,所以,生、死、中有等三论式也必须加进胎生的理由;将诸不同的转为道用亦算作彼此道的替代,能得圆满成就的道理;自与对面等同与否和自入等一与否的差别;以行怎样的修法,身能成为曼陀罗的方法等各项的细节;与曼陀罗融和一体的立论如

---

①三身:密宗所证光明为法身、幻化为报身、种种现分为化身。

何承许的道理；智地分位时修习空性的方法区别于显宗的情况等，以及又在圆满次第时，金刚身的实相；首先对何目的物正视的对境等进道的次第；各个本续特法的不同差别；一切方便的实修成就——幻身与一切智慧的实修成就——光明二者如何分别证成的方法；此二者双运转，即果位色身的近因有学双运证得的方法；由彼如何断除所知障的方法和此后证得无学双运金刚持果位的方法等，皆仰仗怙主文殊菩萨亲任善知识，所赐的语密甚深要门，如实按照本续和大成就者的意趣，无误地做了明辨，并且连根拔除了颠倒修行金刚乘道之一切枢要的全部污垢，弘扬了显密教法大宝。由此宏恩大德，才使此道之不共讲风较他宗派殊胜，才有了纯正清净实行的妙善传轨，日沃噶丹派才有至今兴盛不衰。

复次，总的来讲，大乘有因位波罗密多乘和果位金刚乘二类。果不随顺四遍净①行相而以发心和六度来细分的话，是波罗密多乘或因乘。果谓佛的处所、身、受用和事业等四种，若随顺此四遍净行相而修，则名果乘或以隐密修而得成就又不向非法器展示和能护心的话，称做密咒乘。如《密宗道次第广论》中所讲："诸波罗密多宗人所修诸法之真实离诸(西戈)论，即随顺法身行相之道，然无修随顺色身相好庄严行相之道，咒则有之。"又讲道："特别是分为二大乘，亦非以通达甚深空之智慧而分，需以方便分别。方便之主，是成办色身之分。而成办色身的方便，即随顺色身行相之天瑜伽法。此即胜出余乘之方便故。"如此所讲，波罗密多乘与金刚乘二者的差别，也不以智慧分见地之门来分，也不以化机根利纯之门来分，也不唯以方便分发心和六度来分，此等是显密二乘皆有的共道。因此，总之就像大小乘的差别，不

---

①四遍净：四一切行净。如来四种一切行净：身净、缘净、心净和智净。

以智慧来分而以方便分别一样,显密二乘的差别,也应当以有无修习方便之主——随顺色身行相之道来分别。又对于密宗四续部分别安立的方法,藏地诸先贤虽有种种主张,但是,对此,《结合》中讲道:"笑、视及握手、两相抱为四,如虫住四续。"《第二十五穗》中讲道:"事、行、瑜伽、无上瑜伽等四续部者,以笑、视、抱持、两相和合和执手而表示之。"如是亦在《密宗道次第广论》中讲道:"尔时,续部之名亦曰笑续、视续、执手或抱持续和二相和合续,共为四部。"如此所讲,是将主要对同所修的天女彼此互视所生的喜乐持以为道而能信受的种姓所讲的续,称做事续;将主要对同所修的天女彼此唯顾视和互笑所生的喜乐持以为道而能信受的种姓所讲的续,称做行续;将主要对唯依顾视、互笑、抱持或执手所修天女所生的喜乐持以为道而能信受的种姓所讲的续,称做瑜伽续;将主要对把两相和合之欲念持以为道而能信受的化机所讲的续,称做无上续。另外,以化机差别之门而分,证得以妙欲为道的方便——天瑜伽者若能以外事为主,则是事续;若能将外对事与内定行于等分,便是行续,若能唯以内瑜伽为主,就是瑜伽续;若较此瑜伽更无上者,亦名无上瑜伽续。即如《密宗道次第广论》中所讲:"能以如是欲尘为道之方便者,为空性见与天瑜伽。欲证此二,若须观待众多外事,乃是事部(续)之机。若待外事、内定等分,非待极多外事,即行部之机。若于外事,内定二者中,以定为主,待少外事,是瑜伽部之机。若不观待外事,能生较此瑜伽更无上的瑜伽,是无上瑜伽部之机。"而此亦就所摄正机入道,唯按其主次而说,并非完全确定。对于如是无上瑜伽部,藏地诸先师又承许为方便续、智慧续和无二续[1]等三续。对安立父母续差别的方法,也有种种主张,然而,

---

　[1]无二续:以宣讲生圆双运光明次第为主的密宗续经。

宗喀巴大师之自宗,即如《律生》中所讲:

> 诸瑜伽续量,定为六千万
>
> 瑜伽母续数　许十六千万。

即主张将无上部分为瑜伽父续和瑜伽母续二类。总之,若是无上部,就定是方便——大乐与智慧——空乐二者和合的方便智慧无二无别的续。所谓方便智慧无二无别的方便,是指俱生的大乐智;智慧,是指了悟空性之智。《五次第明灯论》中讲道:"此中无上瑜伽母与无上瑜伽父二者之瑜伽义,非是方便与智慧一分,此即经中所讲的方便智慧和合之方便,是俱生的大乐;而智慧,即如经中所多讲并广为共许的是了悟无我,无自性性之智。若按照如是空乐的方便智慧二者之和合无别的体性,便是等同将一切无上部皆作为如此一种所诠之最胜义,是故,一切无上部,其自性实况,则唯住于无二续。"如此所讲,即是将这样的方便智慧合一的无上部,计定为父续和母续二类,并主张无不归为彼者。若尔,以圆满次第之门将父续称做方便续,将母续称做智慧续的方便和智慧这二者,是指什么呢?是指主要能成色身者为现分——方便分,指主要能成法身者为空分——智慧分。即将主要宣说由四空所乘之五色光息,证成世俗幻身方法的本续,以及属于此部之续,称做父续,将主要宣说俱生的乐空二者无别的胜义大乐智或光明的本续,以及属于此部之续,称做母续。即如《五次第明灯论》中明确所讲:"将主要宣说如矛的菩提从顶至私处摩尼之间所生的上降和由此返回顶的下固四喜生起的方法,以及将主要宣说以大手印——俱生的乐空二者和合无别之门,极能趋入胜义真实空性的证悟辗转而进的次第,而不主要宣说由大乐智所乘的五色光息,证成世俗幻身的方法者称做瑜伽母续。因为已经诠说过由于俱生的慧度这个证成法身的方便也是乐空和合无别的瑜伽,而且主要能证成法身者是空品慧分,故亦称做母。"又讲道:"又将主要宣说由渐次收摄风息于光明现起处心间的次第而顺起的四空和以此后从外起的次第而逆起的四空之门,生起空智的方法者,以及将主要宣说世俗幻身由光明风息五色光证成的方法者,称做瑜伽父续。因为已经诠说过由于此亦是由空智与风息所成的二身体性和合无别的瑜伽,由于主要能成色身者是现品方便分,所以亦称做父。"对于道的立论,亦如阿阇黎·江白扎巴所著的《心庄严论》中所讲:"有的人说,生起次第是佛为只修共同悉地的劣慧化机而说,欲得胜悉地者是应从开始就直修圆满次第。有的人主张圆满次第即是唯修第四灌顶之义。有的人说,讲说空性,是唯为破斥分位之邪分别,是故欲得成佛,以圆满次第之广大资粮来修自为天就可以。云云等将二种次第说成了分离。又有的人虽然讲了天瑜伽与了义为双融而修,但其所修了义,却认为只是心住于全无所思,故而全如和尚之见而修持。有的人主张唯由串修此心住于乐明无分别,心就能现起俱生智而即生成佛等,即有密乘道之所依全尽,本续和大成就者的意趣全成了颠倒的种种说法。然而,此宗规则主张二种次第互不分离,犹如花与其香味住于所依能依,此亦应次第而修。《密集后续》中讲道:

> 诸佛所示法,正住二次第,
>
> 即生起次第,与圆满次第。

如此所讲,当以共乘的道次善修己心后,转入不共金刚乘道时,应以清净的入门四灌顶来成熟相续,并应以如理守护灌顶时所承诺的三味耶和律仪之门,首先修学粗细生起次第瑜伽,以此来成熟能便利生起全部圆满次第道的心相续。此后应当以修学圆满次第及其分支,使解脱道得以齐全。《密宗道次第广论》中讲道:"乃成立生起、圆满二者如花与香为能依所依。此复,心证事物真实,是修圆满次第而成;身成色身,是修生起次第而成。身是心之所依,故经中说彼二为能依所依。即在道位亦有随顺彼之能依所依。"又讲道:"在由生起次第所成熟的心相续中乃生圆满次第。若未以此成熟,圆满次第虽有少分可生,然必不生能入胜道之圆满次第。故经中多说先修生起次第,次修圆满次第。"即是明确地讲了必须逐次地修学二道。此外,《五次第论》中也讲道:

> 善住生次第,欲得圆次第。
>
> 佛说此方便,次第如梯橙。

《摄行》中讲道:

> 诸初业有情,转趋于胜义,
>
> 正等觉说此。方便如阶梯。

此中自果,亦是成熟圆满次第的相续。非从以所修力使风息入住融于中脉所生,而对随顺种种生死中有行相,由心重新假设后而修的彼瑜伽,是生起次第的体性,对此亦称做施设瑜伽和假瑜伽。即如《密宗道次第广论》中所讲:"生起次第者,以元辅音字母和以由此所生的日月或以种子字与标帜等方便,将自身生为完具天身,彼唯是由心生起,名唯假设。"又讲道:"以是生起次第之完具天身的方便亦是心假造,而由此方便所生的天身亦是假造。"如此所讲,既然只在字面的解释中是以由分别假造或由心假造而生起之门所修的次第,所以称做生起次第。生起次第的主要所断是凡常的相和耽著二者,所以,对于现为凡常者的对治,应当修学明相,对于耽著的对治,应修学我慢。此二者中,又耽著是主要的所断,相是次要的。《密宗道次第广论》中讲道:"故对治凡常慢,以修能依所依曼陀罗之我慢为主。遣凡常相,修能依所依之殊胜相,是彼分支。"称做这样的凡常相和耽着,也是指显现为一种平凡寻常的能依所依曼陀罗。耽著(执)为如是的心,是指那个于俱生中已有者。此二者如何破除呢?就是在明想能依所依曼陀罗时,由一再串修那个如所明想之明显的心,在意识上遣除凡常境相,于是由智慧目现:所成的清净的能依所依之相便于心中现为不灭,故能遣除凡常境相。如是若能如所依而生起，便串习了坚实的天慢，所以，是能断除那个俱生而有的执已为凡常的心。此亦不是断除那种于根识现显的境相，而是应当唯断除那种于意识前现为和耽著为凡常的情器世间。即如《密宗道次第广论》中所讲："所断之凡常相，非根识前所现情器，是于意识前现为凡常情器者。"此二者如何以生起次第断除的方法，亦在《密宗道次第广论》中讲道："于此分位，非如由出世间道，永断种子。亦非如由世间道，损害种子，伏其现行。若尔，如何破除？谓若无别的客尘违缘，当住于彼能依所依曼陀曼及其我慢时，能转成如前面所说的我慢。当明想彼曼陀罗时，若能生起如所明想最极明显，即是于意识前以彼遣除凡常境相的方法，伏除凡常的相和执（耽著）二者。"《生次广论》中亦讲道："是故，此凡常境相，应于心前遣除。遣除彼，亦非是由将此凡常相修为全无而遣除；而是收摄此趋入世俗凡常相之心于内后，以持心于胜义空性之门，遣除凡常相于心境中显现，故于此后亦是修习空性。即应了知遣除凡常相于心中显现和破除实际有二者之差别。"然而，对于识别凡常的境相和耽著体性的方法，有的智者将凡常相安立为烦恼障，将凡常耽著安立为所知障。有的将二者皆承许为烦恼障以及不承许为烦恼障的道理，虽有种种主烦。但是，总之，这个凡常的相执，乃是障碍修学清净情器世间的违缘。所以，唯是由于对坚实的净清相执，串习达到了最大，不净的相执才于心前停滞，而不是如因由此二者自身之亲缘，截断质流[1]而能断除的除障方法。所以，晚近的一些大德主张不说为障。

但是，将情器见为和执为凡常的根本，是在于这个将情器世间见为真实和执为真实。即如耳传教授库主·喜饶嘉措大师所著的《胜乐

---

①质流：实质相续。物质本身刹那前后继承的系统。如青稞种出青绿苗的过程中，青稞本质继承不绝者，名为质流。

生起次第论》中所讲："凡常相执之主要者，是实见和实执。由于执我为实有，所以是生起谓处、身、受用、亲眷和助伴等一切皆为'我的'的执著实有之根本。"即是说，由于由实执将此凡常身执为天身，所以不利于断除生死的根本。而若对空性引生出定解后，将现分显现为天的行相，便在定解心中修习空性，所以是智慧资粮。由于现分显现为天身，所以是福德资粮。由于从一个心上，二资粮有了融合，所以资粮圆满的程度就极大。特别是若被正见摄持了的话，对于断除生死的根本，作用就极大。《生次广论》中讲道："故初次第时，虽大多以修习现品天轮为主，然一切如是天轮亦当于一切法皆无自性之空性引生出猛励的定解后，学习令彼一切皆现如幻。缘所缘天后，修行相无自性义，发胜解慧，转入空性，其慧所取之相现为能依所依曼陀罗。如是甚深明了无二的瑜珈，每次修时皆当修习。若如是修，于生起次第分位中，凡修任何天轮，悉皆成为与生死根本我执和相执直接相违之道后，乃能成为解脱一切三有苦之因。故应对此义大难量之处获得定解。"又讲道："又抉择此不净心为无实后，即此修习如幻之慧乃是单慧。而缘坛轮后，彼修习行相为无自性之慧，便是由缘坛轮分而生为福德资粮和由生起无自性的感受分而生为智慧资粮这二者的体性。此中之福德资粮者，由于是密宗殊胜方便所摄的福德资粮，所以较波罗密多乘之福德资粮最为殊胜，而且是福德资粮有多少差别，智慧资粮就成多少差别。是故，缘所缘天曼陀罗后，彼定解为无自性之慧，是较如缘苗芽后，定解为无自性之慧成为能对治实执的功能，殊胜百倍。是故，即此二慧，就能生为对断除生死根本具足法力功能的殊胜二资粮体性。应由勤修如是道，对闲暇身受取精要。"如此所讲，遣除凡常相的主要目的，也是为了一切修习现品曼陀罗，都能显现其为空性的变化。所以，就像在定中于法尔长时等引，而在从此出定后的一切时中，此种种世间法皆能现见，又能以定力使其现为无自性的如幻一样,在此分位亦是先修空性后,从此而出定的。所以,彼慧之精华若不消散,而能不间断地修天轮的话,此等既能现见,又能使其现为无自性如幻。是故,这种如果于初次第中将现品一切天轮,修为现空如幻,就是成熟心相续,引生圆满次第之完满证悟的方便。即如《密宗道次第广论》中所讲:"初次第时修习空性十分必要。以生起次第是成熟相续,引生圆满次第之圆满证德的方便故。若不修空,则不能如是成熟故。"又讲道:"又智者起疑之处,谓无有与彼系缚之根本我执行相相违的了悟无我之见,则失能得解脱生死之道的心要。此等问答之理,是二种次第之所共需,智者应知。"又在《生次广论》中讲道:"生起次第道要之诸分,即下顺所净事①行相、上顺果位行相和中顺圆满次第行相第三事。此乃成为同位②的每一种修法所作。"如此所讲,取转生起次第分位之死有为法身的道用,亦是修学所净事这个基位的死有,由于蕴等隐没,故一切粗分(西戈)论悉皆寂灭,随顺彼的是能净③外境空性与有境大乐二者无别的法身本体,取转于此法身本体安住我慢的法身为道用。如此修学,由于现起了圆满次第位的比喻光明,故能使遣除了凡常死有的道位法身成熟。取转中有为报身的道用,亦是修学所净事这个基位的中有,由原始心从俱有缘和由原始心所乘的风息从近取因,使成中有身。此亦是如虹的极细微身。而由于修学了随顺彼的能净报身行相等,故能成熟遣除了圆满次第位之凡常中有的第三次第之幻身和道位之报身。取转生有为幻身的道用,亦是修

---

①所净事:所净基。生存、死有和中有。

②同位:异体的两种事物同时存在于一处。如说金瓶,此既是金,又是瓶,故说名同位。

③能净:密宗生圆二次第中所摄之道。喻义光明,净不净幻身,有学双运身等瑜伽行。此种瑜伽,譬如能洗净污垢的水和洗涤剂等,故名能净道。

学所净事这个基位的中有于父母之精血中受身后，变成了凡常肉眼之境，变成能成办与彼等共通之事，由于取修了由随顺彼的能净报身为了化机之利而受取粗界的化身为道用，故成了圆满次第位的身清净化身和心清净义光明二者和合的有学双运，由彼想着为化机之利而受取了粗界之身后，成办有情的利益。能成熟道位化身，即这种取转初次第之三身为道用的瑜伽，能成熟第二次第的三身和能成熟为证得果位三身为体性无别的善根。此亦在《密宗道次第广论》中讲道："生起次第中需明所净能净之理。明辨之法，即如生死中有三事而修。"又讲道："故当顺所净事而了知二次第之诸宗要，对于初次第为第二次第之因的道理，生起坚实定解。"那么，所净事凡常的生、死、中有三者，以能净道如何来净治的呢？《生次广论》中讲道："此中非是由生发生死中有之未来同类为无垢之门而净治，因为生死中有不可能又是性相（合格）的，又是无垢的。亦非是将此三者现前而消除障垢，因为对于一切有情，从无始以来就已经现前。亦非如净治我执，对彼无需引生随顺我执行相之道，因为作为断绝我执的替代品，亦非是引生一个与彼同类的余者。因此，此中应了知为以随顺三所净事行相之道，不令彼三者真现后，以其代替品——能使与彼同法（相似）的道位与果之三身生起者——能净二次第来净治三所净事之义。"又讲道："又能成为成熟生次和圆次的方法为何？是以本尊加持心相续，并净治大业障，积集广大福德资粮之门，成为甚深圆次于心相续生起之顺缘，消除逆缘。但是，主要是以基位之生、死、中有之行相于心相续如实生起的圆满次第，无余净治彼凡常生、死、中有之相执的种子后，使变成真实三身。而在此前，纵未达到随顺基位之生、死、中有行相，但于意境乃是等同；三身虽未真正达到性相，然于意境中是以与彼等同的行相者——随顺圆满次第行相的生起次第，折伏凡常生、死、中有之相执现起之门而成熟圆满次第。"对于这样的一种性相完具的转能成熟圆满次第之三身为道用,虽然能得生起次第之名,但是,仅修如刹那顿生、独雄本尊和单身空行母等,则不会有生起次第之名。因为起码依止五位天以上的曼陀罗,施设处五蕴能净才圆满,所以,界和处亦摄于此中。但是,独勇大威德则完具转标帜等之三身为道用的枢要,这是宗喀巴大师的无上意趣。由生起次第加持蕴、界、处,也是为了使圆满次第幻身发挥效能,加持身中的脉和界,也是为了使光明发挥效能,由将一切内外脉界修为体性无别,令风息入、住、融于中脉有殊胜的所作。这如《生次广论》中所讲:"复又,于现在自身总体和身内诸各处,将天庄严胜解为彼彼蕴、界、处之体性,并再三修学将彼等纳入光明之胜解。故于圆满次第时能从彼彼处容易收摄身中一切气息,并由其聚集,光明显现等则能最极容易且迅速成熟。"此外,生起次第有随念粗略同一的瑜伽和证悟细微的瑜伽二种,所以,此等皆能成熟圆满次第。此亦在《五次第明灯论》中讲道:"总之,修满粗细生次,是能成熟生起一切圆次的善根,故能使圆满次第的身远离成熟。特别于私处摩尼内修学标帜或明点,是收摄左右脉之风息于中脉的方便。是故。若能依此来引生前面所说的大乐,就是修习圆满次第的身远离。故与细微生次有如此相关系。"《生次广论》中也讲道:"于此由生起次第修习四喜之时,会有诸多不劳而引生的圆次四喜。能使生次圆次成熟,亦主要是由此门。生起次第能以妙欲为道和能以杂染为道用,主要亦唯是此。是故,于此若不获得善解,即如遗失生起次第道之所依。"此外,该论中又讲道:"生起次第未使乐空成为和合,圆满次第便不能生发性相完具的乐空和合;生起次第之天瑜伽若不坚稳,于圆满次第之身远离时见为百种至一种的任何天身显现和在心远离以下之四空最后,随顺幻身而于心境刹那立起,以及此以下依止智印的一切行。便无所依。而若无彼,高过于彼的圆满次第更不会有。是故,圆满次第,若欲如本续所讲来引生,当光将生起次第学到究竟。"如此所讲,总之,修蕴等为天的身远离,有生次分与圆次分二种。因此,前者又有了悟空性的诸所取行相现不现为天的二种;而已现者,又有是否以不共的喜乐来证悟空性的二种;以彼喜乐了悟空性,又有是不是将左右脉之二风息投入了中脉后,由融合所生的喜乐二种。所以,是以所修力令二风息融入了中脉,故而引生了有境俱生的胜乐,由以如是胜乐,证得对境空性而达到圆满次第的。《五次第明灯论》中明确讲道:"若尔,于身远离分为二次第之理为何? 此修蕴等为天的身远离,有了悟空性之所取行相现不现为天的二种修法;已显现,又有是否以不共乐了悟空性二种;以喜乐了悟空性,又有是否将左右脉之二风息投入中脉后,由此所生的喜乐二种。"此后接着讲道:"唯将以后两种的前者之门,修蕴等为天的身远离安立为圆满次第。"又讲道:"又能安立为俱生圆次的大乐,必须是一种由于风息融入而有者。"如此所讲,生起次第的细瑜伽与圆满次第的界限,亦是以俱生乐而分。显密道的急缓,也主要从此上而生。而以彼由波罗密多乘和下续部道,现证了空性的智慧来作无边福德资粮的助伴,凭依如此,虽然能断除诸粗分所知障,但不能断除细分,所以,对于成佛会延时长久。然而由无上瑜伽道能于浊世的一个短寿中无余断尽所知障的快速之别, 即若能以彼有境俱生的胜乐,获得现证对境空性的义光明,细风息便全部融入,故能断除细而又细的所知障,证得无学双运,也是在于这个关键。此外在细分生起次第之时,止观二者如何能成的方法,总的来讲,于密乘位时止观二者有同时证得和逐次证得二种方法。所以,前者,在显宗传规中,寂止未先行,胜观不可能成。但是,生起次第凭依对细微所缘和收放的观察与安住的二种实修皆具的密乘别法,从如第八、第九住心的分际,也有止观二者同时能成的。《密宗道次第广论》中讲道:"故于尔时,以妙观察慧,数数收放,如余经中缘尽所有性而修胜观。由如是修,能得止观双运的殊胜三摩地。"《生次广论》中讲道:"彼时,缘天身与收放等中,于所有的胜观与空性,生发有力的胜解后,在将主尊纳入胜义等之时,能生起缘如所有性的性相圆满之胜观。故从此时便是获得性相圆满的殊胜止观双运。"关于逐次证得的方法,亦在《密宗道次第广论》中讲道:"细相坚固,应修两月,收放应修一月。此约缘细微相,修止而说。"《生次广论》中也许道:"大阿阇聚释迦协宁(释迦友)说:'若于细微标帜获得心坚固之相,便证得身心轻安。'《瑜伽师地论》与诸大经论中将此说成了性相圆满的寂止已善成之量。故是于此时已成性相圆满之止。是故,此等续部中未说离开修天瑜伽,能另外修成止。"即是将止观二者逐次证得的方法也讲成了如此。但是,晚近的诸智者却有种种主张。这里不拟讲述,详情当从别的经论中了知。

这个如是密咒乘刚宗道的根本,又在于见清净。这在《文殊根本续》中讲道:"能正思一法,菩提萨锤之咒则能成就。何为一法?即随见一切法皆无戏论之相。"《恶趣净治法》和《明炬论》等中也讲道:"一切咒悉地能成,亦皆取决于正见。"《密宗道次第广论》中也讲道:"许我执见为生死根本,是大小显密诸乘之规。故许证悟无我之慧能断生死束缚之根本,亦极明显。"《生次广论》中讲道:"经中说:波罗密多乘之利根化机由首先善解诸法之真实性,了悟彼后而发菩提心。所以,能从未发心前就善解空性,并较波罗密多大乘之利根化机,专修密咒的化机,其根最利。"如此所讲,专修咒的化机,需是一个较波罗密多乘之利根化机,根更利者。所以,由那个如这样大宝的化机和合乐空的空,就应当唯是全如中观师所抉择的细微空性。《善说藏》中讲道:"抉择真性之二大车规,虽在波罗密多乘之品中有所广说,但是,诸解释密咒经典的班智达和得成就者亦皆随顺二大车规任一而抉择真实义理,此外更无第三者。所以,应当将此规了知为抉择一切显密佛经实真性之枢要。"其余在下续部道的立论、灌顶与三昧耶、承事法等,以及曼陀罗绘制等任何品中，亦均有宗喀巴师徒的不共主张——无匹日噶派宗规殊胜的无边之情可讲。然恐于此文繁，故不拟述。当从长期研习宗喀巴师徒的妙典中了知。

（二）父续道之心要世俗幻身的立论

此复，成为如三十三千父续之根本者，即此一切续之王经《吉祥密集续》。此中复有广续二万五千颂和略续一千八百颂，即《十八品》之本体二类。所以，对此后者又称做《密集根本续》。此之第十品者，就是《密集续》和《注释续》二者。《四天女问经》《预示密意》《金刚鬘》和《智金刚集》等四典，是《注释续》，是摄《金刚庄严续》和《幻网经》二典的同品续经。这是《五次第明灯论》中所讲。注释此等续经宗旨的论典，亦有盖班多吉（菩金刚）的弟子益希夏（智足）大师①所著的宣说生起次第的《成就法普贤集》、宣说圆满次第的《至尊言教》和《解脱精要》等，以及龙树论师所传密集，有龙树菩萨所著的宣说生起次第的《总要》与《总会》二典和宣说圆满次第的《五次第论》；圣天论师所著的《摄行灯论》；龙智大师所著的《建立次第》与《曼陀罗二十仪轨》；月称论师所著的《密集明灯论》《六支加行》和《金刚萨埵修法》等多种。然而，总的由于密集道，特别是由于五次第之教授的诸究竟枢要，皆为极隐匿之理，所以，不结合本注，不能理解。而本注的道理，又若无上师的教授，也理解不了。这如《五次第论》中所讲：

> 吉祥密集中，诸真实隐秘，
>
> 应随注释续，从师授求解。

为了不使一切绝密的精要显露，以六边四规加以封禁。这些需要根据上师的要门，方能明了。一般来讲，要门一语的代名词，名为教

---

①益希夏：义为智足。是印度的一位大师。

诲,是谓能普遍理解或容易理解。所以,过去的诸续经的注释中皆有明显的解说。但是,由于时运之故,化机智慧日渐衰退,因此,后代化机大都不能轻易理解本注的道理等续经及其注释之义。是宗喀巴大师凭依往昔发愿与祈祷的法力,尤其仰仗文殊菩萨亲任善知识,无误圆满地通晓了本续及其注释的一切经论之义,著作了阐明密集道的难解要点——诸极隐密且细而又细之密义的经典《五次第明灯论》《五次第明论释》《辨析苗论》《五次第满座》的引导文和《建立次第疏》等,充分解释了全部续经正文的密义,无颠倒地抉择了圣师徒们所解释的意趣,故而于此雪域之境,光显了密宗教法大宝如丽日中天。

是故,总的来讲,从以所修力使风息入住融于中脉所生的那种有学密乘瑜伽,虽然是圆满次的共性,但是,对时轮规则不可以安立此。因为此派有安立收摄和禅定二者为纳风息于中脉的先行;安立运气为使风息进入;安立持风为风息安住等与别的续部说法不同的诸多不共差别。但是,此派的立论,不拟于此讲述,当从别的续经中了知。不过,在现起细微的基位死有的近得①时和在生起次第时,又有唯以手印力使风息入住融于中脉的,然而此等非由修行力而得。而圆满次第的别法,是以对金刚身正视的方便,解开脉结,使风息入住融于中脉的,所以,有与生起次第之彼法不同的重大差别。总之,对圆满次第,所以称做非假设瑜伽和真瑜伽,是因为不观待于由心假设,是由正视唯天生而有的身中之脉、风和明点而所修的次第,所以诠说成那样。《密宗道次第广论》中讲道:"圆满次第,则由于以元音辅音字母和日月所表的法义——赤白菩提②以及风息调柔之力,现证明(相)、增

———————

①近得:近得相,隐没次第中,唯有深夜一片漆黑别无所见的微细意识景象。
②赤白菩提:男精女血的异名。

（长）、（近）得等三相之智，故是唯从风心起为幻身。如此完具天身，非由心施设假造。"对于一切父续道之核心——五次第的品类，亦有讲道作为五次第和六次第二种。前者是圣者龙树随从注释续《金刚鬘》之最后一品而讲的。该品中讲道：

> 由学金刚诵，了知风性后，
>
> 能断诸疑风，能得缘自心。
>
> 由自加持次，亦得八悉地①。
>
> 能知辨诸相。得现证菩提。
>
> 往双运次第，总摄诸悉地，
>
> 此生即能成，瑜伽师勿疑。

即圆满次第的身远离与语远离是金刚念诵次第、心远离是缘自心或无上密意次第、幻身是自加持次第、光明是现证菩提次第和双运次第等共五次第。作为六次第，这在巴察所译《密集根本续》的《第六品》中讲道：

> 于咒定思身，以语策励意，
>
> 所成胜悉地，与意生欢喜。

是随从如此所讲，将身远离、语远离和心远离等三远离，以及幻身、光明和双运等三项，共作为六次第的。所以，经中讲了只是分合而已，并不违背意趣。又关于五次第和六支加行互摄的道理。即如《五次第明灯论》中所讲："能摄，即身远离等的六次第；所摄，即六支加行。是故，此又按照三类《菩萨注释》之规、随从《妙音言教》之规、《掌华论》之规、《教授穗论》之规和胜乐卢伊巴派等，如来金刚所解说的六支加行等，各虽相同，但有诸多义不相同之处。"对此，天竺的班智达

---

①八悉地：八种共通悉地或八种共通成就。有宝创、丸药、眼药、神行、金丹、飞游、隐身和上行。

和得成就者，藏地的桂派诸师虽有种种不同的说法，然而，宗喀巴大师的主张，日沃噶丹派的宗规则在《五次第明灯论》中讲道："收摄禅定二支是身远离，运气是语远远，持风是光明，随念是从光的逆次（还灭）而起的三相之显现法，三摩地是双运。如是后二加行，为双运所摄。"如此所讲，心远离就与静虑的专注一境和转入光明前的三空性相等同。所以，此二项虽未明文直说，但并非不包括在六支之中。五次第的程序也与进道的次第相符。这如《五次第明灯论》中所讲："故是全如基位五次第而修。即于心间修学不坏明点和缘心间后，对风息生、入、住三者修了金刚念诵，故于彼最后，气息出入悉皆返还，渐次融入心间，由此现起四空。现起后，唯从住于粗身内的风心而成极细微幻身。此复，于义光明之后，能成双运身；于喻光明之后，能成幻身。由于彼报身不为凡常眼所见，所以，彼报身若取粗蕴之身，亦成肉眼之境，此即化身。"总之，诸大乘种姓所追求的主要者，乃是他利，而彼又于化机真现后，能成办彼等之利者，就不是法身，唯是色身。所以，不但应当成办随顺色身行相之因，而且还应当主要证成色身。因此，何不依止此规，不改换此凡常身而从此蕴上于一生中证得双运金刚持的果位。此复，若仍不堪能将此有漏取蕴变为相好庄严之佛身，而于往生后成佛的话，便由咒道之功用使一生即身成佛之立论成为衰败。若尔，是怎样的呢？是说，此凡常苦谛蕴，以道净治后，就由彼唯风心所成的极细微的原始身①所近取，那么能成果位色身之不共亲因——有学双运就应当先行。对于证成彼，则应当分别修习要何者双运转的分支——方便与智慧。所以，一切方便实修的成就——幻身若于此生证得，此身便决定成佛。此复，若离共同的父续和时轮，虽修其

---

①原始身：基位身。微细持命风或心风无别之清净身。此身自轮回无始以来，直至尚未成佛之前，继续不断。

他胜乐、喜金刚等母续法类的任何道，世俗幻化之圆次建立也随顺《密集》，而单依母续本典，则不能了知如何证成幻身的全部教授。所以，应当以《密集》品中所明确宣说的幻身修法要门，加以补充。即如《明炬论》中所讲："乐空无别之道与幻身二者，其中此后者极难了悟。此又应当了知从此最胜规中寻求后，转修于余。"若尔，这个第三次第的幻身该当如何修呢？如前面所讲，由于《密集根本续》中最极隐匿而混乱，所以，除了结合本释外，总于二次第之立论，别于第三次第幻身的立论不能明确了知，而且彼又为六边四规所封禁，因此，除了依止上师的要门外，不能够了知。这在《五次第论》中讲道：

> 知自加持次，宣说世俗谛，
>
> 此由上师恩，能得而非余。

《摄行论》中讲道："天之真实性不可思议与一切佛讲说，皆来自上师传承次第。诸十地菩萨亦不达之境，吾已通晓。"《明炬论》中讲道："本续之义，因六边之故而未善说。师说非是诸随行如名言文字者之境的幻身，当从上师要门中了知，彼如是者，当由龙树菩萨解说。"又如该论中所讲："又说密咒难解之处，多需观待于上师要门。其中幻身之教授要观待于上师要门，显然是一种绝不同于余者的极重大之观待。"所谓上师要门，也非如写成文字的零散要门和从伏藏中所取出者，而是指将《五次第论》和《摄行论》等互相比较补充后，无误地了解圣师徒的意趣。《明炬论》中讲道："幻化，唯当从上师要门了知的要门之究竟，即是《五次第论》与《摄行论》。从诸佛子之余要门中亦能得少许。复又，《五次第论》中不明显者，《摄行论》中有明显宣说，故当从《摄行论》中了解。"又讲道："若能善解凡正文所宣说之义，便不错要门之诸重大要点。那种于此不做长久修习，却勤习于别的细小要门，这连是经中说为要从上师要门了知的教授要点的一知半解也不认为。"如此所讲，对此极难了悟的幻身立论，凭依全未如实了达本续、

大德和圣师徒等之意趣的印藏的片面论典，藏地先师大都对此法类
的理解，皆如芭蕉之实。有的人，幻身之义虽然自性非有，但唯于名言
中有，便将谛实空主张为如幻。有的人，由于若仅如此，则不成为密宗
传规，故将现显为面、手、装饰和模样等之行相，但不成为胜义的天身
显现无自性，承许为一种如镜中影像。又有的人说，是从具五色光的 a
（啊）字和不坏明点的圆成中天身起为现空聚合。云云等，出现了许多
说法。然而，这些皆未达到圣师徒的意趣，也不成为幻身之义。《摄行
论》中讲道："诸凡住于契经等之理和依止生起次第的修习者虽然也
将一切法比讲为如幻、如梦和如影像，并特别胜解，但是，以彼诸比喻
不能了知唯由自身加持之门——智慧，能圆成意自性之天身。"即是
说，仅以穷究谛实空如幻之义的这点理解，不能了悟此时的幻义；生
起次第时幻身之义并不完全，并由于彼时是以不离定解三轮①为无实
的殊胜信念的心信，修行了天瑜伽，所以，虽然无阻地现为如虹，但也
无幻身之义；虽然说了于下部密乘也修如虹的幻身，但是宗依②——
分辨粗细蕴法的立论一点也没有；而且虽然说了在无上瑜伽部的生
起次第时，能分辨粗细蕴和从彼中能起为天身，但也是表面信解；所
说的在转报身为道用时，从不坏明点和具五色光的 a 啊，字与 hum
（哞）字等中能起为天身行相之理，但是，此等一切皆不成为此时的幻
身义。所以，直至宗喀巴大师未出世前，都将与显宗共同的谛实空唯
幻或唯将与生起次第共同的天身显现无自性，当作幻身之义。即除了
总义上的幻义说法外，隐义③的幻化——第三次第的幻身和究竟的幻

---

①三轮：指能作的人、所作的事和事件的对境。

②宗依：所立事。提出因法论式时，成立即论证所立事物之处或对境。如说：
"有法之声，即所净事有法。"

③隐义：殊胜的见解和现证次第。

化——双运之一的世俗幻身其各自的体性、以气息亲因修成的方法、清净不清净的差别、不净的幻身以光明净治的方法、立起的界限和十二种幻喻①所表示的不同要点都有什么等等，皆不知安立。是宗喀巴大师根据《五次第论》、《摄行论》和《明炬论》的第十二品与第十五品等中所宣说的要门等，充分解释了《密集本续》的宗旨。以此解释，不仅是吉祥密集，而且还掌握了一切父续道的核心，将由何门安立为父续的不共能立，是此幻身修法的理由，特别是第三次第的幻身，以色身的不共亲因之门来修的方法、以所净事的不共枢要之门来修的方法、凭依生天方法的不共枢要来修的方法、凭依方便智慧体性无别的枢要来修的方法等于此雪域之境，往昔任何智者都未说到的要门之一切细而又细的密要，皆如实地按照圣师徒的意趣，做了充分的解说。这样的解说，就是金刚持佛亲临也没有宣说得较此教授精华更胜，是成为密意的唯一精华。所以，他派的大德达仓译师喜饶仁钦也虽然过去对大师做过一些不恰当的批判，但是，后来由于见到了这样的妙释，心中顿生了真实不变的信奉，在对宗喀巴大师的赞词中这样讲道：

显密无边密宗胜，续部无边无上胜，

二次无边幻身胜。顶礼前无妙释藏。

此外，作为《时轮》总义，也再三赞美了大师著作中有关幻身的论述，称此是公正大智者的无上别法。如是普照五世达赖也讲道：

①十二种幻喻：佛书所说十二种不真实的虚渺之物。即 1. 幻术；2. 水中月形；3. 双影（眼花时所见一物之二重象）；4. 阳焰（夏季日照沙滩，地面映成状如流水或火焰的幻景）；5. 梦幻；6. 回声；7. 海市蜃楼；8. 魔术；9. 彩虹；10. 电光；11. 水泡；12. 镜中之花。

幻身信度①波罗②莲花门，非由矜夸日月光开放，

善说美女妙口微屑酒，当撒洒时彼莲何自在。

等亦住于公正的直述。那么，安立何者为幻身的不共宗依呢？诸有情之极细微风、心二者，是幻身的能立事。即如《明炬论》中所讲："此即主要为了认识如幻的天身由何所成的能立事——原始身。"该论中又讲道："成为有情命名事之原始身，穷尽于唯风心之身。故是展示离此则无体性不同之身。"有情之身，有粗显分际之身和细微原始之身二类。所以，前者就是这个粗显异熟生身③，后者就是极细微风心，以及彼现为形象之相的中有身和如梦之身。所谓唯风心的心，它不是根识，只是意识。而风，也非如根本四风④和五支分风⑤，经中讲成是分持命⑥为粗细二种中的那个细者。所以，幻身的能立事——原始身，就是那个心间不散的极细微的持命风。而原始心，就是凭依持命风而有的一种极细微意识。那么，将这样的能立事如何修为世俗幻身呢？就像凡常中有能成，也必须观待于以业和烦恼来分辨粗细二身一样，幻身

---

①信度：信度河。孔雀河下游的古名。西藏古地方志说，玛那萨罗沃地南岸，有金色岩，形如鹏啄，流出五百小溪，携带金沙，右绕池周七匝，流入南海。

②波罗：即波罗奈斯或婆罗泥斯。印度恒河流域罗河和奈斯河间一城市名。译义江绕城。释迦牟尼成道之后，于此城东北十余里之鹿野苑，为五比丘初转四谛法轮之处。

③异熟生身：即异熟身。应净治处中有三身之一。生后未死之前，即生死中有，由于造积种种善恶之业，感受种种苦乐之报，故称异熟身。

④根本四风：上遣风、上行风、平等风和周遍风。

⑤五支分风：1. 行风；2. 全行风；3. 正行风；4. 极行风；5. 定行风。此五风名称，依次亦有称为龙、龟、蜥蜴、天授和胜弓。"风"，亦译为气、气息和风息等。

⑥持命：持命风。人体五根本风之一。居于顶门脑腔之中，功能在于灵活智慧，明利器官，持续思维。

能成,需要一种能以所修力来分辨粗细二身者。此又是凭依圆满次第五次第的初次第——金刚念诵次第,风心成为天身的,所以,经中讲了这是分辨粗细身的最胜方便,即是由凭依内外的运气,风如死次第渗入心间的心远离究竟之喻光明所乘的五光风息来作亲因和由彼心制造俱生缘,凭依如此因缘,从旧的蕴,分位另外起为幻身的。修成彼幻身,心远离究竟的譬喻光明必须先行。此中,由三顶端的运气,解开心间的大多数脉结,使诸粗风息渗入中脉的语远离或称金刚念诵次第必须先行。此中,于私处摩尼第八脉瓣之中脉中央的所缘境标帜或细点任何一种,令心坚固的身远离——细瑜伽必须先行。所以,这也是粗细生起次第已得究竟的瑜伽师以具足身、对境和风息等的枢要之门,于对境的要害——中脉的下端或私处摩尼中心的细微所缘境,修习专注一趣。由于如是修习,所以,从以风心同行之要,令风息入、住、融于中脉所生的诸表相便能生起。彼时,以对空性专注入定之力,于后得中也应当能凡显现皆现为空和将空现为安乐的变化,以及又从彼以所修力,令风息入、住和融入中脉中猛励火炽燃后,菩提[1]便降于私处摩尼之顶端,所以,应当引生出上降四喜和由于以还灭使菩提固定于头顶,所以,就应引生出下固四喜。下固的四喜,是俱生的喜。于彼引生上降下固四喜之时,生起菩提降于中脉的殊胜触[2],并凭依此,生起安乐身受和从由彼无间为缘中生起殊胜心乐。由彼乐与细微空性二者于对境和有境中体性和合为无别,所以是乐空无别的胜智生起。如是在《明炬论》中讲道:"由于缘注了私处摩尼轮中心或中脉下端身之要害处而修,所以,若已以风心同行之要,于彼摄持了的话,于左右脉中风息便停滞游行而游向中脉。在此之后,若发起令风息融于

---

①菩提:即精液的异名。
②触:五遍行之一。根境识三者和合,从而触境察辨自境之心所。

中脉，五征①便先显现。"以及又讲的"又于第二次第时，凡所现皆应显
现为大乐的变化，而此又是从获得圆满次第之俱生大乐以后。是故，
此中以身远离之门将一切所现皆见为大乐的变化。"是说。一切显现，
全都为了现为安乐。此外，该论中又讲道："这种于下门修细点，由于
易使下行风逆转，所以猛励火炽燃力大，能充分表现出上降的俱生，
菩提必须久住于私处摩尼。"《生次广论》中讲道："此规中修下门细
点，有一能成圆满次第三规者，彼若置于不修，细点功能便不圆满，修
身远离之要便成遗失。"在如是身远离之时，由于正视了中脉下端等
别的脉轮，所以，摄风息于中脉而融入的俱生的胜乐便生起。其主要
目的，经中说是为了后来会容易解开心间的脉结。此后，于语远离的
心间顶端修咒明点的运气，于鼻的顶端修光明点的运气，于私处的顶
端修实体明点的运气。即由于修行了这三种运气，所以，由前二种就
使不能收摄的风息收摄于心间和使心间难解的脉结松开。第三种是
使此时收摄风息于心间的效力发挥成为最佳，并由彼无余解开脉结
后，能使光明显现。复次，对于与基位之死次第随顺的心远离达到究
竟的光明显现，必须修行打开心间无明卵壳的方便——令风息生和
入的金刚念诵，而若不修行此，被左右二脉之结所紧缚的心间脉结就
无法解开。为了阻止妄念——能动的风息，是需要以修风咒无别的金
刚念诵来收摄一切风息于心间不散明点后，修成双运身的。总之，不
散的明点，有心之所依——心间的赤白界②、基位光和极细微的持风
等多种。而将心间的不散明点那个细微的持风了知为一切风息的根
本后，将诸风息收摄于彼，这是现起光明的主要方便。在语远离之后，

---

　①五征：五守舍神守护五征，即1、白牛；2、娘舅护法；3、鹪狼；4、妇女；5、鹿。
　②赤白界：男子的精液和女子的月经。

应当修学心远离。对于即生成佛，必须以极细微的心，现证真实性，而彼法尔，是以乐空无别的智慧来现证。以此法力是能迅速断除所知障。而断除所知障的能力大小，由于取决于助伴——方便分，所以，从彼原智上能成为色身之同类的不共因。因此，凭依金则念诵，完全解开心间的脉结后，若能收摄根本四风于不散明点的话，就是引生心远离的了悟。《明炬论》中讲道："以金刚念诵，总的引生诸空之理，已讲毕。特别引生心远离之诸空的界限，是心间脉结充分解开后，从能收摄诸风息于心间不散明点之际，而不是在此之前。"

此外，还需要整持和随融的比较次第，尤其是需要修行缘能遍①的金刚念诵。所以，对于无余收摄能遍的风息来引生究竟心远离，就必须要依止外缘业印②。《智金刚集论》中讲道："成就幻身，依赖外手印，于此生幻身能成。"《明炬论》中讲道："圆满生发幻身之能立事的心远离三智，需要外印。"但是，经中讲了若未达到证悟之量，那种临死时自然隐没的能遍风能代替所作，并由喻光明代替中有而起为不净幻身。由彼幻身，凭依任何一种所依能证得余道。云云。虽然是凭依这样的内外缘，引生三空，将彼三智生发为四喜体性和破除了三现分③时那个现为表面定解者之后而修空，但是，特别在第四空——光明和第四喜——俱生喜之时，主要的是将乐空和合。总之，未证得心远离前的三空智与心远离的空智，大小差别极大。由于此时将一切菩提和风息从身的上下部全都收摄于心间的不散明点，所以顺次的喜，

---

①能遍：能延。概括众多部分概念的总体。如瓶，是概括金瓶、陶瓶等一切瓶类的能遍，亦是金瓶，陶瓶的总概念。

②业印：密宗瑜伽部"四部"之一。又称双修时之女方为业印。

③三现分：修行萨迦派道果预备位。显乘的共通三现分道：不净现分、瑜伽景象现分和清净现分。

力量就大,并由于相和有相八者①并非尽然相似,而如死次第显现,所以就生为原始心俱生的安乐体性。以彼对空性专注入定的光明,就是心远离究竟的喻光明。彼时由于由极细微心将空性义了悟为共理的慧,表示义光明的喻光明和遣除凡常死以后,法身的和合等真能成就,所以是成就道位的法身。那么,那个第三次第的幻身是如何成就的呢?是由凭依如是三远离的内外运气,诸生发世俗的风息如死次第而融入了心间的心远离达到究竟的喻光明所乘的五色光息来作亲因和由光明心制造俱生缘,是凭依如此因缘,从旧的蕴,将分位另外起为幻身的。彼幻身,由于未断除烦恼障,所以是不净幻身。尔时,由于凡常中有被遣除后,是报身的和合真正成就,所以是证得了道位的报身、性相(合格)的智身和随顺(相似的)金刚身。如是在《明炬论》讲道:"从具足五色光息的智慧明相②和方便增相③二者,生起具足手足等之名德的幻身。若简言此等之义,是说若无风息而只是单心,由彼单心具足面手等的天身不能成就。然而,由于五光风息和心二者存在于同一本体,所以,能成天身并无过失。又能成幻身之意的近取因是前心;俱生缘是风息。而其肉身的近取因是风息;前心则是俱生缘。"那个这样的幻身从流转还灭的何空之际能成?对此,《密宗道次第广论》、《根义真实极明论》和《建立次第》等中讲了"从三空后现为还灭之具风息的心而成。"克珠·唐吉钦巴说,此说只是记载了诸先贤的说

———————————

①相:此处指境界。即是将自身所有脉风摄入丹田,经过摄入、止住、融合三个阶段,就能够得到殊胜境界和感受。有外八相,内八相感受。

②明相:隐没次中,首先现似秋夜晴空,月光满天,唯白茫茫一片空明而别无所有的微细意识景象。

③增相:密乘修习隐没次第中,唯见天空日光映射,一片空明红霞,别无所有的微细意识景象。

法而已。而自宗的究竟主张,则在《五次明灯论》中讲了"除去讲了从心远离的三相①之风心能成幻身外,五师弟的论典中未见有于流转和还灭之诸空的任何分际所成的幻身。手目等从光明本性中如鱼跃出水面地能顿时起为金刚持身者,谓顿次第和从由光明成了得相、由得相成了增相、由增相成了明相的分际起为金刚持身者,称做得相等的次第方便。自宗则解说为于双运之时"和《五次第明灯论》所讲的"二谛无别,直指圆满次第"。而若详细探讨这个难解之处,则在《五次第论》中讲了:

> 具性彼彼光,具风六识身,
> 由自加持次,数为有情现,
> 如从净河流,诸鱼疾跃起,
> 从一切空明,生起幻身网。

即是讲了此身亦唯从风心以自加持次第而生和从如同清净河流的光明中生起像鱼儿突然跃起的清净幻身之喻义。这个喻义是说能从光明中不为他所障碍而生起是合理的。此后该论中讲了"因为四空成为一体,亦是顺次之时前者融入后者后,最后于光明中成为一体之义是合理的,逆次是不合理的。与紧接着死光明无间所成的得相一起中有能成,因为所净事的次第与此最极相符。"如此所讲,就像基位时,光明停止与中有已成是同时的一样,在道位时,也是光明停止与幻身已成必须同时。所以是主张此时也是与逆次的得相已成的同时成了不净幻身。此外,关于这样的幻身有十五种差别;以十二如幻喻如何表示的方法;三身的和合;九类和合的实修;定幻与梦幻等如何修持的方法;取梦、修梦和梦中任持世出世解脱的方法;如何受取和

---

① 三相:明相、增相、得相。

修学中有如幻的方法;真幻与似幻等的差别等等,不拟于此详述,当从《五次第明灯论》中了知。那么,在波罗密多乘中,对于色身的因,就应当积集诸多福德资粮,尤其各个相好的因,又应当积集至诸多大劫。而在此无上密宗之时,则不观待于别的积净,由唯将乐空智修持到合一,二资粮就能极大圆满。这是因为由彼乐空智所乘的风已经成办了色身的因。此可以替代无边福德资粮的积集并是其一切枢要圆满之力。所以,将此幻身的立论了知到无误明确,实为重要。但是,由于《密集根本续》的释续广论中不太清楚,以及后来的一些释续又很不堪信,所以宗喀巴大师就编排了原文与注释,集中《五次第论》和《摄行论》等堪成标准的诸释续之精要,消除了对幻身立论的不解和邪分别的一切污垢,创立了前所未有的善说风规。凭依此规,无匹日沃噶丹派总于圆满次第,别于幻身之细而又细的立论,方住于续部之究竟意趣,才产生了往昔在此雪域之境中不为任何人所了知的讲风——这个殊胜的无垢宗规。

(三)母续道之心要胜义光明的立论

此复,如何将分为父母二续的瑜伽母续安立的情况,是如前面已讲,成为一切母续的根本者,就是《吉祥胜乐轮续》。因此,此中有《广续三十万颂》、《中续十万颂》或称《胜乐等同虚空续》(此二续未移译于藏地)和《略续》,即《本续第五十一品》等。《解释续》有《金刚空行》《律生》《空行母普行》和《意言宝》等,即四不共续。再加上胜乐喜金刚共续《桑补扎》或《结合》,共有五《解释续》。《口四噜迦现生》、《四瑜伽母和合续》和《空行海》等三续经,是同品续。一切这样的瑜伽母续之主要所诠,是在宣说如何修学法身能立,即成为空品智慧分的乐空无别的智慧胜义光的道的方法。所以,又根据各部续经的不共别法和各位大成就者所依据的不同本续的差别,虽然讲了许多解开脉结的不同方便,但是,这与幻身以上二成就的立论无大不同。那么,一切智慧实修的成就——胜义光明的差别法是怎样呢？就是当将前面所说的那个幻身纳入光明时，那个极细微的风息就变成了无漏的风，由此来作成就色身的亲因和由那个与此体性同一的极细微心变成无漏的心后来制造法身的亲因。由于对二身的同类因修行了合一的等持，所以，对于断除细分所知障，就成了具有迅速的功能。即如《明炬论》中所讲："是故，此道亦非为了能生发以俱生乐仅现证真实的智慧而才生起幻身，是为了对于以义光明智净治所知障，功能变成殊胜，因为此乃色身之主要不共因。在以俱生乐将空性作为对境中，以有境之门，净治所知障，虽然也有一个能生殊胜功能之门，但是，由于替代余乘的无边福德资粮者，在此圆满次第时是幻身，所以了知更迭此二者，便是枢要究竟。"论中所讲的"总之，粗分烦恼与所知障，虽以波罗密多乘和下三部密乘道能断除，但是，细分所知障，除了由密乘道外，波罗密多乘不能断除。"也唯是无上瑜伽道的差别法。此亦虽以此胜义大乐智能断除所知障和由无漏的五色光息能成就清净幻身。然而是依赖于这个义光明的。若彼大乐又不与证悟实相的正见和合，乐空无别之原智便不生发。而若不了知能使彼大乐成为烦恼的究竟能对治之要，何况金刚持之果位，甚至也不会成为能断除生死根本者，而且还会成为束缚生死的贪与爱逐渐增长的因。《笃哈藏》中讲道："虽于家家说彼语，此大乐处全不知。"《明炬论》中讲道："未与了知一切生死涅槃之自性空的空结合，而修行除二根和合外，菩提唯不流注的乐，根本不能损害三有根本实执之无明。是故，随受乐几许，由彼实执所引的爱便渐增长，故同贪饮者将阳焰想为水后趋赴一样。因此，如此者当诃。"所以，如前面所讲，空性的正见，不仅是密乘和波罗密多乘二者之所共同，而且，特别是密乘道的一切见要都必须随顺中观应成派的见解。此亦如《善缘开目总义》中所讲："金刚乘的诸有情亦以善巧方便之诸无边差别所摄之门，所修的真实性，彼唯是《中观理聚论》所抉择之空性。除此以外，无任何成为差别者。是故，三乘之一切优劣士夫所修的真实性，是终结为唯此而已。"若有被这样的正见加上殊胜印证，对妙欲受用越大，就如火上加柴，断除爱等染污的能力就越会愈益增大，故能成为如将毒变成药的染污之正对治，以及所谓修贪为道，也应当从此之上受取理解。而未与这样的甚深正见和合，不论对哪一种称做天瑜伽和脉风等的甚深实修精进，任何究竟的正果也不产生。《秘密成就论》中讲道：

> 于无真如中，希有作为见。

> 乃至虚空住，死后赴地狱。

那么，现起那种胜义光明的方法是怎样的呢？就是以前面所讲的那个第三次第幻身的现前，任持这个修学自己的三门与三界一切有情之三门无别的九重勇识的瑜伽和凭依整持彼瑜伽与随融的禅定二者之收摄次第，最后在顺次的得相停滞的那个时候，不净幻身就如天空虹散而停止；现起以俱生乐现证了空性的第四次第的义光明；证得大乘见道①；烦恼障的正对治无间道②便于心中生起等皆同时获得。此规之内外二现觉是如何安立的呢？就是在沾染（影响）外虚空的妨碍——月、日、暗三者全净的那个黎明特殊之时，现起光明，故称做外现觉。将在内影响瑜伽师之识的妨碍——明、增、得等三相的白、赤、黑道过去之时或在顺起的三现分过去后，逆起的得相未显现以前所现起的光明，称做风现觉。若尔，这当然是以彼俱生的大乐。现证空性

---

①见道：五道之一。往趋解脱历程之中，新见前所未见本性，登圣者地，现观诸法无我如所有性，随应了知一切有法尽所有性，修七觉支以根本断除一切见所断惑，离五怖畏。证得十二一百功德之道。

②无间道：与解脱道合称二道。指开始断除所应断除的烦恼，不为此烦恼所障碍的修行，由此可以无间地进入解脱。

的义光明和清净幻身以上的规程。但是，由不净幻身做什么呢？以证悟空性之智，断除所断的功能，应当以方便分和智慧分的功能大小来分辨其差别，显密二乘是相同的。而对于以义光明顿摧烦恼障和以彼断除所知障，功能变成有法力，能替代此前波罗密多乘的要于三大阿僧祇劫积集资粮，不净幻身是必须先行的。不仅如此，较彼喻光明心更细者，在基位时没有，而在道位时，义共相和世俗的二现①息灭，义光明现起了的话，就变成较原先更极细微。对于如是变化，如果首先证成了悟空性为义共相之理的喻光明和由其所乘之风而成的不净幻身，风心二者渐次变成愈益细微了的话，就是变成了义光明和清净幻身的体性。此乃诸智者所讲。这个如此的乐空和合无别的道，是一切瑜伽母续的心要。但是，主要是由《胜乐轮》法类而抉择得十分明确而详广的。所以，此本续就如十六千万母续之宝顶，被赞为首要。不过，如《仁达瓦大师问答》中所讲："乐空的立论，《喜金刚》等中已正宣说。但是，应当了知乐从何而生的因。此中，总的在以乐空和合而实修中，殊胜性相的乐必须增长而滴漏。而乐的体性则有大小和降于何处的量或从何分际安立为四喜，而且四喜每一喜亦各有四种，以及上降喜与下固喜，喜乐大小和顺次与逆次可行的道理等各项的立论皆应当详广了知。关于空，除了显乘所说的外，别无他者，但彼空理，则较显乘更为殊胜。能降乐的本体如是菩提，必须以点燃了义的空行母邬摩天女尘②火来降。此中，能炽燃而滴漏，必须同手印相和合，所以，于印亦有四种③。而此四者各个体性依止的方法，和合的方法；由和合引生

---

①二现：指承认内心和外境分别存在的感觉。
②尘：即指月经。
③四种寻印：即四印。密宗瑜伽部所说的业印、三昧耶印、法印和大印。

大乐的方法;以每一大乐如何断除所知障,以及证得断了何者的相;
四种喜的差别;猛励火也不因从任何脉中炽燃,心间等的脉结就能解
开,所以必须使左右二脉的风息入于中脉之内;是因修行了入、住、融
三法,顶、心、脐等的脉结才会解开;此等风脉能成为堪能,是由于在
顶门等之尊脉道修习了二十四域①的勇识和空行母,所以脉风成为堪
能,是故,四手印的法类、二种身脉粗细的情况、使此等的风息入于中
脉和由同明妃入定②而引生大乐的方法等皆由《吉祥胜乐轮续》宣说。
所以,应当将《吉祥胜乐轮续》的法类修到精通,并于心相续中生发。
在天竺圣域和诸藏地中,依止此道之大成就者多如地尘,皆是修瑜伽
者。"由此看来,由主要宣说胜义光明之圆满次第的一切母续之精华
《吉祥胜乐轮续》的解释续解说本续的主要义,就是圆满次第。而其修
法,也除了在《黑行春点》中宣说得充分外,在卢伊巴和直布巴等的经
典中未见有以此本续正文来宣说二次第。所以,宗喀巴大师便著作了
解释续《隐义明镜》《修法·大乐明论》《生起次第随欲论》和广略《圆满
次第论》等,总的就共与不共的《注释续》及其同品续的辨认、结合本
注的方法,彼中如何宣说二次第的立论、特别从《本续第五十一品》上
统一诸道要的方法,由于各位大成就者所依据的本续不同,因此所依
能依逐次和同时生起的不同方法的差别等,具体的就乐空和合的境、
乐空无别的乐分如何引生的方法、喜乐的体性、以每一大乐如何断除
所断与已断何者的相的差别、上降下固四喜从何分际安立与四喜引
生的方法、依止脐火瑜伽,如何解开心间等之脉结的方法和身中脉风
成为堪能的方法等,全都如实按照本续和大成就者的意趣,做了详而

---

①二十四域:人体二十四域脉。
②入定:交妍的异名。

又细的解说，清楚地解释了密宗道的精华——空行气息突嘘的全部秘诀要点，故使母续共道的任何枢要都成为全无会误为颠倒之处。冉此宏恩大德，《吉祥胜乐轮续》的清净讲修传统才在无匹日沃噶丹派中至今保持不衰。见此实情，宗喀巴大师讲道：

> 千万瑜伽自在曾已行，即此胜乐讲修极衰败，
>
> 唯愿弘扬久住永不朽，成为欲愿解脱者路径。

（四）二谛体性合一双运的立论

《五次第论》中讲道：

> 此如彼次第，自加持、光明。
>
> 唯此二和合，是双运次第。

又讲道：

> 世俗与胜义，了知各别分，
>
> 于何正和合。说彼为双运。

如此所讲，是将身清净——世俗幻身和心清净——胜义光明智二者同时聚合，称做双运转的。那么，这样的双运如何修成呢？就是由上面刚讲过的义光明所乘的风作亲因和由光明心制造俱有缘，凭依如此因缘，使义光明停滞，逆起的得相便成就。与此同时清净幻身成就、证得阿罗汉位、证得大乘修道①和同时证得乃至生死，同类相续不断的诸性相（合格）的金刚身。不过，由于以彼尽断了烦恼障，虽然证得了断德双运②，但是，未证得双运的主要者证德双运③。所以，将彼不

---

①修道：五道之一。往趋解脱之门经。于见道位所证之理反复串习，由修八圣道支，根本断除诸修所断，增长无漏功德之道。

②断德双运：有学平常双运。依密乘道断尽烦恼障，证得正分清净幻身的双运。

③证得双运：清净幻身和胜义光明二者身意一体融合双运。是密宗殊胜有学双运。

称做有学双运。以那个首先证得了如是断德双运的清净幻身，复又现起光明，在以大乐智一心专注空性而入定的那个时候，就是证得双运的主要者证德双运或有学双运。《明炬论》中讲道："善解《吉祥密集》之所诠要点双运者首先应当彻底了解有学双运成就的方法，并应当于彼设立相似的诸疑后，于余边中断除三有的疑惑而决定，最为善妙。对此，未见圣师徒之随行诸五次第的解释做这样的抉择。"此后接着又讲的"解说为从如净河流之光明中生起如鱼儿疾跃之清净幻身的喻义，谓从光明中不为他障碍而生起是合理的。"是原先直指幻身而这样安立的。这里，不将那个起为从光明无间而起的净清幻身的幻身，称做双运的理由，是彼中只有双运的一只，即彼是从第四次第的光明中无间所起的幻身，而由于在彼时实无光明智，所以，另一只并未直正获得，因此不得所谓双运之名。此乃诸智者所讲。所谓双运，如前面所讲，应当指世俗幻身和胜义光明二者互不分离地双运转。《明炬论》中讲道："彼中，由于未证得义光明前，在由五色光息所成的幻身存在之时，无心与胜义谛成为一味之光明；而由于在未证得双运前，乐心与胜义成为一味的光明存在之时，没有自身成为幻身的世俗，所以，就成了轮替，因此无双运。一旦，所谓自身加持——世俗幻身的究竟与所谓心光明——胜义谛之究竟二者同时聚会于一个心相续，无有轮替而和合一起的话，就证得了双运。"又在该论中讲道："不是因二单只轮替之理而俩。同时聚合者，如前所讲，是双运。此从逆次的最后明相中起后，又入于光明时能得。"对此，藏地大多数先师讲说第五次第的双运义时，由于未通达智慧分——乐空无别智和方便分——世俗幻身二者必须双运转的枢要，唯将第三次第的幻义——谛实空，当作了幻，所以，彼从乐空无别的独空义中唯不获得，因此，不论任何双运转，也都指谛实空和大乐二者。除了唯将此二者双运转，解说为双运的究竟义外，未曾安立过余者。总之，将大乐和真实性双运转,命名为双运,在母续法类中甚多,但是,仅这样的乐空无别并不完具此分位的双运义,即如《明炬论》中所讲:"对于即此乐空无别,诸多进行《瑜伽母续》的解说者说成了乐空双运和二谛双运,且将龙树论师所传密集的双运义也说成彼。然而,龙树菩莲的传规并不只将前面所说之义的俱生乐空无别作为双运。"如此所讲,是将自利法身能立——无自性空和大乐智二者作为意的差别,将境与有境二者合而为一后,名为胜义谛,安立为一只;将利他色身能立——幻身称做世俗谛,安立为另一只,将此二者双运转,认定为此分位之双运的主要者,这便是宗喀巴大师之无垢宗规、吉祥无匹日沃噶丹派之殊胜主张的无上胜处。关于证得所修果的方法,也是以彼如是的有学双运,凭依有戏论、无戏论和极无戏论之任一三行,从乐空智的极大增长中现起三空,证得有学双运后际的义光明——修道如金刚的三摩地或相续后际①的无间道。在其第二刹那间,无余尽断细而又细的所知障,证得远离一切污垢的胜义光明法身和相好庄严的报身二者体性无别,即无学双运——具足和合七支的果位后,于即此刹那间为了化机的利益,显现上百千万化身乃至轮回未尽,使功业无功用运转直至世界存在连续不断。如是于《明炬论》中讲道:"在对彼圆满次第之行修习的后际(最后),无学双运成就的方法,即如前面所讲,在以内外二觉之门,现起黎明光明中究竟法身证得之时,有学双运即如幻之身便成为无学双运之身,乃至轮回未尽,住于不从彼二身而动。"

---

①相续后际:最后有际,物质和心识蝉联演变的最后边际。从此第二刹那必定证得成佛。

三、以将显密持于无违相助之道显扬全部佛法实修枢要的情况

如《谛者品》中所讲："曼殊室利,我为诸有情宣说彼彼诸法,如是一切皆为令得一切种智,趣向菩提、临入大乘、成办一切种智、正至于一境。故我非有异宗安立。"佛祖薄伽梵为三种姓化机赐教所有法类,如是一切唯是最终引向一切种智道的方便,即随顺各个化机的种类和意乐,为追求唯当前生死苦息灭之位的化机宣说小乘法,为追求所得无上菩提的化机宣说大乘法。所以,为了首先使未成熟的有情成熟、使诸成熟者解脱和次第安置于一切种智之道,是以善巧方便之门而宣说的。由见此情,《真实名经》中讲道:

三宗起出离,安住一宗果。

《菩提道次第广论》中讲道:"通达彼一切为无违,谓将此了解为一个补特伽罗成佛之道。此复随其所应,有的是道之正体,有的是道之分支。"《密宗道次第广论》中讲道:"故当了知佛所说法,一切皆是正对化机,引入佛地之所有方便。然因化机胜劣增上,方便亦有圆不圆满与道迟缓等差别应理。是故,引入佛地的分支之道与大乘道二者不同。"即如此明确所讲的修习遍智之道的正体与成为其分支的二种道理。特别是波罗密多乘与密咒金刚乘二者互不相违而成为因果的道理,亦在《无垢光广释》中讲道:"密乘理与波罗密多理,果性与因性融合为一。"《菩提道次第广论》中也讲道:"设作是云:在入波罗密多大乘中,虽须下乘法藏所说的诸道,然而对于进入金刚乘者,度彼岸之诸道非为共同,以道不相同故。此说亦极非理。波罗密多道之体性,乃摄入心于菩提发心和行修学六度。而此随时随地皆当修行。如《吉祥金刚顶》中所讲:'纵为活命故,不应舍觉心。'又讲道:'六度彼岸行,毕竟不应舍。'此外,诸多密宗经论中亦有讲说。"该论中又讲道:"由见此等少有开遮不同之处,即执一切犹如寒热遍相违

者,是显自智极其粗浅耳。如是,除去个别特殊的开许与遮止外,诸佛经极相随顺。是故,若入上上三乘或五道,必须完具下下乘与道之功德种类。"如此所讲,首先是由对波罗密多乘所讲的无常和苦以上获得定解而厌恶一切有的出离心,其次是方便分,即由缘漂流于生死轮回之一切有情的大悲心来作因的真实菩提心,此后是智慧分,即如理通达缘起甚深道之真实,是实修密乘道所不可缺少的。因为若无菩提心,便不成为大乘法,而纵有大乘道六度,但是,以其余五度不能从生死四轮中自力度到彼岸,所以,虽将彼等安为度彼岸,但也取决于通达甚深缘起。《摄颂》中讲道:"五度无慧如无眼,无导非能证菩提。"吉祥勇识讲道:"施等诸福德,具慧尤有力。"此外,《入行论》中讲道:"此等一切支,佛说皆为慧。"如此所讲,通达粗分无常与苦等的慧和慈悲等方便分,亦皆归为此缘起甚深智慧之支。而密乘的甚深枢要,亦取决于充分理解波罗密多乘中所讲的境空之义。《五次第论》中讲道:

> 金刚宗中瑜伽师,所缘任何真实性,
> 佛说彼彼唯是幻。

《五次第明灯论》中讲道:"是故,对于色身之因的诸方便,虽然亦是不可无有空性的了悟,但是,对空性的了悟,乃至法身能成为殊胜,则必须修习全部方便分,这是两种大乘之规。"如此所讲,大乘共道,虽然亦需方便智慧互不分离,但是,获得一切种智的主要障碍所知障的正对治,则是这个智慧。而由通达真实的智慧与密乘所讲的有境俱生的大乐和合了的乐空无别的那种智慧能作法身的亲因和断除细分所知障等无上密乘的不共差别法,也是从此智慧上产生的。《五次第明灯论》中讲道:"由于求得通达无我之智后修习了彼,故能连根灭除二障,虽为诸贤哲者所同意。然而,以如是闻思充分抉择了以后,对于修学甚深空性,则需要此乘所讲的殊胜有境大乐。这一点,余乘和下部密乘则未宣说,故是无上密宗的差别法。"该论中又讲道:"即如前面所讲,如若了知二乘共同的生死流转次第,就会是一个由知必须遮止其根本我执而寻求正确决断无我的正见者;如若了知了由于不共的风,故而流转于生死的次第,就会是一个由见必须从妄念浮动中遮止风息而能正确通达作为制止彼的方便就是正视身中要害的教授者,并由于将以由彼方便所引生的大乐,决定了无我之义的乐空和合的道作为心要后,就会修持,所以,能不错教授之要。"如是就像大善知识仲敦法王也对无匹觉沃杰生起不共的敬信感戴而所讲的"能知将一切佛教用四面道串起来的,这只有我的上师了。"一样,宗喀巴大师所讲的将显密所摄的一切教法,归纳为全不相违,是一个补特伽罗成佛之道的本体和其辅助的如此道理,较觉沃大尊者所讲尤极明显,且无更胜此师显扬佛教精华之情。所以,对此圆满无误的文殊怙主洛桑扎巴之教法大宝,就应当生起猛励的胜解信,回心转意,尽己所能,付诸实行。纵然是诸当前真正不能行者,也必须以想着何时会成为一个能那样修行者而发愿和为此而奋力集积资粮、净治罪障等一切之门,为心识中能尽量中下正道一分坚实习气而精进。如是亦在《菩提道次第广论》中讲道:"是故,应当依止善依怙,于一切佛经皆是一个补特伽罗成佛之缘的所有道理,令起定解。诸现能修者,即当修习;诸现未能实进止者,亦不应以自未能正行而为理由,即便弃舍。应当作是想:愿于何时如是等,由趣遮之门,现修学耶。遂于其因,集积资粮、净治罪障、广发正愿。以是不久,渐渐增长智慧能力,于彼一切悉能修学。"由此看来,于此雪域之境,在祖孙三法王①时代正法开始,仰仗师

①祖孙三法王:藏文文献中称松赞干布、赤松德赞和热巴坚三位藏王的总名。

君三尊①和诸得成就的泽师与班智达等的盛恩大德,使显密所摄的佛教大宝光显如日。然而,由于到了浊世末劫,多数后人对于显密的讲经修道,闻思修等唯成片面,且智能极释,故而,未见全部佛教之枢要,因此有的人爱重小乘道,而不喜大乘;有的人自诩为大乘人,将声闻之行,说成无必要;有的人唯求波罗密多道,除了闻思其经义外,不喜密咒的修行;有的人进入密乘道,而将波罗密多道说成无必要等,将显密二乘执为如寒热相违。这如《遍摄一切研经》中所讲:"若于佛语分别善恶、应不应理、是为声闻、是为独觉菩萨而说,皆是谤法。"又如《菩提道次第广论》所讲:"若未获得如是知解,于一类法获得一分相似的决定,便谤诸余。特于上乘,若生发一种相似的胜解,则如其次第遂谤舍下乘法藏与诸度彼岸,并于密乘也会谤舍下三部等。故成为造集关系极大又甚易生超和异熟极重之谤法的深厚业障。"即是将那种把佛语有的执为成佛的方便,有的执为成佛的障碍,并以优劣的差别和分别宗派的偏私,对内道佛教其他派别进行歧视和咒骂等,也说成是严重的谤法之业。所以,宗喀巴大师早从无量劫前就发愿弘扬此妙道,并遵照佛与佛子特别一致赞美的大志之义,出世于此雪域之境,无余消除了对佛教的不解和邪分别之污垢,如炼剪磋磨的纯金,毫无混杂地阐明了一切显密之道,将大小乘的一切枢要皆汇归为一个补特伽罗成佛之道,通达了一切教法皆为无违和将全部佛经现为教授之理的这个为佛所喜欢的圆满妙道之无垢教规,便是吉祥无匹日沃噶甘派之无上宗规的差别法。如是,一切智·章嘉茹比多吉讲道:"是故,大师从律仪细分实行以上,到诸大教派之间;从密法的曼陀罗仪轨及修行细处以上,到本续诸大疏之间,其全部中任何一处,均未

---

①师君三尊:藏史上对静命、莲花生和赤松德赞三人的总称。

沾染轻率及妄造的过犯，务必契合各个派别的诸开宗者班智达和成就者的密意，复又务必契合如来的教言，即每一最细微要处亦必以多种教理，观察抉择，给以决定，并以此理使得一切教法不但无自相违，而且是互相辅助，作为一个补特伽咒成佛之助缘。大师任持宏广条教之讲说与实修，如此殊胜之史迹。不但雪域之前贤谁都未曾得有，如天竺圣地之圣者龙树亦不能过之。这是可以用无垢的正理来证成的。"依据此情，他宗派之公正而具足智慧的大德达仓泽师喜饶仁钦讲道：

> 北方精通词者少，更少于义断增益，
> 修教义者唯仅有，礼汝此三究竟尊；
> 一类离理立教派。一类离教仅似理，
> 无边佛经以教理。唯汝善辨我顶礼；
> 一类重律舍密宗，一类信密破戒律，
> 无边佛教不相违，礼汝善巧圆修持；
> 重显以密为欲法，重密以显为空言，
> 显密不具难成佛，汝见如此我顶礼；
> 有以细行破见地，有以高见弃舍行，
> 见行现为辅助义，汝特教导我顶礼；
> 一类重讲讽毁修，一类重修谤经教，
> 礼汝阐明以讲修，守持教证正法理：
> 显密无边密乘胜，续部无边无上胜，
> 二次无边幻身胜，礼汝前无妙释藏；
> 总之无余能仁教。皆以讲修广显扬，
> 雪域一切持教师，皆礼汝该永赞尊。

等所讲的这些，都是充分观察了宗喀巴师的正论宗旨，对如实遵照佛的密意，无误地阐明显密的诸最极甚深而细微的特难解要点，生起了真实信仰，全非附合与曲解等，而是以自然照实直说之门所作的赞美。大师迦玛·米觉多吉①讲道：

> 于此北方将佛教，大都唯在邪行时，
>
> 正做整饬宗喀巴，我赞日沃噶丹派。

妙吉祥讲道：

> 汝复特别又，常赐龙树规善说，
>
> 空前守持中观见，赞宗喀巴噶丹派。

此外，还有博朵班钦·巧勒南杰(广胜)、迦玛·德辛协巴(如来)②、萨桑·玛底班钦和竹巴·白玛噶布(白莲)③等其他宗派的诸智慧无匹的贤哲们也对宗喀巴大师贤正善良之法，从内心生起了不变的信奉，故而撒发出了诸多赞美的妙花，皆如其他典籍中所讲，特别是普照五世达赖喇嘛讲道：

> 希有事迹具净戒，大志大雄菩萨行，
>
> 乐空二次瑜伽行，愿遇洛桑大师教。

如此等所讲，这个文殊怙主洛桑的教法、吉祥无匹日沃噶丹派的宗规，全如一切佛经的总集三藏或藏文解释之理，以见、修、行三者之门，毫无混杂而最极清净，特别是外如实任持《律经》所讲的清净威仪之规噶当派的纯正行迹，内修共同的利他菩提心和不共道二次第的

---

①迦玛·米觉多吉(1507—1554)。迦玛巴是噶举派中的一个支系。米觉多吉是迦玛黑帽系活佛第八世。

②迦玛·德辛协巴：本名曲贝藏布。(138—1415)。明代迦玛噶举派黑帽系第五世活佛。明史载其于永乐五年奉成祖命，建普度斋于南京灵谷寺，荐福于洪武帝后，受封如来大宝法王，赐玉印。

③竹巴·白玛噶布：噶举竹巴派中一位有学识的人。是噶举竹巴系热隆寺活佛第四辈。

心要——乐空无别的三摩地甚深瑜伽等,将显密的全部教法之实修,合为一体,故成为佛教之究竟心要。复次,三时十方之一切佛的所有愿望和事业,唯是利益有情。因此,成为三种姓化机之利的圆满而无误的方便,就唯是宗喀巴大师的这个无垢的教规,除此别无余者。所以,我等在此修行正法的一切逆缘悉皆远离,一切顺缘全都完备的圆满妙身已得之时,就应当以意乐和加行二者,如理依止妙乘的大善知识,从戒律清净的坚实基础上,闻思不流于偏顿地按照宗喀巴大师的行迹,对佛经及其注释进行闻习判断。其次。几许听闻和几许争辨之着眼点不应流于外观,而要唯转为调伏自心和证得解脱的方便,以思维所闻义之门,断除增益,彻底定解。此后,再控制自心,不使散乱和沉掉,凭依观察修与安住修结合的妙善修行验证,渐次使诸道悟于内心生起等,即应以闻思修全不分离而互成辅助的方法,将此佛教心要——佛所喜欢的妙道,实修到体性无误、次数不缺和程序不乱。普照五世达赖讲道:

> 红花颜染猵皮帽。持我等教诚最妙,
> 先辈教证罕世宝,失盗散动多空手。

　　如此所讲,作为名为噶丹派人的标帜,除了只戴着黄帽外,并不了知祖师之宗规——日沃噶丹派的诸差别法,而将此极难遇到的如此一种显密结合的教法大宝只遇一次之时,空度者甚多。所以,诸欲愿自我幸福者应当在此与如是妙道相遇之时,不将所得的暇满,度于无义,尽力实修这个全部佛教的正道精华,是极其重要的。

　　如是无匹释迦王之显密讲修之教法圆满的心要、文殊怙主法王夏·宗喀巴洛桑扎巴的无垢教规、这个名为吉祥无匹日沃噶丹的美誉白幡飘执手三域的不共宗规的立论,确实甚多。但是,这里主要将见、修、行三者所摄的显密正道之不共主张较他宗殊胜之情,略做诠说,详广者,当对诸如日月的宗喀巴师徒之经论,长久研习,加以了知。对此持全黄色宝冠之宗规——日沃噶丹派的教法大宝一切方面全无过失垢分,最极清净而体性纯正,唯成为全部显密教法之心要,故较他宗殊胜之情,应当从心底生起定解,以公正的智慧,永除一切偏袒愚执之垢,并对此佛教的精华——无垢的妙道,以发自内心的笃信的恭敬,彻底进行闻思修,对能便利地成办自他二利的方便,发起精进。

祝　词

善慧智藏文殊童子远散美丽发髻幻,
肩披金黄上衣有舞创佛善业于佛教,
美称妙音甘露降方隅耳欢喜游戏起,
尽摧傲山者群贤顶髻我接足莲顶礼;
清凉雪山绵亘大地各种宗派万莲开,
胜德百味芳香遍散吉祥盈满皆满意,
广设讲修圆满喜宴十万珍供功绩著,
利乐正盛鲜花开为雪域福德吉兆显。

自大光网逞骄慢,多种行星游戏界,
中央新月含笑光,使诸傲首皆俯地;
佛教轮圆最极圆,讲修千光一明点,
噶丹烈日光芒使,恶惑夜行①不敢动:
圣者密意天界开,缘起语龙千鸣声,
毁有心脉神变能,连报拔除恶见树;
修定新月微笑容。现自晴空百万形,
明净莲池映图像,迷众智眼景致奇;

---

①夜行:猫头鹰的异名。

美德莲开红花园,金黄美光使更媚,
现罩大地全境域,持教心要于末劫:
大论经典海门津,进入唯以闻思力,
学识超天技能广,尽享五明智①如尘;
高举佛教金供炷,多种派级宗运重。
噶丹正宗宝座位,最高殊胜无上荣;
是故法光百万屑,圆成希有一明点,
噶丹教派旭日轮,佛教大宝唯一严;
以增天习②正理力,闻思未触苍天界,
然从意乐月笑口,善说甘露新屑散;
不掺偏颇污泥秽,公正智慧净水海,
正直鲜花从中笑,堪为佛教莲园严;
愿由此善佛法王,双足不动金刚相,
乃至末劫固不朽,诸愿不劳任运成;
利乐宝柄极坚实,三学绸惟飘拂美,
教证宝顶饰教幢,愿至有际坚固住;
更愿守持佛教藏,文殊怙佛无匹宗,
智者黄帽执持部,如同上弦月增广;
愿由妙善威日光,永灭大地衰败闹,
利乐万莲使欲脱,善缘喜宴住末劫。
愿我从今至觉要,妙乘师友来护持,

①智:即智者的简化。
②天习:天然生成和修习而成。

以闻思修讲辩著,持扬文殊怙主教。

总愿于一善业大海所旋蛇冠者,成众生睡莲友①遍智新
月含笑轮,

现为三界有情依怙功业白光屑,连根拔除遍愚黑暗吉
祥相遍满。

（王世镇译）

---

①睡莲友:月亮的异名。

第二辑
历史人物传记

藏族历代赞普传略

巍巍雪山顶峰傲然立，
四缘慧能圆满自在王。
世代传颂故事梵天音，
动听欢喜甘露多吉祥。

智慧叶茂枝繁盛，
慧明莲花俱怒放。
嘉言甘霖微微降，
欢庆宴席请品尝。

在雪山环绕的清凉疆域，在世界之巅声名远扬的雪域藏地，传说远古时期这里一片汪洋，没有人类，后来海水逐渐消退，显出高低不平的陆地，大地逐渐形成，其边缘一带出现如同明亮水晶宝塔般耸立于蓝天的雪山，雪山下面的草山像绿宝石堆放起来一样，翠绿无比，草山下面的草坪上开满各种各样的鲜花，花穗美艳夺目，花香四处弥漫。山谷中江河奔流，浪花映天，气象万千，江河两岸，森林茂密，郁郁葱葱，松涛声声。大象和虎豹等猛兽在林中自由漫步，显示各自的威严与勇猛，大鹿和黄羊等动物在草地上奔腾跳跃，展示自己美丽矫健的身姿，鹦鹉和布谷鸟等众多鸟雀竞相放歌，婉转动听，猿和猕猴等珍稀动物悠闲自得地尽情享受着大自然的恩赐，相互嬉戏，享用着大自然精华的盛宴。那时，猕猴为父，岩魔女为母，它们结合繁衍，人类由此而来。古印度人把此地称作"布札"，后发生音变，遂称"蕃地"（对此有不同说法）。又因其周围被喜马拉雅等皑雪覆盖的雪山环绕包围，故称作雪域。

雪域藏地历代君王出世的年代问题，前贤圣者已著书立说，提出各种不同的观点，但经浊时之玛哈班智久美柔贝洛哲大师衡量认可，以藏族著名学者萨钦智华坚赞大师所著的《吐蕃王统历史明鉴》和著名历史学家华奥邹勒常瓦大师所著的《智者宴席》较为贴切可信。在古印度佛教圣地，世间一切君王的渊源均为众敬王血统。释迦理咱喜种族的君王聂赤赞普，诞生于公元前200年（萨钦说），此后出现天赤七王（一、聂赤赞普，二、穆赤赞普，三、当赤赞普，四、索赤赞普，五、美赤赞普，六、德赤赞普，七、斯赤赞普）、早期二王（一、智贡赞普，二、夏赤赞普，亦名布戴贡杰）。智贡赞普时期香雄地方的几位苯教士来到蕃地传教，苯教初步在蕃地立足，布戴贡杰王子时期，苯教兴盛。这一时期，藏族百姓还逐步学习实践灌溉、耕作、采矿、开发银、铜、铁金属器具，在江河上面修建桥梁等前所未有的新兴事业。此后出现中期六王（一、艾雪勒，二、戴雪勒，三、特雪勒，四、格日勒，五、仲喜勒，六、俄雪勒）、地德八王（萨南森德、德赤南永赞、赛诺南德、德诺奥戴、德诺南、德诺奥、德嘉布、德真赞）和后期三王（赤赞南、赤扎赞、赤托杰赞）。至公元406年，藏历火马年，吐蕃第二十七代赞普拉托托日诞生（萨钦说）。公元467年，藏历火羊年，雍布拉岗宫殿顶部从天而降《诸佛菩萨名称经》等佛教圣物，时年60岁的藏王将其密藏于信财殿内，虔诚供奉，以此功德愿力，将享121岁阳寿。该王执政时期，佛法初兴。公元526年，藏历火马年，藏王逝世（萨钦说）。《青史》《智者宴席》、五世达赖等均认为该王为吐蕃第二十八代赞普，但其中却有德赤赞之子杰道日隆赞算与不算之区别。藏王拉托托日与古印度佛学家世亲论师是同一时期的人物。这是达热纳塔大师讲的。从赤年松赞、卓年德伍、达日年斯、南日松赞五位君王上推至拉托托日算起恰好是五代王统，从聂赤赞普算起吐蕃第三十二代赞普松赞干布于公元617年，藏历火牛年诞生（萨钦说）。赞普13岁时，即公元629年，藏历土牛年荣登无畏狮子宝座，以大智大勇驾驭行使至高皇权（萨钦说）。

那时藏族还没有写字的习惯，赞普考虑到文字对执政理国的重要性，所以在他十七岁那一年，即公元633年派遣佛法大臣吞米阿努之子——十五岁的吞米桑布扎及其同伴共十六人前往古印度留学。吞米桑布扎在佛教圣地拜婆罗门理星、班智达拉柔贝森盖等大师认真学习研究古印度六十四种语言及声韵学著作，长达七年，在当地也享有学者的美誉。这是奥奎瓦讲的。吞米返回吐蕃后依照梵文兰札字体创制了藏文楷书，依照梵文瓦德字体创制了藏文草书。藏文创制成功之后，相继撰写了藏族常用的声韵学、文字学等八部语言学专著，后来由于政治变故等原因，时至今日只剩下《三十颂》和《音势论》两部语法著作，其余都遗失殆尽。

赞普松赞干布十六岁时，即公元632年，藏历水龙年，尼泊尔国王奥赛尔果恰之女赤尊公主被迎娶到吐蕃，同时迎请了佛祖释迦牟尼八岁身量的觉奥不动金刚佛像等诸多宝贵所依圣物到藏地，在拉萨红山顶上（布达拉）修建了法王宫殿。松赞干布二十岁时，即公元637年，藏历火猴年，中原唐朝唐太宗之女文成公主来到吐蕃，并迎请了佛祖十二岁身量的觉奥释迦牟尼佛像到藏地，修建了神奇而不可思议的拉萨大昭寺等（邹常说）。汉族史书中说，公元653年，藏历水鼠年修建了拉萨大昭寺，五世达赖的《西藏王臣记》和《白琉璃》中说是公元654年修建的。华奥邹勒常瓦认为，赞普和尼妃、汉妃三人同庚。依五世达赖的《西藏王臣记》记载，法王诞生于公元629年，即藏历土牛年，故二位王妃比法王年长三岁。根据汉文史书记载：公元

639年，藏历土猴年迎娶了尼妃(赤尊公主)，公元640年，藏历铁鼠年，为了迎娶汉妃(文成公主)，吐蕃大臣噶尔到达中原唐朝。公元649年，藏历铁牛年迎娶汉妃，汉妃来到吐蕃仅十年，即公元650年，藏历铁鼠年，松赞干布于三十四岁盛年早逝。文成公主在吐蕃生活了四十年，于公元680年，藏历铁龙年逝世。公元664年，藏历木鼠年大臣噶尔逝世。

赞普松赞干布和幻化大臣吞米桑布扎时期，修建了供奉佛像、佛经、佛塔的所依圣物和能依圣物的寺院，翻译了佛法经典，制定了"在家道德规范十六条"，使民众百姓归入善道，创立藏传佛教，尤其是创制藏文，确立文字音韵学理论的规则，在雪域愚暗世界升起了五明知识的新曙光。因而，学贯五明的智慧光芒四射的圣哲顿时打开了幸运光明宝库之门。赞普的两位妃子，尼妃和汉妃没有生育王子，故而又迎娶了茹雍妃和象雄妃，这两位妃子又没有生育王子，所以又迎娶了门妃赤江公主。松赞干布五十三岁，即公元669年，藏历土蛇年，贡松贡赞王子诞生(萨钦说)。那一时期，汉藏两王时和时争，公元670年，藏历铁马年，吐蕃军队攻击唐朝边境，夺取突厥全境，唐朝守军薛仁贵未与吐蕃军队相遇，因于阗与吐蕃接壤，吐蕃引军抢占了唐朝的龟兹城，安西四镇(敦煌)陷于吐蕃，皇帝又派薛仁贵等三员大将率军十万，与吐蕃大将噶尔军交战不敌，吐蕃军队占领吐谷浑全境。这些历史《新唐书》有载。

公元681年，藏历铁蛇年，贡松贡赞王子登基(邹常说)。贡松执政五年，于十八岁时，即公元686年，藏历火狗年去世(萨钦说)。同年，贡松王子芒松芒赞诞生。赞普又重新执掌朝政。赞普八十二岁，即公元698年，藏历土狗年逝世(萨钦说)。遵循《吐蕃王统明鉴》之说的一世嘉木样大师的《藏族历史年鉴》、阿饶班智达的《汉藏蒙史要》等都认为，贡松与芒松芒赞是兄弟关系。布顿和索南智华反而说芒松之子就是贡松。真可谓众说纷纭，莫衷一是。此后，都松芒布杰执掌朝政，二十九岁，即公元640年，藏历铁龙年在姜地逝世。当年，赤德祖丹美阿聪诞生（萨钦说）。其子姜擦拉文迎娶唐朝金城公主，但公主尚未到达吐蕃，王子却不幸遇难。因此，公主到达吐蕃后赤德祖丹将其纳为自己的妃子。五十一岁时，即公元690年，藏历铁马年王子赤松德赞赞普诞生（萨钦说）。汉文史书中说赤松德赞诞生于公元742年，十四岁，即公元755年执掌朝政。公元723年吐蕃与唐朝失和，吐蕃军队与唐朝开战，唐败，唐王神宗逃亡。公元783年，赤松德赞再次率军三十万占领唐朝首都长安（西安）达三十天。此后在拉萨大昭寺门前立甥舅和盟碑，确定陕甘行省陇山一线为唐蕃疆域分界线。这些历史在汉文史书、敦煌文献等汉族文字中均有记载。

　　赤松德赞十三岁时，即公元802年，藏历水马年，赞普的父王美阿聪逝世，赤松德赞开始执政（萨钦说）。王子长大成人后见到了父辈们的文献档案，心中生起弘扬佛法的愿望，遂迎请诞生于萨霍尔王统的堪钦菩提萨埵大师和乌仗那地方的莲花生大师，师君三尊修建桑耶寺，翻译三藏经典，剃度七觉士出家，建立僧院，极力弘扬佛法。七觉士是：巴萨能、青木释迦扎巴、巴果尔贝若砸那、嘉瓦却央、昆鲁耶昂布、玛仁钦却、藏勒珠。公元809年，藏历土牛年，莲花生大师驾临吐蕃（雅赛、松巴说），公元810年，藏历铁虎年，堪钦菩提萨埵驾临吐蕃，并为桑耶寺奠基（巴日政教史说）。公元811年藏历铁兔年，桑耶寺开工建设，公元813年，藏历水兔年，桑耶寺竣工（邹常说）。赞普有三位王子，赞普三十三岁时，即公元822年，藏历水虎年，大王子穆赤赞普诞生，并于公元846年，藏历火虎年，执掌朝政一年零九个月，三次均平百姓贫富，于二十六岁盛年，即公元847年，藏历火兔年逝世（萨钦说）。公元823年，二王子穆德赞普诞生，二十六岁时，即公元845年，藏历木牛年，被尚氏纳朗所弑（邹常说）。公元824年，藏历木龙年，小王子赤德松赞，亦名萨纳勒江诞生，二十四岁，即公元847年，藏历火兔年登基执政（萨钦说）。父王赤松德赞五十六岁，即公元845年，藏历木牛年逝世（萨钦说）。萨纳勒江生有五位王子：藏玛、拉杰、龙珠、达玛、热巴巾。藏王三十七岁，即公元860年，藏历铁龙年，大王子藏玛诞生。藏王四十岁，即公元863年，藏历水羊年，二王子达玛出生。藏王四十三岁，即公元866年，藏历火狗年，小王子圣主赤热巴巾诞生（萨钦说）。王子龙珠早逝，王子拉杰十五岁时逝世。大王子藏玛自幼目睹世间一切圆满都是百孽产生的根源，所以生起出离心，虔信皈依佛门。父王赤德松赞，又称萨纳勒江五十四岁，即公元877年，藏历火鸡年逝世。当年赤热巴巾执掌朝政（萨钦说）。这位赞普自始至终爱民如子，造福百姓，崇信佛教，弘扬圣法，尊崇僧团，法王在自己的头发上连结成绸缎，让僧侣们坐在绸缎上面，以示无上尊敬。向每个僧侣赐七户人家进行供养。其举止行为远远超过了在佛教圣地古印度所发生的法王们的所作所为，善德功业，独领风骚。赞普供奉、修缮先祖们创建的寺院，并新建了许多佛教寺院，迎请诸多班智达和大译师，对先辈们翻译的佛教经典，即按古印度乌仗那、尼泊尔、中原汉地等各个地区的方言土语翻译的佛经，藏语中难懂而依古藏文词汇翻译不够准确的，诵读时较为绕口与梵语原文不太相符等，均遵照中土梵语进行了修改厘定。梵经诗文杂体等藏语无须直译，决定以义译为主。人民百姓安居乐业，国泰民安。那时，汉、藏失和，战端又起，然经汉地和尚与藏地班智达、大译师们从中调和，甥舅之间重归于好。在汉地的公谷梅如地方，立碑确定汉藏边界，所以那时的汉藏关系非常友好。"天上日月交辉，地上甥舅相依。"这是五世达赖的史学著作中讲的。公元881年，藏王赤热巴巾与中原王朝盟誓和好，公元882年在拉萨立碑。这是《青史》和《松巴政教史》上讲的。

藏王赤热巴巾三十六岁时，即公元901年，藏历铁鸡年，被贝达纳等奸臣们所弑。朗达玛三十九岁时执掌朝政(萨钦说)。这位国王将先祖王统的无上传统国法与教规，能言双语之主大译们翻译的佛教经典等所有藏族文化论著统统焚毁，拆除所有佛教寺院，彻底毁灭佛教。驱逐印藏译师及班智达，藏族文化政教事业遭到沉重打击。朗达玛执政一年后，公元902年，藏历水狗年，被拉隆贝吉多杰所弑(萨钦说)。公元903年，藏历水猪年，达玛的小王妃诞下奥松王子，达玛的大王妃也找来一男婴充作自己的儿子，并起名为赤德永丹。两位王子长大成人后，崇法宰辅们禀明原委，因此，把觉释二尊佛像等各种所依圣物重新供奉在佛殿里，建立常供仪轨等。然在阿里发生失和现象，奥松占据远如(左翼)，永丹占据普如，相互大战不休。公元929年，藏历土牛年，发生平民大起义，由此，藏王聂赤赞布的后裔最终未能统治全藏(萨钦说)。

赤德永丹的后裔吉越贡纳传说较多。奥松之子华阔赞于公元924年，藏历木鸡年诞生，奥松三十九岁时，即公元945年，藏历木蛇年逝世后，华阔赞登基(邹常说)。华阔赞生有二子，长子赤扎西紫巴华占据拉堆地方，小王子吉德尼美贡到阿里执政。公元944年，藏历木兔年，达孜尼弑华阔赞(邹常说)。吉德尼美贡生有三子，长子华德柔巴贡占据芒域，次子扎西德贡据普兰，幼子祖德贡据象雄。依朗达玛之后的法王后裔们恩德，以及操双语的大自在仁钦桑布、俄译师洛丹喜绕、纳措译师、玛尔巴译师、藏族三大圣哲等精通五明的诸多印藏大学者、大译师们的恩惠，公元973年，藏历水鸡年，佛教后弘期开始(布顿说)。佛教闻思修、讲辩著、修习实践活动逐渐恢复发展，共与不共一切文化如春光明媚朝气蓬勃，日渐兴盛。

因朗达玛倒行逆时之故，藏族君民秩序颠覆。过了三百多年后，统治中国大地的奉天承运文殊大皇帝(元朝)授记：吉祥昆氏家族后裔萨钦智华坚赞大师侄儿萨迦班智达贡噶坚赞(公元1182年，藏历第三饶迥水虎年诞生)的声誉将会响彻寰宇。萨班于公元1244年,藏历第四饶迥木龙年驾临大蒙古国土,以神奇殊胜功德使君臣为主的一切部众虔信皈依佛法,尊为顶饰。至尊圣哲萨迦班智达于公元1249年,藏历第四饶迥土鸡年驾临凉州四部寺,为政教事业做出了很大贡献,当地风调雨顺,各地粮食资财享用不尽的满足一切愿望的宝库大门敞开。萨班在魔术师向幻化城市散花之故而使魔术无法收回的东幻化寺(白塔寺)中于公元1251年藏历第四饶迥铁猪年圆寂。

萨迦班智达胞弟桑擦索南坚赞之子,众生怙主大宝法王八思巴诞生于公元1235年藏历第四饶迥木羊年,生母是玛久贡噶吉。文殊大皇帝忽必烈(元朝)迎请大宝法王八思巴到中土,为君臣人等多次传授金刚乘密法,忽必烈大帝第一次向八思巴为灌顶供养奉献了西藏十三万户,即拉堆南北、固莫、曲米、香、夏鲁,此为后藏六万户。嘉玛瓦、直工瓦、擦巴、唐波齐、帕竹、雅桑,此为前藏六万户,以及前后藏相结地带的羊卓万户、共计十三万户。第二次为灌顶供养奉献了卫藏法区、多朵人区、大蕃三大区。第三次为灌顶供养奉献了汉地广大区域。公元1253年,藏历第四饶迥水牛年,众生怙主大宝法王八思巴荣登全体藏族民众万分敬仰的八脚狮子宝座。史称"天上日月一双,地上供施二尊"。于是藏族地区三大区域与中土无法分离,从此归属祖国版图。公元1265年大宝法王八思巴再次驾临西藏。众生怙主大宝法王八思巴四十六岁,即公元1280年藏历第五饶迥铁龙年圆寂。从大宝法王八思巴到众生怙主索南之间,皇帝委任的萨迦本钦前后共计有二十代,其中有一两位本钦连任。萨迦派统治西藏十三万户,奖罚分明,抑高救低,法令严明,千幅金轮,常转不休,永保安宁。从公元1253年到1349年的九十余年间,吉祥萨迦派历代传人不仅统治西藏地区,而且统治了整个藏族地区,然而,到了后来萨迦世系后裔的当事者们终因互相掣肘,内部纷争,再也没有出现统治藏族三大区域的情景。

此后,第斯帕摩竹巴开始统治藏族广阔的区域。藏传佛教噶举派教主帕摩竹巴多杰嘉布事业的继承人大司徒香曲坚赞(1303—1371)于公元1365年接受中国奉天承运文殊大皇帝派遣的金字使者达热长切等人颁发的大司徒册封文书、印信。由此,第斯帕摩竹巴政权,抢夺别部奴隶,掌控所有兵力,使清凉雪山环绕的疆域中生存的众生都处于王命法令的金轭之下。大司徒香曲坚赞逝世后,奉天承运文殊大皇帝向其胞弟索南桑布官人之子嘉阳大国师颁赐了大司徒勤国公、灌顶师封诰以及藏族三大区域家喻户晓的敕书(此后所依为出家人),嘉阳大国师圆寂后,其胞弟索南仁钦之子曲杰切王瓦,或称坚阿智华香曲荣登法座结合僧侣官员行使政教大权(所依为比丘僧)。嘉阳大国师的又一胞弟萨俊释迦仁钦之子人主智华坚赞,奉天承运文殊大皇帝大明永乐大帝向其颁赐金印、玉印、藏王封册等(所依为出家人)。该法王胞弟桑杰坚赞之子坚阿智华俊奈,被文殊大皇帝明代宗景泰帝册封为藏王。此后,法王另一胞弟贡噶勒巴之子仁钦多杰昂嘉,被文殊大皇帝明宪宗成化帝册封为藏王。那时藏王父母之间产生隔阂,内部不和,寺院因而空闲一段时间,此后坚阿俄格旺布又重归寺院驻锡。俄格旺布去世后,妻子阿旺扎西智华被迎请到大殿的宝座上驻锡于寺。

如此大司徒香曲坚赞等十一代帕竹法王,从公元1344年至公元1435年的八十多年间,依止长生天教言,卫藏全境一切众生被第斯帕摩竹巴以政教结合的似一片柔软的绢绸,广施仁政,恩泽四方。后来由于傲慢自大的仁却瓦阿旺南杰大小官员们互相嫉妒,恶念歹心的狂风到处肆虐,失和骚乱的黑云暴雨,压城欲摧,一时间遮蔽了雪域藏族众生的幸福阳光。由此,战乱纷争不停,政局变幻莫测,卫藏地区的十三万户分崩离析。恰在此时,出生于蒙古民族的法王固什丹增却吉杰布（固什汗）率领无坚不摧，具大福报的强大兵力，于公元1639年农历五月在白理誓师，公元1640年农历十一月二十五日擒白理土司段越。尽取土司属地民众，兵锋指向卫藏。公元1641年，前藏第斯噶玛丹俊出降，西藏尽数归固什汗统治，依靠五世达赖喇嘛阿旺洛桑嘉措的崇高威望，虔心敬奉圣教，爱护体恤民众，国法政令畅通，光明照遍雪域，引无数新的幸福圆满嘉宾前来。公元1642年，藏历第十一饶迥水马年，固什汗荣登狮子宝座，成为全藏百姓的主人，在政教合一制度统一的法令宝盖之下，西藏君臣百姓甚为尊敬。

前贤圣哲们对一切藏族文化中已经消失了的竭尽全力进行抢救恢复，没有消失的千方百计发扬光大，这种殊胜功德，较之如意珍宝还要珍贵，堪称无上至宝。我们的青年后代们要像额间眼睛和心脏一样珍爱之，紧紧抓住青春的大好时光，不要浪费光阴，为了回报前贤圣哲们的恩德，为发展我们的优秀文化而努力奋斗，争取做出新的贡献。

颂　曰：

  如此人主群星展雄姿，
  雪域广阔空间显吉祥。
  神奇语言画面身形美，
  无所不显嘉言宝镜亮。
  为了聪慧青年故，
  一片赤诚献拙作。
  崇善雪域众有情，
  获得吉祥圆满果。

（苏得华译）

第三辑
高僧传记

智观巴·格桑丹巴格勒嘉措传

（《大成就者智观巴·格桑丹巴格勒嘉措传》）

书首礼赞

　　诸佛三密，

　　融摄为一金红色明点，

　　瑞气利乐有缘之莲心，

　　如意遍主上师赐吉祥。

　　福慧资粮海右旋波浪歌舞游戏空中密聚，任运成就的四身增上相新月之光辉生死涅槃的无比吉祥灯塔，七重金山中具有十力断证功德如须弥山之庄严，顶礼千佛之中释迦狮子足底之金轮。无边佛智合一相好青年流光溢彩，挥舞智慧剑断愚昧网，开法轮常转之门。诸佛如同菩萨满足众生的愿望幻化歌舞游戏，文殊菩萨于我心赐千瓣白莲之智慧。

　　所知如虚空中慧日之光泽，

　　佛教讲修如莲苑中花香飘。

　　所有教证功德力任运自具，

　　瞻仰第二佛陀扎巴。

　　文殊菩萨之法音在此吉祥圆满盛隆，任意幻化白莲鬘粉，如满月之光发心，施圣法之新鲜甘露。瑞气消除污浊衰败，发展开示善道之域，为医治善劫众生而意乐，佛教之伞盖举于四方。任一为善规大海之宝，顶礼历辈之转世。净与不净之福田，怙主你如新月，非同舞动之画,奇特幻化之网孰能度量。耕耘教化之地,随三密歌舞游戏,如意成就花之香,为化机心田之良药。行于深海之边,非同于兔子独行,波涛浪花,为所有化机之顶饰。于白雪山之顶,伸展五面之躯,跳动乐空之舞,惊奇孩童如何知? 但是在所有化机的心目中,如何歌舞游戏的月光之躯与心田涌出的惊奇言语,与响彻的海螺声媲美。

在书首礼赞,预先介绍著述内容。始终护持文殊讲修教法之珍宝的大士,使有情众生从轮回苦海得解脱而趋入涅槃的圣人,圆满所有修证知识的能力, 在浊世为化机增添适合法缘的喜庆, 如同无畏狮子。被称为第二热译师的五世智观巴·格桑丹巴格列嘉措贝桑布解脱的事迹在此略述。如经中所说:满月不是从天空中离去,自动到坛城盛水器中央,升起的情况如此殊胜,并非是能说或造作,通过本性明见所有颠倒迷失。瑜伽幻化网之众舞者,动静世间变化的边际仅此而已。如同寻思从心境中脱离,在净与不净的无量世界示现殊胜化身、天神、转轮王等人天之主、出家人以及男子、女子等平常人的情况,乃至鸟与野兽等有情的情况和如意树、如意宝等变化为无知哑巴等幻化所作,如果诸佛菩萨也没有能力说的话,那么如何使凡夫的心识有所迁移呢。不管怎样,不论在印度还是藏地,大德与成就者化身之躯从未间断。善行利益佛教众生不可思议的功德永世存在,总括而言,概说历代转世之生平,详说今世解脱之事迹。

第一章　前世智观巴活佛传略

据《本生祈愿文·信仰幼苗》记载:古代圣域印度的无量光佛化身,比丘僧具吉祥无垢所授记的法王玛秀噶及汉地的国王森格、在共与不共禅定庄严大海中运用自如, 胜乐金刚亲自加持的大成就师黑行者、阿底峡与仲敦巴师徒的亲传弟子库敦·尊哲雍仲、一生一世享用双运成就身的米拉日巴心传金刚弟子热琼多吉扎、吉祥秘密主金刚手大势至菩萨化身洛扎大堪布南卡坚参、文殊怙主教法开宗祖师宗喀巴大师、善说印藏二语的遍智者大堪布夏鲁译师·仁青曲郡桑布等转世化显世间。此情于《第三世智观巴·贡却丹巴热杰传》中有清晰记述。在此宣说与我等之福分有缘的善知识第一世智观巴·京俄瓦森华青布雍尼却华的殊胜生平。可惜未能查找到这位大师的传记和具体历史记载，只能推断大师大概与第三世达赖喇嘛索南嘉措同时期降生。据传于藏历第九饶迥水兔年（1543）诞生在名为京俄·罗珠坚参的贵族世家。依止曲吉坚参尊者、大班智达德勒尼玛，以及大德索南贝哇等；尤其是依止第三世达赖喇嘛索南嘉措听闻《菩提道次第广论》之后，成为其秘密心传弟子。后来，在大修行者杰尔的弟子桑吉修建的寺院中多年来践行《菩提道次第广论》。在此通过讲修弘扬佛法，使"智观·京俄瓦雍尼却华"的名声越来越大，其弟子昆顿·巴觉尔楞智等人由于广说《菩提道次第广论》，使佛法事业更加兴盛。《道次第上师续传》中记载，之后永增益西坚参尊者为了众生修学《道次第》，祈请京俄瓦·曲贝桑布，依据其他大德贤哲的传记及显密经典的注释等汇集在一起编纂了《菩提道次第践行集》，对智观·京俄瓦的赞扬嘉许之言在其诞生地广泛流传，一般也认为他就是第一世智观巴。

　　大家公认的第一世智观巴·都增勺哇仁波切洛桑南杰，于藏历第十一饶迥的铁羊年（1631）诞生在勺哇然瓦，父亲名为甲噶加，母亲名为侃卓措。智观巴活佛成年后赴卫藏，在五世达赖喇嘛尊前受比丘戒，在色拉寺杰扎仓学习五部大论，精研佛陀的甚广教法，智慧犹如虚空般而成为一名尊贵的智者。智观巴求法的愿望成就后本想在僻静处禅定修行，但是在其 39 岁时，五世达赖喇嘛将自己的一尊佛像赐予智观巴并鼓励他到朵麦地区修建佛教寺院。由此智观巴活佛遵照五世达赖喇嘛的法旨回到自己的家乡，参照拉萨三大寺的模式修建了勺哇克珠岭寺、康多达吉岭寺和多玛噶丹岭寺等三座寺院，在汉藏交界地区点亮了佛教明灯。

智观巴将世间八法的一切事业如口水唾弃于尘埃之上，不怜爱自己的身体和生命，专门在隆日、贡日等地的日绰精进苦修，专注于共道次第与不共道次第瑜伽行，心中对密咒生起殊胜的证悟。74岁，于藏历第十二饶迥木猴年（1704），二月初九圆寂。

第二世智观巴·勺哇洛桑西热，于藏历第十二饶迥土猴年（1728）诞生在合作多合尔琼俄家族中。后入合作寺出家为僧，在大法台坚参森格尊者前受戒，拜大法台尊者、维日图丹嘉措与墨多嘉措东丹等诸多善知识座前悉心听闻佛法。此后到扎油沟、曼隆、刚擦朵森、上下秀热等修行圣地，仅仅通过摄生术依靠水和花朵等来维持生命，专注于修持共与不共密法。在禅修中数次亲见圣天空行母与大悲观世音、马头明王、六臂智尊怙主等本尊圣容。显现许多神咒禅定能力圆满的迹象。智观巴活佛在此期间建议在"恰"地修建一座日绰，当地所有信众顺缘修建了日绰桑丹岭，也叫扎西群培岭寺。智观巴被三世嘉木样·晋美旺布任命为多合尔寺的寺主活佛。73岁，藏历第十三饶迥铁猴年（1800），七月十六日色身涅槃摄入法界。

第三世智观巴·贡却丹巴热杰活佛于藏历十三饶迥铁马年（1801）诞生在合作那吾乡丹增昂村，父亲名为扎西东珠，母亲名为英拉吉。5岁时被嘉木样大师和至尊阿华泽大师共同认定为第二世智观巴·洛桑西绕的转世灵童，六岁时在阿芒班智达阿华泽座前出家为僧。

第三世智观巴七岁时，正月祈愿法会吉日，在恰日绰扎西琼培岭寺坐床。十岁，又在阿芒班智达座前受沙弥戒，15岁入拉卜楞寺闻思学院学习,毕业后两次进卫藏,广学听闻许多甚深教法。智观巴 59 岁时成为拉卜楞寺大法台,掌管众多学院,期间著有《安多政教史》(又称《史海》)、《时轮法胤供灯论》等多部著作,并护持历代智观巴活佛建造与护持的诸寺院。有关智观巴活佛弘扬佛教,利益众生宏大善业在其他传记多有记述,广为人知。藏历第十五饶迥火兔年(1867)十一月初一色身坐化圆寂,享年 67 岁。

第四世智观巴·嘉央丹巴嘉措,于藏历第十五饶迥土龙年(1868)诞生在碌曲拉仁关地方,父亲名为甲波塔,母亲名为噶毛吉,7 岁时在至尊希若嘉措大师座前受沙弥戒。

火猪年(1887),智观 20 岁时由嘉木样·图丹旺秀大师与十位僧人共同为他授比丘戒。41 岁土猴年,智观巴成为拉卜楞寺总法台,还担任其他十余座寺院的法台。另外,新建了玛曲齐合玛扎西曲岭寺、达参扎西格丹岭寺、康萨甘丹曲科岭寺等寺院,并且护持以前的许多寺院。前后八次为周边的僧俗信众传授时轮灌顶,期间完成多部著作,护持广弘佛陀教法事业。74 岁,铁蛇年(1941),三月初三示寂。

颂　曰:

　　　本生如意青春树,
　　　知识花鬘之颈饰,
　　　可信之妙语连珠,
　　　赐为有缘之美饰。
　　　清静污浊大海中,
　　　任意幻化之浪花,
　　　浪花一浪胜一浪,
　　　佛教吉祥如新月。
　　　发心如白莲花开,
　　　飘逸馥郁香甜气,

为除污浊之良药，

利乐世界之荣光。

以上所述的智观巴活佛第一世至第四世转世活佛的略传，为《智观巴·格桑丹巴格勒嘉措传》第一章。

第二章　细述诞生于圆满高贵种姓及青年时代的情形

此章欢喜述说第五世智观巴传记的诸成就事迹。被大家尊称为了义大自在第二热译师的第五世智观巴持金刚·格桑丹巴格勒嘉措活佛诞生地为圣观世音菩萨教化之地，雪域圣地三域中"安多马区"黄河上游的果洛，该地从前出了一个叫周拉加的头人，他生有一子名叫安本，安本后来尊奉显密和苯教，成了一名历算师。安本有三个儿子，长子叫本加，次子叫本格，小儿子叫本雅。他们分为三部，即现今被称为白玛奔、旺谦、阿迥的果洛三部。安本的小儿子本雅与年保玉则的女儿梅朵陀金联姻后生了四个儿子，长子为噶陀喇嘛曲奔，次子为多杰奔，老三为白玛奔，老四为白玛雅，其中次子多杰奔生有奔秀加与旺谦奔两个儿子。奔秀加的大儿子阿迥生有七个儿子，其中贡玛、康格、康萨成为阿迥三部。康萨支系为藏族噶、珠、扎、董四大姓氏中珠氏后裔阿奔加世系的传人班庆索南多吉为五世智观巴·格桑丹巴格勒嘉措活佛的父亲。世间天神后裔，称为欢喜种姓后代的遍知一切五世嘉木样的父亲贡宝东智和智慧空行母化身的遍知一切怙主的生母格热兰措的亲生女儿，五世嘉木样丹贝坚参和人王洛桑才旺（黄正清司令）的胞妹索南卓玛或称之为阿卓的就是第五世智观巴活佛的母亲。

　　五世智观巴活佛于藏历第十六饶迥铁蛇年（1941）十二月十三日诞生。那天，天空中出现雷声隆隆和产牛犊等奇特景象时，智观巴的母亲顺利生下他，智观巴在降生不久身体呈现金黄色，有白色的头发和眉毛，显现了与其他小孩不一样的特征，智观巴的父亲康萨班庆说我有了一个继承世系的儿子，但是这个孩子戏谑着说：我是一位大喇嘛的转世。那时一个叫尼瓦的修行喇嘛为智观巴进行沐浴仪式将白发等剪去，小孩的身体变得非常洁白。在降生后的第十二个月时，其父母带着儿子到安曲参尼寺康萨家族的宅子，在拜访94岁高龄的安曲嘉央嘉措仁波切时，仁波切为智观巴授长寿灌顶，赐名才旺仁增，并让参尼寺的一僧人长期为智观巴活佛举行洗礼仪轨。这如同《本生》中所说：

　　　　法缘圆满庄严，

　　　　功德无比显现；

　　　　如同金秋明月，

　　　　光辉愈加灿烂。

　　智观巴降生不久与其他小孩不同的特征，被所有人看见。

　　　　雪山具财美少女，

　　　　笑颜如皎洁明月，

　　　　政教俱全之青年，

　　　　为具清凉梵音兄，

　　　　极炫耀福泽力量。

　　　　发髻竖于王冠顶，

　　　　大笑威猛伏邪说，

　　　　如同人主狮子跃，

　　　　引入高贵血统列。

居室美如帝释宫，
福泽如月映万川，
福如芝麻傲慢者，
如圆劫时人之福。
自此之家族血统，
如池中清静莲花，
妙善白莲圣树种，
发心生自福泽力。
惊奇俱生香甜味，
吸引具信之蜂群，
欢喜之歌舞游戏，
拍动悦耳之腰鼓。
嗨呀，
所谓佛苗之菩萨，
乃作成一切之根，
如意妙善雨之功，
利乐花朵竞盛开。
菩萨如新月之辉，
犹如三世间之灯，
为善缘者之顶饰，
傲慢人天之灯心。

　　以上所述的诞生于圆满高贵种姓及青年时代的情形，为《智观巴·格桑丹巴格勒嘉措传》第二章。

第三章　坐床受戒及进入拉卜楞寺
依止大善知识听受佛法

　　往昔第四世智观巴·嘉央丹巴嘉措,有一次在祈祷时对康萨头人班庆说:"我有一个预兆,"然后赐给他一碗酸奶。又对阿卓诙谐地说:"以后要做我的母亲。"据此诸多征兆,木猴年(1944)黄河上游部落首领瓦秀索南热旦、头人诺姜、膳食官京巴等人,请示嘉木样·丹贝坚参确定第四世智观巴活佛转世灵童认定事宜。木鸡年(1945)年八月十五日,将 5 岁的才旺仁增认定为智观巴·嘉央丹巴嘉措的转世灵童。同时由拉卜楞寺大法台雍增仓、佐盖多丹仓、阿木去乎弥多仓等活佛以及扎西曲岭寺的索扎仓、格西洛桑益宁仓、秘书索南加措等10 余人和勺哇克珠寺、康多达吉寺、多玛彭措寺、达参噶丹寺、多合尔寺、康萨寺等寺院的活佛及来宾一起为智观巴活佛转世灵童敬献了吉祥的哈达,转世灵童身着赤黄色袈裟。坐床庆典首先在康萨举行,场面隆重热烈,僧俗群众无比欢喜。在日萨格西洛桑佑宁等人的敦请下,雍增仓噶藏环觉桑布活佛为智观巴活佛的转世灵童做了题为《清净具双颂》的祈愿文,赐法名为格桑丹巴格勒嘉措。那时日萨格西洛桑佑宁尊者援引《青颈鸟的故事》的授记:"佛教之日出现三次。"说:智观巴·贡却丹巴热杰、嘉央丹巴嘉措,此世为格桑丹巴,"丹巴"的名称依次出现三次,恰好与"授记"中的预言相符。

　　前世智观巴圆寂的前一年,扎西曲岭寺的年长僧侣们将智观巴·嘉央丹巴嘉措活佛迎请到他们的寺院时,智观巴活佛说:今年过后我需要转移一个地方,在去康萨时我会回来,你们再来绕尼梅朵塘地方迎接我。依照前世智观巴的这个授记,九月初七,齐哈玛寺和当地的所有僧俗群众到绕尼梅朵塘地方来迎请，那天智观巴活佛欢喜地驻足于此享受宴请。

次日，九月初八为良辰吉日，智观巴活佛转世灵童安坐于卓尼土司为前一世智观巴赠送的一张稀奇的轿子，如众星捧月般庄严地从绕尼梅朵塘迎佛启程，扎西曲岭寺的僧队高举金黄的佛幢拿着各种供物前来迎接。智观巴活佛金色莲足登上八大狮子撑起的法座之上。坐床庆典隆重圆满，在玛贡寺举行了第二次庆典仪式，转世灵童为广大信众摩顶赐福，为每位僧人赠送一块银圆，广发布施。有几位老者回想往事，感慨万千，因大家忆念前世智观巴活佛，不觉泪如雨下，欢喜愉悦之情在心中油然生起。活佛在此驻足三日，然后于十二日那天启程前往拉卜楞寺，十二日白天到达扎西塘时欧拉的广大信众举行了盛大的迎接仪式，在那里住了一天。十三日，渡过黄河时，佐盖格宁玛部落举行盛大的欢迎仪式，在那里住了一天。十四日，迎请前往西仓等地，为信众摩顶加持。十五日，在盖文斯塘地方达参寺僧众举行盛大欢迎仪式，在一个叫延布多的岔路口用膳时，拉卜楞寺的喇嘛、总管、办事人员和勤务人员等第一批欢迎队伍前来欢迎敬献哈达。

第二天，九月十六日，驾临达参寺留住两日，第三次举行坐床典礼，十八日，在路途中被阿木去乎和科才等地信众隆重迎请，在雍布塘地方为广大信众摩顶赐福，种下了信仰佛法的种子。十九日，被桑科七部众迎请，当地的头人在琼孜塘为智观巴活佛设宴三日举行宴请仪式。九月二十二日为佛陀天降日，智观巴活佛骑乘俄罗斯人献给嘉木样大师的宝马，前往拉卜楞寺时依照大师的吩咐，当地"拉第"和"穆第"的广大信众和活佛、僧侣组成的仪仗队前来迎请。在讲经苑举行盛大坐床典礼期间，智观巴拜谒嘉木样大师请求摩顶加持，并敬献吉祥的哈达、一坨马蹄银和丝缎三驮等供物，与大师一同用餐亲切地交谈。此后，十月初一那日，又将五世嘉木样大师邀请到智观巴活佛的府邸,大师安住三日,对智观巴活佛无比疼爱。

火狗年(1946)智观巴活佛6岁,在新年正月初八这天又一次将嘉木样大师恭请到自己府邸,相互交谈许久。是年八月十五,在拉卜楞念诵六字真言一亿遍功德圆满的庆宴会上,智观巴活佛赠送一尊镀金四臂观音像。是年九月,如同过去一样在僧俗群众诚心迎请下,驾临勺哇、康多、多玛等地,首日下榻于下巴沟,翌日开始依次迎请前往扎油、博拉、曲宗、多合尔等处。僧人们举着宝幢组成仪仗队将智观巴活佛迎请到多合尔噶丹扎西绕吉岭寺,此寺最初于藏历第八饶迥水狗年(1502)由哲蚌寺募化僧博巴曲杰修建,第十二饶迥土猴年(1728),智观巴洛桑西绕活佛诞生于此。后来智观巴活佛与嘉木样晋美旺波产生法缘关系时,嘉木样大师任命智观巴为多合尔寺寺主,由此历代智观巴为该寺寺主,所以几天来为此寺各扎仓众僧摩顶赐福,广发布施。

后来智观巴活佛又被佐盖五部信众迎请到佐盖旧寺扎西曲培岭,四世智观巴·嘉央丹巴嘉措在此任法台时,格尔登·洛桑赤列活佛驾临此寺举行过胜乐灌顶,智观巴为其做久住世间的曼陀罗供养,格尔登仁波切说:"此寺僧众乃是我的主要学僧,现我年事已高,距离又遥远,就由你来管理主持寺院。"后来格尔登仁波切为佐盖寺写的书信中说:"今年的法事活动中,需要于十二月份进行马头明王的闭关修行。马头明王的灌顶仪轨,请本寺大法台智观巴授予。"由此,四世智观巴活佛在举行灌顶仪轨后诙谐地说道:"我首先为你们传授马头明王灌顶,是为了将你们佐盖寺众僧聚拢于我灌顶的权威之下。"接着前后两次举行密法时轮大灌顶和制作胜乐密集大威德三本尊的坛城,与僧众建立了深厚的感情,因此智观巴活佛驾临佐盖旧寺时,被该寺盛情款待。贤哲大德佐盖多丹仓活佛献上三佛田曼陀罗等丰厚的供物,祈请智观巴活佛护佑和为僧众传授灌顶密法。

往昔，密宗修行者洛桑嘉措在佐盖旧寺近旁建日绰噶丹彭措岭之后献给第四世智观巴活佛，他来拜访智观巴时，活佛对他说："别人说您年事已高，等我到达禅院时再拜见也可以。"修行者说："确有必要拜见上师。"修行僧徒步前来拜谒时，智观巴说："阿克您老人家好吗？"老人家便想起前世智观巴活佛经常提起自己。由此确定寻访的转世灵童无误，遂生起敬仰与出离心，不由自主地流着眼泪说："确实是我的上师啊。"在人群中哭了将近一顿茶的功夫，还因此被有些人嘲笑。从此地迎往佐盖日多玛，在多玛甘丹丹巴培吉岭寺被众僧和仪仗队迎驾到智观巴活佛官邸，那时智观巴在寺院旁边即现在大威德佛殿前方河边的大石头上留下的清晰脚印圣迹，为所有信众膜拜。

九月二十一日智观巴被迎往玛日、恰、卡加、吾则等地，在名为达卓的地方举行宴请仪式，翌日九月二十二日神降节这天如同前日被寺庙部众迎请，在僧侣和仪仗队的陪同下驾临恰地名为扎西群培的禅林，停留数日举行隆重的宴会，使众人心满意足。十月一日又从此地驾临多玛噶丹彭措岭寺暂住数日，首先举行宴会，活佛为广大信众摩顶赐福。当时安住于多玛寺，到寝宫时活佛突然忆念起过去而说："以前在这儿是不是有一扇侧门？"由此使大家因惊奇而信仰倍增。那里以前确有一侧门，前世智观巴活佛圆寂后重修院落后，此侧门就不存在了。如同《如意宝树》中说：

> 若说辞仅仅为谈笑之言，
>
> 就如大山之土不屑一提。

诸圣人些许谈笑之词也使普通众生从疑虑之网的迷途中返回，坚定信仰，成就善行。从此处到达勺哇阿玛珠措（冶海）后献了许多宝瓶。

那时活佛开玩笑让一个弟子将头伸到其袈裟下面看，那个弟子清楚地看到湖中的各种动植物，非常惊奇，然后用自己的袈裟盖住头却什么也没看到。后来这位弟子由于对活佛的敬信而成为他的随从弟子，那天晚上入住勺哇寺，翌日他对一位徒弟说："昨晚我把吉祥天母的坐骑骡子拴住了，可以任意驱赶，但你不要给别人说。"可是他还是说出去了。有很多人说那天晚上看见一匹骡子在黄牛中间奔跳着，后来在外边的一块石头上浮现骡子的印迹，直到现在信众还在膜拜。勺哇寺因自然生成吉祥天母及其头发而闻名，传说前世智观巴用腰带将吉祥天母的坐骑骡子拴住过。后来智观巴活佛说：我小时候比较顽皮，曾任意驱赶吉祥天母坐骑，勺哇吉祥天母的坐骑，今夜你在地上跑还是在天上飞？第二天又如同以前一样将骡子拴住。智观巴活佛将护法神如同奴仆般驾驭，显现了吉祥天母全心全意成就善业的诚信。活佛为僧俗群众灌顶，布施甘露法雨，如意珍宝和如意宝树般满足众生求法的愿望。此后，智观巴活佛及其随从返回拉卜楞寺。如《经庄严论》中所说：

> 出家人功德无量，
>
> 持戒菩提心出众。
>
> 出家人未染坏习，而成为所有功德的发源地。

火猪年(1947)，智观巴 7 岁时，在雍增仓噶藏环觉桑布活佛前受戒出家，第五世嘉木样丹贝坚赞大师为其诵经祈祷。如经中所说：

> 船若无桨，
>
> 不达彼岸，
>
> 解证知识，
>
> 无师不通。

若想踏上遍智者的大道，非要依止一位大乘善知识作为导师不可。若将所有佛教的显密知识通达无碍，在此浊世，拉卜楞寺的大学者郎木寺洛桑慈诚声名远扬，故尊奉为智观巴活佛的经师。

火猪年(1947)，二月二十三日，五世嘉木样丹贝坚赞 32 岁时，不幸圆寂,智观巴活佛十分悲痛伤心。他亲自在自己的府邸举行悼念嘉木样大师的祭祀仪轨。后将郎木寺大学者洛桑慈诚迎请到智观巴的府邸,活佛依止大学者的身语意,学习藏文的拼读、书法以及佛教日常仪轨的诵读。

土牛年(1949)智观巴活佛9岁时,在持律大师格桑贡却坚参座前受沙弥戒。抛弃所有烦恼,如眼睛般守护戒律。10岁,即铁虎年(1950)新年时,拉卜楞寺的许多年轻僧人在大经堂前向空中抛球玩耍,智观巴活佛也到现场参与,他将球抛向空中落下时挂在大经堂前的经幡旗杆顶上。现场有一僧人说道:尊敬的活佛,让球落下来吧。话音未落,球已经从上面掉下来了,大家非常惊奇。后来活佛的经师听到后斥责道:功德要向宝瓶中的酥油灯一样不可炫耀。

铁兔(1951)年智观巴11岁时,开始进入大经堂参加法会。此年春季依次到其寺庙管辖地勺哇、康多、多玛、恰、卡加、吾则等地方,充分满足僧俗信众的愿望,诵经祈祷,摩顶赐福。这次与经师洛桑慈诚活佛同行,有一天经师看到一块风水宝地,打算埋藏一个宝瓶,于是抓了两把土让活佛堪舆。被雍增仓活佛看的土风水好,就在采这把土的地方埋了宝瓶。后来又过了几日,前世智观巴的一位弟子请示说:需要前往青海湖放宝。之后,科才仓活佛因感念上师恩德,供养了50两的银锭60个、60头犏牛和60头母犏牛,并对经师说:所堪舆之土,风水吉祥。后来六世嘉木样活佛坐床时,科才仓活佛又做了许多有功德的事,从科才仓活佛那儿,我们能够获悉前世智观巴活佛的许多事迹。智观巴到佐盖、多合尔、阿木去乎、西仓、恰盖、达参等与活佛关系密切的寺院和部落时,都与经师同行。从达参到齐哈玛再到果洛时,经师未伴行,智观巴活佛与随从一同前往,到达齐哈玛寺院与小僧徒们一起玩耍,命令叫丹迥的小僧徒扮演水牛,自己扮演法王。此时,活佛心里在想,希望那个小僧徒将来成为寺院的管家。而与活佛的兄弟德庆洛扎仓玩耍的小徒弟名为姜京，小僧徒说道：尊敬的活佛！听说在齐哈玛水渠边有军队活动要打仗，我的兄弟会不会有危险？活佛说：没有危险。小徒弟走后不久，洛扎仓说：你不会不知道他兄弟有伤口呀。活佛回答说：不是我不知情，只是肩上的伤口微小，没什么大碍，因此说没有危险。两位活佛这样议论时，被一个僧徒听到后告诉了姜京。后来，确实如此，小伤口没有造成危险，姜京从而对活佛生起坚定的信仰。如此加持莅临过的地方和寺院，使周围众生未成熟之缘成熟，未解脱之众生得解脱。后来，智观巴活佛返回拉卜楞寺依止善知识反复背诵练习法会上念诵的经文。11岁，铁兔年的十一月十七日进入安多那烂陀寺——拉卜楞寺闻思学院，参加冬季法会，该学院有多合尔参巴仓等诸多活佛，第二天的法会上为众僧布施斋茶。从此若没有要紧的事，从不缺席法会，念经时声音洪亮。智观巴在做傍晚敬事所诵经的声音，就算远在医学院附近也能听得清清楚楚。即使在冬季严寒时期，早晚反复背诵、刻苦钻研。后来活佛亲口说，他在冬天反复背诵时耳朵都冻僵了，如此刻苦勤奋地听闻、诵读、温习佛经，认真参加学院的辩经学习。从此以后，各方面都特别顺利，这一切的根本是源自指路导师。因此，所有善缘的根本和所有知识的根基都是大善知识。智观巴紧紧依止郎木慈诚为经师，通过他的思想行为稳固了对佛法的认识和信仰，每当夜晚入睡时来到经师床前低头问安。早上起来同样也会到经师床前问好。如律经中所说般侍奉上师，经师也因为自己是前世智观巴的弟子，对此世智观巴活佛非常疼爱。

往昔阿芒班智达为智观巴·丹巴热杰活佛送过一尊文殊菩萨佛像，活佛经常坐在佛像前礼供，不间断地念诵格鲁派的日常颂辞。如此，不管是什么时候有法会都未缺席，与思维敏捷的学僧辩论佛教理论，消除疑虑入正理，迅速打开知识宝库的大门。由于智观巴活佛出类拔萃,在拉卜楞寺,不管是普通格西还是多仁巴大格西没有不赞叹的。那时一名叫隆科巴的医生身体生病不适,其他人说:向智观巴活佛询问的话一定有办法治疗。后来,有一天他们向智观巴活佛说明了缘由。活佛什么也没说直接打了病人一耳光,病人心里想:我是寺院的执事怎么如此待我,以后不需要我吗? 可是从此他的病被根除了,故而对活佛生起极大的信仰。

又有一天,在学院辩经时阿克更登的徒弟嘉央来挑战辩经,活佛说:辩经者是无常的,因为明天这时为无常。第三天上午那个徒弟突然死去,大家领悟到活佛在前天说的预言是正确的, 遂生起敬仰之情。从此,从不缺席法会,同时在大学者郎木慈诚座前听闻四灌顶法,如法守护誓言与戒律。并且圆满听受密集、胜乐、马头明王、狮面佛母等灌顶密法。

智观巴活佛 13 岁开始,在经师郎木慈诚坐前听闻五部大论和许多仪轨法行,以及《菩提道次第广论》与《密宗道次第广论》等诸多言教。

木马年(1954)智观巴 14 岁时,在萨合尔活佛尊前听闻诸多佛法。智观巴 15 岁,木羊(1955)年农历二月三日听到十四世达赖喇嘛丹增嘉措驾临拉卜楞寺,活佛在夏季辩经苑听受了达赖喇嘛传授的大慈大悲观世音菩萨灌顶,同年活佛又听受了十世班禅确吉坚赞大师莅临拉卜楞寺举行的时轮灌顶。智观巴在格桑贡却嘉措与雍增仓活佛两位大德跟前听受许多灌顶与佛法,另外在经师郎木洛桑慈诚座前,活佛与格西格桑曲迥嘉措及其他几个著名活佛一起听闻诸多密法。木羊年这一年,活佛的经师因四川某一寺院请求传授灌顶,他又一次随同接受经师的灌顶。

火猴年(1956)智观巴 16 岁,活佛根据经师郎木慈诚与益西仓活佛的教导听闻胜乐等密法。在下密续院逐次听闻时轮灌顶,讲经、说教、耳传口诀等,犹如将深甚妙法之甘露摄入宝瓶。那年智观巴在因明班上,理论考试出众,让所有在场的人钦佩不已。

火鸡年(1957)智观巴17岁,学习新理论,由于活佛是班上的上师,所以设立辩论,智观巴以如狮子般的吼声制服对方而出名,他刻苦求学从不缺席各种法会,使经师非常欣慰。

有一天,智观巴活佛突然对侍从曲迴说:你到贡唐桥那儿去,昨晚我梦到玛曲齐哈玛寺院的僧人来了。侍从去了贡唐桥,果然碰到齐哈玛寺的老师傅格桑索南等一行,相互说明缘由后大家非常惊奇,从而对智观巴活佛生起极大的信仰。玛曲来的一行人来到活佛府邸拜见智观巴活佛,并汇报齐哈玛寺和周围部众的近况。活佛说:多吉玉扎煨桑台旁边有个洞穴,插箭的树上有个鸟巢,告诉法台墨朵仓,把煨桑台重新安顿好,并要移到寺院前面的白山上,那儿已经安顿好了。此时在座的老僧人中还没有人知道智观巴活佛说的是否属实,当他们回到家乡, 详细勘察后才发现他们所看到的和智观巴活佛所说的一模一样。大家十分惊叹,说道:咱们的上师确实非同一般遍知无碍,如同佛陀亲临。于是人们纷纷涌起波浪般的敬仰之情。

寺院前面的山上,上师佐盖仓已建了一个像臂饰一样的煨桑台,因此将煨桑台迁移到这儿,由法台墨朵仓重新安置。

那年,汉地名为临洮的地方已经有两三年没下雨,旱灾严重,人心惶惶时,当地有几个老人说道:以前香根寺的住持活佛智观巴通过火供仪式使庄稼丰收,现在去邀请智观巴活佛的话,或许他会有办法。临洮人来邀请智观巴活佛时,对经师如此禀告。经师准许智观巴前往临洮,这年有几个月时间经师自己也前往这些地方云游,应邀前往勺哇等地。智观巴首先到恰禅林,再从此地到多玛寺举行煨桑仪轨,此后,智观巴活佛突然在佛殿发怒,并到胜乐彩砂坛城上面踩踏,将所有彩砂坛城捣毁。智观巴活佛旁边的领经师格桑扎巴等因害怕而慌慌张张地将活佛抱起来送到寝室。

智观巴活佛将门关掉后，未让任何人进来，侍从曲迥从窗户缓缓地进到寝室。看到活佛用袈裟包着头坐在地上哭泣，就低声问候，但是他什么也没说。过了一会儿智观巴说道：根据经书坛城用不着这样制作。晚上活佛突然又说要举行法会向怙主忏悔，让大家诵百字明咒。手里握着一把拂尘来到僧人中间看望大家，在法会中决定将所有不干净的言辞摈弃掉。

智观巴活佛坐到法台上，用袈裟包着头在佛殿里诵了一夜的百字明咒，直到第二天早晨天亮才起身，祈祷本尊，虔诚发愿。莅临康多寺观看法舞，祈祷本尊、护法神等保佑加持，为寺院的僧人教授许多有关戒规方面的教诲，转而到勺哇寺。那儿有第四世智观巴时自然生成的吉祥天女像，享誉甘南。可以亲眼见生长的头发，索扎仓将其装饰成发髻，但是后来又生长而弯着垂下来。智观巴活佛说：端一盆净水，放入六种良药的药水。活佛洗了手后，在吉祥天女的头发上洒了些水做了发髻，然后举行佛像沐浴仪轨和加持仪轨将誓言本尊融入智慧尊。

传说，这尊吉祥天母原是萨迦法王送给智观巴丹巴热杰的一副天母像的面具。智观巴活佛在勺哇让一位匠人制作一尊与面具相匹配的身像，匠人虽雕刻了多次，但是没有一次做的合适。匠人因厌倦而生气，将头像扔在地上，并在身像上一边小便一边自言自语说道：你要的是不是这个？之后休息睡着了，等匠人醒来时，看到头像和身像完好地黏合在一起，他感到非常惊奇，忏悔着问：金刚持活佛您是如何做到的？活佛说道：忏悔的人虽有过失，但是若要天然生成女神像，需要阳性的小便做辅助。

土狗年（1958），有个汉族人把自显天成吉祥天母像的舌头用钳子折断，把身像也破坏了，后来那个人因咽喉引发肿瘤而痛苦地死去。此后,智观巴活佛一行来到阿妈周措圣湖(冶海)。首先,活佛把所有宝瓶堆在湖边的一块大石头上,念诵仪轨时圣湖水波突然打在岩石上,把宝瓶自动摄入湖水中。那时,在现场的老侍从们说道:前世智观巴活佛每次来放宝瓶时,都是这样做的。所以,大家十分惊讶。

所谓"阿妈周措圣湖"的名称,与二世智观巴的妹妹周毛措有多次亲临此湖的事迹有关,此处不再赘述。

献宝瓶后并向远处眺望勺哇野人时,看到湖面上有许多水神在飞来飞去的情景。智观巴活佛安排几个僧人在七天时间里,要在湖边举行上师供,活佛自己和随从前往临洮,被迎请到当地的一座佛殿。朝佛后准备返回时,活佛仔细观察了院子里的地形,并让随从们在院落里找一块地势稍凸出的地方,准备作为第二天举行火供的祭坛。

侍从们在院落里里外外看到的都是平地,心里便猜度活佛的话,但是没敢汇报。领经师没听到智观巴的话,而以为是侍从们在撒谎,便说道:此地如此炎热,天上不见一朵云,干旱如此严重,哪里会下雨呢? 他心里担忧,这次如果不下雨的话,会影响活佛和拉卜楞寺的声誉。过了一会儿,智观巴活佛把领经师叫来,准备朵玛食子,当念经抛撒食子时天空中开始显现一些云彩,等举行完仪轨时,一望无际的天被乌云笼罩,开始下起滂沱大雨,持续了整整一夜。

第二天院落的里里外外都积满了水,除了前两天凸出的那块地外,甚至没找到一块举行火供的地,大家惊奇而又欣喜若狂。在凸出的那块地上举行完火供仪轨后,大家纷纷去取火供祭坛上的土。下了两三天雨后,当地人向活佛汇报雨下的已足够了,到次日雨便停了。当地的汉族人都非常惊奇,对佛、法、僧三宝,生起无比的崇信。

过了两天,临洮县来人接智观巴活佛,并迎请到县政府。由于当地的军人和学生等非常渴望拜见一下活佛,便举行盛大的宴会,官员及家属们拜见活佛,并相互赠送了礼物。

后来智观巴一行到当地名叫旺隆的一座寺院，勘察地形并详细做了指示，当地人答应为防雹的僧人布施。

智观巴活佛一行从临洮返回时又到冶海，在此的僧人讲道：献宝瓶过了5天后湖水波动，湖中显现寺院和佛塔等景象。智观巴从冶海再返回拉卜楞寺，像以前一样在经师座前听闻学习佛法，刻苦精进，不缺席各种法会。

后来，智观巴活佛府邸的管家京巴和师侄嘉央尼玛二人，由于贪婪奢靡享受活佛府邸的信财，以及因相互嫉妒而不和，不顾师徒的情面，发生多次诤辩。最终上诉到拉卜楞寺管理处和大管家阿芒仓，京巴依靠在活佛府邸的财力与权力撤换了经师，做了使师徒分离的恶行。

这种情况被经师听到后，引《本生传》中的言教说道：

> 如月光般清静之功德，
>
> 使难忍之仇化为喜悦。

如此，不管敌人如何仇恨及恶言攻击，我对徒弟的慈爱之心他人无法动摇。我去哪里都可以，但最主要的问题是还没有给小活佛创造好依止一位善知识的因缘，而对于小活佛来说这非常重要。往昔五世嘉木样大师与前世智观巴对我谆谆教诲，因此，发生这样的事，对我来说难以接受。智观巴活佛流着眼泪合掌致敬说道：您不能去，要住在这儿。如此，说了几遍。所以经师在智观巴活佛的府邸又住了几日。吉格仓等弟子认为，还是按照管理处的决定，走为上计，待在这里不妥，未答应把经师留下来。智观巴活佛闻此情况后，立即来到经师面前，又情不自禁地留着泪水并害怕地说道：老师您不能走。经师回答：现在不走没办法，以后我还会回来的。经师在前世智观巴的灵塔前供了一盏酥油灯，祈请宽恕。

经师让智观巴活佛坐在法床上，敬献吉祥的哈达，智观巴活佛准备来到经师的身旁,但是经师要求他坐在法床上,即使是那些侍从,也未让他们来送行。经师到阿芒仓活佛府邸的门口时,回头想到,师徒二人的亲切和睦以及对智观巴的慈爱之情难以割舍。此后,任命格西嘉央噶丹为智观巴的经师,但是邀请到活佛府邸没多久便圆寂了。经协商,前任经师郎木慈诚仓又成为智观巴活佛的经师,没有带其侄子嘉央尼玛,把管家京巴换了,任命智观巴以前的一名陪读为管家,任命华锐桑吉为法相师。从此,又如同往昔经师与活佛同住同行,师徒二人无比欢喜。另外,各位管家进行交接时,由于智观巴活佛府邸是拉卜楞寺十八大活佛府邸之一,包括一幢二层带大厅、五间的孜康和五间供有许多佛像的宅子。智观巴活佛在其他十座寺院也有活佛府邸,在桑科有八百只羊,齐哈玛有六百匹马,上佐盖有牦牛犏牛等七百余头。另外,在恰等地还有水磨,如此等等,活佛让管家和其他侍从来管理。自己又开始依止经师郎木慈诚仓,在其座前听闻许多教法,同时在香萨格桑确吉坚参和觉囊巴热噶等无宗派偏见的大师前,听闻学习了声明学、诗学、历算等文化课程。

　　土狗年(1958)智观巴18岁,所在班级学修高级课程,四月份进行辩论环节时智观巴活佛引经据典、对答如流,显示了扎实的佛学功底。但是,活佛谦虚谨慎,自年少时起以瑜伽行者的身份精进学法。在浊世众生不信三宝、不怕因果报应,而误入歧途的娑婆世界,树立了传播佛教正法、教化众生的大愿。

　　以上所述的坐床受戒及进入拉卜楞寺依止大善知识听受佛法,为《智观巴·格桑丹巴格勒嘉措传》第三章。

第四章　莅临四方，弘法利众

　　土狗年(1958)五月九日，由于发生骚乱事件，拉卜楞等寺关闭了法门，智观巴活佛等众多喇嘛与沙弥被关进武威的监狱。当时活佛的舅父阿罗仓(黄正清)略有权势，活佛过年之前就出狱了。此时，活佛的经师郎木慈诚仓说如此浩劫灾年之际应当让年轻沙弥还戒。有一天经师欢喜地对门徒格桑曲吉说：智观巴活佛亲自为我还戒了。活佛对某人说：昨晚我梦见自己哭泣着给师长供奉还戒，从此作为一名在家修行者。一日，智观巴活佛遇见一位身着黑色藏装的陌生妇女供奉一幅唐卡，她问智观巴是否需要，据说那幅唐卡是第二世嘉木样久美旺布用鼻血所造。当时若发现有人私藏佛像、佛经等宗教器物，必将批斗并逮捕入狱。活佛接受此唐卡后寄放到桑科一位熟悉的牧羊人信徒那儿，有一次牧羊人遇见几位汉族人，不得已将唐卡慌忙地藏到鞋袋里，翌日起，他的羊群不分昼夜地被狼叼走，在他无可奈何之际，活佛不知从何徒步而来，打开唐卡默默地念了几遍说，今后无论你藏到哪儿都可以，不必担忧，便匆匆离去，从此再也没出现任何灾异。在骚乱之时，活佛也如此不顾自身劳累，努力为佛法和众生做利他之事。

　　水虎年(1962)时，智观巴活佛22岁，有几个月重新开放了佛寺的大门，遵照活佛的意愿将寄放在桑科牧羊人家的唐卡请到玛曲参智合寺，且因逆缘不得不由该寺沙弥慈诚布饶藏匿后才得以保存，如今供养在该寺，这也实为活佛的恩惠与功德。水虎年左右活佛驻锡于合作时，被任命为国家干部，但是活佛不同于其他人，为了众生的利益经常驻足不定，不久被免职后和玛曲头人格扎一起在合作郊区放羊劳教。

　　火马年(1966)智观巴活佛 26 岁,在"文化大革命"时期,他被扣了"封建"的帽子被劳动改造。土猴年(1968)28 岁时智观巴曾逃到玛曲齐哈玛方向的黄河岸边,在那遇见参智合寺阿克格慈,他对智观巴说:若活佛继续滞留在此,政府定会发现,免不了又要受到严惩,不如按原路返回为好。按照他所说,嘉华等僧人暗自供养了些口粮后送智观巴至玛曲县边界。返回至欧拉桃乎若驻足时,有几人也因以夜间煨桑为由保护活佛而受到牵连被关押入狱。

　　土鸡年(1969)智观巴活佛 29 岁,以莫须有的罪被栽赃入狱,与玛曲瓦秀格扎等一同入狱。后来有一天,活佛暗自发愿回向后对格扎说:以前对咱们有恩的那位牧羊老人去世了。格扎牢记着这一天,出狱打听后活佛说的那一天刚好是牧羊老人去世的日子。格扎之前不太敬信活佛,但是从那时起倍加敬仰。当时,参智合寺僧人玛秀若巴也在此监狱。有一天,他喜悦地讲昨晚梦到智观巴活佛带自己去了一个从未见过且开满鲜花的殊胜之地,明天我必能出狱,但是那天晚上这个僧人就去世了。此外还有众多人在未入狱之前梦见过活佛,在此不赘述。

　　土马年(1978)活佛 38 岁,已入狱九年,这年十月初出狱后便赶往齐哈玛地方。智观巴首先到齐哈玛贡木隆禅修地拜访在此放牧的拉卜楞格西格桑曲迥,并跟他促膝长谈。他俩都是郎木慈诚仓的心传弟子,经师曾希望他们二人共同主持参智合寺,由于他们彼此非常熟悉,这次会晤使他们感到由衷的喜悦。活佛徒步行进中遇到参智合寺僧人格桑龙仁和格桑索南在此看守寺院,说翌日想到康萨夫看望兄妹等。他们俩暗自对饲马人尕加说活佛在此能否借匹坐骑时,他借了一匹马给阿克格桑龙仁后,用坐骑护送活佛。当时没有通行证是绝对不能私自出行的,若是遇到民兵就不免会惹出许多麻烦,所以活佛出发之前煨桑了，顺利到达久治县边界，此时僧人与随从都不熟悉地理位置，便请示活佛该往何处时，活佛在远处见到一牧人家，这户人家以前是活佛母亲的厨子，之后还俗了，所以认得活佛并兴奋地迎请活佛，而活佛也想尽快见一面自己的亲属。第二天智观巴相继联系到兄长德庆洛扎和姐姐索南旺玛等。

土羊年（1979）智观巴活佛39岁，过完年后返回齐哈玛，此时宗教政策有所转变，活佛嘱托阿克格桑龙仁和格桑索南俩打听寻找吾则赞塘后速速送来，阿克慈智用生命来保存的班禅大师赠送的唐卡和活佛赠送的唐卡敬献给活佛并进行沐浴赞颂安神仪轨。按照活佛的法愿阿克格桑龙仁和索南在放置牛粪的小屋里经常偷偷念经祈祷。活佛因国家政策的调整，被聘请为齐哈玛学校的老师，并发愿重修齐哈玛寺。活佛经常深入群众，加强教育群众，提高适龄儿童上学率。

有一次，智观巴活佛坐车从县上返回时，忽然闭眼祈请三宝护持，司机见车子也无异常，便觉得不可理解。回到学校后才知道：有位叫贡保东知的学生玩刀时刺到了囊赞的大腿，流血不止，侥幸没有生命危险。事发时间刚好是活佛祈愿的那一刻，所以这一定是受了活佛的护佑。有位叫索曲的学生，辍学后买了一瓶酒装在藏装襟包，突然巧遇活佛，活佛抓住他说脱下藏装。索曲害怕酒被发现，就没解开腰带把酒藏在怀里。活佛搜出酒瓶并砸到索曲的头上，碎片钻进头发间，但是没伤到头皮，目睹这一情景的人都感到惊奇。智观巴带他到学校说今后按时上学以后定能当上国家干部，使他万分激动。如今他说，自己能当上老师，是活佛的恩惠并充满敬仰之情。

铁猴年（1980）智观巴活佛40岁，拉卜楞寺和塔尔寺相继开放，活佛召集齐哈玛寺年迈的喇嘛商议后开始修建乃琼护法殿。以前该寺只供奉吾则神，但是活佛和格西格桑华尔觉俩觉得要修建乃琼护法殿必须供奉乃琼护法神，所以向嘉木样大师请求赐一尊乃琼护法神像。当时该寺址废墟中只有两间危旧的房屋，其中一间稍作修缮后迎请吾则赞塘，当作护法神殿并安排庙祝。之后活佛让嘎嘉木把乃琼护法神像迎请到嘉木样座前保留几天后赐给格西格桑曲迥，他嘱咐迎请乃琼神时，必须要从寺内经过。从寺内迎请至大经堂大门时，巧遇几个幼童在玩耍并说："咱们走吧，咱们该走了。"此话便成了迎请乃琼神的吉兆。稍后又遇见一位年轻僧人捧着两顶崭新的黄帽，他觉得那便是格鲁黄帽派兴旺的吉兆。后来此事向活佛禀告时，活佛说这是祥瑞的征兆，感到万分的喜悦。另外，活佛在建设学校方面有着突出的功绩，他被任命为主管学校教育的领导。又有一次，跟一位叫丹迥的一块儿到牧区，丹迥说阿克华尔丹因病卧床多日，现已奄奄一息，活佛答应到他家。智观巴扶着阿克华尔丹说，您可千万不能过世啊，您还得当领经师！过几天去看一下医生，之后到拉卜楞大金瓦殿转趟经。他觉得活佛只是为了安慰自己而已。之前他一直难眠，但是那天晚上他睡得很舒坦，并熟睡到翌日太阳升起，疼痛也忽然消失，他还以为自己已过世，便叫侄女，侄女回应才知自己还健在。从此之后看了医生病情逐渐好转，又到拉卜楞转了大金瓦殿后病情好转，后来在齐哈玛寺院当了五年的领经师。

　　有位叫俄玛的老妇人得了呕吐症后咽不了饭饥渴难受，活佛给了她一碗剩饭后老妇人一下解除了饥渴。另外还有一位叫措考的老妇人在学校当炊事员，前辈都因麻风病过世，老妇人也得了此病，别人都忌讳接触她。一日，活佛突然发怒把老妇人狠狠地打了一巴掌，过了几天老妇人的病症痊愈了，自此那位老妇人对活佛坚信不疑。很多人说她家祖传的病症就此断根了。

　　另有一位炊事员叫拉考，也得了一重病，她的儿子因此向活佛请假，但是活佛未批准。有一天活佛发怒也打了拉考一巴掌，从此她的身体恢复健康了，她经常说起那是因活佛的恩惠所赐。参木让仁道尔为了领回在校的孩子东考向活佛请假，活佛一怒之下用木棍狠狠地打了他，当他返回家的途中觉得怎么给孩子请假还被打，想着想着感到非常愤怒。此时，突然下起倾盆大雨，雷电交加，他的马被雷劈死了，但是他自己却安然无恙，刹那间觉得那是因为之前活佛打的恩惠，并对活佛生起坚定的恭敬之心。还有一位叫赛奥的人得病后准备去看望医生时，巧遇活佛到牧区督促适龄儿童入学接受教育，活佛对他摸顶后他的病也好了。常言道：怙主呼一口气，亦使众生得恩惠。的确，活佛的一口气息、一眼怒目、一次殴打就能把所有的病魔与灾害犹如鸿毛触火般地消除，这也是精通菩提行密乘瑜伽并成就共通悉地的真实功德。

铁鸡年(1981)智观巴活佛41岁，新年后活佛又带着嘎嘉木到塔尔寺迎请乃琼神像，到塔尔寺后十世班禅的经师嘉雅仓也刚好来到塔尔寺。活佛在塔尔寺集市一汉人手中请了一对狮子吼菩萨铸像后献给了嘉雅仓，他见了惊奇地说如今很难见到如此稀奇的佛像，便喜悦地将十世班禅大师亲自印造的一对泥像赠送给了活佛，并嘱咐安放在莲花生大师像与马头明王像之间。那些佛像在俗人眼里只是些普通的佛像，但是对于两位活佛来说却必定有特殊的意义。

翌日，活佛说：今天咱俩去拜塔尔寺乃琼护法殿，在那儿能找到什么圣物都要带回来，以后定有大用处。去了塔尔寺活佛捡到两片檀香小树叶子，嘎嘉木则拾到了一片一半为白色一半为红色的乃琼护法殿墙皮，活佛说圆了咱们的心愿，便赶回了玛曲齐哈玛。不久，圆满完成了护法殿神像装藏所需的圣物，当时的乃琼护法殿便是现今的马头明王殿。活佛经常持有建造该护法殿的心愿，依照十世班禅大师的悲心与功德之光芒，有情众生的福田，获得从东方山顶广照佛光的良好机缘。

　　铁鸡年(1981)七月一日,党和政府批准重新开放齐哈玛噶丹扎西曲岭寺的佛门。当天智观巴活佛驾临噶丹寺,在大经堂遗迹处陈列白色石板,并指示念诵经文做法事。活佛任命赤仓嘉扬嘉措仓为寺院法台,措德格西索南嘉措仓为金刚持,普盖扎西嘉措为铁棒喇嘛,热宗智嘉措为领经师。智观巴活佛发出通知让健在的八十多位年迈僧侣全部返回寺院。在活佛的恩惠下,扎仓才重新集会。智观巴相继为达参噶丹岭寺、勺哇、康多等地重开佛寺诵经加持。为有情安乐之根本,智观巴践行了复兴佛法等至高无上的教化事业。根据吾则村的请求,在新建的大慈大悲观音菩萨殿里新造了无量光佛泥像。安顿吾则村地方山神噶庆索南旺杰后,夜宿在吾则贡保才让家。当时康多僧人擦慈诚在智观巴座前服侍,初十那天活佛对擦慈诚说:今天要焚烟供施并念诵祈愿经等。十二日,几个康多的人前来拜见活佛说:前天初十日有一位名叫加毛湘木的信徒死去,请求为她念诵些祈愿经等。活佛回话说:我早已念诵。这使在座的人感到万分的惊奇而且不由自主地流出敬信的泪水。无论过世的是谁活佛都用慧眼望见,不管有没有请求总会祈愿死者从中阴苦难至善趣道。

　　水狗年(1982)智观巴活佛42岁,此年春季大法台贡唐丹贝旺秀为解决齐哈玛与曼玛之间的草场纠纷,莅临齐哈玛扎西曲岭寺。贡唐大师被安排居住在智观巴活佛早已为他准备的寝宫,智观巴前来侍奉贡唐大师并与大师喜悦地交谈。活佛在小厨房闭眼休息时,对在座的管理员格桑索南说:你去找一把拉萨藏香点在活佛跟前!他觉得这儿也没有商店,到哪儿去找一把拉萨红香呢?犹豫之际活佛又喊道,听见了没有,你去呀!他惊慌失措地准备出门并且在心里猜度该到哪儿去找呢。活佛说我已跟人传递了消息,一定能找到红香。格桑索南出门后,碰到老僧格桑正好带来一把拉萨红香待在那儿。见了格桑索南说:我想把这个敬献给活佛点燃,但是不敢到跟前,所以你帮着敬献吧！之后老僧格桑说：我在僧舍经忏时，随意见到顶架上有一把红香，便生起要敬献给活佛的心愿，那定是因活佛加持的威力使然。

水狗年（1982）八月上旬，至尊十世班禅·洛桑确吉坚赞大师驾临齐哈玛扎西曲岭寺时，智观巴活佛带头负责提前准备所有事务，忙碌着指示下属人员并当面指责工作人员，他指着路边的残墙说：要拆平这些废墟。当时经堂遗址上相继搭了两顶帐篷，夜间下起狂风暴雪，飓风撕开了一顶帐篷。翌日，大雪压塌了昨日所说要拆平的所有残墙。在座的人不敢跟活佛提及撕开帐篷之事，一位叫作才华的人请示后，活佛喜悦地讲：没事儿，这下能请上班禅大师了。那天在玛曲县上很多领导对班禅大师说：齐哈玛村落不仅路途遥远并且道路难行，至尊大师不便到那里，出啥事情我们也不敢担当等等。班禅大师说道：我早已答应齐哈玛头人格扎了，所以我必须得去，出什么事情我自己负责，你们去与不去随你们自己。

八月十三日，无量光佛化身班禅大师连同随行人员驾临齐哈玛寺，智观巴活佛带头在黄河岸边迎接班禅大师一行人并首次敬献哈达。齐哈玛寺帐篷内，大师亲自给信众传授了《皈依》《密宗事部三怙主》《长寿三尊修念法》等经教。诚如之前智观巴活佛所说，要为班禅大师专修一间小寝室作为其住处，即现今所称的班禅寝宫。

翌日，班禅大师离去后厨师曲培对噶尔三木等说，在清理打扫厨房时，活佛不知从何而来突然到场愤怒地说：你们怎么不知道如此良好的机缘？并用长满带刺的荆棘树枝鞭打噶尔三木和曲培等人，但是他们不仅没有受伤并且连一根刺都没扎上，这事让他们感到万分惊奇，倍加虔诚信仰。班禅大师前往青海河南蒙古族自治县时，路上铺满了各种花瓣不让其他车辆通过，智观巴活佛的汽车被安排后先从花朵上开去，但是绝无损坏一支花朵，仔细一看也根本就看不到丝毫的痕迹，让在场的人感到非常惊讶。

　　那年九月份,智观巴活佛说:若是能在齐哈玛寺开创演出法王松赞干布传记的藏戏,那对整个藏族地区来说善莫大焉。演员与演出服装全部都由活佛自己操办。学校的多名师生及寺院的几名年轻僧侣被抽选后,活佛亲自扮演松赞干布法王,认真排练了好几个月。期间,有一天活佛大怒用佩戴钥匙的钥匙链抽打几个演员时,不料将钥匙飞挂到屋顶横梁处,后来不知是怎么取回来的,活佛竟然佩戴着。

　　一名叫赛曲合的学生脸部被活佛踢得鼻血不止,其他学生见了躲到炉子和桌子等下面,几位汉族老师也默默地低着头。无论活佛怎么责骂、殴打,学生中也无反抗者,反而会更加坚固他们对智观巴的信念,这都是因活佛加持使然。学生赛曲合之前有剧烈头痛的病症,也从那时起他的病痛彻底消除了。

　　此后,智观巴圆满完成藏戏松赞干布的排练,相继在齐哈玛演出了两次,采日玛演出一次,不仅给信众带来了娱乐还增添了善心的种子。还有一次智观巴来到经堂遗址处,对管理员等僧侣说:明年重建经堂的时候,如果木材不够了可以用水泥砌成柱子。噶三木心里想活佛讲得多轻巧啊,连一根柱子的木材都没有,明年怎么建经堂。活佛对噶三木讲:是不是觉得我说得很轻巧啊。他一时惊慌失措。翌年因缺乏木材不得不用水泥砌成柱子时,在场的人便知活佛往年的那段话为他的预言。齐哈玛僧人阿克龙仁到阿坝,从某家楼梯摔伤后和从齐哈玛来采集经堂木材的其他两位僧人一起住在果芒寺僧舍,这时活佛突然来到此地对阿克龙仁说我是来看望你的,召集果芒寺扎仓僧众商议一下后便可解开《甘珠尔》经,这事由我来跟他们说。果芒寺执事人员听闻此事后想到,上一世智观巴活佛曾任阿坝果芒协珠岭寺的第二十九代法台且有讲授经教之大恩。果芒寺重开佛门后的第一任法台哲蚌仓热丹嘉措和铁棒喇嘛、领经师等活佛执事前来把活佛邀请到大经堂楼上,不仅恭敬服侍,从第二天起还依照几名僧侣的邀请,活佛到每个僧舍举行了盛大的讲经摸顶仪轨。之后和齐哈玛寺僧侣一块儿返回到本寺。

水猪年(1983)智观巴活佛43岁,此年五月上一世智观巴创建的康萨寺甘丹曲科岭寺址搬迁庆典时,该寺老僧若贤前来拜见智观巴,活佛对他指示并说:因为该寺院在他省,我不便经常到寺院。把寺院嘱托给我的兄长德庆洛扎才旦仓和赛摄罗桑嘉央管理。

水猪年(1983)六月份活佛到佐盖旧寺甘丹扎西曲培岭,这也是重开佛门后活佛首次到该寺院,恰好遇上扎仓念诵《密集师承》,活佛喜悦地说:这是个好因缘。寺院执事人员和管理员殷切服侍智观巴活佛,新建大经堂的木材也是由活佛筹集的。之后到吾则村夜宿,该村村民也捐赠了木材。后来又到多合尔寺甘丹扎西热杰岭给僧众摸顶,在寺院上方埋宝瓶。当时该寺年轻僧人们都患了一种脸上长疮的怪病,此事向活佛请示后,活佛指着寺院附近的一眼泉水说:恶在此处。后来此泉水被雷劈了一下便干涸了,僧人们的病也自然而然地好了,都说此事乃上师的慈悲与威力之恩惠所赐。

水猪(1983)年农历八月十五日,智观巴活佛主持了齐哈玛扎西曲岭寺大经堂竣工开光庆典,并进行开光仪式,给僧俗信徒摸顶赐福。此时阿木去乎仁波切罗桑土登庆热嘉措和桑桑仓俩也到经堂喜悦地拜见智观巴活佛。当时放置两幅吾则赞唐的佛匣子上锁后放在厅堂,钥匙由活佛佩戴着。有一天敬神者发现佛匣子已打开,便急忙地问管理员格桑:是否金刚持活佛来过此处,怎么佛匣子被打开?他说没来过。此事不得不请示给活佛,活佛却喜悦地讲:如今经堂已圆满竣工,可能是佛想到经堂的楼上了吧!便请到护法殿后活佛亲自进行了开光安神仪轨。有一天晚上,活佛突然来到恰华乐家里问:可否睡在你的床铺?他一时不知怎么回答,过了会儿,回过神来才熏了香木让活佛就寝。第二天起床时活佛说:为了你的家人,要及时请僧诵经修法礼佛。三天后他的兄弟华庆被人连打两枪但是没有弄伤,方知是活佛摄持之恩而深信不疑。有一天, 有人丢了一串钥匙让华乐算卦,他准备占卦用的书和石子时,忽然听见门外有脚步声,他羞于陌生人看见自己占卦便连忙收起书和石子藏到抽屉里。过去开门一看原来是活佛,智观巴一进门就说是个很棒的占卜者啊! 华乐想到自己准备算卦的事被活佛知晓便惊慌失措。

有一次智观巴活佛和一个叫噶尔玛的老人一块儿到牧区, 老人觉得活佛的脸庞有点歪斜,过了一会儿一条狗跑到他俩跟前,活佛对他说:噶尔玛,这条狗的嘴唇是不是也歪了些。活佛道出了他的想法后他感到万分的惊讶,不知所措。之后活佛讲解:按授记,上一世智观巴只能讲授七次时轮大法会,但是讲授了八次,因此受到空行惩罚,下一世的我脸庞就歪了些。

曲奇合的手臂被枪伤后住院治疗了一段时间, 医生说伤口已腐烂所以必须要切断手臂。那天晚上他打了一会儿盹就梦到金刚持活佛戴着一顶扁平帽子来到他的床前讲:别让医生切断你的手臂,以后会好起来的。顿时醒过来在病床上坐起示敬,一时没弄清是真是梦。为此他没有切断手臂,之后也就自然而然地痊愈了。后来智观巴活佛在齐哈玛寺时曲奇合去拜见尊师,跟前还有个叫当增的人。曲奇合看见以前在梦中见过的那顶扁平帽子, 就放在活佛前面。活佛问曲奇合,咱们先前也是见过面的,如今你的手臂可好? 曲奇合情不自禁地流出了感动与敬仰的泪水。

木鼠年(1984)智观巴活佛 44 岁,在齐哈玛寺经堂楼上跟寺院扎仓僧众一块儿过年, 正月初一活佛从经堂二楼屋檐向以寺庙执事为主的僧侣们摸顶祈福、抛洒红枣。此年九月份在吾则村居住了一个多月,那时候多玛寺彭措岭只有一堆残墙,但是活佛在吾则等村组织十八名僧人,不仅恢复了寺院的念诵仪轨,还指示建造经堂。后来他又回到齐哈玛扎西曲岭寺,想把护法神像迎请到经堂楼上,要求做一个结实的抬轿。迎请佛像时先前没那么重,但是抬了一段时间就渐渐地沉重了。活佛讲,那是因为护法神不愿到经堂上楼。当时佛龛前的玻璃上显现雾气,那便是佛像显现威德的迹象。九月份在阿克龙仁等人的请示下,活佛对僧众讲授了普明大日如来仪轨,并通过训示做了教诲。后来活佛又到齐哈玛吉乐村,在热萨道丹瑟百神山上埋了宝瓶。并指示此山要用宝瓶来圈住时,跟前的才华在犹豫,难道活佛还懂得堪舆地形?活佛讲:才华你是不是在想我不懂得风水呢?我可是达仓郎木大师的弟子呀!才华一时惊慌后信仰倍增。

活佛从山脚指着一堆岩石讲,从那儿往上走十三步就能看见玉则山神,在那儿要搭建一个煨桑台。此山神是玉则山神的一亲子。来到此处的确能看见玉则神山,在此搭建了煨桑台举行了隆重的煨桑仪式。此地有一眼叫"大石吐水"的泉水,是前世智观巴证果修得的遗迹,是治胃病的奇特泉水,那晚驻扎在药泉水旁边。

翌日,活佛讲:要对泉水进行一次清理。首先打了一点泉水,之后让道杰和才让塔去挖,其他人去找白色石子。他俩一直挖到一个人的脑袋大小那么深,之后挖出了一个梳子般大小的泉眼,活佛见此,才说可以了。细心清理后倒上石子,又倒回之前打好的水,进行了开光善住仪式。从此以后,那口泉水就有了病人喝了便立刻好转或痊愈的神力。

有位叫卡秀三木智的老人,以前因活佛接纳了四位明妃而生起邪见并用谣言诽谤,但是从此便对活佛深信不疑。达老老人因得了食物梗塞病,感到饥渴难忍,活佛让他吃了点他剩下的糌粑团后,达老立刻痊愈了。嘎尔桑木的侄子嘉木金病危窒息之际,嘎尔桑木虔诚地祈求活佛后,其侄子便从病魔那儿夺回了一命。后来活佛对嘎尔桑木说,还记得当初你的侄子病危时你拿着一把勺子,反复祈请的事吗?

嘎尔桑回答说:我的侄子能康复都是因为活佛的恩德,今生后世还得靠智观巴活佛大悲护持! 诸菩萨持大悲之心救赎陷入苦海的有情众生,时刻用漏尽通和他心通明察正在经历与今后要发生的劫难,使众生得到暂时与长久的安乐。如寂天大师祈愿:诸佛菩提萨埵,圆满利众事业。

木牛年(1985)智观巴活佛45岁,过年后到青海河南蒙古族自治县,亲临每家每户进行祈福仪轨。敞开福利安乐之门,圆满信众祈请心愿。智观巴指示重建达参寺经堂,派遣十八名年轻僧人到齐哈玛扎西曲岭寺学习常规的诵经仪轨。齐哈玛寺要保障他们一年的住处和生活必需品,齐哈玛寺也遵照指示安排就绪。为此,恢复达参寺院时活佛给予了大力的支持。此年六月十六日智观巴活佛的舅父阿罗仓司令(黄正清)莅临齐哈玛的时候,以活佛为主的齐哈玛僧众隆重迎接,同时观看齐哈玛村赛马会并发放奖品。

七月五日六世嘉木样活佛洛桑久美图丹曲吉尼玛师徒莅临齐哈玛扎西曲岭寺的时候,主要由活佛负责接待任务,在他的细心指示下一切安排得非常圆满。此时,果芒寺诸多顶级格西也莅临本寺,遵照活佛的指示齐哈玛寺年长的格西措德索南仓和果芒格西旺老仓主持后进行立宗辩论。活佛又对佳秀贡保热丹讲:石山垭口有个泉水,你到那里去煨桑,今后对你必有好处。到那里会有个指你煨桑位置的,煨了桑把桑袋也供上去,这样以后就可以不用经常到那里去煨桑了。遵照活佛的指示,他到泉水边看见有个方块的磐石,磐石上有一只小鸟连叫三声。他这才知道它是在指煨桑的位置, 于是在磐石上煨了桑。后来活佛亲自到此地供宝瓶,对贡保热丹讲:你煨桑的位置没错。活佛左手持宝瓶,右手挖起一块大石块,顿时流出一股潺潺泉水。活佛说这是个祥瑞, 便埋放了宝瓶并栽了一棵树,树上又系了一条哈达。后来此地着火,那棵树却安然无损。

　　火虎年(1986)智观巴活佛46岁,此年二月前往吾则等村。在重新安置1958年被烧毁的多吉战堆拉则时,活佛亲自步行到山顶堪舆测量地形。煨桑台基座外侧填满了泥土,但是内侧并没能填满。活佛用吉祥八宝碗栽上立柱后便稳固起来,供上鲜奶煨桑后,突然下起皑皑白雪,如此祥瑞征兆使得群众欢欣喜悦。之后,又徒步到山脚去骑坐骑,发现之前坐骑背部的疮也自然消除了。此年八月十一日,活佛被邀请到青海河南蒙古族自治县赛龙扎西噶丹岭寺参加大经堂竣工典礼,登上大经堂中央的狮子宝座,举行开光仪式、念经祈福、为僧俗摸顶,降下加持之甘露法雨。之后又回到齐哈玛学校同时护持学校和寺院。智观巴活佛要求唐卡画师嘎加木制作一幅吾则面具,嘎加木请示内藏由活佛提供后,活佛剃了自己的胡子给画师,画师把胡子安放到中间的法眼后开始制作神像,做神像期间活佛经常过来视察进展,神像安放完毕后由活佛主持在扎仓进行开光安住仪轨。吾则面具请到吾则护法殿时,在场的人都见到面具像流下甘露,使众人更加心生敬仰。当时龙仁为活佛近侍,有天晚上他得了感冒,活佛突然来到他的僧舍说:阿克,今晚我能睡在你这儿吗? 他慌忙地说,当然可以,并道谢。活佛又说:可以在这儿诵经吗? 阿克说可以。活佛回去不久格桑益西拿着被褥跟随活佛来到龙仁的僧舍并念了经。过了一会儿活佛准备躺卧,阿克龙仁请示应该在佛堂就寝,活佛稍作发怒并说:我不是过来睡你的佛堂,我是来睡这儿的。于是就寝于阿克龙仁旁边。之后阿克龙仁在经堂举行布萨仪轨时,眼前忽然发黄,晕晕昏昏,非常难受。后来到活佛跟前,活佛拿着一根金刚结在佛堂里走来走去,见了龙仁把金刚结戴到他的脖子上。说前天晚上我已睡在你的旁边并念了经,现在不会有事。龙仁觉得由于活佛的悲悯行为自己避免了一次祸害,为此对活佛起了更加坚定的信仰。

　　火兔年(1987)智观巴活佛47岁,开始担任玛曲县政协副主席一职,之前的土羊年(1979)至火兔年(1987)担任齐哈玛学校校长一职。期间深入群众,教育他们为了民族发展要让孩子们上学受教育,并招收了很多学生。对老师们提出爱护学生、研究教学、改善教学方法,每位老师要总结自己的教学经验,使教育工作实现全面发展的要求。对学生也时常提出尊敬师长、行为端正、道德上进、努力学习的要求,甘南州与玛曲县给活佛授予了许多奖章。

此年二月初,智观巴到康多达吉岭寺,阿克扎西和察慈诚被选任为新建大经堂的主要负责人,智观巴为新建经堂认真勘察并细心指示。当时洛瓦扎西东智得了重症,医院的医生说没法治疗就回到家里。智观巴活佛说马上到另一个医院,之后他的胃病果然治好了。后来又到多合尔,在寺院周围埋放了不少宝瓶,使此地变成了宝藏库。之后到康萨,对康萨新寺甘丹曲科岭的寺规戒律等做了指示。寺院附近有一口泉水,对寺院有些不利,说要请示给他的兄长德庆洛扎仓。

智观巴活佛住在拉卜楞勒唐期间,齐哈玛老僧普盖扎西嘉措得了严重的胃病后来到拉卜楞想在这边过世,九月在拉卜楞寺院附近遇上了智观巴。活佛讲:你还不会过世的,要在经堂转经,以后还要当本寺领经师呢。齐哈玛寺僧人索南嘉措得了重病向活佛请示后,活佛说:你要在经堂转很多经。他觉得自己病的连走路都难,活佛是在对他开玩笑罢了。后来他执意在大金瓦殿每回转三次经,身体越来越好,转的经也越来越多。有一天他遇上了智观巴活佛亲临到此,活佛赐他一条红色结子,并说我把你任命为经堂诵经师了,你要立即赶回齐哈玛寺,你也知道寺院领经师的就任时间。他遵命后回到寺院当了三年的领经师,他的病也就自然好了。他说那是因为得到活佛摄持的功德所为。

土龙年(1988)智观巴活佛48岁,过年后勺哇地方的几个人来到活佛跟前,说以前的勺哇寺马头明王殿等遗址被开荒成农田后,如今不知经堂重建在哪个位置时,活佛说,这有什么不知道的,你们在农田找个一尺多的檀香树根,以此树根为中心建经堂,回去后在田间果然找到了一棵与众不同、高一尺多的树根,以此为中心建了经堂。

智观巴活佛到康萨新寺甘丹曲科岭整顿扎仓戒律及集会诵经。扎仓向活佛请示之前,洛扎仓说该寺的护法神有些凶猛时,活佛向吾则护法唐卡结了一个结子并暗语了几句,从此便缓和了许多。七月二十九日,活佛住在拉卜楞勒唐的寝室,吃了午饭,对厨师嘉绕巴说:你赶紧到拉卜楞印经堂请来完整的乃琼声韵仪轨后到乃琼寺念诵忏悔,齐哈玛出了事端。后来才知道那天齐哈玛瓦秀朋考和甲考木格等向牟热塔多开枪,酿成事端。后来两个村子的矛盾没有升级反而和解了,这也正是活佛和热丹嘉措活佛的恩惠所赐。

此年夏天,智观巴活佛莅临勺哇、康多两地,在多玛甘丹彭措岭寺安排经堂所需木材后,详细指示了所建五间佛殿所要供奉的佛像圣物等。到康多达吉岭做了指示训话,还给康多村民供奉了战神多吉旺杰神山。当时冶海方向出现了神奇的彩虹,在智合盖尔山顶供经幡时也显现了打雷作响的祥兆,使得在场的信众更加欢喜。又到勺哇克珠岭寺视察新建的经堂,指出经堂大门方向有些不适。

土蛇年(1989)智观巴活佛49岁,过年后到齐哈玛扎西曲岭寺命令要针对整个藏族地区进行众多佛事,并指示将齐哈玛吉乐合村的乃穷护法殿、高清村的白度母殿、塔哇村的白伞盖殿、高擦村和哇西村的和好塔,最好于木猪年之前修建完成。各村勤奋艰辛地响应着活佛的指示。

三月份智观巴活佛到青海河南蒙古族自治县,三月二十八日香萨格桑曲吉嘉参活佛准备在若尔盖阿吉地方,举行时轮大法会,他前往阿吉之前在达参寺与智观巴活佛交谈,两位大德畅所欲言。香萨仓对活佛说:这次我会遇上磨难,望活佛护持! 活佛单独静坐禅定一会儿。后来,在路上香萨仓的车子撞到电杆上,虽然碰得严重,但是香萨仓却没事,说那是智观巴活佛的加持恩惠。当时路边的慈诚老人着魔后俯身说,我能谋害香萨仓,但是被智观巴仓降服了。如此等等,民间传说着智观巴活佛解救护佑香萨仓的故事。

　　另外,此前青海河南蒙古族自治县有一名叫拖妥果嘎吾的人骑着一头牦牛去放牛就再也没有回来,毫无音讯,人们都认为他已经过世了。后来向活佛请示,活佛说,他还没死,只要进行煨桑,过些天就能找到他。过了几天他果然骑着一头牦牛回来了,但是已失忆,活佛赐了他一个很特殊的金刚结后恢复了记忆,但是依然回忆不起失踪那些天的事情。这年冬天智观巴活佛到齐哈玛扎西曲岭寺,因特殊的需要穿着绛红色的僧衣来到经堂,使在座的都感觉到活佛无比的威严。在经堂前扎仓僧俗围着活佛照了相,这也不免有着特殊的意义。活佛再三对随从们讲:下一世一定会贤正善良,但是不一定给你们带来这样的福祉。

　　铁马年(1990)智观巴活佛50岁,初春季节到齐哈玛扎西曲岭寺,凝望着现在的乃琼护法殿建址便开玩笑说:我坐在这儿能代替腹行地神,原来此话有深刻的隐义。四月份智观巴到康萨新寺甘丹曲科岭。寺院有个给僧众教授外道的妖僧,为了根除他的邪念,需要向吉祥天母护法、吾则护法、勇保护法祭献食子。向吉祥天母护法和吾则护法供奉食子时,活佛亲临扎仓中间念经并献上庞大的替身食子。向勇保护法祭献时,活佛说你们可以按照冬至法会念诵后,自己便突然离开。

　　农历五月二十七日,智观巴在齐哈玛寺望着嘎钦村白度母殿建址指示:要把奥朵赛雄作为前山,佛殿规模依照拉卜楞大经堂,内供高十五尺多的白度母像为佳等等。九月二十二日天降节这天,活佛参加康多达吉岭大经堂竣工典礼,并给信众僧俗赐予珠加传承长寿灌顶。使得有情众生洗礼佛法甘露,获得解脱遍知的种子。

铁羊年(1991)智观巴活佛51岁,初春时节莅临勺哇,指示多玛甘丹彭措岭寺经堂所要供奉的佛像及唐卡等,亲自派佛像画匠,护持恩赐。五月十四日起活佛听闻贡唐·丹贝旺秀大师在河南蒙古族自治县举行时轮大法会。那天突然下了很大的冰雹,但是由于活佛护持,不久冰雹便停止了。

九月二十二日,智观巴前来参加佐盖旧寺扎西曲培岭大经堂竣工典礼,并欢喜地训诫信众。后来到齐哈玛扎西曲岭寺,考问部分学僧,在经堂对僧众讲道:我每天都在引导万万死者解脱,这事有些难度,却不难猜想你们的心里在想些什么。所以你们不能为所欲为,不仅要遵守扎仓寺规,还要遵从活佛和寺管会的教导。以此从寺规方面做了严厉的训诫。又让佛画家尕加木绘制一幅唐卡,活佛和察考活佛一起开光后请到活佛住处,被供奉为护法神,并严厉告诫无论是谁都不能掀开帷幔。后来流传说:夜晚时分唐卡上会自然发光。如今这幅唐卡被请到乃穷护法殿。

齐哈玛扎西曲岭寺打算在祈愿法会期间把无量佛晒在北方,但是活佛说无量佛界在西方,所以晒佛要往西方。有些人梦到活佛把他们请到犹如无量佛界的梦境,佛教复兴再传到勺哇的时候塑造了无量佛像。有些圣贤也说活佛跟无量佛有着不浅的法缘,如此一来这也是一个殊胜圆满的表现。

水猴年(1992)智观巴活佛52岁,夏天到勺哇和多玛等地。在多玛寺院旧址给僧俗信众赐予长寿灌顶,圆满信众的心愿。五月八日,供奉诺布德君山神时,突然显现神灵喜悦的瑞兆,伴随雷声隆隆下起了雨,出现了吉祥的彩虹。

九月份智观巴莅临多合尔寺,竖立经堂前的大经幡杆子时,活佛亲临现场并加持开光。后来相继供奉年赛和阿尼诺德合山神。活佛回来后指示寺院僧众举行法会供奉勇保护法。罗藏平措占卜,让小徒弟绕巴和三木丹观看。他俩同时见到一个像老汉民的人在立经杆时由于摇动,使经杆有些偏斜,这时候智观巴活佛抓住他并将他装到鞋子里。后来念诵勇保护法时把那个人用铁链绑在食子盆下面,送食子时把他埋在了地下。那天晚上活佛让每位僧人都念诵《上师颂》,并指示不能对别人透露他们的所见。

青海河南蒙古族自治县跟碌曲县拉仁关之间发生草场纠纷的时候,活佛用青稞护持蒙古族自治县民兵,使参战人的袍子内有大量弹头,但是没伤害到人,为此信众们更加坚定了对活佛的敬仰之心。此年十一月份前往圣地拉萨,到大昭寺朝拜、供养释迦牟尼佛,并念诵祈愿经等为有情众生祈愿祷告。当时随从为达参寺僧人诚来和喜热布。之后相继到布达拉宫、色拉寺、哲蚌寺等朝拜后不惜财物隆重供养,为佛法昌盛及有情享乐祈愿,使信众的信物不被浪费而为他们的福田回向。十二月份返回故里,到齐哈玛寺附近时被僧俗群众排队骑马隆重迎接。

水鸡年(1993)智观巴活佛53岁,此年六月一日到青海河南蒙古族自治县欢喜地休养,六月初四给上一世智观巴为镇压地煞所建的佛塔重修进行开光。六月六日前往拉卜楞寺参加大法台贡唐丹贝旺秀新建的贡唐宝塔开光盛会,并奉献六臂护法和藏茶等。贡唐大师特意问随从人员智观巴是否到来,随从们回禀智观巴不仅亲自到来并奉送了六臂护法和藏茶等。贡唐大师喜悦地说如此一来是个绝佳的因缘。此话为在场的欧拉绕巴等亲耳所闻。

六月十三日,智观巴又回到吾则村再次供奉嘎庆索南旺杰,计全村人念诵马头明王回遮仪轨经后住宿于多仓村。后来到多玛嘎丹彭措岭寺住了七天,在此期间对三座寺院的僧众教授五种誓愿和众愿加持、妙善盛法等灌顶,使佛法继续传承弘扬。八月份智观巴到果洛康萨新寺噶丹曲科岭，在大经堂向学僧考问关于时轮和法舞方面的学习情况;并欢喜地瞻仰萨盖尔法舞,给僧众发放布施,教授佛法。

木狗年(1994)智观巴活佛54岁,在祥瑞的日子,聆听文殊菩萨化身贡唐丹贝旺秀大师在桑科大草原举行时轮灌顶大法会。有一天,智观巴活佛发怒责骂随从,独自走到一僻静处,后来随从们都说那会儿活佛肯定是在解救一生灵的痛苦。翌日,贡唐活佛要求智观巴到他的住处时,双岔的丁科尔仓活佛开玩笑说:肯定是要责骂你。智观巴活佛到贡唐活佛跟前,活佛赐了他一盒鼻烟并喜悦地说,你不必亲自到法场,坐在附近的车上便可。第二天起活佛就坐在车上,送圣水的人到他那里专门送来圣水。活佛反而对丁科尔仓活佛开玩笑说:今天这儿有上百个活佛,但是最终的奖励还不是赐给了我嘛!

七月份,智观巴活佛亲临玛曲齐哈玛五部落,为每家每户诵经祈愿。活佛到吉勒部落给全村供奉宝瓶之后,歇在山脚搭起的帐篷里,对随从阿克贡嘉木和阿克嘎三木说,你们俩带着几个人到山上,把这三百一十三袋宝瓶放在热赛尔多布丹瑟白尔神山旁边,今天天气不错,你们不必掘土挖地,只要煨桑供养便可回来。阿克嘎三木携带着一把铁锨,在路上对其他人说,活佛讲的也太简单了吧,不挖地洞怎么放这三百多宝袋呢? 他们到达山顶一看,有一块大石头下面有个小窟窿,他们掀开石块往窟窿里扔了一块小石头,发现那是个很深的洞。他们把三百一十三个宝瓶都放到那里面,刚好填满了那个洞。这才意识到活佛所说的不必掘土挖坑的寓意,在场的人都对活佛的神通感到惊奇并坚信不疑。

智观巴一行到达塔瓦部落,前往大法台更登平措的诞生地神山达日热增处藏宝瓶的时候,活佛也是歇于山脚后指示阿克嘎三木等如何勘察地形地貌,并嘱咐要分上中下三处藏好。这时候活佛笑着对随从桑吉加措说,阿克嘎三木把宝瓶放的地方弄错了,不过也不碍事,因为其他两个没有错。给塔瓦村民授长寿经灌顶的时候,信徒曲奇合从帐篷边的缝隙里看了会活佛的法容后,说清清楚楚地看见活佛的法容显现出长寿佛的色泽。又到齐哈玛重新供奉了多吉玉扎神山。

八月份依照本人的请求前来参加合作寺米拉日巴佛阁竣工开光盛典,并念诵了开光祈愿经。

九月二十二神降日,佐盖多布丹俄然巴·嘉洋图丹嘉措在佐盖噶丹扎西曲培岭寺举行坐床盛典,智观巴活佛首先奉献哈达庆祝贺喜。

十月二十九日,智观巴又被佐盖旧寺邀请,欢喜地观看扎什伦布寺法舞表演。活佛在合作时,吾则村村民与在此挖金矿的民工之间发生冲突。吾则几个村民到活佛跟前请示后,活佛给每人赐了一个金刚结,说要每人戴上可躲避一场灾难,因此大家都对活佛感到由衷的信任。后来活佛亲自到吾则村,并且在村民家里夜宿。又在村里指示村民寻找僧源让几个孩童到寺院剃度后皈依佛门,使得多玛寺的僧人数持续增长。以此管理该寺院,圆满信徒心愿,这也是佛菩萨殚精竭虑解救有情众生的佛行。

曾有一位叫藏年哲合的信众,因腿部骨折在合作医院治疗了一段时间,但是疼痛难忍。后来请示活佛后,活佛说那是医生接骨时的铁钉松动而积聚脓肿的原因,用 CT 等可能分不出脓肿和骨髓。如果医生说要截肢就不要听他们的。之后医生问是否愿意截肢时他没同意。动手术切开一看果然是因为铁钉松动腿骨摩擦所造成的,后来他的腿也就治好了。活佛那非凡的洞察力,使他十分敬佩。

木猪年(1995)智观巴活佛 55 岁,此年三月份,活佛到康多往冶海供了一千多宝瓶。十五日,在康多寺向法王面具祈祷加持后顿时下起了润雨,活佛说那必定是个好兆头。该寺每月不间断地礼供,这有利于寺僧们的寿命。

　　六世嘉木样大师驾临齐哈玛扎西曲岭寺时，活佛亲自迎接并奉献哈达，并在哇秀乔考地方把嘉木样大师迎请到帐篷后，为他安排了经堂与住处。那些天下了雨，寺院走道全是泥土。活佛在泥巴里跑来跑去，寺僧塔木凯看活佛穿的鞋都湿透了，便立即买来一双高腰雨鞋，活佛欢喜地穿了起来。后来塔木凯把那双鞋当成自己的宝物来保存着，之后他的僧舍发生火灾，屋内器具用品全都烧毁，但是唯独那双雨鞋却没有烧损，所以他至今保存着那双雨鞋。

　　六月十六日，僧众在大经堂大门前嘉木样大师座前通过辩经考取学位时，活佛也在现场欢喜地观看了两个多小时，考经结束后活佛向嘉木样活佛奉献了上等哈达，并喜悦地指示了僧众。依照活佛的指示此时刚好修完了佛殿及佛塔等，嘉木样活佛亲自祈祷加持。同时恰好遇上对嘎钦佛殿所供的白度母进行镀金开眼，嘉木样活佛见了赞不绝口。他还给每个画师匠都赐了一枚刻有白海螺的铜牌和佛像，把八十三岁高龄的老画师等叫到自己的面前，对老画师专门赐了一尊精致的大威德佛像并对老人赞叹不已。

　　六月二十七日，和好塔圆满完成，活佛亲临加持并赐予白塔之名。尤其是由于活佛请示，嘉木样给僧众教授了皈依颂、睹史多天、上师颂、三怙主修念、香巴拉祈愿颂等灌顶。嘉木样大师赐予僧众与众不同的关怀，这也不免是得益于活佛的恩惠。

　　九月八日，智观巴给玛曲齐哈玛全村重新安顿了多吉玉扎神山。后来应邀参加多合尔寺尕丹热卜杰岭大经堂的开光盛典。九月末至十二月初住在康多寺、多玛寺等。住在多玛寺的时候活佛亲自登上一座叫胜乐宝髻的山顶立了法幢，住宿在村子里化解了所有村子和家庭相互间的矛盾。

　　火鼠年（1996）智观巴活佛56岁，八月初三到青海河南达参寺扎西格丹岭参加寝宫竣工典礼。之后到吾则村订立乡约，并在村民聚会上亲自弹唱了一首歌。活佛欢喜地弹唱曲子并指示教诲,那必定有着特殊的预言或指示。有个叫席珠的汉人到藏地一直供奉着灵鹫闻护法。有一次多玛僧人桑吉对他说你要改信护法,并让他供奉吉祥天母。后来席珠的身体发肿危及生命。活佛指示说,你家不必改信护法,要重新供奉之前的灵鹫闻护法。家里有一只已放生的山羊,如今老的没有一颗牙齿,所以要再次放生一只。他们看了后发现山羊的确没有牙齿,所以遵照活佛的指示又放生了一只山羊,从此他的病也就好了。

火牛年(1997)智观巴活佛57岁,此年二月九日,活佛和索智仓一起回到齐哈玛扎西曲岭寺念经祈祷禳灾,此行为也必定有特殊的功德。智观巴活佛到勺哇的桥头碰见名叫孙贤的汉族老熟人。活佛问他是否有什么心事,但是他没敢请示自己的事情。活佛说你可以不说,我知道你在担忧自己家的孩子个个都夭折,不过以后再也不会了,并赐了他一个吉祥结。后来他家的孩子都健康存活,使得他由衷地敬信活佛。

智观巴活佛到勺哇寺给僧俗信众指示教诲,之后到吾则村,在一棵叫德钦的松树底下背靠着那棵树,给村上年少老幼讲授了《长寿三尊颂》和六字真言等教诲,还考察年青人背诵《佛顶大白伞盖陀罗尼经》的情况,指示他们经常念诵此经。

九月份,智观巴活佛为超度过世的兄长,到拉卜楞寺给僧众发放布施,给寺院敬献了唐卡等。为了把兄长的骨灰抛洒在海洋里,飞到上海再前往南海,他为此事费尽了心思。十月份回到玛曲齐哈玛,和解了当时在齐哈玛发生的内讧杀人事件,并且给双方家人念诵《皈依经》《兜率百尊上师瑜伽》《无量佛上师瑜伽法》等,用佛法化解双方的矛盾。

智观巴活佛在玛曲县的时候,有一位名叫吉合贡的信众因重病担忧年内就会过世,他的挚友欧丹加布也突然患了阑尾炎,紧急前往医院抢救后,医生说非常危险,吉合贡前往活佛跟前求助。当时活佛喝了点酒,愤怒地用酒瓶砸到他的头部,碎瓶划伤了他的脸庞,但是他依然没有放弃对智观巴的崇信。第二天活佛和察考活佛一块儿到医院,吹了一下欧丹加布的伤口,并说不必害怕没事的。对吉合贡也指示不会碍事的。欧丹加布的伤口很快就愈合了,十多天后吉合贡脸上的伤口也好了,并且他的病也好了,这使得他更加坚信不疑。后来吉合贡有两副昂贵的眼镜敬献给活佛。活佛选了白色眼镜,把棕色眼镜归还了吉合贡。那是活佛指示他健康长寿的表征,这使他更加坚信。

土虎年(1998)智观巴活佛58岁,他被调到青海,在青海省黄南州河南县担任政协副主席,同时兼任赛龙学校名誉校长。自火兔年(1987)开始智观巴在玛曲县担任政协主席十多年期间,密切了干部与群众的关系,为群众做了众多贡献。

拉仁关和赛龙之间发生草场纠纷的时候,因活佛为赛龙的民兵祈福护持,他们在枪战时免遭了生命的危险,都说这也是活佛的恩惠所赐。赛龙老人贡多的老婆生命垂危,医生们说只能动手术,但是他们不负责病人的生命,如果家人同意他们就可以动手术。贡多老人无可奈何,只好当场捧着一条哈达念想活佛如同在跟前一样一心祈愿,之后手术成功无误。后来他去拜访活佛,活佛说以前你的老婆动手术的时候,阿克金巴我俩进行了护持仪式。贡多顿时想起那时候自己冥想祈请后救活了自己的老婆,便对活佛护持的恩德感到无比的信任并不由自主地流出感恩的泪水。

蒙古族人金巴的孩子相继夭折,又生了个小孩后害怕再次夭折,就到活佛跟前求救,但是活佛指示到香萨仓跟前求救。他向香萨仓求救的时候暗想,金刚持活佛都没法救的话其他活佛怎能救活。或许是因为心生疑惑不诚信,他的孩子也没能挽救。后来他又生了一个男孩病痛垂危时, 听闻活佛在蒙古族自治县赛龙寺后赶紧到活佛跟前再三祈求,活佛说明天早上再回来。他觉得要么是孩子没法救活说不定今天晚上就会死去,要么是活佛不愿解救,以此感到万分的忧伤。第二天趁早到活佛跟前,活佛赐了点糌粑后对他说,只要让他吃了这个糌粑就不会有事的。后来那个孩子脱离了生命危险,金巴深信活佛的恩德解救了自己的孩子。后来蒙古族自治县赛龙塘修建一座勇保护法殿时,金巴负责全程义务劳动吃了不少苦,但是智观巴活佛经常责骂于他。僧人更登成来安慰他说,你不能对活佛失信生起邪见,活佛责骂定会有特殊意义。他说由于活佛的恩惠解救了自己的小孩,如今这般责骂也坚信活佛一定是在解除我的众多苦难。

十一月份,智观巴活佛回到齐哈玛扎西曲岭寺,十日早晨活佛亲自到大经堂并召唤全寺僧人前来早朝诵经。忽然拔了铁棒喇嘛的斗篷对他训斥并差一点动手殴打。铁棒喇嘛的助理阿克曲华和持金刚助理格桑索南那天到俗家做经忏法事, 但是活佛派人叫来后让两位老僧在石板上磕长头,还教训了他们。之后活佛召集全寺僧人,在大经堂重新规定了寺规,强调了戒律。如此严厉地维持寺院的寺规及寺僧的洁净,使得该寺院如今戒律严格、闻思兴盛,与其他寺院相比与众不同,这些都归功于活佛的护持恩德。智观巴活佛的助理格桑索南被调离寺职后时常有胃疼的病状,他觉得自己不久就要过世,就吃着几粒珍贵的药丸。有天早上早朝时倒了第一次头杯茶后,他的疼痛完全停止了,他对旁边的隆仁说必定是智观巴活佛让我磕长头的恩德所赐。

十一月十九日, 在齐哈玛寺经堂楼顶著作十万功德谕书后宣读给全寺僧人。那一天活佛还指示僧众念诵一个不常念诵的经文,念经时活佛来到经堂给两位领诵者献了哈达。之后指示僧众分别到后山山顶周围念诵《五部大论》等。对随从们依般若经发誓,若是没有我智观巴这样的活佛,齐哈玛寺院就无法想象。活佛如此严厉,正好印证了前一世所讲的预言:下一世会把你们严管的就像是把驴子赶到冰面上。

土兔年(1999)智观巴活佛59岁,此年三月二十五日,他到佐盖旧寺扎西曲培岭亲临僧众念佛诵经现场,遵照之前嘉木样大师的指示,该寺院有可能由饿鬼或女鬼祸害,要供奉四业火供,二十七日活佛亲自进行了火供仪式。第二天活佛讲,晚上自己梦到一只很野的老鼠,被抓之后已绑在桌子腿上了,只是降服了一只老鼠,但是另一只却跑掉了,所以先准备好所有凶猛火供的法器,暂时还不知道什么时候进行仪式。

三月二十九日夜间,智观巴活佛忽然指示要进行火供,但是多数僧人却没有明白为何缘故。四月一日供奉完火供后,僧众都说心情也如同天空一样晴朗起来。通钦神山本来是由一个村子供奉的,但是活佛讲以后佐盖五部落都可以供养。后来到果洛康萨甘丹曲科岭,详细指示大经堂所要供奉的佛像内藏及安置顺序等,后来遵照活佛的指示一切都圆满地完成了。

铁龙年(2000),智观巴活佛60岁,他到佐盖多玛格丹丹巴潘吉岭寺,在寺院附近埋了不少宝瓶。活佛历辈转世跟此寺院有着深远的法缘,所以寺院原本就有活佛府邸。该寺院十一月十一日进行纪念智观丹巴热布杰的法会,三月初三进行纪念智观巴嘉央丹巴嘉措法会的传统至今保持着。之后到吾则村以活佛为主全村村民在赛赤岗堆起了庞大的玛尼石堆。

十月份,智观巴活佛到齐哈玛寺扎西曲岭寺,十月二十二日对僧众教授了《皈依经》《现观庄严论》《独雄大威德》等。慈诚嘉措请示后教授《吉祥天母酬补请托仪轨》。十二月十日起教授了《入中论》《文殊心咒》《狮面佛母禳解法》等格鲁派常诵经典。十三日智观巴在经堂内给僧俗信众教授了《无量佛长寿灌顶》和《嘉木样·久美旺波大灌顶》等,以法雨滋润了有情众生祈愿的苗芽,同时也撒满了解脱遍知的殊胜种子。

齐哈玛僧人宗智得了重病多年,请示活佛后活佛赐了一盒糖浆,并嘱咐经常做的佛事,以后你的病会不知不觉地好转的。的确,他没怎么治疗病就自然而然地好了。一个叫囊琼的信众得了胃病先后到临夏、兰州就医,病人在病床上连头都没法抬起来,医生们说没法救治。后来活佛指示他到夏河藏医院治疗,从此他的病日渐康复。又有一个叫措代的老奶奶在大医院没能治疗好,正在愁没办法的时候,在活佛前请示后她到一所不起眼的小门诊治疗,后来她的病也治好了。阿克格桑得了胃病正是生命垂危,经请示智观巴活佛,他到合作的道吉塔医生跟前,后来他的病也完全好了。

铁蛇年(2001)智观巴活佛61岁,此年三月,勺哇寺发生上座喇嘛被寺院管理员杀害的事,活佛前往该寺进行了一次火供祭祀。火供完了活佛说道,今天有几个客人要来。说完不久,恰盖噶哇村的三个媳妇因身附魔鬼疯疯癫癫,被村民用拖拉机拉到活佛跟前,病人见了活佛便疯言乱语。活佛解除病根后他们跌倒在地,醒来后癫痫病自然就好了。后来请示要邀请索智仓活佛进行火供祭祀,三月十五日活佛便返回。

五月份智观巴活佛和索智仓活佛一起到勺哇寺进行断行火供祭祀。后来在吾则村一山梁上搭起帐篷烤了一天的土豆,晚上下了大雨。次日来到吾则日绰宗庆诺布亭,对密宗修师勒智讲:当你修行完大威德后你就在此地进行火供,此地是噶丹嘉措活佛火供的地方,你念修完了咱俩也可以一块儿火供。在此期间智观巴活佛相继到索南才旦等十一个信徒家中住宿。之后,到多合尔寺住了一个多月,考察扎仓诵经，重新安排了寺院负责人，又欢喜地过了几天香浪节，多合尔僧众给活佛念诵了长寿经。多合尔村的贡塔加布触电后除了眼睛外全身灼伤，送到医院后医生说没法救活。这个时候活佛来到医院将自己的内衣脱下来让病人穿了之后说，要速速祈禳，如果能在三天之内念完那些祈愿经，必定能救活。果然念诵完经后他的伤完全好了，都说这也是活佛的恩惠所赐。后随嘉木样活佛前往贡唐丹贝仲美诞生地佐盖，在嘉木样大师的主持下举行了大规模的煨桑仪式。嘉木样活佛捧着五彩绸绢说，智观巴是大成就者，献给智观巴仓让他供奉到桑火堆里，智观巴捧着僧帽回来时，嘉木样活佛欢喜地说你得戴上僧帽，活佛戴上僧帽入座。六月四日在齐哈玛寺扎西曲岭寺举行活佛寝宫的竣工仪式时，活佛欢喜地迎接大小活佛并与他们畅谈。

水马年（2002）智观巴活佛62岁，他前往青海河南达参寺囊欠过年。达参寺僧众诵经，祈求活佛长命百岁。之后智观巴又到齐哈玛扎西曲岭寺，在活佛的扎西翁白凯智岭寝宫和阿克隆仁一起作怖畏金刚禅定，修持密乘瑜伽二次第。坐禅期间智观巴活佛由于身体稍有不适，夜间经常失眠，这使阿克隆仁也有些担忧。有天活佛对阿克隆仁说：昨晚梦到一个蓝身小孩和红身小孩各捧哈达来到跟前，哈达一段在大门外，说我俩专程过来感谢活佛到此地来坐禅。从那天起活佛的病也好了。

九月五日起，我前往勺哇等，在那里进行白伞盖、长寿、佛母等灌顶时，智观巴活佛也前来听闻，并在我的生活方面做了非常周到的安排。在此期间，我跟智观巴、索智仓活佛一块儿欢喜地照了一张相，该照片至今还被信众瞻仰。

九月二十二日，因吾则密宗静修师勒智与智观巴有约在他完成长期念修本尊后他们一同举行火供仪轨，便派车前去接智观巴活佛，但是智观巴说只要勒智布在晚上八点整火供，就如同我亲自到场。晚上八点智观巴活佛独自一人在住处,不让别人接近。此时活佛正在坐禅念想跟密宗静修师勒智一同进行火供仪轨,以此祈请加持。后来智观巴活佛在卡加村住了三十多天,根据信徒的意愿进行摸顶,加持福佑。智观巴活佛尤其关心重修恰地禅修院的事宜,他细心指示如何重建禅修院。

水羊年(2003)智观巴活佛63岁,此年五月一日到多合尔寺之后,准备迁移附近的年日藏宝位置。翌日,活佛亲临念诵经文,此时阿尼旺杰神山上的藏宝处忽然打雷着火,活佛说现在不必迁移年日藏宝处,只要重新安顿阿尼旺杰山神的藏宝即可。

五月四日,活佛及琼木盖活佛一同上山,重新安顿阿尼旺杰神山煨桑台和藏宝地后显现了山神土地神喜悦的祥瑞征兆。

六月份,智观巴活佛到齐哈玛扎西曲岭寺,全寺僧人向活佛奉上长寿久住世间的曼陀罗,活佛说:得佛三身之福力,何以祈愿所有事成。并欢喜地赐了红色吉祥结和上等哈达。此后活佛同扎仓众僧一起欢度香浪节,并在黄河边好几处藏了宝瓶。香浪节期间有时忽然对年轻僧侣们考问经书内容。此后到四川省阿坝县,当时随从为凯增。有天晚上吃了两次晚饭,次日说我给玉则供了两次圣饭。

七月二十三日,智观巴活佛一行到玉则西措湖畔康萨村埋宝瓶后举行隆重的煨桑仪式。九月份智观巴活佛到青海河南蒙古族自治县赛龙过香浪节,但是身体有些不适,便前往西宁医院。当时活佛的随从为齐哈玛僧人曲嘉木,他由于静脉收缩引起脖子疼痛。有天活佛心情不愉快便殴打曲嘉木,从此根除了他的病痛。智观巴在西宁第一医院治疗几个月,但是病情依然恶化,随从们担心活佛生命有危险。这时候琼盖仓等活佛前来看望活佛,琼盖仓说如今该到拉卜楞寺。随后嘉木样大师寄来一尊无量寿佛像,活佛说那是嘉木样大师指示我还不许过世。在这家医院里用西式医药治疗了一阵子没有好转,所以想转院,但医生们说只要从这儿出院就无法挽救。后来转到中医院后病情稍有好转,因此智观巴对这家中医院大加赞许。

木猴年(2004)智观巴活佛64岁,五月份我在康多寺进行胜乐、密集、大威德、普明大日如来、药师佛、大悲观音菩萨等灌顶,智观巴活佛及索智仓活佛也前来听受,指示寺院要热情款待我,并且一同进行煨桑仪式。

六月份智观巴活佛和索智仓活佛一起更换了勺哇马头明王像腐烂的内藏,之后进行了安神、加持、开光仪轨。

八月初,活佛前往玛曲齐哈玛,信众在玛曲桥头骑马相迎。一位名叫丹增的信众骑摩托车不慎从悬崖掉下去时因虔诚祈请活佛,所以安然无恙。他觉得那是因为活佛的护持,日后丹增更加虔信活佛。

八月六日,智观巴活佛与索智仓活佛一同重新安置齐哈玛多吉玉扎神山,活佛在山脚下入禅定,索智仓活佛到山顶重新埋宝瓶等。玛曲齐哈玛和活佛故土果洛康萨之间先前就有着十八条命案纠纷矛盾。八月初八,活佛为双方寄去了通过佛理撰写的调解书信。

书信内容如下:

此书为德庆洛扎格桑才旦和智观巴格桑丹巴格勒嘉措协商后一致通过的调解书。在此晓谕玛曲齐哈玛和果洛康萨众官民:公元1958年之前,发生了齐哈玛杀死康萨十个人,康萨杀死齐哈玛八个人的纠纷矛盾,至今已有四十六年之久。这次大家委托我俩和解纠纷,协商决议了如下内容:双方针对十八位死者的善根,要回向十八亿嘛呢、一千条经幡、十万泥像,每年藏历十月二十五日燃灯节,这天要守五百个禁食斋,念诵《大藏经》四次,燃灯节之前相互要对死者家属赠送三套经书。今后在同一个族人之间,尤其在同一个活佛的信徒之内要稳定和善。诸本尊护法神圣要严惩翻案窃盗之人,而要永久守护和解之人。智观巴于公元2004年8月8日致。

　　双方收到书信后喜悦地接受了活佛的调停结果。如此等等，智观巴活佛先后为社会和谐稳定方面做出了特殊贡献，通过加持泯灭了众多仇恨之心，随之也坚定了信众对活佛的虔诚之心。犹如"生在这婆婆世界里，众生多纷争和苦难；大勇士菩萨之德行，化悲痛逆境为喜悦"。智观巴活佛对有情众生慈悲关怀，加持救济此生苦难与来生恶道者。

　　有一天晚上，活佛忽然发病疼痛难忍，说要立刻到兰州的医院。晚上暂休玛曲县城，第二天早上赶往兰州的路上，活佛疼痛越来越重，对司机说车子开得快能减轻些疼痛。到兰州后入住宾馆时，给活佛单独登了一间客房，让司机和管家嘉央金巴一块儿住宿。活佛说：我有点累了要睡一会儿，不要让别人进来。第二天十点左右活佛起床后说去吃饭，但从不提及去医院的事情。嘉央金巴请示去医院检查时，活佛责骂道：没必要到医院，万一医生误诊了咋办？你能负得起这个责任吗？所以没去医院就在那待了几天病情有些缓和后就回来了。九月二十六日智观巴活佛到达参寺住了两天，并且和年长的僧人促膝长谈。

　　木鸡年（2005）智观巴活佛65岁，此年二月十三日，活佛莅临康萨噶丹曲岭寺认定七位转世灵童并进行开示。莅临佐盖多玛格丹丹培岭寺祭祀东日神山并和随从一起进行煨桑仪式。之后到康多达吉岭寺，康多寺十多幅唐卡失窃。活佛对达吉管理员讲：我不会难过，你也不必伤心，会知道窃贼的。如活佛所讲不久不仅发现了盗窃者，还请回了那些唐卡。

　　十月份，智观巴到勺哇克珠岭寺时，指着河道对面说，在那儿要建一座不动佛塔，并赐予自己的佛珠当作内藏。此时他因为身患重病无法行走，所以坐着抬轿亲临每户人家进行祈福善住仪轨，圆满信众祈求的心愿。活佛说：三年后，我的病会痊愈的，到时候咱们一块儿过香浪节。我把你们嘱托给索智仓活佛了。这是一次有特殊寓意的言辞。启程时,智观巴看起来像没有得病似的,活佛说那是因为我喝了岗嘎卓玛神泉的水,对此随从的医生们也感到奇迹。之后发病到临洮县医院住院。病情时缓时重,医生们也无法诊断,故此前往成都的医院。当时齐哈玛扎西曲岭寺的大经堂内外破损不得不重修,十二月十六日寺院管理员曲嘉措和慈诚嘉措来到成都的医院请示活佛,活佛说翌年火狗年即可开始重修,若是我没能来,所有事项会由索智仓活佛安排。

由历辈智观巴转世活佛前后开创并持有深厚法缘的寺院有:由二世智观巴修建的三座寺院(勺哇、康多和多玛),由四世智观巴嘉央丹巴嘉措修建的三座寺院(齐哈玛扎西曲岭寺和达参扎西甘丹岭寺、康萨尔新寺甘丹曲科岭)。多合尔寺从第三任开始由同一位活佛担任寺主,这些寺院和上述阿木去乎和西仓、恰盖等寺院有着深厚的关系。第四世智观巴嘉央丹巴嘉措活佛二十五岁时首先坐床到阿木去乎甘丹曲科岭寺,他在该寺不仅整顿了寺规,发展了教诲佛法的讲闻,巧妙地调伏恶魔,平息了地方的危难,还为阿木去乎八部落等举行了时轮大法会,所以与该寺有着很深的法缘。

智观巴活佛跟西仓寺院也有不浅的关系,上一世活佛在西仓新寺坐床,并在该寺建有智观巴活佛囊欠,至今还有囊欠遗址,但是坐床时期不详。《西仓法嗣》记载,智观巴嘉央丹巴嘉措为二十七代法台,该法嗣又有记载二十八代法台贡唐丹贝尼玛,土鼠年(1888)坐床于西仓寺。若是前三年到该寺坐床法台,那时候活佛年仅十八,还没有宣誓波罗蜜多,所以不仅时间早了些,也与首次在阿木去乎寺坐床的说法相反。活佛自己也说:西仓寺院有着跳法舞的传统,有次跳神法王不幸跌倒在地。此事请示嘉木样大师,他说要请寺主活佛。问是否要请德哇仓活佛?大师回复说:不是,要请智观巴活佛。遵照大师的指示邀请了智观巴活佛。跳神者们开始跳神时,智观巴活佛从门楼上往下抛掷了一条打结的上等哈达,刚好落在法王的两角之间,这次法王差一点跌倒,但是最终能圆满地跳完了神舞。《西仓法嗣》关于本寺的许多记载不详。以阿芒班智达师徒为主依照母寺创建了讲授《五部大论》的制度。在此所讲的门徒是否指智观巴丹巴热杰一事有待仔细考证。

智观巴跟恰盖寺的关系。在恰盖第三世活佛嘉央罗哲嘉措仓坐床时,上下大小事情全由智观巴嘉央丹巴嘉措一人承担,活佛见了不忍心,便从拉卜楞寺邀请了格西三木智仓来复兴讲闻佛法的重任。此次,活佛在此寺院进行了几个月的讲经说法,对该寺信徒教诲戒恶行善,并告诫信众金银珠宝等首饰没有实质价值等。现场不少信徒把首饰敬献给活佛并发誓今后绝不佩戴,活佛喜悦地将已敬献的首饰给闻思学院的总管保管作为法会的开支。

另外,恰盖寺有一座八间大的智观佛殿,建造完释迦佛祖师徒三尊像进行庆典时,活佛念诵了《甘珠尔》,两个学院念诵《大威德自入》《十方礼供》和《无量寿九佛自入》《药师佛供仪》,并开创每年每月初八和二十二日两个学院轮流念诵的仪轨。同时也进行了盛大的开光典礼。上一世持金刚智观巴相继坐床于拉卜楞寺并担任时轮学院、喜金刚学院、上续部学院的法台。还担任过卓尼禅定寺、车巴沟贡巴寺、科才格盖寺、阿坝果芒寺等其他寺院的法台。遵照五世嘉木样大师的嘱咐治理了创办于德仓扎西曲桑岭的闻思学院。其余还跟不少寺院有着深厚的法缘,但是智观巴未能一一驻足于所有寺院。果芒法嗣和久治地区各寺《法嗣汇编》记载:智观巴尊者担任阿木去乎寺闻思学院的法台。通过这个说法,可以知道阿木去乎寺的年代依据有误。

颂　曰:

发心香乘之力,

飘荡政教檀香，
吹过所化福地，
密集安乐祥云。
敞开佛门大殿，
旺盛行法僧海，
宽广学法天空，
圆满信众意愿。
开眼慈悲姿态，
且勿摄持过时，
解苦安乐凉亭，
施善有情休憩。
生起圆满次第，
奋力除去二现，
俱生空行佛母，
享用合成空乐。
茂盛柽柳藤树，
证悟香甜蜂蜜，
能蔽水莲花瓣，
遮盖尔思密室。
洁净信誓器皿，
授记劝慰福力，
久暂福利途径，
应作无上方便。
嚣时凶恶诅咒，
火焰如此旺盛，
不依悲悯海洋，

善劫波涛汹涌。

福浅邪语蛇声，

尽会发痛前颈，

时极证悟幻化，

双眼怎能望见？

所化方圆万里，

烙印足莲花纹，

储藏无尽福佑，

开满吉祥瑞应。

通达隐情妙计，

有情三信欢喜，

建造超脱台阶，

重引盛世阳光。

以上所述莅临四方、弘法利众为《智观巴·格桑丹巴格勒嘉措传》第四章。

第五章　色身圆寂，信众哀思

火狗年(2006)智观巴活佛66岁，此年二月，智观巴因病情有所好转，前往西宁。玛曲齐哈玛寺的僧人若巴等来拜访，活佛说道：寺院的大殿用混凝土建的话比较好。之后，又转到成都的医院。由于齐哈玛寺的大殿已计划用传统的方式修建，索智仓活佛、曲嘉措、慈诚、丹曲等一行于二月十九日到达成都，给智观巴活佛汇报。他们说：如果用混凝土修建大殿，以前的大柱子等有些木材可能浪费掉。智观巴活佛说道：回去看看，以前的有些柱子根基可能已经腐烂，没有用了。如果想修的坚实牢固,大殿的柱子等需要用钢筋混凝土。他们回去发现大殿柱子的根基腐烂而裂开,因此相信了智观巴活佛的话。后来,慈诚等人前来拜访时,活佛又说:大殿主供释迦牟尼佛的话比较殊胜。

五月十九日,收到活佛的大姐索南旺姆要在玛曲齐哈玛寺举行八十大寿的消息。根据智观巴活佛的安排,于五月二十日,活佛、僧众、干部等僧俗齐聚一堂,隆重举行了3天的庆贺仪式。

五月二十五日,智观巴活佛的哥哥德庆洛扎仓在西宁的医院,病情严重。活佛从成都乘飞机赶到哥哥面前,两人促膝交谈,这竟成为兄弟俩最后的诀别。

按照活佛的意愿将洛扎仓立刻请回德庆寺后,洛扎仓就在寺院逝世了。活佛对后事做了安排后,又乘飞机从西宁返回成都住院治疗。此时,智观巴活佛病情严重,但有时又有所好转。

七月份,活佛在成都住院时,齐哈玛寺的主要负责人曲嘉措与管家格桑嘉措也在身旁。有一天,活佛的病情有所好转,他们来到一座大商场,看到一个皮箱后,活佛说:我要买这个皮箱,这里面装行李的话比较方便。付2900多元买了皮箱后,活佛又说:这个我不需要,买好袈裟装入里面,再带回囊欠放着。今年(2006)我会生病,明年病情会加重,等那时再不去达参等其他地方,想去勺哇后闭关。没去之前,就一直常住在齐哈玛,那时我们去过香浪节。如此等等,说了很多。

智观巴活佛在成都住院时曲嘉措与格桑嘉措二人,为活佛祈祷长寿,买了5万多条鱼放生。同样玛曲齐哈玛的部众放生了一万多个生命,达参的部众放生了一千多头牲畜与十万多条鱼,吾则的部众也放生了37只羊,如此,僧俗群众不管是集体还是个人,为智观巴活佛进行了多次祈祷长寿的法事活动。

十月二十九日,佐盖旧寺等也为活佛举行禳灾避难的供食法仪轨。

十二月,活佛的病情比较稳定,因此去了云南。

十二月十日这天,大家在云南为活佛举行了诞辰庆宴。第二天,活佛给侍从塔克讲述自己的梦:昨晚的梦中,我在鸡足山上空的彩云中,亲眼看到六臂怙主。

后来,活佛的病情严重,又返回成都住院,玛曲的干部加洛等人来看望时,智观巴活佛手里准备了一串佛珠说:现在还不给,等你回去时再给你。后来,他们从成都去阿坝的路上,穿过一条隧洞时,加洛的汽车撞飞一个汉族人,但是一点也没伤到他。他们一行人感叹:这是智观巴活佛所护佑的结果。

火猪年(2007)智观巴活佛67岁,此年正月二十三日,活佛委托齐哈玛的负责人曲嘉措请一尊佛像,到拉卜楞寺密宗学院装藏后敬献给嘉木样大师。还说:以后会有大用处的。活佛的管家丹迥说:您病得如此严重,何苦还要操心以后的事呢?

智观巴活佛说:现今去承担其他众生痛苦的人非常稀有。利他之心不由生起。寂天菩萨曾说:"众生不管有什么痛苦,愿一切业在我身上熟。"如此,能够承受众生痛苦的菩萨行非常稀有。有些正直诚实的人认为智观巴活佛也具有菩萨般的利他行为。那时,医生们也认为,有成千上万的病人来住院看病,智观巴活佛确实与其他病人不一样。从他的心脏、肺、肝、肾等五脏的症状看,病情一个比一个严重,但是有时候又突然会有所好转。有时候,却怎么治疗也不见效果,而且难以诊断。活佛有时也会说:药物没效果。医生不在时,将药物扔到外面。

二月份时,智观巴活佛交给齐哈玛寺的僧人塔克一万元人民币,说:用这些钱给齐哈玛寺的每位僧人买一对铃杵。并且给每位僧人送了一个一面有前世智观巴活佛遗像,另一面有现世智观巴活佛头像的护身符,这是与其他寺院和僧人不一样的殊胜之处。

三月份时,智观巴活佛对两位侍从说:你们什么也不知道。我死的话,你们会看时间和星相吗?与我有法缘关系的人,不能接触我的遗体。有些活佛圆寂后也会立即转世。德庆仓圆寂后,是由我安置遗体的,有立即转世的因缘。听了智观巴活佛的这些话,两位侍从还有些疑虑。

四月初一,齐哈玛寺的许多僧人打算来成都为持金刚上师祈祷久住人世,智观巴活佛打电话,未允许。而是要求他们举行抛食供养及念经等仪轨。

四月初二,智观巴活佛病情稳定,说:今天我的身体好多了,给医生请假,咱们一起上餐馆。之前,上卫生间也需要两个人扶着,但是,这天走起路来,感觉非常轻松,医生看到后也很惊讶。由智观巴活佛亲自驾车,大家来到一个舒适的餐馆,与随行的其他人吃饭聊天,感觉非常愉悦。智观巴活佛对以玛曲齐哈玛寺和青海达参寺为首担负数年的医药费,其他寺院、部众举行的祈请久住世间以及不间断地到医院看望等事宜,表示感谢。此次相聚,成为智观巴活佛与大家最后的道别。那天下午,回到医院不久,活佛口鼻中流了满满一杯的血,病情非常严重,致使不能说话。

火猪年(2007),智观巴活佛67岁,四月初三黎明时,智观巴活佛色身示现圆寂。他旁边的弟子和侍从将智观巴活佛的法体安放好之后,立即通知齐哈玛寺和达参寺,同时通知拉卜楞寺的阿芒仓活佛、索扎仓活佛、岗哇仓等活佛以及拉卜楞寺的格西扎西嘉措、雅玛杂若、拉卜楞寺的主管欧拉扎巴、格桑拉夏。

齐哈玛寺与达参寺的管理人员、囊欠管家、僧人等,集聚在一起,念经回向祈愿,直到法体火化。

齐哈玛寺等寺院在活佛的遗像前不间断地念诵《上师供仪》《祈愿颂》等经文。

随后及时向嘉木样大师汇报和请示,大师指示:将智观巴活佛的法体在成都火化,灵骨迎请到达参寺后,建立舍利塔。根据嘉木样大师的指示,四月初六智观巴活佛的遗体在成都火化。之后,首先准备将灵骨迎请到齐哈玛寺,此时甘肃省玛曲县与青海省河南蒙古族自治县的许多职工开车列队迎请。到达果洛康萨新寺时,由于路上下强冰雹,非常难行。有些人说载有智观巴活佛灵骨的灵车上,显现一道金色的光芒,那时康萨部众的许多信徒瞻仰了智观巴活佛的灵骨。晚上到达玛曲齐哈玛寺,将灵骨放入一个檀香匣子迎请到活佛府邸,齐哈玛的信众瞻仰了整整一夜。第二天,智观巴活佛的灵骨由一百余辆汽车迎送到达参寺供信众瞻仰。

玛曲齐哈玛寺,祈祷活佛早日降世,反复念诵《五部大论》,供上万盏酥油灯。拉卜楞寺等十余座与智观巴活佛有关系的寺院,为活佛举行祭奠活动。

> 爱人之发心为殊胜,
> 坚定誓言甘受厄难,
> 所有菩萨肩负重担,
> 病况如同密云笼罩。
> 佛教睡莲繁荣盛开,
> 圣贤怜悯一切众生,
> 奏永恒不变之乐器,
> 耳如金色树叶闭合。
> 获得金刚持双运身,
> 身受执常病苦之痛,
> 因为坚信四谛之法,
> 如月影幻化入寂灭。
> 一切空之光明乐尸,

享受清净智慧之身，

直至永驻极高世间，

庄严化身不可思议。

趋入黑暗痛苦众生，

烦恼难忍泪流成河，

落水众生伤心不已，

祈祷之声余音缭绕。

所供云朵空中密布，

甚深意趣圆满方便，

时时刻刻精进不懈，

生气弃恶修善之业。

趋入舍利藏圣灵塔，

梵意庄严之缘已去，

善成生死涅槃顶饰，

顿开圆满吉祥之门。

以上所述的色身圆寂、信众哀思为《智观巴·格桑丹巴格勒嘉措传》第五章。

智观巴活佛圆寂的这一年，根据嘉木样大师的指示，达参寺建造了总价值计100万左右人民币，用去白银一百四十二两和用玉石珊瑚等珍宝镶嵌的一座智观巴活佛舍利塔。另外，在齐哈玛寺吾则密宗静修师龙珠的带头下，吾则部众的信徒踊跃募捐，花费50多万元人民币在多玛寺修建了一座1米多高的智观巴活佛灵塔。玛曲齐哈玛寺也根据嘉木样大师的指示，建造了一座代替智观巴活佛灵塔的不动佛造像，但是，如今依照信众的心愿准备再建造一座智观巴活佛舍利塔。如龙树菩萨所说：

抛弃诸供养，

清静供上师，

乐此而遍智，

即获得圣智。

身、语、意三门做的所有业，都成为喜爱上师的方法，尤其用所有的财物供养上师，积聚资粮，祈愿智观巴活佛的转世早日降临人间。

智观巴活佛圆寂后，玛曲齐哈玛寺周围出现了一些奇特的景象。五月十一日晚上十一时左右，几位僧人看见，寺院上空如日月般升起一道形似佛塔的白光。五月十五日正午稍过，在齐哈玛寺西南方向的上空出现清晰笔直的一道彩虹，被很多僧人看见，他们说："以前从未看见过这样的彩虹。"九月二十二日，看见日月星同时显现。另外，在冬季十二月初四，僧人们辩经时，天上下雪后又打雷。

火猪年（2008），正月十六日祈愿法会后，信徒膜拜弥勒佛时，玻璃框内摆放的智观巴活佛的遗像流出甘露，所有人清楚地看到，信众们朝拜瞻仰了一整天。甘露闪闪发光，有些人误以为是玻璃上的水珠，用哈达怎么擦拭也没办法，因而才相信真的是从智观巴活佛的遗像上自然流出的甘露。如此，显现许多奇特的景象。诸菩萨以慈母爱独子般的怜悯之情，不愿失去救度众生的怙主，所以变幻为各种姿态显现在浊世中，愿将众生从轮回苦厄中解救，离苦得乐，引入解脱的道路。

有情悲心皓洁新月，

弘扬圣教无边虚空，

广授佛子妙善海洋，

其作希奇三密传记。

睁开慧眼洞悉秘法，

摄威手印舍弃他害，

听取法音自生三信，

拜见慈容解脱习气。

三轮四摄法，

解救有情者，

训诫一切智，

故作圣者记。

慈悲如意宝树，

茂生利他枝叶，

盛开二利花朵，

赞美普贤善行。

成道雪狮霸王，

抖擞定尊绿鬣，

张开修证爪牙，

怒得犬獒嘶吼。

已结固深法缘，

净心作此事业，

能圆至尊意想，

不理他者怒也。

勿染贪瞋泥淖，

纯洁盛水器皿，

显现功勋花纹，

正直贤者美哉。

如此论述金镶嵌，

且勿渲染增损锈，

满足信徒胜庄严，

雅文韵诗皆欢喜。

以此善行威力业，

硕大佛法无忧树，
十方开放福利花，
诸方遍地茂盛也。
佛教人士皆主张，
善业无碍如愿兴，
足莲永驻如金刚，
促使深奥法轮转。
饥荒纷争皆息灭，
幸福圆满旺享乐，
享用乐及圆满时，
永昌吉祥喜宴庭。
轮回牢狱之脆弱有情照耀三宝光芒，
远离二边之中道光辉驱逐我执黑暗，
消除二障之习气密云佛果智慧法身，
速得良缘之成母众生顶髻装饰美哉！

跋

  《智观巴·格桑丹巴格勒嘉措传》创作的法缘为,首先得到索智合仁波切和齐哈玛扎西曲岭寺寺管会,勺哇、康多、多玛等活佛所管辖寺院以及卡秀慈成嘉措和索南嘉措等人的多次鼓励。之后,在齐哈玛寺索南嘉措等人搜集的资料及秀慈成嘉措详细记载的《智观巴传记》的基础上,撰写了这部传记。此前,按照原文作者的意愿将传主以第六世智观巴的身份写作,行文即将结束时,齐哈玛寺管会提出要把传主以第五世身份撰写。从众多有关本生祈祷文可知,诸菩萨为了度化众生,在无量劫之前发圣菩提心,不可思议地以化身乘愿再来,因此无法确定转世的初末。藏族历史上,所谓转生世系,就是为了便于了解往昔的圣贤,将前后相互具有转世因缘的圣者,追认为一个共同的转生世系,一般将最早的那位,认定为第一世。不存在非要将前面的两位,谁认定为第一世的争议。所以,对之前所起草的原文略作修改后完成了本传记。嘉木样大师心传弟子阿旺扎西之法脉传承者释迦比丘僧罗桑华丹曲吉道吉,于土鼠年(2008)六月初六在德尔隆寺写就。愿一切吉祥圆满!

(仇任前万玛扎西译)

历辈阿莽仓传略

（《历世阿莽仓传略·公论香海》）

第一世 阿莽仓·洛桑东智

法空中舍离，五髻佛庄严，

盛装彩云锦，翩翩起曼舞，

现为如来教，春色妙光华。

称誉具文殊，喜笑金刚音，

文殊怙讲修，祥水右旋湖，

殊胜善行业，飞浪滔天穹。

如许化现身，芙蓉歌舞鬘，

历辈妙足莲，以顶致敬礼！

大慧一切佛智悲，一轮智慧得圆满；

殊胜所行殊胜业，殊成格鲁宗庄严；

有利发心饶益果，熟于二利功业顶。

礼是任运妙成就，善巧功德具祥师！

如许尊三密，滚滚新甘露，

奉给众生为，事迹未热湖。

即被众萨埵，终劫难为瞻。

凡夫指求见，徒成空劳因。

但为妙行语，极引我心故，

请听求功德，意乐心采撷，

正士所传语，天女琵琶弦，

三种信指弹，悠悠此妙音。

四射着无比通达如海显密奥义智慧的亿兆光芒之辩理的太阳；在恒若虚空般永久岁月中，善于高擎文殊怙主第二如来宗喀巴佛法宗轮总义，尤其是其中大遍智嘉木样大师事业白伞盖者；一切教证功德度达汪洋彼岸的贤哲顶饰；以"阿莽·洛桑东智"之称誉妙音奏为方位姑娘耳饰庄严者，虽然在很早以前，就发殊胜菩提心，修行非常艰难的可表现为六度和四摄事的一切佛子道，现证了摧伏四魔的制胜方便，但为利众，反复化现人间的情形，如《华严经》中所说的那样：

随行利众事业者，有人依从原始心，

指导芸芸众有情；有人亦给一切众，

广指无边菩提行；有人明确指导以，

布施戒律和忍辱，精进禅定智慧等；

有人指为梵道摄，也有妙指妙行者。

不从法身动摇而按每一个所化众生具体心愿，分别化现着各种化身庄严，好比同一轮秋月映现于无数不同的水中。现讲其中的此地化身：无与伦比的释迦王佛法传至末劫之时，特别披挂为文殊上师宗喀巴显密讲修妙宗繁荣昌盛并长久住世而所发心愿的坚甲的文殊上师遍智嘉木样父子，在此多麦地方，创建法源具善讲修吉祥右旋格丹协珠扎西叶素琪寺的时候，他以护持佛法中柱的大善知识化身相，专门降凡到这片土地上，高举着文殊上师遍智嘉木样上师父子事业的洁白大风幡。

这位正士，在藏历十二饶迥的火阳鼠（1696）年，诞生在阿莽部落阿囊穆家族中。他的哥哥多拉噶居哇·仁钦嘉措，有着新建哲蚌寺果芒扎仓多热康村公宅等的大功劳，据传，为此颁布的表彰他优异于该康村其他弟子的公文，当时还存档在康村里。由于他的这位仁钦嘉措哥哥当时在蒙古贝勒珠纳的双亲身边担任塔尔弥其，这位至尊从幼年时起，就被贝勒福晋南吉卓玛收在身边，进行着细心的养育。遍智嘉木样父子创建拉卜楞寺的时候，贝勒的母亲刺陀那去世了。作为对刺陀那的荐亡善事，把这位公子为首的许多弟子奉献给了刚建成的寺院。至尊因此进入拉卜楞寺，依止嘉木样心传弟子谦德尔·阿旺扎西，学习五部大论，做到了精通，经应考《四禅八定论》和《中观教证库论》两部大典等的刻苦努力，渡到了聆受大海的彼岸，贤名传向了四方。此情正如《法集要颂经·亲友品》中所赞的那样：

> 具智者须臾，近依贤者功，
>
> 遍知一切法，如舌品菜味。

这位至尊在辩经院高声长吟文殊种子字母发出的开辩声，甚至在卡噶尔顶上都能听到。当时，辩经院学僧中有"东智的开辩声、嘉云玛的理路、果妥的理解力、江若的击掌声"之说。那一年，赤甘仓将许多格西编成了一个中观班，被称作"发心供养班"。赤甘仓对该班格西们说："你们要下一番功夫，看看能否对见地获得伺察，我也会尽我的所知，进行讲授。"用一年的时间，经反复记诵，背熟了一切教证大典，对中观进行了极其精细的讲闻。其中对舍离两边的中观理路精意，正确无邪的龙树圣者师徒中观应成观，不以成篇成句囫囵吞枣笼统敷衍，而获得清净深义者，是这位洛桑东智尊者、赛卡尔·索南加措、江若·阿旺丹增、刚察·阿旺谦热、岭·东智嘉措、阿坝·曲迴嘉措、阿坝·热丹嘉措、阿坝·堪噶尔、阿坝·堪那克、饶江巴·更噶扎西、达答哇·仁钦曲桑、丹增嘉云和饶江巴·阿旺索南等赤甘仓的绝大多数主要亲教弟子。他们都有着根据证得清净见地的情况，将各自所获见解颂成道歌的《见解歌》。

这位至尊视遍知一切嘉木样父子为真佛，心相续中始终怀有这种坚定的信仰，按照规矩服侍和承事嘉木样上师来敬献欢喜等的善行,给上师奉上了三欢喜。赤甘仁波切特此撰写了一篇专门依止遍知一切嘉木样的《上师瑜伽法》,赐给了他,并将各种修持大威德金刚和护法神的口诀,倾尽自己瓶中所有,全部授赐给了他,使他变成了浩瀚如海的诀窍的宝藏,尤为重要的是,经赤甘仁波切深入指导怙主秘密窍诀和修成内外秘密所依物方面的诀窍奥义后,他进行了念修怙主的闭关密修。当时,他不仅担任过寺院总掌堂师,而且兼任着阿勒达尔阿沃和察罕丹津亲王的管家,身兼上师和官员两种职务,长期担负着政教重任,被尊称为"饶江巴管家",成了公认的练达世间事务者。就这样,他在政教两个方面,具备了广大的智慧,撰写了《文殊怙主赤钦贤者传·信芒希有鬘丽》。他又从德哇仓仁波切,聆受了许多记诵类法要和经文教诫,并严谨践行着德哇仓的话。听说,这位至尊和白·丹增嘉措两人,是德哇仓最喜欢的人。至尊又将文殊怙主赤甘仁波切的转世灵童阿旺嘉央扎西,从幼年时起,以佛法教导和物质生活两个方面,进行了精心的抚育。这位至尊通过催勉,让灵童从殊胜怙主久美旺波,求得了《修法海论》和《十三怙主教诫》的随许法;让亲王把他的王府扎西通门殿,敬献给了第二世遍知嘉木样活佛。并在他的指导下,请来了至尊宗喀巴的巨幅锦缎佛像,让阿里的达尔罕王担任了印经刻板施主。以如此等等的工作,身负活佛府邸和寺院扎仓的所有重任,办理了各种广大的事业。

关于功德成就方面,至尊尽管担任着王府管家职务,整夜整夜地和衣危坐于卧榻,加强着对所学知识的记忆和理解。有些对此存有怀疑的人,把麦面和糌粑面倒在他的僧衣上,绘制了线纹,到次日早晨,所画面线纹丝未动,大家为此惊诧不已。这是对共同止观禅定,获得了稳固定力,并对不共生起次第瑜伽和内分脉获得自在的有力证明。人们传道,经他念咒送过往生的死者身上,迥异于他人的灵验迹象多有显现。在僧伽敦肃功德方面,他依律奉持着清净戒条。在身边所有用具上,甚至在他身前放了一宿的哈达上,飘动着戒律的香气,这使所有人,不分老幼,对他产生了非常大的敬信。说到善巧功德方面,曾经担任亲王的额尔盖哈剌福晋随从,前去夏琼寺的时候,不得不在全寺大法会上立宗辩经了,这时的他已手释经卷二十来年,所以刚开始的时候担心自己有所荒疏而略存紧张,但在进行辩论的过程中,只在《毗奈耶经·皮革事》一部上出现了一次险些被破的风险外,其他任何一个环节,所立之宗,未遇到任何的破斥之虞,反把论敌给辩得哑口无言了。夏琼寺僧众为之深感稀有,向福晋呈禀说:"看这位老格西亲自立宗的情形,你们那地方僧众,要么都是经学饱满的智者,要么其中没有一个博学的人。"此情正如萨班尊者所赞:

> 正士功德纵深藏,一切世界悉传布;

> 豆蔻花朵纵掩盖,馨香漫溢于四方。

刚从夏琼寺回来,经施主和福田双方商议,被任命为密宗院领诵师。第二世嘉木样·久美旺波救怙尊前往卫藏教区的时候,又要把这位至尊任命为拉卜楞寺的法台。至尊亲口反复辞道:"我想竭尽全力,想最大可能地饶利这个密宗院。我无法在这个时候再去担任全寺法台,请接受我的恳辞!"救怙尊说:"从政教两个方面进行考量,非你莫属,你不可以推辞。"这使他不得不接受这个任命,于藏历水猴年(1752)秋天就任法台席位,对五部大论的记诵和七月法会布施项目,均按赤甘仁波切担任法台时的规格,进行着发放。本来打算将法台职务一直担任到至尊久美旺波从卫地返回时,但因到了次年的春季,额尔盖哈剌福晋去世,幼亲王多尔济帕拉木尚未成年,王府请求,要从拉卜楞寺两个主要扎仓两位上师中,择一名兼任幼亲王所在地额尔盖扎仓宗教上师和世俗长官两种职务的高僧,如果执意不来,只好在别的地方新找一位上师。请求得非常迫切。这位至尊便对密宗院亲教师洛桑乃丹巴尊者说:"殊胜救怙尊曾对我下有严敕,他从拉萨返回前,不可空着法台席位。这使我就没有办法去那地方了。请您去担任额尔盖扎仓法台好吗?只要坚持了三年,我一定会准许您辞职的。"但洛桑乃丹巴尊者不管怎么说都不愿意去。无奈之余,至尊自己去担任了额尔盖的上师与管家。这样,密宗院亲教师洛桑乃丹巴尊者在秋季法会上,继任了拉卜楞寺的法台,但到了木狗年(1754),圆寂在任上了,便由贡唐仓·阿旺丹贝坚参再一次担任着法台。这一年,经派出请求殊胜救怙尊久美旺波从拉萨返回的专使,禀报了拉卜楞寺法台现状。殊胜救怙尊给这位至尊所赐信件中,清楚地写到,遍知尊者嘉木样暂时不想返回多麦,"拉卜楞寺即使遇到再大的亟待祈福禳解来破除的障碍,您好比亲手饲养大的羊羔,是咱们寺院培养出来的格西,在政教两个方面都负有众望者,没有理由撒手不管"。以这样的道理,严令他要兼理额尔盖扎仓和拉卜楞寺两地的事务,于是,又从额尔盖返回了拉卜楞寺。寺院也以马队和僧伽仪仗等比以往还要隆重的礼节,进行欢迎,并为他再一次举办了法台就职庆典,又担任开了全寺大法台,从政教两个方面,认真总理着拉卜楞与额尔盖两地的一切事务。对讲闻和布施等方面,保持着不低于过去的规格。

六十一岁,藏历火鼠年(1756)年,至尊前去额尔盖为王爷进行祈福禳灾佛事的路上,贵体被恙,便去了苏茹,虽然所有弟子进行了大规模的经忏仪轨,饶效不太显著。氐宿月十四日,至尊让人陈设了吉祥大威德金刚曼荼罗供养的整套供物,自己亲自缓缓念诵着《大威德金刚曼荼罗仪轨》,进行了自入。十五日凌晨,问侍奉在身前的饶江巴洛桑慈成:"今天是氐宿月十五号吧?"洛桑慈成回道:"是。"至尊说:"今天我把握不住了,你们别紧张。我在生病时,你精心护理,积下了极好的福德资粮。据说,病中的上师和父母,是无量的福田。你要把我的这件资具,送到扎仓那儿去。其他的人,有着上师圆寂后,收集和陈列供物的习惯,可你们不懂那些仪轨。那你们就吹一次螺号吧。我是寺院的法台,这事具有善缘。"接下来没有别的话了,只说着:"看一下我的脚背。"叫他们看了好几遍。忽然又曲膝盖蹲起身子,说:"让我把脸朝到西面去。"接下来,脸向着西方,眯着眼,停了一会儿,轻轻地咏诵一遍《往生经·勇士出征》中所讲往生祈愿颂时,忽然发出了一声剧烈的喘息声,被所有人身边都听见了。据传,与此同时,停止了呼吸的流动,贵体变得美丽又泽润,戒律的香气漫向了很远的地方。就这样,将色身庄严敛入法空后,经由身边的弟子们完成荼毗仪轨,变成了舍利蕴。以至尊的意愿,通过陈列广大的圆寂荐亡供养,忌辰佛事,也在每年准时举行着。

> 众佛大慈悲,智慧法空界,
> 众佛所聚结,总色虚空宝,
> 现前开放为,佛法莲亲故,
> 于彼悲白云,所结彩晕中,
> 近敛身语意,三业诸功业;
> 大悲大慈心,近怀众有情,
> 悲悯垂顾目,永时不会已;
> 善行无忧苦,阿输大宝树,
> 利益语言花,艳艳呈华丽,
> 庄严妙置为,有缘耳美饰!

准备这篇了义大善知识、阿莽饶江巴格西洛桑东智传记《公论香海》时,没有见到这位至尊的其他传记,便将载录于这位正士的第二世殊胜法王班智达所撰《拉卜楞寺法嗣传·天神巨鼓》中的相关内容,作主要依据,并以这位至尊的亲传弟子扎贡巴·贡确丹巴热杰所撰《法嗣传补遗》中所见零碎材料,作为补充,以赛字为名者,念及自己的福运顺缘,用清净的增上意乐,完成了撰写,祈愿为之增长功德!

第三世　阿莽仓·绛央丹增嘉措

向生真文殊,欢喜金刚尊,

所发菩提心,田田莲花池,

贤哲弘法师,俱胝顶上宝,

如海化机怙,虔心以归信!

洁白雪岭间,离舛离颠倒,

文殊怙主尊,妙法宗大海,

善行皓月轮,皎皎现前明。

为讲此功德,语矗道生喜!

因为对正确诠释佛祖一切教言意趣不存任何障碍的智慧九技,任运获得了成就之故,被树立为南赡部洲庄严的以"了义大班智达第二世阿莽仓·贡确坚参"的佳称将盛誉传遍三界的尊者,将意趣转向如意所欲地后,以玳毛塘寺僧众为主的温波、弟子和属民等,向殊胜大士大金刚持第三世遍知一切嘉木样·久美嘉措、贡唐仓殊胜化身大宝贡确丹贝嘉措和霍尔藏仓殊胜化身大宝久美丹贝尼玛三位尊者,为了迅速显现阿莽仓正士的殊胜化身,进行了笃诚的祈祷。为此,三位尊者给他们赐予了进行十处礼供、四曼荼罗供、弘传佛祖教言大宝及酬补和请托护法神等祈福禳灾经忏课业。于是,拉卜楞寺的阿莽仓活佛府邸、玳毛塘寺阿莽仓活佛府邸和佐盖噶萨尔寺阿莽仓活佛府邸的各位执事,以及阿木去乎玳毛塘寺公众等,担负责任,做完所有祈福禳灾仪轨,极生饶效,转世在了西仓酋长世系中贡确嘉和他的妻子才让吉家。灵童于称作普喜的藏历木虎年(1854)神变月上弦十五日,清晨旭日刚照到山巅时,母亲未经丝毫的疼痛,就顺利地诞生了。

当时,精通星命学的人,通过演算,给灵童奉上了"拉玛才让"这一名号。德哇仓·绛央图丹尼玛,火龙年冬天,去吉祥右旋拉卜楞寺时，阿木去乎寺僧众、拉卜楞寺阿莽仓活佛府邸温波和所有僧俗信士，请求他为从速认定阿莽仓转世灵童而赐予垂顾。德哇仓亲口答应道："不仅会出现一位真实无假的转世灵童，而且连我都会有缘瞻礼到。在五台山的时候，我梦见有老壮两位阿莽仓同席而坐。看起来，一个大约九十来岁，另一个在五六十岁之间。但是，你们不可过于急切，我还会继续观察的。"他同着一些祈福禳灾佛事安排，赐予了这些指示。

五岁时，藏历土虎年（1858）春，遵照德赤仁波切的教谕，于上下各地，通过寻访值得留意的男孩，搜集到好多名奇异稀有幼童的名单，呈给了德哇仓手中。在转法轮的殊胜节日初四法会上座期间，秘密主成就自在德哇仓·绛央图丹尼玛，以无盖障慧眼阅览完，决定通过观察酥油灯求得佛谕。初五清晨，将两位温波、阿木去乎寺公众代表和在拉卜楞寺阿莽仓拉章的温波等传到身前，将这位降生于西仓部落的男童，认定为阿莽班智达·贡确嘉参华尔桑沃的转世灵童。过去，上一世阿莽仓尊者临近身色庄严敛入如意所欲地以示现圆寂时的某一天，对若干名最亲近的徒弟说："六月十五日前，我的身体会痊愈。到那时，我要去西仓。"徒弟们问道："不会是西仓吧？您说的应该是曲廓尔噶萨尔寺吧？"阿莽仓说："我就任过西仓寺第一任座主，担任拉卜楞寺法台后，经常要去那儿住行，这使我叫惯了西仓的名字。现在，年轻时所做的事情，都变得清晰起来了。"转世于西仓跟这些话中的寓意相吻合，所有僧俗，对他产生了诚挚的信仰。就这些事情，在这位至尊的传记《密传祈愿颂》中写道：

> 虽未开韶光，蓓蕾藏百瓣，
> 正士诸善行，尽圆一切处。
> 空前化现身，歌舞成新戏，
> 匹配诸义成，悉达多王子！

初六,两位温波和阿木去乎僧俗代表前往西仓,初十,在灵童家附近建帐驻扎下来,于星曜机缘吉祥的十一号那一天,早晨旭日光芒照射到山巅的时候,将尊贵的灵童大宝请至营帐中,首先献上德哇仓和两位金席大师所给贵重的宁德玛哈达,请求了摩顶赐福。灵童没有丝毫的紧张表情,非常高兴地赐予了摩顶。这时,浮游在阳光里的彩霞,几乎要笼盖远方山脉了,所有的人把这一景象理解成了圆满瑞应。牛宿月十一日,又有德赤仁波切的代表噶多夏仲·贡确慈成、索扎的温波贡确丹曲、阿莽仓自己府邸的两位温波和时任阿木去乎寺法台的色拉洪洛·久美嘉措等人牵头的阿木去乎寺僧众代表等人,来到西仓,在新搭建的寝帐里,给尊贵的灵童敬献僧衣时,灵童一见到僧衣,变得非常开心,当即穿在身上,给他们赐予了摩顶。灵童面对为了求得摩顶,从四方汇聚而来的信众时,脸上没有丝毫局促的表情,快乐地进行着所有程序。各位上师和弟子进行护法神多玛回向仪轨和向神灵煨桑祭祀的时候,聆听他们的诵经声和手捧曼荼罗观想所缘相的神态,与上一世阿莽仓非常相像,这使集结在那里的所有僧俗信众欢喜、信仰和热情争相澎湃起来。九月十一日,出离出生的家庭,移锡骑行,在以西仓的两大总头人为首的所有男丁组成的马队的恭送下,前往阿木去乎玭毛塘具喜法轮洲甘丹曲廓林寺时,以阿木去乎寺前任和现任两位法台为首的所有执事上师及阿木去乎八部落的数千骑组成的马队,进行了极其隆重的马队仪仗欢迎和设灶郊迎。十五日,阿木去乎寺千余名持有戒律和紫袈裟胜幢的僧伽,以持有一切供养资具的僧伽仪仗,一直恭请到甘丹曲廓林寺僧海首席,使他的足莲高高地踩在了层层座褥摞成的上一世阿莽仓的法座上。接下来,结合寺院和所属部落一起举行的盛大庆典,以阿木去乎寺的法台色拉洪洛·久美嘉措敬献佛像、佛经和佛塔三所依处来带头,所有僧众求得了摩顶赐福。卓尼寺和佐盖新寺等若干寺院,以及各位虔诚的施主,也敬献了厚重的供物，灵童用满含欢喜的目光垂注着来自四方的信众，一一赐予了摩顶。阿莽仓自己的府邸也奉上了隆重的活动庆典，使主客众人都获得了欢喜和满足。

天降节那天，移锡大古刹吉祥右旋洲扎西叶斯琪维林，经各扎仓和内务府各执事的马队仪仗和设灶郊迎，来到了自己的府邸，由措钦措兑和居巴措兑，举行了隆重的庆典。随后，灵童从嘉木样的贤良绍圣霍尔藏仓·久美丹贝尼玛、德哇仓·绛央图丹尼玛和贡唐仓·贡确丹贝嘉措三位金席大师处受领了摩顶，三位金席大师授予摩顶的同时，给予其极大的慈悲关爱。各位内务要员和阿莽仓活佛府邸的代表人员，也进行了盛大的庆祝，同时敞开了财富的繁荣和佛法的善缘两扇大门。

伟大的三界法王宗喀巴曾说："居家者，修习佛法时，会遇到诸多的障碍，因为他身上沾染着许多罪过所带来的恶态；出家人与其相反，因为回遮轮回的所依处，是殊胜的出家者。所以，各位贤者，要变得真正喜欢出家的人。"因为，出家是一切善品教法的根基所在，所以，在灵童六岁时，也就是叫作义成的藏历土羊年（1859），在具足信仰坚定和善巧智慧两种功德的堪仁波切德哇仓·绛央图丹尼玛前，正确地受领了居士戒和出家戒。至尊大主宰曾说：

　　意之玻璃因，断心颜色变，

　　手之莲花因，钵盂蜜蜂美，

　　身之金山因，红黄七衣鲜，

　　云霞彩童子，笼盖这一切！

三世阿莽仓，受领到了偈颂所赞戒律的一切美丽庄严，被赐予"绛央丹增嘉措"这一法号。德哇仓通过赐予一张堪布赤仁波切过去担任拉卜楞寺全寺法台时的座褥说："让它来成就毕生高举讲闻宝幢的顺缘吧。"阿莽仓将这句话和其他许多教诫，铭记在了心中。他一开始就依止这位贤哲救怙尊足莲,享受着语言的甘露,心相续被殊异于其他征兆的加持相加持了法力,不由自主地生起了视德哇仓上师为真如来的意念和无可阻挡的虔诚信仰,依止为恩德无比的根本上师。就这些事情,《密传祈愿颂》中说:

> 具足新分际,袈裟披于身;
>
> 无垢戒律容,俊朗增红润。
>
> 缘此祥饶益,佛法众生林,
>
> 繁盛大事业,尔今已担负。

接下来,由上辈阿莽仓尊者的真传弟子阿木去乎·曲觉嘉措的师父,开始教文字的拼读与整读、法行和祈愿文时,不需要耗费多大的工夫,刚一开讲,他就铭记在心里了,而且他对句义的分析方法,也极其稀有,大家因之深感惊奇。接下来,依次记忆了《现观庄严论》《入中论》《摄经》和一些常诵颂词。

十一岁,藏历木羊年(1865)秋季大法会上,在具善吉祥右旋拉卜楞大古刹,加入了闻思制胜洲经院,第一次听讲了摄集归纳《因明七论》中一切正理而成的《摄类学》初级单元红白显色部分,并就此进行了严谨的辩论,对这些内容和因法立量规理,只要听了一次,就能毫无障碍地掌握。接下来,依次聆受和研习《心类学》《因类学》《七十义》以及《现观庄严论》等五部大论,并坚持参加了每一次的经院辩经。贡唐·丹贝仲美曾说:

> 不为义老朽,依赖语拐杖,
>
> 经典诸文句,不去悉背诵。
>
> 仅从翻书函,或听语所传,
>
> 纵求混一日,亦难有所助。
>
> 由之请恒常,背书和记诵。

阿莽仓经常把这个教诫铭记在心中,背诵每一部论典的正文和许多经论章节的同时,没有旷过一次的讲经和辩经,因此,对立量理路、对典籍文义的理解方法、对总义的深入钻研、对疑难的判断和对所背每一段经文间的分别衔接、对其他教派的辩论方法、对加强理解力度而进行释疑的方法等,任何一个方面,做到了不同于他人的细致入微的钻研,辩经能力如火焰般熊熊燃起,不可抑制,凡背诵过的内容,绝对不会有遗忘的可能。所以,所有智慧之王向他多次抛撒着赞誉的鲜花,贤名鹊起,传向四方。对此,《密传祈愿颂》中说:

> 殊胜讲经果,纷纷落成雨;
>
> 促醒众人神,促离众人舌。
>
> 无垢纯辩经,锐利光蠲索,
>
> 就此悉割断,犹疑愚昧网。

十二岁,藏历木牛年(1865),十月上旬,向殊胜遍知救怙尊嘉木样化身格桑图丹旺秀请求摩顶,并进行笃诚祈愿后,被引入大威德独勇金刚曼陀罗中,圆满受领了四灌顶瀑流,获得了活力旺盛的四身种子。继而在第一遍主佛陀堪仁波切德哇仓·绛央图丹尼玛前,以详广实修规理,聆受了上师瑜伽修法《兜率天内院百尊赞》和《诸功德根本颂》的传承、以《上师五十颂》之讲授为前行的迥异于其他续部中相关说法的无二时轮金刚之《摄受弟子》和授予修行生起次第之权的《如童入七灌顶》、授予修行圆满次第灌顶之权的《大灌顶》和《大上灌顶》以及《上之上金刚上师灌顶》。此外,还聆受了《毗卢遮那现证菩提灌顶》和这位至尊《文集》的传承等诸多佛法教诫。然后,在上一世阿莽仓的至正弟子、众人的大善知识上师扎尔匝尊者前,聆受了《至尊宗喀巴全集》和各种类经教引导,《大威德十三尊曼荼罗》《大威德四十九尊曼荼罗》和《八起尸类》等的灌顶、教诫、随许和讲授等诸多内容;在霍尔藏仁波切前,聆受了《十三怙主教诫》《洛扎文集》以及出自这两部论典的有关密集金刚的随许法;在阿旺格勒堪布的正化身阿旺图丹嘉措尊者前领受了《第二世嘉木样文集》《贡唐·丹贝仲美文集》和《章嘉·若贝多杰文集》的传承。总之，通过拜依许多至正贤哲，变成了灌顶、随许、传承的教导和秘诀的宝库的情况，在《密传祈愿颂》中讲道：

> 从金刚持王，扎尔匝尊者，
>
> 无垢亲口传，无灭长池中，
>
> 窍诀瑰丽泡，串成笑颜鬘，
>
> 妙慧大口饮，智慧韶华满。

在这座大古刹，第三世阿莽仓就任全寺大法台，从政教两个方面的出色管理满足僧众心愿的情况，此后第二次出任全寺大法台和登上续部下院和喜金刚学院首席，用佛法和财富两个方面精心管理的情况，以及通过担任阿木去乎寺和西仓寺法台等行业，从政教两个方面管理若干僧伽寺院的情况，总而言之，通过担负这一系列的职责，为繁荣和发展文殊怙主宗喀巴胜者讲修妙宗大宝进行着极其广大事业的情况，因为尚未找到这些事迹的具体细节和受领近圆戒方面的材料，在此只能做这样的简略交代了。

这位至尊的语传弟子，多若浩繁的星辰，其中主要的有，雪域诸贤的顶上明饰、辩理自在、大善知识贡唐·洛追嘉措尊者，最后五百年一切众生的顶上明珠、文殊怙主宗喀巴妙宗的中柱、遍照、一切智班禅·曲吉坚赞的群伦冠冕久美赤列嘉措大金刚持，金席大师贡唐仓活佛，扎贡巴·绛央丹增活佛，多丹阿仁巴的转世格桑久美多丹嘉措等堪称佛法中柱的诸多贤士。

四十九岁，藏历第十五饶迥木马年（1894），救怙尊嘉木样金刚持下法谕，将这位至尊任命为嘉木样活佛府邸司迥堪布，颁发了表示尊崇的公文，赐予了轿子和宝伞等彰显尊贵身份的特别资具。从那时起，拉卜楞寺就有了五大赛赤之说。他的那顶轿子至今还保存在文殊殿楼阁下。在善品上弦吉祥日,于僧伽仪仗的礼迎下,他来到了嘉木样尊者的府邸内,受领遍知救怙尊嘉木样摩顶赐福后,为示吉祥,先给救怙尊献上名贵的宁德玛哈达,接着,依次敬献了曼荼罗及佛像、佛经和佛塔三个身、语、意之所依圣物。殊胜救怙尊佛心大悦,回赐了名贵的内库哈达、护身结和要求担负政教两个方面主要责任的谕诫。接下来,在府邸举行了盛大的就职庆典,当着府邸、措钦、各学院和拉卜楞各子寺代表等会聚在府邸的众多要人面,殊胜遍知嘉木样对这位至尊说:"拉卜楞寺府邸的总政务,特别是全寺和寺属民众的大小行政事务,现在就交给你了。只要在精心施令和安排的基础上,竭尽全力地履行了职务,我一定会支持你的。"就这样,金轭似的谕令,落在了这位至尊的肩膀上。对此,《密传祈愿颂》中说:

> 欢喜金刚将,善行重担以,
>
> 为负此断证,健旺身力故,
>
> 练达串习发,谕令菩提心,
>
> 授予上首弟,唯一正确者。

文殊怙主萨班也曾说:

> 正士委作官,义成得幸福;
>
> 宝珠供幢顶,利域诸贤传。

他从此担负着伟大遍知嘉木样大师的政教总务,尤其是这座大古刹的佛法、管理两个方面大小事务,处理拉卜楞所属寺院和世俗部落各种具体事情时,不殉偏颇,遵循业果准绳,进行着细心的研究和裁定。他就这样遵照正士的教诫,从每一件利他事业,进行广大的纷繁复杂的事务的情况,正如达赖喇嘛·格丹嘉措所说的那样:

> 初业补特伽罗般,行彼少事遁世行,
>
> 虽成正士所赞殊,尔大萨埵不为美。

各位佛子菩提萨埵承担着只进行利他善事的殊胜事业,特别是这位大德历世以历辈遍知嘉木样上师纯真洁白事业白色宝伞一直竖向三有之顶的伟大决心，圆满着成就每一件事物的法力。这事被所有的人看在眼里。

六十六岁，藏历火龙年(1916)，殊胜救怙尊、遍知嘉木样·格桑图丹旺秀仁波切，示现了敛无漏意于法界的圆寂相。这位至尊遵照殊胜上位嘉木样所留遗书教诫，担任了嘉木样的补处绍圣。他怀着巨大的认真心态，承担着嘉木样活佛府邸和拉卜楞寺内外所有宗教和行政事务的重担，以陈列虚空藏体性的不可思议的五种供云于殊胜遍知嘉木样遗体前等的善行，为圆满殊胜遍知意愿，进行着努力。对各位赛赤为主的所有会坐于此的活佛，一一献上厚重供奉的同时，对拉卜楞寺自己和其他许多寺院，不分宗轮派系，奉上了进行承事的丰富供养。请来阿木去乎·绛央钦饶嘉措仁波切，藏历三月廿五日，给嘉木样的遗体举行了茶毗仪式。将出现了许多天成文字的佛骨，盛进宝箧中，供进了用4000两白银铸造的做工精美稀有、镶嵌着各种珠宝的舍利塔内。这座舍利塔成了包括天神在内的一切众生世界的供奉处，是能对所有见、闻、思、触到这座所依处的有情，带来不可思议的利乐的宝藏之大蕴。

那时，将一个叫作李宗哲的人，任命为拉卜楞寺的管家。至尊萨班说："若被业力所牵引，智者也会走邪路。"

又说："福尽时生邪心人，种族绝时生孬种。"

李宗哲初时为人谦卑恭顺，遵照规则小心地执行着上师的指令，在摄理各种事务方面，没有出现过任何破绽。但到了后来，渐渐变得放肆起来。这又如萨班尊者所说：

> 如果狡黠太过甚，一时虽顺终遭灭。
>
> 如果聪明过了头，多事终将毁自己。

李宗哲妄自随顺贪婪痴愚，仅为自己的职位和后台着想，暗地里向西宁城里的回族军阀马麒行贿二百两黄金,与他沆瀣一气,将许多正士信财贪为己有,干着许多背离寺院清规的事情。他因之被称为堕戒的僧残。对这一切,拉卜楞寺僧众和寺属所有僧俗无法忍受,各种各样的流言,如夏日的喷泉般喷涌而出。这使他不得不离寺逃遁了。他跑到西宁,投靠马麒,请求到了扶持。马家兄弟正在寻找着朝拉卜楞方向扩展势力的机会。李宗哲的投奔像无意间有一个宝贝落在了自己手里一样,他们抓住了这个机遇,将马家军开到拉卜楞,在寺院内扎下了军营。这些以至尊为主的阿木去乎寺色拉堪钦等活佛和弟子不得不离寺外逃,躲避马家军。秘密移锡欧拉的路上,在洮河桥上,跟许多西仓信徒相遇。至尊给他们授完摩顶,说:"这一次,我和阿木去乎,跌进了九层地底下。但一定会有一次金藏泥中、光满天际的时候。"然后继续向欧拉方向走去。当时,阿木去乎民众,心中只有吉祥右旋拉卜楞寺和这位至尊。常言道:"佛法若遇敌,反击以锡杖。"他们以无比的英勇,跟敌人进行了好多次恶战,终因寡不敌众,马家军推进到了阿木去乎。

六十九岁,藏历土羊年(1919),这位至尊驻锡于欧拉的时候,贵体出现了微恙状。当地各寺院的所有活佛和弟子,以及寄身于欧拉的所有原阿木去乎寺活佛和弟子,正在为他进行极具饶效的祈福禳灾经忏佛事时,至尊把色拉仓活佛和其他逃亡到欧拉的阿木去乎籍僧众,叫到身前,手里拿着嘉木样尊者的公文,说:"你们要很好地保存它。以后所有阿木去乎僧俗,要以马队骑迎的礼节,把这份公文,请到那个地方去,找一个地名吉祥的地方,打开后,宣读给大家。我现在要到丹真旺杰家夫,不久会回来的。到那时,咱们可以相聚在新建的经堂里,举行庆典。"边说边把公文交给了僧众。这就是他赐予的最后遗言。藏历七月十三日,在没有丝毫疼痛的情况下,身体结跏趺坐,呼吸渐弱渐无,三空次第融合,现前示现了胜义谛一切空光明法身。至尊

这时的情形,正如《大乘道次第摄义论》中所讲的那样:

　　　　为使事业圆满故,回遮不欲寂灭故,

　　　　回遮欺侮佛陀故,致使生起欢喜故,

　　　　各自勤德造论故,致使悉速成熟故,

　　　　诸位佛陀化现身,无持永生住世观。

《经庄严论》中说:

　　　　盛水器皿碎,水中月影无,

　　　　如理恶有情,如来色身无。

明知是未净世界,而专为饶利降凡的各位大圣,圆满所降世界所化众生和事业后,摄敛幻化身庄严的做法,是通常的规律。这位至尊,用毕生努力,办理文殊怙主上师嘉木样胜者佛法和行政方面的大小事务,以及吉祥右旋拉卜楞大古刹的教务,做了这一世的任务,现在业已完成,这两大功业达到了彼岸,且已圆满一切所化众生事业,故而,将色身庄严敛入了法界。《密传祈愿颂》中说:

　　　　常见恶见意上方,光明法界修三座,

　　　　三密日妙入蛇冠,依为俱胝空行喜。

于是,以色拉堪钦仁波切为首的驻锡于当地的各位活佛和阿木去乎寺的僧众等所有僧俗,进行盛大荐亡供奉的同时,对遗体进行了荼毗仪轨,在欧拉为之修建了一座很大的十万泥佛佛塔,供放进去,由之成了包括天神在内的一切众生无上供养所依处。

他们打开阅读此前赐予的那份公文时,里面详细地写着遍知嘉木样仁波切的转世地。至尊所说的丹真旺杰,其实就是第五世嘉木样儿时的名字。所以,临终所言"我现在要到丹真旺杰家去,不久会回来的",是在清楚地悬记这位至尊将会转世为第五世嘉木样的亲兄弟。这就是对自己的生死获得了自在的大圣士夫的稀有宏化,是超乎一般世俗士夫想象的无上三密功德之一。

赞　曰：

遍知绍圣任,服侍佛祖业,

身负太阳轮,拉向边地责。

由之奉戒律,于彼僧法王,

巍巍法座上,傲然高居之。

善行宏化葩,纷纷新花瓣,

落遍世界广,所成希有图,

纵有帝释睁,千眼难为瞻,

岂在观现世,凡夫能言道?

但为说末世,受作佛法春,

光华妙游艺,政教甘露雨,

增长为利乐,利药胜行业,

叙其分支祈,善缘怙降至!

准备这部运输殊胜遍知、文殊怙主嘉木样一切教理事业之大车第三世阿莽仓·绛央丹增嘉措传记《公论香海》时,没有见到这位至尊的其他传记,便将到手的《密传祈愿颂》和一些简略的材料,作主要依据,用正确的文字进行补充,以赛字为名号者,用清净的增上意乐,完成了撰写。祈愿此笔耕转化为善妙功德!

第四世　阿莽仓·久美慈成南杰

高举大善慧,文殊妙童子,

妙智圣智轮,一以俱圆满,

文殊怙主法,妙宗宝胜幢。

如许具德师,虔心以归信!

归心不动勇,坚心发菩提,

佛子菩萨相,复降此方土,

持戒僧衣装,再起僧伽舞。

向此胜诸方，尊胜以归信！

乐空妙瑜伽，不使心散逸，

善行成利药，末世利众生，

所增善妙雨，乐将其点滴，

说为福功德，善缘妙庄严！

在唯一悲悯尊莲花手观世音化土，被雪山环绕的辽阔方域藏区多康六岗之绷波岗一带，被许多化显大士足莲践履并赐予加持之地，现前吉祥瑞应并圆满十善胜德之乡，有一座经由神佛和空行亲授悬记、莲花手导师上位胜王遍知达赖喇嘛·索南嘉措亲手开光创建的理塘香钦雪列南巴杰维林大慈方胜洲大古刹。这座伽蓝附近，是胜王导师达赖喇嘛·格桑嘉措等许多大士的诞生并用足莲践履和赐予加持之地理塘八村之一营官坝彩玛村。该村有一支广传藏区的"噶、直、东三姓"之噶姓家族，这一家族中拉日·仁钦东智的儿子，名叫贡布东珠，性格耿直，英武雄强，一心向往念诵三亿遍六字真言等的洁白善业，身心充满着世间诸法和俱生功德。他的夫人叫古汝兰措，是出过号为噶居法王喇嘛本的殊胜大成就者的尊贵家族后嗣达玛尔·贡布泽仁家小姐，她身上充满着虔信三宝、极爱施舍、性格温柔和勤于洁白善行等稀有吉祥美德。这一对夫妇共生有五个孩子，大公子是后来多麦大地上的大梵天阿罗洛桑泽旺。生于藏历第十五饶迥水兔年（1903），藏历第十七饶迥木牛年（1997），在兰州去世。据传，当时在他的遗骨上，增生过心、舌、眼三类舍利子。后来装入黄铜宝塔中，至今仍供在拉卜楞寺续部上院。二公子是大遍知嘉木样活佛的五辈转世殊胜大士洛桑绛央益西丹贝坚参，藏历第十五饶迥火龙年（1916）降生，藏历第十六饶迥火猪年（1947），色身庄严敛入了法界。大小姐叫阿卓，后来嫁做了青海省果洛康赛头人的夫人；二小姐叫阿索，后来嫁做了青海省果洛康干头人的夫人。最小的公子，是这位至尊。于藏历第十五饶迥土虎年(1918)，在母亲没有任何病恙和疼痛的情况下顺利降生。他如同一切有寂美丽精要聚结在一起般的让人怎么也看不够，在众人广阔的视野中，炫耀着英秀俊朗，同着吉祥圆满的舞姿，来到了人间。对此，《密传祈愿颂》中说：

> 无量往昔时，金寂佛尊前，
>
> 欢喜金刚圣，二父发心愿，
>
> 圆满合一兆，而今示现为，
>
> 生世珠鬘中，上首亲弟子。

这位至尊三岁的那一年，伟大的第五世遍知嘉木样·杰尊洛桑绛央益西丹贝坚参，遥赴具善讲修吉祥右旋洲格丹协珠扎西叶素琪维林拉卜楞大古刹坐床时，这位至尊也同着母亲随之远行，途经桑地琼泽滩扎营小驻，阿木去乎所有僧俗说，前一世悬记中说过，"我现在要到丹真旺杰家去，不久会回来的。"第五世大遍知嘉木样幼年时的俗名就叫作丹真旺杰。还有，上一世遍知嘉木样·格桑图丹旺秀，有一次莅临阿木去乎寺，对阿木去乎寺时任法台绛喀尔珠钦说："若阿莽仓和我出生为兄弟，有谁还能较量？"他们把这些悬记一直记在心中，都觉得眼前救怙尊仁波切的弟弟，肯定是阿莽仓的转世灵童，产生了坚定的信仰。于是，阿木去乎的所有僧俗敬献哈达的同时，请求了摩顶赐福。小灵童愉快而不失大威仪地接受了他们的请求。他一听到阿木去乎这个词条，如同孔雀听到了雷鸣一样，满脸欣喜，快乐得蹦跳起来，表达了巨大的喜悦心情。这时，所有僧俗信士心中，高兴、信仰和感动，争相增长开来。

七岁，藏历木鼠年(1924)，阿莽仓和遍知嘉木样仁波切一起，前往兰州城，拜谒了包括天神在内的一切有情的至正导师、普明、遍知一切、遍观一切第九世班禅·杰尊洛桑吐丹曲吉尼玛格列南杰的圣容。班禅大师愉快而充满威仪地给他们赐予教诫的同时，把各种美馐摆在了他们面前。班禅行辕也对他们给予了极大的礼遇和隆重的接待。在遍知嘉木样仁波切无量关心的恩德下，德哇仓仁波切、阿木去乎色拉仓仁波切、阿木去乎寺活佛会议和阿木去乎僧俗总代表，为了阿莽仓仁波切的转世灵童问题，向普明、遍知班禅大师进行了多次的祈求。于是，与此前所有悬记一样，普明无量光胜者用三时无盖障的慧眼认真观察后，赐予了认定遍知嘉木样仁波切的这位弟弟为阿莽仓无假转世灵童的敕文。这满足了从寺院到部落一切僧俗的意愿和期许，使他们的心升到了欢乐的极致。《密传祈愿颂》中说：

> 次第至尊身，百瓣鲜花园，
>
> 盛昭时获赐，普明班禅师，
>
> 定为正持法，无假转世之，
>
> 不变金刚语，悬记法敕令。

十岁，藏历第十六饶迥的头一年火兔年（1927），随同遍知救怙尊嘉木样仁波切一起，来到了大古刹吉祥右旋拉卜楞寺。拉卜楞寺阿莽仓自己的府邸和阿木去乎地方寺院及部落僧俗，如同铺开了灰色目多闻神的儿子财神毗沙门的宝库珍宝似的打开了财富的大门，同着盛大的物质庆典，足莲落在了自己的大宝座上，所有僧俗信徒，像一起找到了能开释心中所有痛苦和满足一切所求的智慧大宝箧一样，心相续中充满着快乐。至尊大主宰宗喀巴曾说：

> 今世与来世，一切善资粮，
>
> 因缘顺圆满，其根实在于，
>
> 须以精进向，指路善知识，
>
> 从意乐加行，如律依止理，
>
> 见故纵为命，亦决不放弃，
>
> 遵语行修供，奉之以欢喜。

这位至尊看出，对一切功德的根本大乘大善知识上师，不可不从意乐和加行二门进行笃诚依止,拜大善知识扎巴塔耶为经师,将字母的拼读与整读、各类急用经忏仪轨和庄严入等,熟练地装在了心里。接下来,从具足持戒和知识两个方面功德的浊世大阿底峡、一切佛法的主人、大金刚持至尊久美赤列嘉措前,严格受领了出家戒和沙弥戒,被授予了久美慈成南杰这一法号,从此手持着由袈裟和戒律所庄严的照耀着十万威光的宝幢。《密传祈愿颂》中说:

　　　　清净三学处,碔玞宝藏库,

　　　　扎巴善知识,宝瓶所惠赐,

　　　　深广甘露滴,十万以依止,

　　　　正确出离愿,充满心相续。

　　十一岁,加入了讲修佛法之源、多麦南路的大那烂陀寺、吉祥右旋拉卜楞大古刹殊胜闻思学院,刚开始,学习《摄类学》和因法立量理路等方面的知识时,只要听过一次讲授,就能做到毫无障碍的掌握。于是,对因明学和般若方面的各大论典,进行了熟练的修习,断除了对浩繁教义的增益。接下来,在大金刚持自在久美赤列嘉措前,聆受了包括前行引导在内的吉祥大威德独勇金刚灌顶,在这一世,首次坐入的本尊曼荼罗中,圆满受领了四灌顶瀑流,获得了四身种子。此外,先后广为聆受了许多珠嘉理路的长寿灌顶等灌顶、随许、经教引导和教授,以正法甘露灌满了心中宝瓶。

　　十九岁,进行了结业立宗辩经。当时,这位至尊所在的班级里,有一百六十多名因明学僧,其中有这位至尊、卓尼·古雅仓、夏秀仓、琼格仓、江夏尔仓、阿木去乎·木道仓、卓尼·旁哇仓和热扎·甘珠尔仓等八位活佛。至尊担任了这个班级的上师。就这些事情,《密传祈愿颂》中写道:

　　　　用彼宿慧质,锋利黄金钩,

　　　　近执百典义,深要二饮王。

　　由之入显密，牟尼教大道，

　　正士宏化迹，持作己行业。

　　阿木去乎寺此前虽被马家军烧成了一片焦土，靠救怙尊嘉木样父子给予特别垂注的恩情与慈悲，以及阿木去乎所有僧俗的辛勤劳作和不懈努力，在阿木去乎玑毛塘地方，一座能圆满一切所依能依围轮的寺院新大经堂，如成熟的美丽藏心般拔地而起了。作为加持宝藏，将这位至尊请到了新殿落成庆典上。于是，这位至尊被数千男儿的马队骑迎到了寺院附近，继而，由持有袈裟宝幢的数千名僧伽，带着宝伞、宝幢、螺号和唢呐等不可思议的供养资具，恭敬地让他的美丽足莲落在了安放于那座新建大经堂中央的无畏狮子宝座上。《本生经》中说：

　　圆满顺缘庄严故，彼具功德尤显明；

　　如同秋日风华现，皎月皓光更昭明。

　　正如这首偈颂中所说，当地众生第一次迎来了圆满善缘的黎明。上一世至尊圆寂前，曾留有遗言："咱们可以相聚在新建的经堂里，举行庆典。"现在兑现了这个吉祥的悬记。这位至尊为之举行了虚空藏般广大无垠的法宴，为了满足所有活佛、僧伽和俗人的意愿，降下了珠嘉学派的《长寿灌顶》等大面积的妙法雨霖，从政教二门，将一切所化众生，引入了成熟解脱之道。

　　藏历火鼠年(1936)，在遍知救怙尊贤昆玉为主的拉卜楞寺及其所有子寺和所属一切僧俗一致的祈祷下，普明智慧之大太阳、无量光班禅大师及其行辕属从，转向了具善讲修吉祥右旋洲格丹协珠扎西叶素琪维林拉卜楞大古刹。于是，经各村庄、部落民众的马队骑迎和设灶郊迎，以及五千余名僧伽用宝伞、宝幢和飞幡等给予的无边供奉，吹、拉、弹、敲各种乐器之悦耳妙音进行了恭迎，普明班禅大师如当年的世尊牟尼王，在各位大阿罗汉开道下，为振兴甘蔗家族，回国省亲时一样，来到吉祥右旋洲扎西叶素琪维林拉卜楞大古刹嘉木样活佛府邸图丹颇章佛宫雪列南巴杰哇无量宫广厦，美丽的足莲落在了无畏狮子宝座上。普明毗卢遮那班禅大师刚登上宝座，在救怙尊嘉木样二昆玉为首的拉卜楞寺四大金席大师等各位活佛、堪布、僧众和来自各地的无数信徒前，以无始第一佛相结跏趺坐，讲授了《无二续部王吉祥时轮灌顶前行引导》《授权修行生起次第灌顶之如童七灌顶》《授权修行圆满次第灌顶之上灌顶及大上灌顶》和《金刚阿阇梨大主宰灌顶》，使聆受者获得了成熟。嘉木样和阿莽仓两位殊胜救怙尊贤昆玉，通过悉心聆受，让心之宝瓶里灌满了甘露蜜汁。

二十岁，藏历火牛年（1937），大遍知救怙尊嘉木样·丹增坚参，远赴雪域中心佛法刹土卫地拉萨时，他的兄弟阿莽仓也一起移锡西行，在法轮拉萨，向大小二昭寺两尊释迦牟尼佛像和天成五位一体的十一面观音像等古刹内外的所有佛像、佛经和佛塔，进行了认真的礼瞻膜拜，广布了普贤供云般的五种供养，救怙尊贤昆玉二师，一起为佛法众生增生利乐，以祈祷成就了顺缘。接下来，阿莽仓进入第二圣地那烂陀寺吉祥白米堆积而成的大伽蓝哲蚌寺四大扎仓之俱胝贤士龙王香海吉祥果芒扎仓，依止讲说百典的大善知识和救尊康赛仁波切为经师，对般若波罗蜜多隐义《现观庄严论》中的现观次第，没有笼统地囫囵吞枣，进行了细致入微的研习，圆满了不需要依赖其他精通浩繁教理者的一切睿智聪慧之力。在每一次的经院假期内，认真地瞻仰叩拜了扎什伦布、萨迦和桑耶等各大古刹胜地，进行了各种供养和对每一座寺院僧众发放布施等能任运成就自他二事之因的二资粮伟大善行。又和救怙尊嘉木样一起，从救尊康赛金刚持和萨迦达钦·更噶仁钦前，先后聆受了修行道引导法方面的经教和《喜金刚灌顶》等不少的佛法教诫。

二十三岁，藏历铁龙年（1940），和殊胜救怙尊嘉木样一起，返回多麦地方,到了大古刹拉卜楞寺,住进了各自的府邸。藏历第十六饶迥土龙年(1928)年,第五世遍知救怙尊嘉木样·丹贝坚参,在吉祥右旋拉卜楞寺,创建续部上院大密金刚洲的时候,在嘉木样活佛府邸图丹颇章宫最高处善说喜苑列谢噶策,叫来数十位三藏法师,第一次组织起了续部上院,救怙尊自己亲自来到学院法会首席,为宏兴大密续部心要讲闻,以清净祈愿成就顺缘的同时,举行了广大的因缘庆典。两位尊贵怙主贤昆玉从卫地还锡拉卜楞寺时,从拉萨请来了续部上院的师父。遍知嘉木样给这位至尊赐予续部上院法台称誉的同时,托付了修建续部上院大经堂的任务。

二十四岁,藏历铁蛇年(1941)年。经由这位至尊负主要责任施工,由尊上嘉木样活佛府邸,以用之不竭的支出,同时敞开虚空藏百门,到了藏历水马年(1942),大密续部上院有二十八根大柱、三层后殿、门廊和围栏的圆满了一切所依能依围轮的照耀着加持威光的有寂无上供养处、一切士夫眼之甘露大经堂全面竣工。翌年,在盛大的续部上院大经堂落成典礼上,这位至尊,将高贵的救怙尊嘉木样仁波切请到大殿法会中心,以曼荼罗和佛像、佛经、佛塔三所依处,如辽阔国土与浩瀚汪洋般,布满了普贤圣者供云似的供养。当时,根据救怙尊嘉木样的谕意,这位至尊,宣读了尊贵的嘉木样所造《续部上院清规》。至尊和两位师父,以续部讲闻为主,对密集、胜乐和大威德三尊彩粉曼荼罗修供仪轨、开光安神仪轨、伏魔铁堡多玛仪轨、酬补与请托怙主和护法神的仪轨以及各种法行仪轨等内容,严格遵照居钦·更噶东智实践规理,规定了实修仪则,由之创建续部上院独具特色的纪律,以如此等等的行动,从管理和教务两个方面,担负着重担。对此,《密传祈愿颂》中说:

> 当年甘丹寺,协珠大古刹,
>
> 足登金刚座,不动金席时,

顺缘化机前,如愿所现相,

　今又多开启,深道诚百门。

二十八岁,藏历木鸡年(1945)年,遍通政教二理的眼界极为广阔的兄长佐巴曲吉钦饶东智仓,贵体陡染重恙。这位至尊便将他请到自己府邸,尽管给予了由他一个人精心护理和广行各种大型祈福禳灾仪轨等的认真服务,但最后色身依然敛入了法界,至尊又给他举行了无上的圆寂荐亡供神仪轨。高贵的救怙尊嘉木样下谕,将这位至尊任命成了嘉木样活佛府邸的管家。于是,他从政务和教务两个方面,肩负着服务上师和处理拉卜楞大古刹政教两个方面事务的重担。至尊萨班曾说:

　正士委作官,义成得幸福;

　宝珠供幢顶,利域诸贤传。

在这段时期内,国内外发生着连续不断的兵燹杀伐,尽管战乱使其他许多地方出现了各种各样的不安定因素,因为有了遍知上师嘉木样的悲悯垂顾,有了这位至尊和他的大哥黄司令,以精通世间文武政事的睿智治理的恩德,在拉卜楞一带,不曾受到乱世的破坏或其他的任何影响,处处充满着安宁幸福,芸芸众生幸福快乐地享受着富裕圆满的祥瑞。以拉卜楞大古刹为主的各寺院教学讲修事务,也没有受到任何的不利影响,一切政教妙善事业,如上旋的明月般,处在不断的增生当中。《本生经》中说:

　称誉祥殊及布施,圆满庆吉故炽燃。

　所布严厉圣敕诫,他王以顶诚受领。

　缘起风故兴大浪,谨奉衣海衣者律,

　遵从佛法妙规理,长时治理辽阔地。

三十岁,藏历火猪年(1947)年,第五世遍知救怙尊嘉木样·丹贝坚参,圆满了这方化土所化众生事业,示现了色身庄严敛入法界相。

拉卜楞寺的四大金席大师及前任和现任法台等活佛、各位执事、所有尊卑僧俗，一致请求这位至尊担任绍圣摄理政教。至尊接受后，没有让大古刹拉卜楞寺为主的所属大小诸寺戒律清规缎帛之结发生丝毫的松弛，通过继承、弘扬和发展三业，对佛法大宝，一直进行着推动增进的方便法。对拉卜楞寺嘉木样活佛府邸所属各部落民众，以十善法金轭，一视同仁地进行着公正治理，把黑白业果的准绳视作生命的文武相结合的一切事务，进行着吐蕃三大法王般的摄理。这事正如阿莽班智达所说：

> 具名且具足，首尊大仙人，
>
> 从彼熟普贤，发心长空际，
>
> 洒落利乐雨，密布教诫云，
>
> 双手藤合十，花朵呈殊艳。

从那时起，一直到救怙尊嘉木样的转世灵童如旭日般从东山顶上喷薄而出，对拉卜楞大古刹为主的嘉木样活佛府邸所属一切寺院的管理，至尊自己倾注了大量的心血，使嘉木样大活佛府邸一切教务和政务，和以前一样，处在稳定和安宁状态中。对此，《密传祈愿颂》中说：

> 利他菩提心，近致催勉故，
>
> 严戒方便及，善巧利刃以，
>
> 致害致颠倒，业果取舍者，
>
> 刹那转用为，遵奉律理善。

当时，在救怙尊嘉木样法体前，持续不断地供满了用之不竭的供云，拉卜楞大古刹各位大活佛和这位至尊，以上师与曼荼罗主尊无二无别的内外密真实供，进行着供养；以生生世世赐予摄受的祈愿，促成了缘起。以此付出了全方位的努力。

就这样，一直到七期荐亡报恩期满，遵照至尊亲口安排，密布五种供物供云的同时，各学院和活佛根据祈愿念诵着各种《自入经》、《庄严入》、续部经典、经忏、《转世速出祈愿文》，如此催请恩德之音，高亢浑厚如隆隆的雷声，持续不断。结束禅定获证涅槃的征兆，藏历三月初三日，请来了展收如海曼荼罗者、大金刚持久美赤列嘉措。这位大金刚持与多名活佛和弟子组成的佛事助手一起，从吉祥大威德独勇金刚门，进行了殊胜的遗体荼毗仪轨。当时圣骨上出现了各种天成祥物和舍利子等神奇稀有景象。作为圆寂祈福供养，至尊给经师措钦仁波切活佛、四大金席大师和前任与现任法台等各位活佛，供奉了丰厚的供物；给拉卜楞寺为主的多麦南北两路所有大小寺院，不分教派，供奉了厚重的亲近承事；给卫藏四大寺院和上下密宗院等卫藏大小寺院，理塘和昌都等地的康区大小寺院，总之，卫藏、康区和安多三地所有大小寺院，不论教派，奉献了无上供养之亲近承事；给救怙尊嘉瓦仁波切胜王父子为主的卫藏、康区和安多三地所有大小活佛，敬献了厚重的供物，为圆满一切心愿，付出了努力。另外，具法大福田西藏噶厦甘丹颇章政府的堪琼·图丹桑波和强巴阿旺译师的仆从、国民政府主席蒋中正和蒙藏委员会副委员长喜饶嘉措格西的代表，千里迢迢，来此赐予圆寂慰问品时，至尊进行了隆重的接待，给予了无量的尊崇。接下来，制造一座耗银两万多两、共有两层高的菩提灵塔，镶嵌着钻石、子母绿、蓝宝石、红宝石、珍珠、松耳石和珊瑚等各种珍贵珠宝，用上品纯金铸造了塔门、节点镶饰和狮子座等。在这座工艺精致、华丽、高雅的宝塔内，装满了四种舍利，装藏仪轨严格按照续部意趣，进行了最为精细的实践。到了天降日，足为三界所供的如意圣骨供进了宝塔，做完详细的开光和开眼仪轨，变成了一切众生无上福田、加持力无穷的大宝藏，三界无比无二的唯一有寂供养处。在这期间，对上述大小事务，这位至尊和他的长兄黄司令两人，花费了主要的心血，事无巨细，一一给予了极其细致的指导，经用身语意三门不懈的努力,终于如愿完成了整件事情。

三十二岁,藏历土牛年(1949),殊胜救怙尊、大金刚持五世嘉木样·久美赤列嘉措意敛法界的圆寂纪念日,怀着无量的悲痛,同许多名仪轨助手一起,进行了自入和法行等甚深修行,并用不可思议的供物进行了供养,为圆满圆寂着意愿和请求摄受,进行了各种深奥的方便佛事。到了藏历七月份,由于战乱和各种谣言,至尊跟自己的父亲公布东珠及兄长黄司令,不得不搬到玛曲参扎寺避风了。不久,仰仗遍知嘉木样上师的悲悯垂怜,依靠他们二昆玉的善巧方便运作,回到了拉卜楞大古刹,为中华人民共和国的成立,进行了由衷的祝贺,同中国共产党建立了亲密的友谊,和往常一样继续摄理着府邸的政务和教务。这些年,由于世事多变,救怙尊嘉木样转世灵童事宜,搁置了一段时间。到了三十四岁的藏历铁兔年(1951),在这位至尊的负责下,连续三次,将拉卜楞寺许多活佛分头派往上下各地,寻访着救怙尊嘉木样的转世灵童。第一次和第二次,均未寻访到。第三次,找到了240名具足妙相的童男。于是,以这位至尊为主的所有寺院和属民部落代表,前往宗喀巴大师诞生地塔尔寺第十世普明、无量光、遍知遍见班禅·杰尊洛桑久美赤列伦珠确吉坚赞尊前,一致地恳切请求,将救怙尊嘉木样无假正转世认定为佛法和众生的吉祥怙主,并为了这件事情,坚切地请求班禅大师移锡莅临吉祥右旋拉卜楞大古刹。大师非常高兴地答应了他们的请求。于是,到了藏历九月份,普明、无量光、遍知遍见班禅和整个行辕,转向了拉卜楞方向。在拉卜楞所属拉代和四周米代等所有男子用马队骑迎和设灶郊迎等的盛大欢迎下,在4000余名僧伽排列不可思议的供养资具进行的僧伽仪仗隆重礼迎下,来到了吉祥右旋扎西琪拉卜楞大古刹嘉木样活佛府邸图丹颇章宫。以敬献各种神馔佳肴所设丰盛的喜宴,向班禅大师奉上了无量的承事。到了天降日,洞察一切的大太阳、无量光怙主的僧衣装束人

间化现、遍知遍见、至上班禅·确吉坚赞和随从，来到拉卜楞寺大经堂
所供四射加持光芒的五世嘉木样大灵塔前，拉卜楞寺的前任和现任
法台及各位大格西为主的僧伽海会中央，结跏趺坐于无畏狮子宝座
上，从无挂碍圣语妙音，所发三宝圣谛悲悯为前行，以毫无盖障的慧
眼审视后，用意中明察一切的圣智，对第五世遍知嘉木样的无假转世
灵童，进行了认定。于是，第一次敞开了俱胝扇吉祥善妙门，同时照耀
开了千轮太阳的顺缘祥光！

　　接下来，为表达深切感恩之心，开始了如海国土广阔庄严般的广
大供物供奉。从曼荼罗供开始，次第奉上了佛像、佛经和佛塔三种身、
语、意所依处，以及各种银质常用物品为主的无量供物，布满了普贤
供云。藏历水龙年(1952)，阿莽仓尊者亲自前往青海地方，将转世灵
童和父亲等亲眷，由拉代、米代诸部落所派数千名骑马男丁一路的马
队骑迎和设灶郊迎，又于藏历二月十一日，由身披红黄僧衣 4000 余
名僧伽如彩云般排成灿烂绚丽的僧伽仪仗，用宝伞、宝幢、飞幡等供
物和螺号、唢呐、泥婆罗鼓等妙音恭迎，请到了拉卜楞寺。这位太阳童
子身炽盛着熠熠威光的殊胜化身，如群星所捧的明月般，光华夺目，
煌煌独秀，在眼中，在意中，经常涌流着喜庆祥瑞甘露功德，同着这种
不可思议的稀有妙相，在具善讲修吉祥右旋甘丹协珠扎西叶素琪大
古刹拉卜楞寺大经堂中央无畏狮子黄金宝座上，用足趾清晰地绘制
了新的吉祥图纹。在认定遍知救怙尊的转世灵童的前前后后，对整件
事情，至尊阿莽仓，排除万难，克服一切不利因素，承担着全部的责
任，为了寻访和认定真实无假的灵童，历经艰辛，走遍了许多地方，并
担任着相关大小会议组织的主要责任，以公正、持重、切中要害的发
言，给予了正确的指导。靠他的这个恩德，才有了今天的嘉木样如意
化身自在王、包括天神在内的芸芸众生顶上冕旒、一切有情的至正怙
主救星和亲友。

就这样，圆满完成了所有燃烧着吉祥瑞应的大事情后，至尊阿莽仓将绍圣冕旒，归还给了一切佛法的教主第六世遍知救怙尊嘉木样·杰尊洛桑久美图丹曲吉尼玛赤列南巴嘉维德，遍知嘉木样由之担任着用政教黄金千辐统领广大世界的统治者。此外，阿莽仓又对嘉木样活佛府邸大管家一职，进行了坚辞，救怙尊嘉木样活佛也终于批准了。这样，阿莽仓将救怙尊嘉木样活佛尊做了智慧非常广大的繁荣昌盛之大宝库。《三百颂》中说：

> 对诸世间世俗风，一一依法随行之。
>
> 故而弘法师僧伽，亦若世间大力现。

《养生摄论》：

> 智者诸加行，世界唯是师，
>
> 故将俗人事，当作是了悟。

如果不顺应时代需求，不参加世俗事务，无法利益政教。至尊阿莽仓深知，当时想要使摄事和财富利他，不与世间政事相结合，任何大事都办不了。于是，在藏历水龙年（1952）年，远赴首都北京，进入中央民族学院，对语言文字、政治理论和历史等知识进行了大量的学习。藏历木蛇年（1953）年，返回拉卜楞地方，参加了工作，先后担任了三省边界工作团代表和玛曲县人民政府县长等职务。他在工作中，具足大仁慈大悲悯，心怀伟大的利他事业，只为地方的安定和有情众生利乐的长存，求得善巧方便，精进不已。这是佛子菩提萨埵所独具的伟大行业。《经庄严论》中说：

> 愚夫勤为求自乐，反因不得常成苦。
>
> 恒为利他精进者，饶利自他成圆寂。

后来，由于到了末日时期，五浊肆意横流，那些喜欢黑品的人，用狡黠奸诈、寡廉鲜耻的恶行黑雾笼盖着各地，使洁白善品和守持十善法的善行霖雨，渐渐消逝而去，他们如夕阳西垂时的阴影般，让宝贵的佛祖教法直向衰微，一切有情的福泽，也如干涸的池塘般趋于枯竭,更主要的是,这时,至尊阿莽仓用无有盖障的慧眼预见到了血色的兵燹将要到来,从藏历火鸡年(1957)正月开始,贵体呈现出了微恙状,后来虽然进行了藏、西两种诊治方法的治疗和拉卜楞寺阿莽仓活佛府邸的大量颇具饶效的祈福禳灾仪轨,但到了藏历二月份,病情骤然恶化了。于是,阿木去乎寺的三大扎仓和所有活佛,举行了大规模的经忏佛事的同时,一致地强烈请求至尊长久住世。至尊只说了一句"我知道我该走的日子",便无任何指示。那时候,所有的人心中没有出现任何猜度,不知道至尊这是因预见到未来一年内世间出现巨大劫难而心意专访他方世界的信息。初十日,至大至贵的第六世遍知救怙尊嘉木样专门差人送来了谕令长久住世的敕文,可至尊抱着头坐在那儿,不肯去阅读。拉卜楞寺续部上下二院也提出了至尊永久住世享岁的强烈请求,但因至尊此时的意趣早已向往他处,没有做出任何的回应。十一日,以狮子卧相睡在卧榻上,渐渐不见口中呼吸的流通了,将粗身遗弃在这方未净世界,以清净意趣,在光明虚空界,现证了法身。

于是,至尊自己的府邸,陈列五种供养,举行了广大的圆寂荐亡供奉。拉卜楞寺的各学院、所有前任和现任法台、各位活佛,通过念诵各续部自入仪轨、《现观庄严论》与《入中论》的仪轨以及其他法行诵经,传布着纯洁清净的悦耳诵经声,以不可思议的供养云蕴,为彻底圆满一切意愿,精进不已。阿木去乎地方的寺院和所有部落,一切僧俗信士,以寥廓虚空藏的体性,广为陈列了取之不尽用之不竭的圆寂荐广供六,为了全面圆满无漏心中一切其深密意,为了从速展现殊胜转世灵童笑容,为了生生世世不离不弃躬亲摄受,以深切的祈祷促成了纯真的缘起。接下来,依次请来霍尔藏赤仁波切、堪布仓、扎贡巴仓、年扎仓、雍增仓、索札仓和热丹嘉措仓,一一进行了浴佛仪轨,并给他们一一供奉了供养。随后铸造了一座耗银上万两的大菩提白银灵塔，它华丽气派，镶嵌着清白玛瑙、冰珠石、珍珠、松耳石和珊瑚等各种珍贵珠宝。然后将遗骨舍利为主的各种所依处，严格遵照续部所讲装藏仪轨，供进了塔内，完成了这座一切众生的殊胜福田菩提舍利塔。《密传祈愿颂》中说：

> 随同空行众，三处金刚歌，
>
> 妙音所弥布，广大供养云，
>
> 胜义世俗谛，双运幻网身，
>
> 请向清净地，空行飞游处。

至善至妙胜王、莲花手达赖喇嘛·格桑嘉措曾说：

> 虽于幽空界，只有一轮月，
>
> 且看寥廓地，一切水皿中，
>
> 分各映一轮，殊妙希有现，
>
> 无量心胜演，分落无量意。

所有佛子菩提萨埵，在各种净或非净刹土中，持续不断地化现像虚空一样无限无量的幻化身庄严，为了利益如来佛法及芸芸众生的伟大事业，以坚定不移的菩提发心之臂，正确地承担着宏化大业。这是从不违逆的法相规律。这位至尊也一样，曾为第一世遍知救怙尊嘉木样父子，担负起了发心与祈愿的重任，从此以后，连续不断地转世到这片土地上，将遍知上师嘉木样的洁白大宝伞，高举在三界，为饶利佛祖圣教和有情众生，持之以恒地从事着广大洁白的事业。他的这种功业，正如《经庄严论》中所说的那样：

> 如是靠彼大法力，依从所化众生缘，
>
> 直至轮回消亡时，彼行彼业不断绝。

赞　曰：

> 语言妙音发，无畏狮子笑，

奉持上士戒,如律妙教诫,

说为广饶利,佛法众生祥。

如许正士行,如海如来赞。

纵有偏颇病,所盖心思眼,

向彼狮王赐,护蠲管家物;

公正广阔智,睽睽千慧眼,

见为无舛误,天神见春华。

为使公论语,悦耳香海际,

善业浪涛鬘,朝天变舞姿,

引为利乐客,化为圆满具,

纵至末世时,祈臻大喜庆!

这部第四世阿莽仓·久美慈成南杰传记《公论香海》,以赛字为名者,将一部这位至尊极为粗略的传记为主要依据,采用第五世遍知救怙尊嘉木样兄长阿罗·洛桑泽旺的汉文传记和一些来源清楚可靠、可信度极高的口头材料,进行了撰写。

捞衍度!

第五世阿莽仓·洛桑华丹嘉措

智慧妙悟察,无畏语言王;

牟尼法教主,芸芸众生亲;

大慈大悲具,俱眈日光波。

诚心顶礼是,遍知比量师!

妙慧文殊藏,讲修法宗轮,

为持而发愿,法力具佛子;

故成圆满善,利乐大海藏。

赞美如许身,化现月童子!

韶华树木叶,葳蕤绿未尽,

而于俱生得，智慧新枝头，

任运圆修力，妍妍功德花，

终成美图纹，现作观者春！

现讲第五世阿莽仓·洛桑华丹嘉措的降生地。具寒雪山所环绕的广寒藏地，共分为三大区。其中的多麦马区东南面，有一处叫佐盖的地方。过去众生怙主八思巴时代，作为蒙古大皇帝忽必烈征服南方蛮子国时所犯杀戮之忏罪佛事，一共修建了108座寺院，并在各个行省内划分了许多州府路。其中的河州路和狄道府辖地中间地段，有一处圆满现前十善吉祥的大地明点佐盖，它是大阿阇黎叭特嘛三木婆哇莲花生和过去迦噶帕当巴等许多大成就者，以及遍知救怙尊嘉木样父子等亲自践履并加持了法力的大道场，也是文殊上师贡唐·丹贝仲美等许多贤哲大士的降生地。此地又分为上下两部，其中佐盖多玛即上佐盖的德合茂村里，有一位意志力强、热忱稳重、生性勇敢又忌惮作恶的以出世的佛法和入世的人伦两种功德使思想修炼得极其富有的名叫旦正才让的汉子，这就是第五世阿莽仓的父亲。第五世阿莽仓的母亲名叫当增桑毛，她是个被虔诚的信仰和无欲施舍变得非常美丽、心地善良、向往佛法的贤惠母亲。叫作妙明的藏历火蛇年（1977）九月上旬，当旭日喷薄涌出东山顶上的时候，这位至尊同着俱胝稀有祥瑞，顺利降生，被起名为卓玛才旦。关于当时的情形，真如贡唐·丹贝仲美所描绘的那样：

母胎云网中，获得别解脱，

幼苗童子若，月初新月出，

于此海带般，苍茫辽阔地，

同赐殊胜光，皎皎洁白衣。

他在童年时代起，将吸烟等所有导致恶趣的客尘抛向了远方，喜欢玩些作法修行方面的游戏，不同于其他的凡人幼童，许多稀有美德,俱生备至。

　　当时,"文化大革命"的政治大风暴余波尚在,在开初的一段时期内,阿莽仓仁波切除了参加各种政治性活动外,有关佛法方面的极其细微的活动并不被准许进行,甚至连佛法的最后五百年仅残存的外表形象也难以目睹。藏历铁猴年(1980)年,党中央和国家领导人彻底结束了"文化大革命"遗留的极左路线,开启了党的正确政策的广阔大门,开始了正确的民族宗教政策的逐步落实,吉祥右旋拉卜楞大古刹等少量的大寺院,第一次被准许开放。从藏历水狗年(1982)年开始,伟大的遍知遍见、普明、无量光、救主班禅额尔德尼·杰尊洛桑久美赤列伦珠确吉坚赞的圣足千辐黄金图纹,清晰地画向了他的故乡,辽阔的雪山大地,使贤劫十万轮太阳的光华照耀在逶迤雪岭的上空,大大小小的寺院的讲修佛法之门次第获得了开放,出现了藏地再弘佛法的第一道黎明。藏历土蛇年(1989)开始,为了无与伦比的释迦王所讲显密佛法大宝的繁荣昌盛和长久住世,长期以来身披振兴如来正教的菩提发心和胆魄的坚固铠甲的普明、无量光、救主班禅大师,怀着无限迫切的心愿,向党中央和国家主要领导人,反复呈递了准许寻访继承、主持和弘传佛法的正士转世灵童的申请。这些申请即将产生无上善果的时候,由于佛法的劫难和雪域藏地芸芸众生福德已尽之故,殊胜救主无量光佛、普明智慧之大日如来、至善至妙的遍知班禅大师,突然收敛了色身庄严。雪域一切有情,像瞎子丢失了领路人或孩子被父母遗弃一样,顿然跌入了哀悼忧苦大海的深渊,阴霾笼罩开了辽阔的大地。尽管如此,到了藏历铁羊年(1991),党中央和国家领导人对此前遍知一切的班禅大师所呈上的申请内容给予了高度重视并诚恳接受。经党中央批准,国家宗教局下发了允许寻访认定一定范围内的部分大中爱国活佛转世灵童的文件。根据这一政策,这一年,阿木去乎、麦西和阿廓尔等地的寺院及部落的僧众和俗人代表向上一世至尊阿莽仓的亲哥哥阿罗·洛桑泽旺做了有关寻访阿莽仓转世灵童的请示。他表示："这件事情很好，阿莽仓的灵通没有坐床前，我这个老汉是不会死的。"

十六岁，称作妙增的藏历水蛇年（1992），阿木去乎、麦西和阿廓尔等地寺院和部落所有僧俗，向省级和甘南州委呈递申请并被获准后，向遍知救怙尊嘉木样做了认定阿莽仓转世灵童的祈愿。于是，藏历九月初八上午，第六世文殊怙主佛法教主、遍知救怙尊、殊胜嘉木样·杰尊洛桑久美图丹曲吉尼玛赤列南巴嘉维德来到散发着加持力光芒的第五世遍知大嘉木样灵塔前。在霍尔藏金席大师、萨木察金席大师、堪布仓、扎贡巴仓、年扎仓、琼格仓、德唐夏茸仓、木道仓、色拉仓、拉考仓、麦西年仓、刚卡仓、度廓尔仓等拉卜楞寺活佛和青海的藏班智达活佛等许多正士化身，所有人的大善知识上师、金刚持、至尊更登嘉措和至正善知识上师绛央嘉措仓等多位格西，以及阿木去乎、麦西和阿廓尔三地施主代表等众多僧俗要员会聚会场中央，会同殊胜大士遍知嘉木样以催增三宝谛力的悦耳妙音进行的发言，在他那遍知一切的慧眼的审视下，揉完糌粑丸，最后宣布了佐盖地方卓玛才旦的名字。初九日，贡确钦饶嘉措尊者、色拉仓、麦西仓、拉考仓、刚卡仓和姜绸仓，莅临佐盖德合茂村时，受到了隆重的接待，他们给转世灵童呈上殊胜遍知救怙尊嘉木样所赐令文、护身结和庆贺善缘的哈达等。

十三日，贡确钦饶嘉措尊者向至尊敬献了法衣，灵童将其接受；拉卜楞寺管理委员会副主任科尔仓也来到佐盖，作为拉卜楞大古刹所有活佛的代表，给尊贵的转世灵童献上了哈达。十五日，佐盖大部落对灵童降生举行了大规模欢迎仪式，灵童来到了佐盖新寺甘丹饶杰林，与佐盖新寺的僧众同着美丽红花童子色僧衣，在陈有各种供物的僧伽仪仗的欢迎下，高坐大经堂法座，用圣足绘制了吉祥庄严图画,同着所聚盛大僧众宴会,举行了说不尽的隆重庆典程序。廿二日,在佐盖的旺杰头人带领的四大部落四千余骑的迎送下,来到了佐盖旧寺所设供茶宴席上,接受了他们以无限的崇敬所献亲近承事。这一天,正好是天降日,由佐盖方面进行了护送,以阿木去乎的色拉仓和刚卡仓等为首,阿木去乎八部落的上千名僧俗,乘坐三百多辆汽车,同着隆重的欢迎仪式,将灵童请向拉卜楞方向。到了隆噶尔滩,亲临拉卜楞大古刹所办设灶郊迎宴席时,霍尔藏活佛、萨木察活佛和藏班智达·洛桑绛央活佛等前来接迎。他们向阿莽仓的灵童献上哈达,表达了热情洋溢的祝贺。接下来,在持有三戒的如海僧伽排列着礼迎仪仗进行的迎接下,来到了具德吉祥右旋洲华丹扎西叶素琪维林拉卜楞大古刹,能显明文殊怙主宗喀巴妙宗的正士救主贡唐·丹贝旺秀仁波切和大地上的大梵天黄洛桑泽旺也不辞辛劳前来迎接。师徒得以晤面,如同父子相遇般的怀着无限的喜悦,互献哈达之后,救主贡唐仁波切对这位转世灵童说:“我在今年六月份,去佐盖地方的时候,你在礼迎的马队里,当时骑着一匹黑马。我那时就见过你。”同着这样殊异稀有的话,将一尊做工精致的金铜合铸的度母像和一锭马蹄银,赐给了阿莽仓的转世灵童,又对灵童说:“我这个老汉,能在有生之年瞻仰您的尊容,这个缘起非常吉祥啊!”说话时,声音和表情中流露出悲喜交加的复杂心态。与此同时,又将一尊手艺精湛的大悲观世音佛像和十六罗汉的佛像,也赐给了阿莽仓转世灵童,由之出现了善妙吉祥圆满备至的福运善缘的无上瑞应征兆。

廿三日,为了成就缘起,首次来到拉卜楞寺嘉木样活佛府邸德央贡殿中,向称为松君玛的第一世大遍知嘉木样活佛佛像,献上世间最长的哈达,进行了供养和顶礼膜拜,为了佛法和众生的利乐,尤其是为了文殊怙主宗喀巴胜者所开格鲁派宗论的繁荣昌盛和长久住世,他自己能从讲说法旨、辩论经义和擅长世间和出世间两类著述的智者三业之门，得以利益佛法，成就广大事业，而作了笃诚深切的祈祷，并以此清净祈祷，成就了顺缘。接下来，给每一座佛殿和每一院经堂等凡供有佛像、佛经和佛塔三所依处的地方，结合敬献供养和顶礼膜拜，一一进行了卓有成效的祈祷。藏历十月初一日，殊胜救怙尊、遍知嘉木样来到了拉卜楞寺，阿莽仓的转世灵童前往尊前，进行了顶礼膜拜。遍知嘉木样在愉快而充满威严地跟他进行教谕和指导方面的详细而极具成效的谈话的同时，将一张第一世遍知嘉木样活佛工艺精良的佛像、一顶黄色宝伞和一匹良驹坐骑赐给了阿莽仓的转世灵童，以此给予其无限的关心。益喜珠巴曾说：

> 若无船夫执桨者，舟船无从渡彼岸；
>
> 纵然证悟诸功德，无师无以达有边。

阿莽仓的转世灵童想到，正如这首偈颂中所讲的那样，若要找到一切知识功德的根本依托处和走向彼岸的遍知一切摩尼大宝洲，不可不依大乘大善知识上师，居家者修行佛法的时候，尤其会遇到许多障碍并形成各种恶态，出离出家，就舍离了红尘轮回，所以出家是一切洁白佛法的根基，便于初五日，依止讲说法旨、辩论经义和擅长世间和出世间两类著述三业及才识精湛、德行谨严和心地善良三大贤正善良之德的香气弥漫在整个辽阔大地之上的从浩渺修证大海获得了开悟的雪域一切贤者的顶饰、语言自在、至尊更登嘉措尊者，同日受领了居士戒、出家戒和沙弥戒，获赠尊号为洛桑华丹嘉措，开始了严格尊奉佛法次第开启吉祥圆满之百门的顺缘新光明。

从此，依止大善知识、多仁巴格西扎西嘉措为经师，经由阿木去乎、麦西等地的寺院和部落所有僧俗，向救怙尊、遍知嘉木样仁波切，进行强烈坚切的祈祷，嘉木样仁波切躬亲撰写了为五世阿莽仓活佛祈福禳灾的《祈祷文》。藏历十月十五日，移锡阿木去乎方向，当日莅临阿木去乎完垦村设灶郊迎野宴时，野宴上有一个名叫索波阿莽龙智的家族。他们的祖先追随第一世阿莽仓·洛桑东智,占据了这个卓秀隆道地方,后经大量繁衍子嗣,便有了完垦之称。从此以后,这个村庄成了历世阿莽仓的主要施主。这一次,全村也怀着喜悦、虔诚和激动的心情,给阿莽仓举行隆重的马队骑迎和设灶郊迎,同时以镶有各种美丽花纹的新制寝帐 1 顶,宝座座套 1 副,绸缎、氆氇和布料各若干匹,牛马 113 头(匹),人民币 13000 元,敬献了厚重的供养;又由那个村子里的一位老人和他的两个儿子,供献了僧衣 1 套、冰珠石佛珠1 挂、其他材质佛珠 1 挂和人民币 13000 元。村中每一个虔诚的施主以参加全村供施或个人身份,以敬献供物和进行亲近承事,做了圆满的侍奉。阿莽仓尊者接受后,促成了相应吉祥顺缘,使他们的善业具足了意义。继而,给所有群众,一一赐予了摩顶和护身结,使当地所有僧俗心中的高兴、信仰和感动的飞浪涌向了天际。接下来,由阿木去乎寺色拉仁波切和刚卡仓两位活佛为首的来自阿木去乎八大部落的三千骑,列成壮观的马队,进行了马队仪仗骑迎。阿莽仓观看了当地人开展的骑行、赛马、马术竞赛和各种其他竞技的欢腾场面,来到了玳毛塘甘丹曲廓林阿木去乎寺,肩披红黄祖衣的僧伽手持各种供物,排成壮丽而让人见之生喜的僧伽仪仗进行了恭迎。在每一座佛殿和经堂顶上,轻轻舞动着吉祥的飞幡,敲击着天鼓,吹奏着悦耳的螺号,焚香祭祀的桑烟在空中绘制起了琉璃图纹。在如此广开圆满法源瑞祥百门的吉庆中,阿莽仓尊者来到大经堂中央,将美丽的足莲落在了狮子法座上。在举行大型法会的会场中央,两位精通因明的辩理师,通过探讨正理,进行着佛法方面的交流,发出了圆满吉庆的顺缘妙音。至尊阿莽仓给当地所有活佛、弟子和居家俗人,赐予了摩顶,并亲自给全寺的每一位僧伽赐予了一函经书和一张佛像。由扎仓如大仙笑声似地缓缓发出请求十六罗汉誓愿的谛语之美丽悦耳的妙音的同时,上师用海生妙音天女歌喉般美妙动听的声音,进行了语言优美、内容深奥的曼荼罗解说。由色拉仁波切敬献世间最长纯净无垢哈达来牵头，从广阔大地海域庄严似的供奉开始，陈列了佛像、佛经和佛塔三大身语意所依处等完全能够跟普贤供云相媲美的广大供物，进行了豪华如所有库藏宝物堆满在地上般的供奉程序，以欢喜满足了主客众人的心意。

十七岁，藏历水鸡年（1993）二月初五日，第一次依止了义大善知识、百部正理之遍主、至尊贡确钦饶嘉措足莲。至尊贡确钦饶嘉措从入佛法之门《皈依经》的教导开始，次第讲授予甚深道上师瑜伽法《兜率天内院百尊赞》《诸功德根本颂》《长寿灌顶》和《三怙主合修法》的随许法等，给第五世阿莽仓尊者的心相续，加持了法力。阿莽仓尊者仅仅聆受到上师传道的部分语言甘露就自然萌生了视上师为真如来的心念和不退转的虔诚信念。五月初一日，至尊阿莽仓在文殊怙主宗喀巴大师妙宗的大中柱、百部正理之遍主、文殊上师贡唐·久美丹贝旺秀前，聆受了甚深道上师瑜伽法《兜率天内院百尊赞》的教导；初二日，聆受了《诸功德根本颂》的深入教导，并以修炼共同道为前行引导，聆受了大威德独勇金刚灌顶前行修法引导文；初三日，进入大威德独勇金刚曼荼罗中，圆满聆受了四灌顶瀑流，做到了必获四身种子之行，此外，又聆受了佛部文殊、金刚部金刚手和莲花部观世音三大密宗事部怙主的陀罗尼及马头明王、金刚手和大鹏金翅鸟三尊的陀罗尼等各种珍贵总持，还聆受了《证妙回向功德》等的亲口传承；初五日，聆受了佛部文殊、金刚部金刚手和莲花部观世音三大密宗事部怙主合修随许法。初七日，聆受了作明佛母修行随许法。从初八日开始，历时三天，聆受了贡唐仁波切快乐地授予的整本《作明佛母修法手册》、贡唐·丹贝仲美所造《回向详疏》和《大威德金刚仪轨·制胜恶魔》等的传承。就这样，在至尊阿莽仓的心瓶中，灌满了正教妙法的甘露。

藏历六月十三日，在阿木去乎，登上年杰贡恩山神山顶上，进行了详广的煨桑祭神仪轨，为着今后，从阿木去乎到全世界，不要出现瘟疫、年馑和斗净等灾厄，尽呈吉祥丰年、圆满福乐，而进行了卓有成效的祈祷和请托。当时出现了彩虹亘天、云霞壮丽等神祇欢喜的奇异稀有景象。至尊阿莽仓这次移锡神山路线上，据传，第一世遍知嘉木样大师师徒一起前去创建拉卜楞寺，从这座高山下经过时，进行吉祥长净期间用过一张宝座。但时至今日，数百年来谁也无法确定其具体位置。这位阿莽仓活佛正确地指出了宝座所在具体位置，这使当地信众深深惊奇，虔诚的浪涛从内心深处澎湃开来。接下来，至尊被阿木去乎寺的各扎仓次第请去，以丰盛的供养所行亲近承事表达了虔诚的侍奉。另外，又应麦西寺、阿廓尔寺、吉雷寺和佐盖新旧二寺等许多寺院以及大小隐修禅院的恭请，一一践履，接受了他们所敬隆重的亲近承事，给每一座寺院的寺院公共和僧伽个人赐予了尽量丰富的圣缘和赏品，以此圆满了他们所有人的心愿。

十八岁，藏历木狗年（1994）年十一月十一日，加入了坐落在多麦大地上的第二哲蚌寺、众多可与圣地印度二胜六庄严竞智的贤者的诞生地、以具善讲修吉祥右旋甘丹协珠扎西叶素琪维德之誉如上千条玉龙雷鸣般响彻寰宇的拉卜楞大古刹六大学院中殊胜闻思制胜洲学院经院。这一天，给如海圣僧法会，供奉了身、语、意三轮纯洁清净的不可思议的供养云蕴。接下来，依止了义大善知识上师、恩德无比的大格西更登嘉措为经师，首先学习了《因明七论》中所有正理玄理摄集为一门的《摄类学》。接下来，第一次聆受和学习了归纳法称大阿阇黎所造《释量论》中自利他利二品中关键要义而成的《心类学》和《因类学》，以及不败佛陀弥勒怙主亲口所传《般若波罗蜜多》的要诀《现观庄严论》中现观《般若波罗蜜多》之诸次第等，对研读经文、聆受讲经和经院辩经等课业，不曾旷废过一次，以极大的精进进行闻思，从讲说法旨、辩论经义和擅长世间和出世间两类著述三业之门，为文殊怙主佛法的繁荣昌盛和长久住世,担负起了圆满正确的重任。

这一年藏历六月份,佛法大教主、救怙尊、文殊上师贡唐·丹贝旺秀,莅临辽阔的密川绿野桑科草原,在聚集于该地的数十万名僧俗前,结跏趺而坐,跟圆满净妙空观大手印平等结合的大乐自明自性、吉祥本初佛时轮金刚身,给数十万名聆受者,讲授完《弟子摄受》和前行导论,授予了能致聆受者为修行生起次第之器的《如幼童入七灌顶》、授予修行圆满次第之权的《上灌顶》和《大上灌顶》、授予相续圆满中可指明与他人之权的《上之上金刚上师大主宰灌顶》等。至尊阿莽仓进行了圆满的聆受,以此成就了迥异于其他各大密宗续部观点的吉祥时轮二次第道甚深道的领悟,顺利产生于心相续中的殊胜缘起。

十九岁,藏历木猪年(1995),于遍知救怙尊嘉木样前,同土观仁波切、霍尔藏仁波切和萨木察仁波切三位活佛,聆受了上师瑜伽修法《兜率天内院百尊赞》《佛身赞上师三胜》《诸功德根本颂》《十世班禅大师祈愿文》《十世班禅大师生生世世摄受愿文》《十世班禅大师速疾转世愿文》《密宗事部三怙主陀罗尼》《格鲁圣教昌盛愿文》和殊胜遍智嘉木样、土观活佛、萨木察仓、这四位至尊活佛的《祈福禳灾愿文》,以及《往生香巴拉愿文·吉祥本初佛》和《五部论典愿文》。

二十三岁,藏历土兔年(1999)四月十五日,由圆满一切贤达善巧功德的如大圣罗汉优婆离第二似的已经成就圆满承担一切佛法重任时不需要依赖他人的菩提发心之法力的曲吉更登嘉措,一身兼任亲教、轨范二师,在如数僧伽中央,白四羯磨仪轨之加行、正行和结行圆满具足的状态下,霍尔藏仓活佛和阿莽仓尊者二位,一起受领了佛法心要别解脱圣戒、断七及其从属律条、清净近圆比丘戒,担任了一切持有紫色僧衣胜幢者的顶上宝珠和无比能仁王的至正绍圣。于是,这位贤哲正士接下来的一切行业,正如遍知一切的宗喀巴大师所说的那样：

> 诚为饶利自与他,广闻佛法无餍足;
>
> 且看证三界萨埵,亦闻佛法无餍足。

阿莽仓尊者,用头顶敬奉至尊救主贡唐·丹贝旺秀、至尊贡确钦饶嘉措、了义大善知识更登嘉措尊者、至尊扎西嘉措和佐盖·嘉央嘉错等诸多大乘格西足尘,对各部大经论的指导、灌顶、随许、教授、传承和经教等,倾尽他们瓶中所有,进行了聆受。就这样,他精进投入闻思与讲闻,到了任何时候都感觉不到餍足,顷刻不离闻思修三业,直至今天,已然住世,从事着伟大的弘法兴教事业。

赞　曰：

> 无垢心中发,殊胜誓愿力,
>
> 一切功德祥,悉以受用之,
>
> 依律亲躬行,闻思修三事。
>
> 此妙行堪比,如海佛所行,
>
> 文殊嘉木样,洁白欢笑颜,
>
> 所放甘露中,稍作休憩故,
>
> 勤闻教证法,泥婆罗新鼓,
>
> 牟尼法春华,长时以弘传;
>
> 诃萨跋折罗,事业洁白幡,
>
> 历世尔化身,坚定高举之,
>
> 亲于此方地,利乐白莲艳,
>
> 明亮胜圆满,皎皎新月光,
>
> 如许佛法殊,妙龄佳丽容,
>
> 匀洒善妙行,旃檀香料故,
>
> 圆满利乐美,舞姿现曼妙,
>
> 摧伏大浊世,末劫娼妇慢。

故于巍峨秀,政教大殿宇,
善行向右旋,螺号宏妙音。
方位姑娘耳,广厦华屋中,
不尽殊胜善,增为甘露祥。
所开圆满善,黄金妙莲花,
为饰牟尼教,大地美庄严。
正士足心开,千辐图纹相,
整劫无伦比,众生以顶依。
祈愿持皑皑,璎珞雪山身,
沐浴奶乳降,圆满善妙雨,
利乐新年华,灿然成绚丽,
受用新吉庆,安乐与欢喜!

这部第一世、第三世、第四世和第五世阿莽仓传略《公论香海》的撰写,因阿木去乎寺甘丹曲廓林僧众代表,同着吉祥的哈达,向我进行了催勉,后来又由阿莽仓活佛自己亲自前来,给我赐予了坚切的谕令,并为收集材料,提供了许多方便,虽然没有见到历世诸正士的任何传记,但将收集到的一些粗糙零碎的材料和法嗣传承史籍作为依据,以一些来源清晰可靠、可信性极强的口头材料进行补充,怀着祈福承事正士的清净增上意乐,称作妙增的藏历铁龙年五月上弦日,完成了撰写。祈愿此传功德,能使佛法永驻,所有弘法士夫足莲恒久享岁!

(卓尕次力尼布亚译)

洛赛嘉措大师传

（了义大善知识洛赛嘉措华尔桑沃尊者传·善缘耳饰）

了义大善知识洛赛嘉措尊者传·善缘耳饰
吉祥妙德围轮满，无缘悲光照十方，
功随如海如来尘，愿是良师语日胜！
二资宝界任运成，四身阶梯落巍峨；
相好日月光芒泻，熠熠智慧炽千焰；
三界我慢疯痴髻，争相追彼足莲尘；
顶礼供奉千佛胜，赞若白莲释迦狮！
祈祷胜义法空供，微橙红花童子身，
世俗离戏已空性，请饰稀有珠宝严；
智慧五光炽盛剑，请砍痴愚无知林，
一切如来父文殊，请赐深明迅疾智；
殊胜智慧贤妙若，天神明鉴净且显，
甚深显密佛法相，入境周圆极成满；
知识功德善巧称，美誉风幡大飞扬，
诸贤顶饰第二佛，至尊宗喀巴护育！
顶礼尽怀诸佛悲，手拈白莲观世音，
降凡轮回衣袈裟，躬行曾怀伟大心，
千佛所行殊胜业，善举教证佛法幢，
化身人间达赖尊！明亮智慧如月轮，

亿道善说照皓光，良师缘机增如海，
赞颂如许语言王！广大智慧明镜中，
亿兆所知数影像，离离清晰圆满现。
如海智者顶上饰，明慧韶华青春身，
功德珠宝所庄严；智力明理慧眼长，
能动诸贤肖然心；完具暇满华室中，
璀璨三学充珠宝；戒律飘香馥郁浓，
气涌诃利旃檀味；广大经义大地界，
一步智慧以跨之；能言口闪电火焰，
尽焚邪说木柴堆；美貌莲花脐心滴，
善说蕊间精华粒，尽飨六足蜜蜂群，
由之高歌无明音；饶益众生誓言沉，
负担虽重靠方便，健步迈向佛子道，
且持此行为吉祥；统御善明虚空界，
德怀寂静呈殊美，纵有浊世狂飙起，
肖然不动忍铠坚；向彼化机心中池，
引入善说恒河流，滋育佛法千莲瓣，
末世时分齐绽放；八风乌云未能遮，
妙行能明善太阳，光芒普照辽阔地，
此誉传向海彼岸；为之尔供无忧树，
福泽祥叶中数片，若作解脱妙钟子，
定成缘机顶上饰；善行右旋莲花池，
意乐白鹅翻翅羽，水泡卷起舞姿韵，
正直智者乐为观。

一切世界的不请之友、十力导师、圆满等正觉如来，为将超过浩瀚海域微尘数的芸芸众生，慈航济度轮回苦海，想着对治八万四千烦恼,所讲八万四千法蕴,都包含在佛法心要三藏教义中。将三藏以讲经方面的讲闻和修道方面的实修增生于自他心相续中,由之利益佛法的各位佛子大德,反反复复地说过,绝不会舍弃弘兴牟尼佛法大宝的发心誓言。对此,在《优婆离所问经》中说:"薄伽梵以大象观法观彼菩萨摩诃萨,赐法旨道:'善男子,你们将在来生全面主持妙法,所以,如来为了很多俱胝阿庾多亿无数劫,正确持有此正等觉,并成熟解脱有情众生,谁喜欢用各种方便、规理和意乐,全面主持它?'弥勒菩萨答道:'薄伽梵啊,我喜欢全面主持它。'"从这里开始,一直到"威力菩萨禀奏'我喜欢消灭众生的恶道之苦'句"之间,具网光菩萨童子立誓的时候,清楚地记载了五十余位菩萨的名号,据说他们都立有誓言。其他经藏中也有很多类似的讲述。一切佛子菩萨,在净与不净的各个世界,顺应化机缘分,以无边无数的幻化身,如同一轮明月在天,地上所有水容器中映现月影似的,不辞艰辛,心怀我们和跟我们一样的众生,通过转世,示现着善知识相,这是毫无疑问的。在《大方广华严经》中说:

> 虽证如海菩提觉,为熟如海有情众,
>
> 依止如海菩提心,诸时如海不退现。
>
> 善逝变化皆如是!

因此,要随念各位大德一切三密稀有功德,产生不退转信仰的理由,在《宝灯陀罗尼经》中说:

> 信仰若前行,似母而生起,
>
> 能护一切德,使之获增长;
>
> 信仰足可表,祥瑞吉庆城;
>
> 信仰无污秽,清净发诸心,
>
> 定可弃我慢,定为恭敬根;
>
> 信仰如珠宝,如财如妙足,

亦如手可将,善根以收揽。

正如偈颂所讲,要知道让信仰这一所有美满幸福的根本,未生时使之产生,产生后使之增长,是一切随行佛法的智者的成规和美满幸福产生的基础。所以说,在此离弃一切夸饰后,根据其真实本质,所表述的像他这种胜乘大善知识利益佛法的无上三密功德相,会成为希望学到佛子行的人们的榜样、那些没有信仰者增长信仰的因缘和具足信仰者心中增喜的正确方便。《佛本生经》中说:

享誉故成为,标准之诸贤,

凡有善逝道,定会去依止。

使之无信者,心亦生信仰。

心具佛法故,而成永妙喜!

具德马鸣说:

若遇诸圣贤,最上士夫使,

会场智者以,心中生欢喜!

如同这些偈颂所述,在具足分辨善恶之智的正直贤者的心田,仿佛洒下甘露水,激起了喜庆。对这位具足大乘诸相的大善知识部分功业事迹,所做的讲述,可分为三大部分:诞生于殊胜种姓的情形、今生获得功德的情形和获得功德后利益佛法的情形。

第一部分　殊胜种姓的情形

在多康东部偏南方,有一个叫作金色谷地热贡赛尔莫迥的情器功德极具祥瑞的地方。此地有一座唯一大悲佛莲花手化身、上位怙主格丹嘉措历世住持过的大古刹隆务寺,该寺附近的一处名叫桑格雄盆地边沿台地上,坐落着下吾屯卡尔纳村,大善知识诞生在卡尔纳土官后裔家。在这样一个种姓和世系非常高贵的天神种尕赛日家,藏历十五绕迥的称作大鼓的水鸡年(1922),同着各种稀有祥瑞,健康地诞生为母亲扎西吉的公子,取名夏吾才让。这位正士即将入住母胎的时候,母亲梦见一位大活佛来到了她的家里,她举着宝伞走进了房屋。忽然又梦到自己登上宝塔塔座往上仰视时, 看见镶饰在塔尖的日月模型发射出了日月光芒。这样的神奇征兆,多有显现。她虽然知道自己的儿子是个正士善人,但不敢说出去。对这种情况,贡唐仓尊者曾说:

> 寻思非以纸笔绘,希有俱生光照耀,
>
> 瑞兆彩虹展宝帐,诞生消苦首药苗。

第二部分　今生获得功德的情形

《佛本生经》中讲道:

> 圆满顺缘所庄严,其德因之更昭彰,
>
> 堪比为显三秋祥,皎月皓光明又亮!

清除长时谙练的习气后所生功力, 使他对普通孩子那种戏耍和放荡,产生了厌恶,而喜欢模仿讲经说法和数着念珠讽诵经忏,总爱把同龄玩伴当作弟子,自己扮作上师,做出传授灌顶的样子。即使在他一个人玩游戏的时候,也喜欢把许多石头陈列在身前,对着它们,模拟着给徒众讲经的场景。他只会做这类的正士善行,所以所有的人都谈论道:"这个孩子,和别人不一样,肯定是个具足善根的人。"土观·曲吉尼玛曾经说过:

> 韶光蛋壳虽未开,正士本色妙音传,
>
> 佛子和雅或信念,众生称奇争为赞!

七岁时,是藏历第十六绕迥土龙年(1928)。《经庄严论》说:

> 出家一切方,无比功德具,
>
> 居家持戒者,较之胜菩萨。

因看到一切轮回毫无意义而萌生的出离念头催促着心, 在具足戒智二德的上座大持律师、避世隐修者洛桑丹巴前,次第受领了持有五学处的近事戒、出家戒和沙弥戒，具足僧衣胜幢的同时，被赐僧名为洛赛嘉措。从此以后，对一切学处，不需要他人的催请，如河流般持之以恒地坚守着清净戒律，成了芸芸众生的贤良福田。吾屯寺甘丹平措林是历世智华俄仁巴所住持的寺院。在那座寺院里，曾被大金刚持吉麦丹曲嘉措师徒等许多大士圣足所履，转过显密所摄广大法轮，是一处极具福泽吉祥的道场，同时也是他们自己部落的福田寺院。那一年，至尊从这座寺院进入了佛法之门，以律依止，持有龙幢的鲁坚赞锦和享有能生王大觉知名的措协旺沃桑杰两位，具备着完全应该颂赞的功德的两位善知识良师足莲，入文字门时，刚开课就毫不费力地学会了拼读和整读。接着，轻轻松松地背会了寺院的各类常颂经文，有关各种法事的记诵内容也根据规范节奏、音准和手印，仅靠一些提示，就已经记熟在心里，因此被认为是全寺最具智力的人，所有僧侣，不分老少，都给予他极大的赞扬。此情正如《法集要颂经》所赞的那样：

> 具智慧者用一句，触类旁通百句义。

十四岁，木猪年（1935），有时候想到，世间的所有俗事毫无意义，红尘万事万物，虽因人为命名而现出影像，实质上好像是不存在的，心中主观地现出了一种空性觉悟相，为此产生过一些彷徨。这是至尊亲口说的。究其根源，在此前诸世，经过反复研习龙树师徒和宗喀巴师徒，心中早已产生了舍离二边的中观见地，现在这种俱生习气醒悟过来了，这是毫无疑问的。

十五岁，火鼠年（1936），无量光佛僧衣幻化身、人天大导师、一切智、伟大的第九世班禅·杰尊洛桑图丹曲吉尼玛格勒南结，被迎请到热贡，在大古刹隆务寺授十一面大悲观音灌顶时，至尊认真听受后请求了摩顶。

十六岁，《上师供养》《五愿文》《大威德十三尊曼荼罗仪轨》《毗卢遮那自证、结缘、瓶灌顶及自入法》《怙主五法》《菩提道次第论摄义》《至尊宗喀巴密传》等诸法事，以及所有法会诵经内容等一切课目，经在自己寺院众僧法会中央应考，博得了所有僧伽的巨大赞扬。接下来通过学习藏文行楷二书和《正字学·智者生喜》，做到了熟练掌握。

十七岁。具德的法称说：

> 因资汇生果，比量可比知，
>
> 不缘观他事，言是为自性。

正如此偈所说，至尊长期养成的殊胜习气，使他对轮回浮华产生了彻底的厌恶，看到了解脱的功德，舍离了世间诸事。图麦佛子说：

> 无亲友可抚，无怨敌可伏；
>
> 前看无官长，回看无仆役。
>
> 如许静幽地，尚不调自心。
>
> 何事为尔愿，口诵嘛呢者？

至尊心中产生了隐居幽静山林，一心专修妙法的强烈愿望，向自己的师父和母亲反复提出去空山隐修的请求，但未被准允，这使他的心里非常不满，情绪变得十分低落。吾屯本来是一个绘制和泥塑神像的工艺盛行的村子，在安多地区享有盛名。以前，那个村子人口多耕地少，村民生活存在着较大的困难，因此，形成了所有僧俗从小就学习绘画和塑像，前去各地制造神像，将带回的工钱维持生计并养家糊口的风气。至尊从小也有一双灵巧的手，母亲和亲戚们经常催劝道："你不去画神像挣钱，管家里的生活，让谁来管？"他反驳道："你们不让我去学经，反要管家里的生计问题，那我出家进寺院，没有任何意义了。钻研妙法，修成一个清净的佛教徒，这才是不让生活落魄的唯一保证。"始终没有听他们的。

十八岁，在同一个坐垫未结坐而完成了依止大悲圣者观世音而守持的一百零八次守饥行斋戒。那段时期，由于生活极为困顿，患上了寒风病等各种症疾，身体很虚弱，近乎不支。即便如此，他还是以极大的勤奋克服困难，坚持守够了一百零八次的守饥行斋戒数。至尊当时有了毕生守持斋戒的稳定信解，并将其向自己的根本上师阿拜大金刚持进行了禀报。大金刚持说："你还年轻，斋戒暂可缓一缓，阅读经书更为重要。"至尊认为，如证得妙喜地似地，让欢喜、信仰和精进争相增长的上师供，是供养之最胜者，立下了圆满闻思一切显密经论的决心。从此，通过长期依止了义大班智达、金刚持上师吉麦丹曲嘉措尊者足莲等加行，前前后后一共依止了二十多位善知识上师，不舍昼夜，刻苦努力，对闻思方面，付出了江河般奔流不息的精进。所有追求解脱者的唯一津梁是佛法大宝。关于参入佛法的次第，世亲论师说：

> 依律闻且思具故，对于参禅妙加行。

除了依理守持清净戒律次第进行闻、思、修三业，没有其他的参入佛法的方法可循。《法集要颂经·闻品》中说：

> 缘闻知诸法，缘闻退罪过，
> 缘闻舍唐捐，缘闻证涅槃。

遍知一切宗喀巴大师说：

> 善为取舍者，面对沉沉暗，
> 尚难以闻灯，照之为昭昭；
> 不知正道者，解脱妙城中，
> 纵有进入愿，能有何用为？

如果对内外一切明学，不曾有过任何的听闻或学习，就无法理解浩如汪洋般的佛祖经典的思想。不理解佛祖经义，就无法懂得解脱和遍智道的规理。至尊想到这里，对闻思产生了口渴者乞求水似的强烈愿望，他自己曾说："从小时起，我就对阅读经书，有着一种穷尽究竟的愿望,而且对阅读有着极大的魄力。我们村子有每年念诵一遍《华严经》的习惯。有一年,到村子里请老老少少许多僧伽时,寺里的一位长老,将一函经书放在脑门,闭上眼睛说:'我们在这一世,没有读懂这部经,我要祈祷,来生能读通这部经。'听到这儿,我想道:'你没有弄懂是你的事,为什么我也弄不懂了呢? 只要我下功夫去读,哪有读不懂的道理? '心中生起了极大的魄力。"这些话是至尊后来讲给他的弟子们听的。这些事情,也是大主宰佛子们所独有的殊胜行业。此外,遍知一切大主宰宗喀巴大师曾说:

> 幼冲童年起,闻思尚未齐,
> 遍身衣罗绮,若市陈商品;
> 饕餮超荐馐,无餍是信财;
> 受取长老僧,顶礼与承事;
> 请怀悲悯彼,浊世转世众。

伟大的五世达赖喇嘛也曾说过:

> 无知旃陀罗,贱种子饰以,
> 华丽锦绣衣,高拥宝座席,
> 愚人眷众群,巍然僭居之,
> 秋霜疑将残,佛法阆苑莲。

比起这两首偈颂中所形容的那些自大自满、未闻经典、夸张地称之为转世灵童的少年们,至尊所躬行的是,非常稀有的殊胜事迹。就在这个时候,加行着圣地印度大班智达无著贤昆玉功业事迹的文殊怙主宗喀巴大师宗轮的唯一支柱、我的大宝亲教师、实至名归的殊胜救怙、大金刚持阿若仓·杰尊洛桑隆多丹贝坚赞,和这位至尊的弟弟、精通五明的大班智达杰尊吉麦刀曲嘉措两人,先后莅临下吾屯寺。于是,给莲花手的化身、金色谷地热贡的依怙尊、第七世夏日仓活佛,大依怙尊格尔底活佛,以及第五世赛仓·洛桑扎西赤列嘉措等大多数活佛,连同该寺和外地的很多比丘,阿拜大金刚持对《至尊宗喀巴全集》《贾曹杰全集》《克珠杰全集》和《第二世夏日仓·格丹嘉措全集》进行了经教授记并就所问疑难做了面对面指导,又对该寺内外无量男女,根据详广实修理路,讲授了吉祥时轮大灌顶等内容。至尊闻受了这些授记和灌顶。至尊救主阿若仓大金刚持,对以该寺僧众为主的来自各地的僧俗男女,按仪轨授予了称作发心供养的一切佛子修证无住涅槃的大道愿菩提心大宝。这时,至尊再一次示现了发殊胜菩提心的情况,正如《入行论》中所说的那样:

> 他众为自亦未现,惟尔为利众有情,
>
> 心生而现极殊胜,空前希有之大宝。

又说:

> 尊称诸善逝,佛子成世间,
>
> 人天芸芸众,顿首顶礼处。

为了发无上菩提心大宝,至尊成了一切人天众生以发辫冕毓供养的对象。

十九岁,主持着一切佛法的无与伦比的牟尼尊者绍圣、大亲教师法王、殊胜救怙、大金刚持阿若仓·杰尊洛桑隆多丹贝坚赞,身兼亲教、轨范二师,在达到所需数量的虔诚比丘中央,至尊遵循近圆仪轨中加行、正行和结行三次第,完成了吉祥无过、圆满诸戒的比丘体性。从此以后,别说有过些许的毁犯,就是在开斋时的漱口和脱鞋就座等很小的细节上,也不曾沾染过任何堕罪,正确地守护着佛法的根本戒律,甚至在身体的步履、语言的旨意和根器的文静等各个方面,没有任何虚伪举动,奉行着圣地印度各位如来的事迹,变成了芸芸众生眼中的甘露。在他的一生,以过午不食等奉戒正行,连极其细小的堕罪都不曾沾染。所以,他身边的各位侍从和所有其他徒弟,也过午不食,温文尔雅,从不放逸。《佛本生经》中说:

圣者缘遇高尚者,法会中使贤者喜。

接下来,在所有人的至正善知识上师扎哈尔·噶居巴的经师前,认真听闻了《菩提道次第广论》中总修习方面的指导。

二十岁,至尊向达仓郎木寺大善知识贡确桑丹尊者请求,讲授根据色派密宗规理所授上师瑜伽法《兜率天内院百尊赞》引导、《梵文拼读法》、《文法三十颂》和《字性论》等的指导,得到了这位尊者的愉快答应,在同一天内,做了细致的讲授。

二十一岁,阿拜尊者的贤哲心传弟子宗噶尔仁波切,将大金刚持吉麦丹曲嘉措请到宗噶寺,所有师徒在那座寺院夏令安居时,这位大金刚持上师,广为发放着善说供施。至尊当时为了依止他的足莲,也来到噶让寺,捧着善缘赀见礼,请求加持,并含着泪祈求生生世世给予摄受。这位殊胜怙主愉快地答应了。接下来,至尊同这里的所有师徒一起,进行着夏令安居。当时,殊胜大金刚持讲授了《至尊宗喀巴全集》传承,至尊因之对该传承获得了第二次听闻。此外,至尊还听闻了《善说藏传承》《贤劫庄严鬘》《上师供养法》《五种愿文》《吉祥三界颂》如《斋戒仪轨》《大乘长净戒律传承》许多修心法类和达莫·曼让巴所造《秘本》等的传承,如《大威德金刚十三尊灌顶》《十一面大悲观世音灌顶》《萨派红黄文殊随许法》和《那伽剌恰随许法》《三事仪轨引导文》《修心大耳续引导文》等,心中产生了殊异于他人的喜悦,这都标志着他将生生世世获得以鲜花施与的本尊顺缘的风幡。接下来,至尊向这位殊胜大金刚持的心传弟子,再一次请求了对《菩提道次第广论》的深入指导。那位正士,将尊胜嘉木样教授道《三主要道》作为命根,对正文及其注释,经以无垢教理上师教授为依据,锦上添花,赐予了圆满一切道身的详广指导。全尊由之彻底掌握了将一切佛典内容贯穿到菩提道次第中进行修习的方法。从那年八月份开始,大金刚持上师,讲授了宗喀巴所说《秘籍》的传承、大金刚持自己所造《道次第偈语论》的指导，以及其他的道次第和修心法类等各种经教，历时长达五个月，至尊做了很好的聆受。至尊又在大善巧王西萨·洛追尊前，学习了书法、《文法三十颂》、《字性论》、《语门剑》、《正字学·贤者耳饰》、《宝箧经》等正字学书籍、天文历法、星命数术和《梵文拼读法》等内容，这种学习，绝非浅尝辄止，而是通过详细钻研，做到了全面掌握。

二十二岁，依大贤者至尊贡确桑丹仁波切为师父，认真学习了汇编因明学要义和《因明七论》中所有细小知识点后以理融贯的用以开启正理之门的《摄类学》，对整个摄类学内容中正理的走向、辩驳双方展开辩论的方法和每一个承许细节，尤其是因法周遍八门、物反正理幻变，六声算法中的孤算法、因算法和半因算法，复合有法应成，有法前、中、后三严，入壳时的有法和持新壳等的具体差别，根据无边的正理门辩论法，做到了清晰的掌握。

二十三岁，在贤哲经师前，学习了三时、自相和总相、遮遣趋入和直缘自体、破立和破除、大因果等《摄类学》内容。通过详细的听讲和复习，结合辩经实践，熟练掌握了对大、中、小三条理路所做的指导，对辩论理路，产生了判断能力。由此，通过深入学习正理自在吉祥法称《释量论》四品中复杂要点中归纳出的《心类学》和《因类学》，熟练地掌握了正文的注释、总的布局和对因的论证方法等一切推理密语，而且对《因明七论》的系统内容做到了深入理解，变成了精通正理之士。一切智克珠杰曾说：

于是乾慧推理师，勤习而作千破立。

尊前辩敌舌喉心，颤颤巍巍而处之。

二十四岁，至尊返回噶让寺，来到文殊怙主宗轮的支柱、遍观五明的大班智达、根本上师吉麦丹曲嘉措尊前，和这位贤哲上师的心传弟子、善巧王、殊胜才旦夏茸·柔普美贝洛追仁波切，姜隆·江贝央大

赤巴的转世,以及为上师心传弟子的宗噶尔大小两位活佛的转世等,
许多讲说教理的大狮子大善知识一起,依止这位大金刚持上师,结合
所授《心心所》《地道论》和《教派史入海船论》等的详广指导,对二世
嘉木样所造《宗轮详论·最极详明论述自他诸宗甚深妙义普贤刹日教
理大海能满众愿》和章嘉·若贝多吉所造《教派论·牟尼圣教妙高庄
严》进行了潜心研读,并通过与各位同窗师友一起深入辨疑、切磋和
辩论,对每一个教派根据各自所持主张、各自所依托的教义和用理论
论述的规理等,进行辩论的方法,做到了深入的掌握,自发地兴起的
辩经热情,如火焰般燃烧开了。在辩经院辩经时,金钢持上师不时来
督察,并就辩论思路,进行许多指导。在讲授《心心所》时,金刚持上师
亲口说:"《心心所》理论,不是小知识点,一切业果取舍,都要从这上
头领悟。"并做了非常详细的指导,仅仅为其中的五遍行心所内容的
串讲,用了整整五天时间。其间,金刚持上师,对至尊的辩理思路和钻
研教义的方法等方面,做了多次表扬,所有最擅长辩理的同窗精英,
也再三地散着称赞的花朵。那时,至尊向金刚持上师请求讲授《现观
庄严论》,但因上师极为繁忙,并未赐讲。这件事让至尊的心受到了很
大打击。他曾说:"当时我虽然向金刚持上师请求过《现观庄严论》的
讲授,却未授赐,这对我的打击非常大,想到,像他这样的了义大班智
达、金刚持上师,若不给我讲授《现观庄严论》,哪怕要用一把快刀,自
己剁自己的指头,也能毫不犹疑地剁掉,反而激起了很大的自信和强
烈的心愿。"这事正如《佛本生经》中所讲的那样:"可见,即便要割自
己身上的肉,也要把它买到手。"过去,大悲世尊为了一句偈颂体佛
法,以铁钉扎自己的身体;常啼菩萨,为了闻法,放出自己血管里的
血,洒地压尘。至尊这是在决定践行这样的殊胜功业事迹,为了闻法,
也产生了这种极大的勇气。后来,想闻思佛法的人,要知道至尊的这
种意乐加行,是各位大菩提萨埵们所独有的一种无上宏化事迹。

　　二十五岁，至尊正在贤哲经师殊胜贡确桑丹前，努力听讲和辩经的时候，听到了金刚持上师在噶让寺讲授《现观庄严论》的消息，当即向殊胜经师告假，并和亲兄弟更登背着装有少量经书和食物的包袱，从夏唐寺出发，日夜赶路，很快走到了噶让寺。他们拜完金刚持上师，请求参加听讲，赐予照应，获得答应后，欢喜、信仰和激动三者，于胸中争相涌起，泪水潸然而下，几乎止不住了。从第二天开始，便在学僧中间铺上一件新垫子，加入了听讲徒众里。讲到《现观庄严论》第一品"离一异"部分，段落刚好结在清净利根方面的内容上，上师非常高兴地说，这个分际很好。过了一会儿，又说："的确很好。"至尊心中由之产生了无上的欢喜与虔信，说："我想到自己学会整部《现观庄严论》的缘起，已经齐了，非常高兴。"在听讲和辩论的时候，如果至尊迟到了，上师就会等着。至尊不到，他不开讲。至尊是各位学僧中，年纪最小的，在讲座过程中，如果上师有些小事情要做，他准备起身时，上师多次说："你不用去了，另一个人去就行了。"哪怕一句讲授，也不让他旷掉，非常关心他。至尊曾说："当时，金刚持上师连一句话都没有漏掉我，赐予了完整的讲授。上师可能是想让我，在这个末世时期，弘传他的学系，并以闻、思、修，给洛桑扎巴尊者的宗轮，做些微小的事情。"当时，至尊斋饭等方面的条件很差。有的时候，整天没有任何吃的，处于极大的苦行中，他反而会生起更大的勇气，以窘迫的生活，克服困难，坚持着每日的听闻讲授和相互探讨，常常为加强记忆，反复背诵经文，一直背到半夜，孜孜不倦，持之以恒如东流的河水。这段时间，金刚持上师给才旦夏茸仁波切和跟他同行很多遁世隐修的热贡僧伽，结合上师的口传内容，为传授能展放妙善太阳光芒的用来指导修行道的经验，做了详细指导，且传授了上师瑜伽法《兜率天内院百尊赞》和《诸功德本颂》的教导，《威猛三尊合修仪轨》与《格鲁派圣教兴盛愿文》的传承，至尊和他们一起做了认真的听闻。这一年夏令也和金刚持上师及其弟子一起安居在噶让寺里。

　　二十六岁，金刚持上师，对他的至正心传弟子、达扎郎木寺大善知识贡确桑丹尊者说："这个洛赛嘉措，资质聪颖，对阅读经书，极为勤奋刻苦。他还是你的弟子。让他加入达扎郎木寺，你给他圆满指导一下五部大论，他以后一定会成为一名好格西。"便把至尊托付给贡确桑丹尊者，让他做了至尊的经师。大金刚持上师又对至尊说："贡确桑丹仓是达扎郎木寺里的一位著名格西，对洛赛岭的辩论读物，有很高的造诣。知道每一部典籍的每一个具体内容在第几张纸页上，甚至能说出它在哪一张纸阴阳两页的第几行内。从来没有记错过，非常神奇。你要在他身边细心学经，不可懈怠，要持之以恒地读经和辩经。"这一谕令降至他们的头上。接下来，至尊更登来到了郎木寺，加入了称作多麦南部的大道场达扎华尔吉郎木寺的广播着圆满一切显密的妙善白狮狂笑声的安多大那烂陀伽蓝、将文殊佛法大旗插向四方的历辈大救怙格尔底仁波切所住持的大古刹僧海，依律依止大善知识经师贡确桑丹尊者、贡确桑丹尊者的弟子善巧王贡确达杰和遍观五明的贡确慈成等，大格西等佛法胜幢大善知识上师们的足莲，依据班钦·索南扎巴的教材，再一次从摄类学开始，对因明、中观、般若、毗奈耶和俱舍为内容的《释量论》《入中论》《现观庄严论》《戒律本论》和《俱舍论》五部大论，聆受了详细的指导，并进行了深入的探讨、阅读和背诵，长达十来年的时间内，没有间歇过一天，以极大的刻苦精神，坚持着河流般持续不断的精进。对听讲和辩经，绝不会弄虚敷衍，得过且过，从内容的把握、理路的运行、以理探析之所、建立誓言之所、结合各个典籍的本注理解教义的方法，对每一个具体细节、各个教派不同观点和各寺院读物间所存矛盾之处等方面，都做了极其细密的掌握，就以理分析、引生疑问、断除增益和熟悉巩固等，经夜以继日的学习，获得了彻骨透石的效果。如此一来，至尊成了以辩经语言的奇幻理路摧灭邪见的功德，使心处在公正正直状态中的所有辩理者的意与耳之甘露藏，升到了善巧贤士的绝顶。至尊自己曾说："当初在这所扎仓学经时，有时断了糌粑口粮，到了第二天，除了烧一锅开水喝几口外，无以为炊。这种事情，碰过好多次。后来，金刚持上师，通过对阿坝土官麦桑·华尔功成烈饶布丹和格尔底活佛府邸的温波，多次嘱托，使连一把糌粑都没有的我，不需要穿村走户念诵俗家经忏乞缘了，靠这些地方土官权贵的一些小帮助，从此以后，在生活上没有出现过大的困难。"他还说："郎木寺方面的一些活佛、官员和众多普通僧俗，前去热贡顶礼大金刚持上师阿拜足下时，大金刚持多次问道：'郎木寺里有个热贡小格西，他的身体还好吗？'我听到后，知道金刚持上师一直没有舍弃我，心里牵挂和摄受着，一次又一次地流着高兴和虔诚的泪水，越加增生了学习和辩经的勇气，从内心建立了遵照上师的心意完成学业的誓言。"又说："就在那个时候，日夜不停地发奋努力，有时整夜整夜地阅读经书和背诵巩固，不知不觉中天已大亮，这样的情形，出现过好几次。"有一次，就"二十种僧伽"，开展辩经时，至尊心中记忆着"二十种僧伽"的全部内容，那一天他跟个别辩友展开辩论，进行立宗，旁征博引丰富的理论依据，证明了自己所立之宗的正确性，致使破宗者承许难支。但对方众人竟然说："你不就是记住了典籍内容吗？这有什么可大惊小怪的。"并按该寺的传统，他们反以许多矜夸之语，调侃起来，这使至尊情绪非常低落。但他振作起来，再一次引用教证，进行了驳斥，叫对方承许之失，越来越大，最后连空壳都没有剩下，惹得全班僧众贻笑大方，笑声快要绷破禅院了。此情此景，正如一切智克珠杰所说：

> 于是乾慧推理师，勤习而作千破立。
>
> 尊前辩敌舌喉心，颤颤巍巍而处之。

闪动着洞察秘密语所行推理和破斥敌论的细微规理的亿数理路

的电光,且因心中记熟了典籍内容,不断地直接引用着自己的理论论据,使论敌们的承许如断了线的念珠,散落殆尽。这时,格尔底活佛的经师和所有学识渊博的格西,对至尊的智慧和锐捷的思辨能力,深为惊奇,反复赞叹道:"这么年轻的辩理高手,稀有啊!"至尊自己也曾说:"当时,我往返辩经禅院的时候,只因凝神思考着经义,有时回僧舍,竟然走差了路。"至尊的经师贡确桑丹当时对至尊说:"你有着透析教义的眼睛,有着热忱闻思的精进和勇气,在各个方面,都迥异于他人,所以,我愿意帮助你闻思一切显密教义。"便长达十余年的时间,对《现观庄严论罗赛林疏》《般若波罗蜜多教授论现观庄严本注详解金鬘疏》《疏要庄严论》和《难证三现分合解指导文》等般若论典,《辨析中观论》《入中论善显密意疏》《中观大疏》和《中观大纲》等中观论点,《俱舍论析》《俱舍沁木绛贝央疏》和《俱舍论疏·明照解脱道》等俱舍论典,都做了详广的足可解惑释疑的指导,至尊通过认真研习各部本注,全面断除了增益。接着,经师又给至尊一个人授予了索南扎巴的《吉祥密集生圆二次第大疏》和各部密宗总续的引导文、文殊静猛合修的引导文等若干秘籍。在这段时期,至尊将根本上师认作体性无别的殊胜智慧本尊,虔诚信仰,并进行了强烈的祈祷。有一天晚上,梦见一个叫央摩吉的女人说:"你想从北方红喙秃鹫嘴里取到血,我会帮你。"出现了许多个像这个梦似的受到本尊摄受的吉兆,本尊的加持力使他获得了如同开悟般的聪慧睿智。在冬天的一次法会假期里,从大善知识贡确达杰前,听闻了《由说甚深缘起门中称赞无上大师·善说心藏》的详细指导。这时,至尊经师贡确桑丹仁波切要去霍尔藏格尔底寺身兼法台和总经师双职,至尊也追随贤哲经师前往那座寺院,依从尊前,无法离开。他坐在那个扎仓的僧众中,和往常一样,继续坚持着听闻讲经、阅读经书、商榷、谈论、反复背诵等课业,夜以继日地勤奋努力,穷究着所学要理。与此同时,经常服侍经师,为经师做事,不管什么事情,能按时完成。就这样,至尊从意乐、加行两个方面,依止着善知识上师,敬信勤勉,与过去噶当派的恰宇巴·雄努维赛没有二致。至尊亲口说:"不管经师去哪儿,我都跟着他,用清净增上意乐服侍着他,能这样做,是非常好的缘分啊,生生世世所积善根中,这件事最大!经师大宝驻锡和出行的每时每刻,在听讲和背诵方面,从来不曾有过丝毫的荒废。"在那座寺院里,经师给至尊和各位资历较深的僧伽,结合《律经根本律》和纳措喜饶桑波所造《毗奈耶根本论·日光疏》两部论典,对毗奈耶教材做了细密的指导,至尊从八别解脱律仪之戒体相、戒受放之差别、违背制戒之细微犯戒、前后戒间的开遮、资具加持、表皮、汤药和敷具等方面的每一个细微处,根据《毗奈耶四部》内容,将其全面掌握,并尽自己所能付诸实践当中。殊胜的经师因此非常高兴,进行过多次表扬。另外,从经师大宝,听受了《慈氏五论》和《摄密》的传承,珠倭所造《三戒仪轨论》和格尔底所造《三戒仪轨论引导文》等,所赐予的许多佛法教诫。

二十九岁,经师辞去了霍尔藏格尔底寺法台和总经师的职务,返回了达扎郎木寺,至尊依然追随他,也回到了郎木寺,和过去一样,继续着进辩经院辩经等的课业。至尊从意乐加行,如理依止以经师为主的各位格西,结合各部典籍本注,坚持听受讲经、读经、辩经院辩经和晚间背诵巩固,一直到三十四岁间,从未旷缺,通过刻苦努力,夜以继日的发奋精进,不曾有过些许松懈,于是,不于字面浅尝辄止、将一切佛语教诫铭记于心的读经智慧,获得了对讲说法旨、辩论经义和著书立说三大贤者善业无所畏惧的胆识。这些年,在大救怙格尔底仁波切前,听闻了《上师供养》指导;在格尔底仁波切拥有龙树般的鲁珠之称的经师前,听受了《大威德金刚和马头金刚灌顶》,以及《宝生如来百颂》的随许法等;在达杰格西前,听受了《上师供养》、《长寿经》、《佛顶大白伞盖陀罗尼》和《白度母颂》等的传承;在善知识上师洛桑丹巴前,听受了《律经根本律》和《因明七论》的传承;在自己的经师前,听受了《大威德十三尊灌顶》,以及《阿毗达磨集论》《究竟一乘宝性论》本注、《入菩萨行论》《俱舍本论》《现观庄严论》和《入中论》等论典的传承。此外,在续部方面,也听受了许多讲座,对至尊宗喀巴师徒所造密宗类典籍,做了深入的研习,度到了续部大海的彼岸。至尊在此期间,顺便又对声明、修辞、辞藻和声律等共同明,进行了深入细致的学习,由于有着极高的智力,只要听一遍,几乎就能圆满掌握其中的所有名言学内容,使其清晰地出现在心田,对任何一个疑难点,一经分析,就能断除增益。至尊如此的无碍通达一切明处的圆满智慧,正如《法集要颂经·亲友品》中所说的那样:

> 妙慧者须臾,依止贤者功,
>
> 了知诸法若,以舌品菜味。

也如萨班尊者所说:

> 诸乾慧者司察时,心得昭若雪山顶,
>
> 普照太阳光芒般!

还有,遍知一切宗喀巴大师也说过:

> 今生来世诸美满,因缘顺成根本为,
>
> 指明道者善知识。

正如尊者所说,一切美满幸福的根本,决定于正确依止善知识上师的方法这个枢要。至尊也从意乐加行两个方面明确依止各位善知识足尘,圆满闻思了一切显密知识。他的学习,绝不会只停留在听闻层面,而是通过反复观察和修习其中意趣,对每一个听闻所得,立马付诸在实修当中,闻思修三业紧密结合,相互为用,同步递进,这是践行噶当派阿底峡尊者清净宏化的殊胜事迹。善知识仲顿巴仁波切曾说:

> 第一时闻断增益,第二时思断增益,

第三时修断增益。嗟嗟此亦非单行，
我闻时思亦汹涌，我思时智修汹涌，
我修时闻思汹涌！

第三部分　获得功德后利益佛法的情形

三十四岁，藏历第十六绕迥木羊年（1955），正于郎木寺加行闻思所讲经义等广大事业的时候，经师说："如今，你已经完成了五部大论的课程与闻思，对密宗理论，也有不少的学习，现在到了隐居静修院实修所闻教义的时候。长期居住在寺院里，好是好，但因有着各位格西派去各个子寺担任法台、格贵和总经师的惯例，做一名普通僧人，有一定的困难，饶江巴格西等的虚名，大多除了让人偏向世间法和财富，没有多大的意义，还不如去一个寂静的山林，勤修所学，能够圆满广大的饶益自他事业。你考虑一下，可以按自己的想法去做。"至尊自己也如经部所说"博闻者隐林，韶光遁为乐"，想到一处寂静山林，不停地修行所学内容和研习经书，便向扎仓以此告了长假。刚一准假，便向经师做了禀报。经师很高兴，就以后事业的指导，赐予了甘露精华般的教诫。至尊也含着泪向经师提出了生生世世赐予摄受的保护请求。接下来，对各位师父和同窗师兄弟，怀着依依不舍的酸楚情怀，和弟弟更登两人，背着装有几函必备经书和少量食物的包袱，从夏唐来到了德尔隆寺。因为过去所做发心的力量，成就了我们间的密切缘分，这时正好到了他的功业百门顿然齐开的时机，业已来临，所以，被护法神催勉其心，来到了这个地方，这是毫无疑问的。于是，至尊来到我的身前，进行拜谒时，说明来因，请求我就应该去哪一处山中修院，给予观察和保护。我说："先在这座寺院里稍作休息，可以慢慢地看。"便让他驻锡在我的囊谦里。当时正好我在两位经师前学习着中观和般若。经师经过和至尊进行系统的谈话，知道了至尊是郎木寺的一位格西。有一天,经师对我说:"从郎木寺来的那位僧伽,是一个优秀的格西。若能帮你切磋和辩论教义,肯定很有好处。应该收进因明学侍读队伍中来。"我也非常高兴地说:"这样很好,谢谢您啊!"到了第二天,我和经师一起,跟至尊说了这个打算。至尊说:"我尽管没有那么高的学识,但若能给仁波切做承事,我会获得很好的顺缘,所以,非常的谢谢!"这样,至尊买下一座干净的小僧寮,在德尔隆寺驻锡下来。当时,我虽有卡多·扎西加措格西和持律师赤列加措等四位博学善辩的因明学侍读,但他们的知识参差不齐。在一个吉祥的日子里,至尊也和我们一起去听讲经了。这一天刚好讲到了《现观庄严论》八品中阐述功业一项,我的经师非常高兴,对至尊说:"今天,对你出现了极妙的因缘。这是今后你的功业获得增长的祥兆啊!"那时,我的经师对至尊说:"你已经学过了这些内容,以后可以不来听讲。到了辩经阶段,你来作一下切磋、释疑和探讨,就可以了。"从此以后,他就没有去听讲经,只是每天下午坚持到辩经院去,就《现观庄严论》八品、附加的缘起部分、《四禅八定论》等般若法,《入中论》流水部分等中观法,进行了长时间的切磋与探讨。因他早已学成圆满,思路敏捷,广为了知诸典内容,使我们难以坚持所做承许,承许被失者,多有发生。他立宗的时候,所立之宗非常严谨,对每一个极其细小的复杂经义,理解得很透彻,致使我们的破斥很多次脱离了正确的理路。从这些可以清楚地看出,他有非常善于辩经理路的功德,而且他对我智慧的开发有着很大的帮助,这个恩情,尤为宏隆。当时我想到,刚见到他时,他是一个普通僧侣,身上的袈裟都破旧不堪了,竟然有着这么高的经学造诣,甚至他那身披袈裟的风格,也透露着一种文静平和的气质,他身上的任何一个地方都在深深地吸引着我,即使在一起进午斋等各种共处的间隙里,就政教进行各种畅谈时,他只会大为夸赞别人的功德,而对自己却非常谦虚地说闻少思寡,不具任何学识功德。正如《问答宝鬘论》中所说：

> 隐藏自己德，广宣他人德。

至尊践行着噶当派阿底峡尊者清净宏化的殊胜事迹，这是一种贤哲所特有的无上风范。至尊以普通僧侣身份，淡泊寡欲，恭敛自律，一心投入于修习，这一切深深地吸引着我，我想，如果我也能像他一样，那该多好啊。他们具足着顺缘，不像我，戴着大活佛的假面具，以不合佛法教义的世间八法及财富浮华，荒废着时间，不能做到正常的闻思和修行，我没有遇上好的缘起，我现在要去隐修禅林，做到无为寡欲。后来，又一次，我在拜谒我的根本上师大金刚持阿若仁波切的时候，我强烈地请求道："我要去山林隐修，请赐我以护佑！"大金刚持笑着说："那样的事情，你们大活佛们，是不可以的。活佛府邸的管家和寺院所属百姓，都不会同意。还是和往常一样，留在这儿为好。这样，想为佛法做事，自己还可以做主。"由于上师没有同意，我的心很受打击，深感悲痛。言归正传，就那样，我每天和至尊一起，进行着切磋、探讨和释疑，自午斋之后，往往持续到了半夜，一天都不曾旷过。每次傍晚辩经结束后，供酥油灯的时候，聚在一起，诵完《至尊文殊赞·能喜文殊赞颂云海》和一道法行念诵仪轨，以《格鲁圣教增长愿文》结尾，才散座了，有这样的惯例。当时我的经师称呼至尊的时候，只会说"郎木寺格西阁下"这一尊称，从来没有喊过其他的名号，把他看得很高。就在那个时候，经师对我说："如今，在卡加道寺，讲闻只剩下空洞的形式。如果再不给他们加强管理，讲闻必衰无疑。如果这位郎木寺格西阁下，担任卡加道寺总经师，能够恢复讲闻风气，对寺院定能产生广大的饶益。"于是，我便和管家等人商议，做出了这个决定。我和经师捧着哈达和护身结前去征求他的意见时，他说："尽管像我这样渺小的人，不知道能否给寺院的讲闻有所饶益，但我可以遵从你们的法谕，去那个地方。你们要给我赐予护佑。"说着，接受了。于是给卡加道寺的代表和资深僧伽，派人送去了要从速前来迎请总经师的命令。

三十五岁，火猴年（1956）。六月，卡加道寺的资深僧伽洛桑嘉措比丘、该地俗人代表岭·卓玛杰两人前来迎请尊者。六月十三日，同着来自卡加的僧俗二人和我的府邸派去的护送人员，至尊和他的弟弟更登一行，上马走到了卡加道甘丹丹佩岭寺。卡加道寺的一百一十余名僧众在寺院外，举着香炉，怀着笃诚的归信将至尊迎进寺院，安排在了四川热东巴阿克仁波切曾经闭关驻锡过的小禅室里，从集体到僧俗个人，当地竭尽全力，举行了迎接礼仪。

至尊上任伊始，为了给全扎仓开启缘起之门，赐予了《皈依经》《兜率天内院百尊赞》和《功德根本颂》的指导，继而次第将学僧分成诸班级，根据各自心智高低，给低年级讲授着《摄类学》《心类学》和《因类学》的课程；从八月份起，给般若班学僧从郭莽扎仓般若法《现观庄严论》读物第一品入门，通过《般若波罗蜜多教授论现观庄严本注详解金鬘疏》《疏要庄严论》和《难证三现分合解指导文》相结合，授予指导，开展了极其深入的辩论；给各位资深学僧们，通过《菩提安乐道论》和《菩提速疾道论》相结合，授予了深邃又详广的指导。至尊对卡加道寺的讲闻倾注着很大的心血，给聪慧年轻的僧人们，就交流思路的方法和典籍内容的理解，一直到在辩经场如何发音、辩论时如何击掌、如何把袈裟缠围在腰际等方面的细节，赐予了极其细心的指导和训诫。有时进行经文记忆考试和经义理解考试，给学经成绩优异的僧人，不分老幼，通过颁发相应奖励，激发着他们的学经兴趣；而给成绩差的，通过罚背经文，示以惩戒。经过这么多的努力，为整饬和加强业已涣散的法会和辩经院纪律，做出了巨大的贡献，使讲闻如上弦的明月般不断增长起来。同时，又想到佛法的根本是清净戒律，结合《三戒学处》和《三事仪轨》之详细指导，让没有完整法衣的置办法衣，其至小到垫子和漏袋等的僧人必备资具,也叫办齐了。又让能够践行过午不食和以水漱口来开斋结斋戒者,受领了相关戒律。以此整饬戒律,维护着佛法大宝的根基。

三十六岁,给结业班全体学僧,不断地指导着第一品击掌辩经方法。与此同时,拨冗给二十名比丘,讲授着《辨了不了义论》;应资深格西扎西嘉措和持律师达尔杰两人的请求,给三十多位比丘,讲授了《菩提道次第广论》开头到"总行学处"间的详广指导。这一年冬天,从《现观庄严论》第一品中的"被甲成就"部分开始,进行着指导;应精通辩理的曲扎的反复请求,将大威德金刚十三尊灌顶,从前行仪轨起,做了非常完整的传授;应扎西嘉措、达尔杰、喜饶、慈成、达娃、索南和曲扎等二十多名学有成就的善知识的请求,开始了《中观教理明灯》《俱舍论》和《毗奈耶难要伺察论》的讲授,授予了克珠杰所造《续部总论》和班钦·索南扎巴所造《续部总论》相结合的详细指导。在此期间,又挤出时间,详细讲授了书法、《正字学·智者增喜》和《文法三十颂》等。通过上述努力,使该地所有僧俗觉得非常满意,几乎没有一个人不会口称"具恩师父"而双掌合十于前额。《格言宝藏》中说:

> 正士功德纵隐藏,昭昭传遍诸世界;
>
> 豆蔻花朵纵掩盖,馨香弥漫于四方。

这一年,听到了嘉央喜饶格西,正被请之为合作寺维那的消息。他们二位是关系很好的法友,至尊亲往合作寺,给法友嘉央喜饶献上了顺缘感恩的哈达。由于他们相处得非常投机,这位格西给至尊献上圆满的礼遇和承事的同时,两人就佛法做了长时间的畅谈。这一夜,至尊驻锡在那儿了。格西被至尊的智慧、功德和恭敛谦让所吸引,心中产生了无限的欢喜和仰慕。此情正如格言所说:

> 智者群中智者美。

格言还说:

善说智者慧思闻,痴昧愚夫却难为。

当时合作寺的很多僧伽,也因对至尊贤名早有耳闻,出现了许多随喜这位正士的风范而心生信仰的人。接着,至尊返回卡加道寺,继续讲经说话。

三十七岁时,是黑暗岁月的恶相自然暴露、灾难的腥风在大地上扶摇旋转的浊世土狗年。藏历正月祈愿法会刚一结束,经至尊安排,将寺院的佛经、佛像和佛塔以及各种供物,偷偷地分散隐藏起来。尽管僧众次第举行了各种颇具效用的经忏仪轨,但难以扭转众生共同的业报,如同睁着双眼逃下悬崖般眼睁睁地激起了骚乱。藏历二月廿九日,寺院突然被包围,寺院的每一个僧舍受到排查,合作丹增仓活佛为主的资深僧侣被抓起来,押到监狱里去了;全寺僧众也被集中起来,关进了乡政府院子。当时至尊和他的弟弟更登,住在寺院的一间小修室里,虽有若干士兵来过那里,但因没有看见,或者没有弄清所见到的是什么,一一退回去了。只有他们两人没有受到任何迫害而能长期住在修室,很清楚地看出,他们这是受到了欲界自在吉祥天母的保护。这一年秋天,有人见他还住在寺院里,于是他被传唤到了其乃合村,在该村关押数日后又放出来了。他们返回寺院修室,潜藏起来。冬天闭关时,通过详细阅读《入中论善显密意疏》和《中观大疏》,能够用口科判章节了。

三十八到三十九岁。有一天,至尊在修室中想,如果能偷偷地去卫藏地区,那该多好啊。到了晚上梦见一个自称是麦桑土官的脸色红润、有三只眼睛和腰悬宝刀的彪形大汉来到了至尊前,说:"你去拉萨,不会有好结果。你也不用害怕,有我在。"这个梦使至尊放弃了去拉萨的念头。梦中的那个人,显然是卡加道寺名叫曜的护法神。从此,至尊在修室里实修与读经相结合,放宽了心,继续驻锡着。有一天,忽然来了许多乡里干部,对至尊和他的弟弟说:"你们哪里的人?身份尚未弄清楚,还要念经来坚持邪恶的反革命思想!"便押到合作收容所里关押起来,利用好几天,反复实施了强制性审问,继而说要劳动改造,押进了一座名叫尕西的合作附近村子里。在那个村子里,在群众监视下,进行开垦荒地,劳作了好几天。有一天晚上,至尊一个人神不知鬼不觉地逃出了村子。当时民兵在各处设卡把守,而且有许多积极分子在暗中监视着至尊的一举一动,但在那天晚上,竟然没有一个人发现。至尊后来说:"当时我多次想到,没有必要困死在那么一个地方,一定要逃出去。但因实在难以逃脱,耽搁了好长时间。有一晚上,我的心中忽然产生了一个想法:今晚出逃,一定成功。便在深夜大家都睡下后,跑了出去。结果在没有一个人发现的情况下,逃脱了。我想,这件事情证明了三宝的恩德和护法神从不懈怠地促成的功劳。"由此来到一个叫作卡加肖合吉沟的沟壑狭窄、高山峥嵘、岩峰嵯峨、荒无人烟的空谷岩洞里,驻锡了好几个月,专心加行着实修。最后所有食物都吃完了,无法继续隐居下去,便偷偷地潜往合作藏在西山坡的比丘索巴家。索巴、合作寺的喜饶嘉措比丘和贡确丹增三人,给至尊献上了圆满的敬奉和承侍。喜饶嘉措嗜茶,整天都喝着茶。至尊看见后说:"您喝这么多的茶,干什么啊?喝晚茶的时候,做好洁净仪轨后,漱口结饮,不好吗?"仅这一句教诲,说动了喜饶嘉措的心,变得更加虔诚和尊敬了,每天都就佛法进行着请教和释疑以及有关佛法方面的谈话。从此,喜饶嘉措比丘舍离了中午以后的斋饭,过午不食,中午斋前斋后的漱口、进斋时的脱鞋和斋时洁净仪轨等,遵照至尊的行止,严谨践行着。至尊萨班曾说:

> 如果依从高大者,低微者亦成高大;
>
> 且看寄身大树之,藤条盘绕到尖梢。

仅仅依止了善知识上师等的正士的身语二业之一些细小组成部分,低微者会被正士们引向佛法,且最终获得解脱和遍知一切的殊胜习气,是大乘佛法善知识上师们的殊胜所在。这时,一个对至尊存有敬信的干部,给至尊开了一张条子。至尊便返回卡加道乡,出具条子时,乡政府把至尊编进了其乃合村合作社,参加了一年多的生产劳动。那些年政策很紧,连念一句六字真言的权利都没有。尽管这种恐怖的狂飙横扫着整个大地,至尊却不管坐在什么地方,心中没有丝毫的畏惧,生起了极大的胆魄,念诵本尊心咒的功课,一次也不曾荒废过,甚至坚持奉行着进斋时的漱口、脱鞋和洁净等细小戒律学处。他还找些比丘朋友,加行着每半个月的长善净恶福力加持。这一切是让自己的依律实践和文静品行齐头增进的无上正士风范。弥勒怙主曾说:"梦中亦系诸佛法。"吉祥的月称也曾说:"梦中亦舍戒恶垢。"至尊功德正如这些偈语中所说,是难以思量的。

四十岁,铁牛年,国家政策稍显宽松。寺院里放有大队的各种农牧业生产用具,至尊被派到寺院里,保管着那些东西。至尊驻锡在格桑达瓦的僧舍里。当时一些弟子也来到了至尊的前,他们高兴地谈论着佛法。至尊借机结合世态,给弟子们讲说着世间无常和他们的这次遭遇是业果的现世报应等等的教诫,到了晚上,讲授着一些佛法,并给若干新弟子,授予了出家戒和沙弥戒。

四十一岁,水虎年。上半年,至尊自己在寺院里召集若干弟子,一起做着一些法事,并担起了维修和清洁寺院剩余佛殿和经堂的主要责任。藏历九月十五日,好比云缝中投射下了一道阳光,一段时间内开放了寺院,各位比丘在大经堂里进行着长净仪轨,至尊宣讲佛法时特别讲授了《别解脱戒经》,继而给所有弟子讲授了《菩提安乐道论》和阿拜尊者所造《偈颂体道次第论》的指导。此外,又给几个年纪小的讲授了《文法三十颂》《字性论》和《正字学》的课程。将藏在卡加博拉村里的卓尼版《甘珠尔》为主的在土狗年旋风中分散掩藏于各地的寺内佛经、佛像、佛塔和供物等取出,供进寺院经堂,进行了献沐浴和开光仪轨。继而又补充了那些散失无着的佛像和佛塔，经至尊自己想办法，重新置办并安放了用黄铜铸造的屋脊金顶和大小五只宝瓶，以及两套牝牡祥麟和法轮。至尊担负起了寺院的所有管理责任，他一个人安排着法会和辩经场上的念经与讲学，一切都恢复得跟过去一样了，他对寺院恩德非常大。这一年，我也从监狱获释。到了年底，以至尊为首的卡加僧俗，请求我到卡加寺里去。我到了寺里，看见一切都和过去一样，进行了全面修复，便怀着无比的喜悦，捧着哈达，对至尊说："您想尽各种办法，没有让寺院的佛经、佛像、佛塔、供物和资具毁于无常，现在能和过去一样供在这里，讲闻和清规戒律等所有风气，也恢复得这么好。这些都是您的心血啊，非常感谢！今后还得请您长期负责这座寺院讲闻为主的所有事务，拜托了！"将此感激之情和新的请求，同着哈达献给了他。他也非常愉快地接受了。至尊由此给部分僧伽，授予了近圆戒；给很多居家俗人，赐予了斋戒仪律；给善知识扎西嘉措仓等过去的学僧，继续着讲风；对辩经院的辩经和背诵，法会上的诵经，给予了严格的管理，使当地的讲风获得了很大的发展。从藏历水兔年三月份开始，寺里的年轻和年幼僧人被遣返回家，只有老年僧人继续留在寺里，讲修妙法的太阳再一次被乌云遮蔽。从此开始，四年来的时间内，以至尊为首的老年僧侣们努力延续着寺院的法会诵经、夏令安居、长善净恶和解制等传统。在至尊如夏日的河水般的坚持实修的同时，给扎西嘉措格西为主的弟子们，时常讲授中观和般若来维持着讲风，此外指导着《宗轮宝鬘论》和《续部总论》等显密教义。给年纪较小的僧侣，就《文法三十颂》《字性论》《正字学》书法以及制造曼荼罗和宝塔的《尺度经》，做了详细指导。

四十五岁，火虎年，在"文化大革命"运动的黑色风暴中，一些寺院的经书、佛像和佛塔等所依处，被焚烧和毁灭，僧侣陷入了被驱逐出寺和批斗的痛苦境地。从这一年正月份开始，至尊又和土狗年一样,将寺内的佛经、佛像、佛塔以及各种供物和资具,想尽各种办法,分散到各地,或偷偷地藏起来,或托付给一些信得过的人。尽管最后高龄僧侣们也不让驻锡在寺院里,要遣返到各自的村子里去,但他和弟弟更等在相当一段时间内,继续偷偷地待在寺院里。后来被公社干部发现了,把他押到公社里,叫当地群众开展了激烈的批斗会。《智树论》中说:

> 愚夫见到愚夫时,清怡凉爽比檀香;
>
> 如果不期见智者,若遇杀父仇人般。

至尊萨班说:

> 贱人泄怒圣人时,圣人岂会报嗔怒?
>
> 夜狐纵噪傲慢声,兽王只还以怜悯。

各位正士的心被大悲悯所控制,以爱惜别人胜过爱惜自己的菩提心,圆满度到了忍辱波罗蜜多的彼岸,亲自加行着面对敌、友、中三者,能慈悲平等一切怨亲的佛子菩萨的功业事迹。接下来,叫至尊在卡加的浪甘村中参加生产劳动,在那里住了两年多。这一年八月份,偷偷来到合作,悄悄地驻锡在索巴家,他受到了索巴的敬奉和承侍。八月廿八,合作寺的贡确丹增格西,将一些水果和一条哈达献给至尊,请求讲授《般若波罗蜜多教授论现观庄严本注详解金鬘疏》。至尊心里非常高兴,说:"缘起虽好,但因般若内容过于庞大,只能留在以后有好的条件时再作讲授。现在的政策太紧了,对这种事情处处显露着大凶相。暂时放一放,你如果有道次第方面的经书,可以从那上面做一些讲解。"便从一函《菩提道次第略论》上面,就三士夫修行次第,按传统做了讲解。接着次第赐予了至尊格丹嘉措的论典《三戒学处》、郭芒堪布的论典《弟子学处》和《律海藏》等经书的详细指导。至尊后来也说,当时请求讲授《般若波罗蜜多教授论现观庄严本注详解金鬘疏》一事,确实是一种吉祥的缘分。到了十月末,经被合作日瓦囊村的才让扎西迎请，到他家去，一直驻锡到了过年时。当时，应贡确丹增格西和贡确青觉二人的请求，讲授了《三事仪轨》。由持律师贡确青觉帮忙，完整授予了上弦下弦长净加持；又给部分居家俗人授予了近住戒。

四十六岁。五月，来到合作，应占巴地方的纳德村拉玛才让所请，前往他家驻锡的时候，又应贡确丹增格西所请，将上师瑜伽修法《兜率天内院百尊赞》的引导，讲授了三次，并详细讲授了《功德根本颂》的引导和《续部总论》的指导。贡确丹增格西又请求讲授持戒律师扎巴坚赞所造《戒律学处广论》，就在讲授这部论典的详广指导时，至尊说："你在饭食方面，多有犯戒，要靠《忌食仪则诀》来予以守持。"便给贡确丹增格西授予了《忌食仪则诀》。就在这个时候，至尊的弟弟更登在卡加加关地方修建了一座小房子，兄弟俩驻锡在此。

四十七岁，来到合作，应下卡洋村贡德所请，去他们村，秘密驻锡了一个多月。这期间，结合共与不共两种修法，努力加行着实修。后来，又给一些居家俗人授予了近住戒传承。到了四月份，来到了日瓦囊村。该村的贡确尼玛请求至尊长期驻锡在他家，至尊答应后，将研读经文和修行实践相结合，驻锡了很长时间。后来给我说："我在日瓦囊村秘密居住时，修行获得了增长，尤其是通过细读宗喀巴师徒三尊论典，不仅形成了许多智慧，而且参悟到了至尊宗喀巴师徒的教诫迥异于其他理论的殊胜所在，从内心深处对至尊宗喀巴大师产生了比以前还要虔诚的不退信仰。"七月，正驻锡在合作西山坡索巴家的时候，贡确桑丹把至尊请到自己家里，请求讲授《宗喀巴广传》，至尊结合历史背景，做了详细的讲授。十月，又回到日瓦囊村。冬天，在那里闭关密修了马头金刚密洁。

四十八岁，在日瓦囊村，给贡确青觉格西和贡确桑丹等少量弟子，利用一个月的时间悄悄细讲了《上师供养》。到了八月上旬，去四川降扎温泉口,泡浴着温泉,给来此地泡温泉的好多男女信士,根据他们各自的愿望,分别赐予了法施。三周之后,又返回合作日瓦囊村贡确慈成家里,给贡确慈成授予了融会贯通安住修和观察修后,一起精进加行的实修法。这种实修法是,以摄集积福德资粮和净治罪恶之枢要的七支加行法等加行法为前行,将三士道次第的修行,根据密宗怛特罗法开发出参悟力的安住修,以及教、理、喻和传相结合后,进行了反复观察的观修双运的实修。

四十九岁,卡加和合作的许多弟子,请求赐予讲经和口授教法,但因当时政策非常紧,至尊没有答应,说:"这次没有条件,以后政策有了宽松,可以授予。"贡确丹增也请求了《大威德金刚生圆二次第修法引导文》,至尊依然没有答应,说:"这次不方便,以后可以授给你。"当时至尊手里只有一本借来的《胜乐生起次第论》,便对贡确丹增说:"这本书,对我很迫切。你把它抄下来。"贡确丹增连同至尊喜饶嘉措的《胜乐生起次第论备忘录》一起精心誊抄后,呈给了至尊。至尊给他偷偷授予了《修心日光论》的指导。六月,应占巴拉玛才让之请,前去该地,驻锡了两个多月,以所求各种佛法,满足了他们的心愿。

五十岁,铁猪年,正月初五到十五,驻锡于合作西山坡索巴家,和至尊自己的几个最亲近的弟子,一起过了新年。当时经书非常稀缺,弟子们通过努力抄写,缮誊了《集密生圆二次第论》《大威德生圆二次第论》《胜乐生圆二次第论》和《修部总论》等修部论典,以及有关道次第和修心方面的典籍,呈给了至尊。至尊非常高兴,马上举行开光后,将许多典籍想办法藏起来。

五十一岁,在卡加道,给扎西嘉措格西、达杰、慈成、曲扎、达吐和索南等亲近弟子,秘密授予了《菩提道次第论释·求解津梁》,并赐予了一些佛法教诫。从三月开始,一直到四月十五日,按大悲观音菩萨门守持禁食斋戒,并且每日坚持自受灌顶,精进修持着本尊。从五月起，重点修行上师瑜伽法，将曼陀罗咒、百字咒、三昧耶念诵数和能食空行火供咒，各集积了三十万个，通过种种积善，对四大前行引导文付出了极大的精修热情，熟稔了集积资粮和净冶盖障之实修。

五十二岁到五十六岁间，长时间驻锡在卡加加关的小房子或合作一带的各位施主家里，给若干亲近弟子偷偷进行着《菩提道次第论》和《上师供养》方面的指导，且分次授予了所求各种佛法的传承，有时候去温泉泡浴身体。每年冬季三个月份中，以合修密宗事部三怙主等加行，对许多本尊进行了无量的念修；给许多居家俗人，通过授予居士戒等所求各种佛法传承，圆满了他们的心愿，此外，从皈依和业果理论开头，授予了佛法和日常行为方面的许多教诫，将他们引入了弃恶从善的正道中。这种只为利他的广大善行，正如《佛本生经》中所说的那样：

> 何为成佛道？——悉指明：
>
> 心无归信者，导化为信士，
>
> 以具佛法言，使之变妙喜！

也如《格言宝藏》中所说：

> 智者即便极衰微，善说能使他人喜。

五十六岁，火蛇年，三月初三，应合作寺的贡确丹增格西往年所请，结合普觉·强巴仁波切的读物，非常隐秘地赐予了《大威德十三尊生圆次第论》的指导；又结合阿拜尊者所造《大威德圆满次第大乐根本精华论》，进行了修行大威德圆满次第方面的指导，进而使其心中熟稔了《大威德十三尊祈愿引导文》。接下来，利用三个月的时间，给持律师贡确青觉和贡确雅佩等多名亲近弟子赐予了《大威德十三尊生圆次第论》等方面的甚深指导。此后，驻锡在卡加的时候，藏在一些人家里的寺院用物被暴露，落到了公社领导的手里。正如格言所说：

> 恶人纵得财，恶行更呈邪。

他们如同获得了敌方情报,胸中燃起了熊熊的怒火,将至尊强行传唤到公社关押起来,继而叫他站在日加大队的群众中,进行示众。至尊早已身擐忍辱坚甲,心怀勇识,加在他身上严酷批斗和殴打,更加增长了他的胆魄,结果使他们无计可施了,便转变手段,想以温和的方法进行说服教育,说:"你没有必要继续顽固下去,你看,如今天上飞着飞机,地上跑着汽车,你不肯换一换你的那个旧脑子,还想反革命,只会自讨苦吃!"至尊反驳道:"天上飞飞机,地上跑汽车,没有什么可稀罕的。连畜生道中的鸟儿也能飞到天上去,连蚂蚁这种虫子也能在地上奔跑,你们要我换脑子,不管是人,还是动物,除非他自己死了,或被别人杀掉,头上的脑子是没有办法换掉的。只有新生的生命,才会有新脑子。"他们被噎住,一时哑口无言,过了一会儿,领导们才命令将至尊关进了公社的一间小房子里。萨班尊者说:

　　无知睚眦必报者,凶相露于害人前;

　　无赖恶狗见敌人,狂吠常在扑咬前。

又说:

　　不学无术无德者,尤恨德识俱贤者。

那样的时代,正士们的心本来处在悲悯之中,别说会被他们打垮,心中连一点紧张的感觉都没有,他们为了利益佛法和众人,自己的生命都可以奉献,平生只会躬行着利他事业。《格言宝藏》中说:

　　正士生命纵濒危,贤良性情岂可舍?

又说:

　　正士如大宝,始终不变易。

至尊事后说:"不管受到多大的摧残,只要自己决不放弃化逆缘为正道的修心理念,就会产生一种我所造的业,现世获得异熟的喜悦感。他们又说:'你没有什么可高兴的。'我说:'我为什么不能高兴?对今生,对来世,我又没有做错任何事情。'"至尊又说:"就在关押期间,我又梦见自己来到了自己的根本上师金刚持上师吉麦丹曲嘉措和经师贡确桑丹二位尊者前。经师将一支短枪交给我，说：'从今天起，你不用害怕了，这支枪是战神手里的武器，你现在可以放心了。'我对金刚持上师和经师两位说：'现在佛法已灭，我不想留在这个地方。我想到二位尊前去。'金刚持上师说：'别看一时出现一些困难，最后会好起来的，没有事。别让自己的戒律损坏掉。'我说：'我会用生命保护戒仪的，只是我的生存境遇太糟糕了。'上师说：'对这事，做一次祈福仪轨，会有好处的。'我想站起来念诵一遍《祈福颂》，准备起身时，经师用手势止住了，说：'你是出家人，可以坐着做仪轨。'这个梦肯定是在悬记着未来。"在"文化大革命"中，许多僧俗陷入了绝望，对至尊禀道："佛法的太阳再一次升起来的好事，我们这一生就盼不到啦！"至尊拍着自己的胸脯说："你别失望，要以坚定的信仰，对三宝怀持不变的信念，要反复祈祷三宝，到了晚年，升起幸福的太阳的清晰征兆，我这儿有了！"有些弟子又问："那个'清晰征兆'，是什么啊？"至尊所说那个征兆，就是上师赐予的悬记，便只说有清晰的征兆，而没有详细地讲出去。这正如萨班尊者所说：

> 智者知识藏于内，愚夫知识挂嘴边。

至尊谨奉着将自己修证到的一切知识如陶瓶里酥油灯般深深隐藏起来的禁行，绝不会把现证和授记到的预见的一个侧面散布出去，这是在加行着至尊阿底峡大雄的噶当宗轮中的实践内容。

五十七岁，土虎年，从卡加偷偷逃脱，跑到合作西山坡，秘密驻锡在索巴家。在那里，给贡确丹增格西等若干亲近弟子，讲授了《摄类学》《心类学》和《因类学》等内容。八月末，利用一个月的时间，给索仓活佛等十多名听闻者详细讲授了《菩提安乐道论》，使他们熟练地掌握了其中意趣。从这年年底起，在宗教方面，国家的政策有了稍稍的宽松。对至尊供施午斋的人也渐渐多起来，至尊为满足他们的心愿，有请必应,给供施者一一地做了清净回向佛事。

五十八岁,土羊年正月,由索仓活佛请到了达色尔村。至尊给索仓活佛等十来名比丘,细密讲授大威德十三尊灌顶及其潜行仪轨,使他们对此获得了完整而熟练的掌握。接着,根据至尊的安排,为了油印《菩提安乐道论》和《菩提速疾道论面授法》两部论典,备齐了一切所需器物,经由洛桑达杰比丘刻蜡版,油印了二百多套,不仅给以前听闻过《菩提安乐道论》的人人手一册,对其他求学者也一一分发。我撰写的《偈颂体道次第》《大威德护佑秘籍》和至尊上师格桑嘉措所造《续部总论》《文殊赞·所知虚空》等,也各油印一百部,分发给了诸弟子。八月末,又由西山坡索巴担任施主,给三十多名听闻者进行了《菩提安乐道论》和《菩提速疾道论面授法》相结合的指导,穿插很多亲训诀窍后,在体验观所缘诸次第的基础上,一直到上士道之间,附着在续部里路之上,进行了详细讲授。当时将那些前来听闻的弟子们也分成了两组,叫他们就《菩提道次第论》开展了切磋和质疑。以索仓活佛为主的弟子们,一直到深夜,不断地进行着探讨和背诵巩固,使全组人员对菩提道次第获得了深入的理解。接下来,至尊又来到了日瓦囊,快乐中精进加行着实修。

五十九岁,铁蛇年,二月上旬,经由西山坡索巴担任施主,再一次对索仓活佛为首的三十来多听闻者,从《菩提安乐道论》和《菩提速疾道论面授法》二典中上士道开始,和上次一样赐予了指导,圆满结束了整个讲授内容。另外,又对五十多名听闻者,授予了《兜率天内院百尊赞》《功德根本颂》和《普贤菩萨行愿王经》的传承;给四名所化缘机,授予了沙弥戒。从六月份开始,给持律师贡确青觉和贡确丹增等十余名求学者,接上次进度,继续着《摄类学》《心类学》和《因类学》的讲授。这一月,合作兜率法洲甘丹曲林寺虽已开放,但因没有大经堂,便在寺院原址上搭起帐篷,五十来位劫后所余寺僧,举行了开放后的第一届吉祥长净法会,重开了缘起之门。当时我出席法会弘法讲经,念诵了《别解脱戒经》,获得了极善顺缘。此后,一步步地重建了各个小经堂,法会和辩经院的各种法行也逐一恢复。从这一年的七月初八开始,合作和卡加等地原寺属部落,为恢复讲风,迎请至尊和原寺内诸弟子时,所有比丘移锡入寺,原寺属各部落全体信民共同担任施主,利用一个月的时间,坚持每日进行极其严格的《摄类学》《心类学》和《因类学》方面的讲学和辩经,绝不旷废一次,使所有弟子智慧获得了很好的增长;给索仓活佛等十余名所化缘机,授予了学法根本增上戒学之最殊胜律仪近圆戒;给十二名所化缘机,授予了沙弥戒;给二百多名居家男女信士,授予了近住戒。就这样,通过广授饶利时下到永久的善行戒学,将广大僧俗引入了弃恶从善的正道,使所有人的欢喜和信仰跃升到了极致。当时才旦夏茸·久美柔贝洛珠尊者,担任西北民族学院教授,常住兰州。八月廿八日,至尊到了兰州,谒见了才旦夏茸尊者。才旦夏茸尊者非常高兴,非常关切地同至尊进行了促膝长谈。他问至尊:"你回到自己家乡吾屯去,广利佛法众生,不好吗?"至尊说:"我不想去。常言道:'自己人嫌弃自己人。'我认为去那个地方,不太好吧。"才旦夏茸尊者说:"你无论如何都得去。去了那个地方,对寺院和村民,都会有饶益。"至尊便遵从才旦夏茸尊者的教谕,九月份来到了热贡桑格雄下吾屯寺。当地以身披赤黄肩帔的僧伽仪仗和居家善男信女排队高咏六字真言,给予了极大的迎接礼。至尊随后来到了寺内,从寺院集体到寺僧个人,以极大的敬意献上了极其圆满的侍奉和承事。于是,他对该寺僧众详细地授予了阿拜尊者所造《偈颂体道次第论》和《三事仪轨》的指导,并策励各位僧伽要以表里如一、戒律清净、无为寡欲和文静持重,来严谨守持《毗奈耶经》中所提每一条极其细小的遮戒,使自己成为佛法庄严的切中要害的教诫;给千余名居家善男信女,授予了近住戒。另外,至尊还授予了《文殊真实名经》

《般若摄颂》《普贤菩萨行愿王经》《贤劫庄严鬘》《般若波罗蜜多心经》《佛顶大白伞盖陀罗尼》《度母颂》《大轮金刚咒》《叶衣佛母心咒》和《六字大明咒》等的传承，用佛法甘露满足了众生的一切心愿。九月初七，至尊负责了久美丹曲嘉措尊者圆寂纪念日上供法会，给僧众供奉了丰富的承事，给灵塔敬献了供养。所上供品陈物丰富，能满心意，以普贤圣者供云规格进行了供奉。佛天降日，炽燃着加持神力之千数光焰的寺院主尊佛像吉祥天母像，以至尊为主的全体僧俗怀着广大的敬仰，手捧香炉，恭请到寺内，进行了丰富的供放和开光仪轨。接下来，在大经堂举行吉祥长净法会时，至尊自己通过宣讲《别解脱戒经》等善行，用清静心愿，为释迦牟尼如来佛法的昌盛，促成了顺缘。接下来，至尊来到了自己母亲的家乡尕赛日村，给很多僧俗授予了《皈依经》《六字真言》和《佛顶大白伞盖陀罗尼》的传承；给二百余名男女信众授予了近住戒传承。然后返回下吾屯寺，十月初五日，给二十八名所化缘机，授予了沙弥戒；给五十余名居家俗人，授予了近住戒。在土狗年的大风暴中，本来供在下吾屯寺的大弥勒佛像消失在了四大种中，虽然所有僧俗都有重新供一尊大弥勒佛像的心愿，由于没有谈拢细节而搁置到了今天。他们把这件事请示了至尊。至尊的心难以按捺，马上安排，很快收集到了许多相关用物，备齐了一千五百份内藏陀罗尼长咒。这一年秋末，高贵胜尊、人天导师、普明、一切智班禅大师莅临黄南州，足履隆务寺等诸多伽蓝，正将再弘佛法的广大功业，兴之为众生福德祥瑞的时候，应吾屯下寺的祈请而莅临至此，给所有僧俗赐予《皈依经》《无缘悲悯颂》《长寿咒》和《香巴拉祈愿文》的传承，并以灌顶赐予了无量恩德。这时，至尊以清晰明白、层次分明的诗体语言对曼陀罗所作阐释，奉在了班禅大师的佛耳中。班禅大师非常高兴，给至尊赐予了内容丰富的手书。

六十岁，以至尊金刚持久美丹曲嘉措师徒的传承理路，按仪则进行了内藏合修和巧匠起神等仪轨，将已成眼之甘露的至尊弥勒怙主佛像，重新供在了寺院内。在此期间，给上下两个吾屯寺的所有弟子，讲授《摄类学》并教会辩经方法，由此给这两座寺院创立了《摄类学》学风。此外，给他们授予了《三事仪轨》《兜率天内院百尊颂》《功德根本颂》《偈颂体道次第论》的教导，以及《至尊文殊赞·能喜文殊颂云海》和《文殊赞·谁之智》等的传承。又经他亲自勘测地基，亲自安排了进行讲闻的辩经院的修建工程。他给幼龄弟子们授予了文字书写和《正字学·智者增喜》的课程；给年纪大的僧伽们授予了道次第修心和生圆次第方面的指导。在上下吾屯诸村有着以虐杀公鸡和烧烤活羊来祭祀神灵的陋习，至尊结合"绝不能干那样的事"的训诫，经详细讲述杀死的罪恶和放弃害他恶性的功德，赐予了今后要根除这种邪恶习惯的训令。然后，至尊又回到了合作，加强各位弟子学业的同时，研读经文和实修体验相结合，对行善事业付出着奔流的河水般持之以恒的精进。这一年，卡加道寺也得到了开放。至尊来到卡加道寺，通过次第给各低班指导《摄类学》《心类学》和《因类学》，给般若班指导《现观庄严论》第二品中责难部分和附文中的四禅八定内容，给各高班《入中论》《俱舍论》和《毗奈耶经》，管理讲授传统，加强了讲闻和辩经。当时，给新建小经堂等事务，给予了很大的指导。

六十一岁，在正月神变祈愿法会期间，至尊驻锡在卡加道寺，为了给法会说法讲经，来到了法会上。说法时，详细讲授了马鸣论师所造《三十四本生传》。至尊准备自己出资，在小经堂中央，供上带有克珠杰与贾曹杰两位高足的有两层佛座的至尊宗喀巴像，招来了桑达比丘等能工巧匠，佛像内的内藏合修等都做到了细致的落实，于是开始了造供至尊宗喀巴大佛像的工程。此外，为应经堂所需，又供上了至尊宗喀巴千尊塑像和很多卷轴佛像；重建了寺院的一些佛塔；对寺院周围转经道上的各经轮围廊的修建及嘛呢经筒安装、辩经院的重建及辩经院宝座的安放等工作,做了细心安排和认真指挥,并重新置办了寺院的伞、幢、幡、唢呐、长号和锣等供物器具。就这样,从宗教到管理两个方面,寺院全面恢复了昔日的面貌,使寺院到周围村落,一切僧俗心中,喜悦、信仰和激动争相汹涌澎湃起来。继而来到了合作,经至尊亲自催勉,由西山坡的阿克索巴担任施主,在合作寺刚刚竣工的新经堂内,供上了略高于真人身量的至尊宗喀巴和两位高足及法王佛像。至尊为其进行装藏,按仪则绘制好中柱图符,备齐了包括藏轮在内所有内藏,并对这些进行了开光安神仪轨,选择吉祥时日供上内藏,圆满完成了这些佛像的所有工序。于是,按至尊意愿,我和全体寺僧,按章嘉呼图克图所立仪轨,进行了开光安神。接下来,至尊来到了卡加道寺。这一年七月初七大辩经法会,至尊自己和自己动员的施主,连续四天,给僧众法会进行了熬茶施斋和发放供养,给全法会的所有僧伽,以如海般的承事和供云,奉上了不可思议的供施。至尊对各位学僧和过去一样严格加强讲风的同时,授予了《菩提安乐道论》、《菩提速疾道论面授法》、格尔底仁波切所造《菩提道次第论释·求解津梁》和《偈颂体道次第论》的详细指导;应曲扎嘉措格西所请,赐予了《佛子行》的教导;此外,授予了夏日仓·格丹嘉措尊者所造《修部总论》、玛尔囊大金刚持所造《大乐语精论》和格尔底仁波切所造《摄密》三论的传承;对《胜乐、密集、大威德三尊坛城尺度经》,《四业护摩尺度经》,《摩睺罗伽尺度经》,赐予了详细的指导;给年轻弟子们,循序渐进、持之以恒地讲授了《文法三十颂》《字性论》《正字学》和书法。通过这次教授,使所有僧众,不分老幼,都按自己的智慧需求,心智获得了极大增长。然后,至尊来到了合作寺。这时的合作寺讲风也只剩下了影像,这使我无法忍受,我渴望佛法获得弘兴,特别想道,若能重振这座甘丹赤巴仁波切所住持的古刹的讲风,那该多好啊!怀着这样的增上意乐,对至尊说,您若能担任具善法洲合作寺的讲闻总经师,重振讲风，功德无量，在这个时代，找不到能比这还利益佛法的事情。经过讲述这样的道理，他愉快地答应了。从那以后，这座寺院的所有上师和弟子，以极大的敬意，将至尊的足莲，供在了自己的头顶上。至尊也怀着非常大的慈悲，从摄类班到噶让巴班之间各个班级，讲授了《摄类学》《心类学》《因类学》《现观庄严论七十义》《地道论》、至尊夏日巴所造《教派史》和《教派史宝鬘论》等内容，给那些低班学僧按各自的课业进度逐一进行了指导。就般若方面的教学，至尊说："早在火马年，按贡确丹增所请，应当讲授《般若波罗蜜多教授论现观庄严本注详解金鬘疏》，现在咱们从自己扎仓的般若学教材《般若总义·香海》开讲，到后来，会专门讲授《般若波罗蜜多教授论现观庄严本注详解金鬘疏》。"由此开始了大车之规，从弥勒菩萨所说《现观庄严论》入手，进行了指导。又给那些初入辩经院的年轻学僧，从辩经时如何发音、如何击掌和如何缠袈裟于腰际等方面的善巧方便入手，指导他们养成了建立名因和后陈的习惯。自至尊担任合作寺总经师后，坚持每日讲经，从不旷废，而且这种授课，绝不会拘泥于寺院所定读物。比如讲授因明学的时候，会广征博引《因明七论》和《理海大疏》等印藏典籍内容；讲授般若的时候，会引证《般若波罗蜜多教授现观庄严论明义释之疏·显明难义论》《现观庄严论明义释》《般若波罗蜜多教授论现观庄严本注详解金鬘疏》《疏要庄严论》和《八千颂般若波罗蜜多现观庄严论光明释》等论典。就这样，用各扎仓不同观点、各个矛盾焦点、自派的见地和每一个学者的传承等知识点充实内容，尽量以教理拓展所授知识面，让指导的瀑流，如悬崖之水般飞泻，而且，就如何理解各论典深意、如何用理论进行论证和如何掌握所做承许等，全方位地进行细之又细的讲解的同时，把如何进行闻思和如何将所闻内容与自己思想相结合等以前的智者们的修习经验，至尊自己勤奋学习的经验，引之为事例，给学僧们反复授予了极能震撼心灵教诫。靠至尊如此的恩情和关怀，合作寺的辩经院的辩论、切磋和背诵巩固等各个方面，逐步获得了发展，老中青三类学僧，对研读经书和探讨教义等课业，绝不敷衍塞责，得过且过，为了掌握经义，对学习投入了持之以恒的精进，如奔腾的河水，不舍昼夜。至尊时时对他们进行着字句考试和经义考试，且遵照他的心愿，我也去寺院，多次进行过辩经和记诵两种考试，以随喜的心态，多次散过对各位学僧的表彰和对至尊由衷感激的赞扬花朵。

六十二岁。正月，至尊去卡加道寺，按照往年传统，进行了正月祈愿法会上的讲经说法，以督促教学等方式，加强了讲风。二月，移锡吾屯，对吾屯上下二寺的讲闻，给予了仔细督导和细致训勉。为下吾屯寺大尊胜宝塔的修造，做出了准备工作，对中柱和内藏等，以及供于塔瓶中的十万尊泥塑佛像，都做了详细安排，且已备齐。

《格言宝藏》中说：

功德具时虽未招，一切士夫悉荟萃；

具香花虽开远方，蜂群如云四聚至。

又说：

贤者在他乡，尊崇省故乡。

至尊才识精湛、德行谨严和心地善良的贤正善良之功德和讲说法旨、辩论经义、擅长著述的讲辩著作之功德，脱颖而出，贤名如玉龙的狂笑声，无以阻挡，传向了四方。四川索仓洪钦的转世活佛洛桑嘉措和寺院宗教及管理负责人江央金巴两位，看见索仓寺亟需一位总经师，但因一时不知道从哪儿请得，便耽搁下去了。就在这时，他们听到至尊在合作寺就任总经师，极具贤名，加之具善法洲合作寺和吉祥大乘洲索仓寺两座伽蓝，本来属于同一体系，关系非常密切，于是，以索仓活佛为主的所有僧伽，不分老幼，一致同意将至尊迎请为索仓寺的经师，该寺的执事代表向我请愿。我说："他可以去担任你们寺院的经师。你们不能弄错了依止善知识上师的方法，要遵照他的话办事，这些很重要。"我对他们做了这一方面的许多指导和叮嘱。接下来，经由索仓寺的执事代表给至尊呈递了请求前去担任总经师的申请，至尊非常高兴地答应，到了水猪年，将移锡赴任。那一年五月初，同着全寺所有持有律仪和袈裟宝幢的僧伽所献恭迎和敬意，莅临了吉祥大乘洲索仓寺。初四日，参加寺院扎仓的踩青节，被拥上了法座。江央金巴格西捧着吉祥的哈达，以"佛法巨鼓声"偈颂为开头，结合那座寺院的过去历史，说至尊能到那里担任总经师恩德至大，且希望今后长期地护持那座寺院，进行了极其重要的请示，至尊听完非常高兴。五月初五早晨新茶后，至尊去寺院各佛殿，给每一位护法神，敬献了哈达、酥油灯和焚香供养，为整个佛法大业，尤其是为索仓寺的一切讲闻和讲修事业，顺利无阻地运行于正道，进行了极富效力的祈愿和请托。接下来，给全扎仓结合《功德根本颂》的教导，为使《毗奈耶经》的纯真实践和《三戒学处》的严格加行，法衣和坐垫均须按律仪用百纳布片、过午不食、斋前斋后以水漱口、开结斋饭与斋时洁净仪则，乃至行坐威仪方面的细节，都能认真遵从佛法的根本戒律条文，一一做了细致的切中实际的指导。初六，给全寺僧伽授予了上师瑜伽法《兜率天内院百尊赞》教导，《皈依经》《缘起赞》《呼诵文殊菩萨名号经》和密宗事部三怙主念修仪轨等的传承。初七，给僧众讲授格尔底所造《菩提道次第论释·求解津梁》的经教传承时，附带传授了《佛说大方广解脱梵行净罪成佛庄严经》和焚香供施仪轨的传承。从十一号开始，讲授《菩提道次第论》的时候，结合《菩提道次第广论》和《菩提道次第论释·求解津梁》两部论典的科判，就《菩提道次第论》方面的辩论方法、赛仓所造《因明摄类论·赤白显色》、《理路玄钥》、如何递增因及后陈和如何坚持所作承许等的能立因与所立法方面，做了逐一的讲授。十五日，亲临长净法会首席，讲授了《别解脱戒经》。从这天起，连续三天时间,给百余名信士授予了近住戒。在四谛法轮纪念日,完结了《菩提道次第论》讲授,授予了《托生香巴拉净土祈愿文》《律海藏》和《格鲁圣教兴盛祈愿文》三典的传承,并以清净回向祈愿促成了很好的缘起。接下来,若干天内,对《三事仪轨》的践行进行整顿的同时,对《三十颂》《字性论》《正字学》《四业护摩尺度经》和《曼荼罗尺度经》等进行了指导。七月,返回合作,对合作索仓活佛、丹真维赛导师、持律师贡确曲觉和贡确丹增格西等十余位闻法僧伽赐予了《菩提道次第引导文·文殊口授》、后藏扎什伦布所传《菩提安乐道论引导文》、《作怖金刚本尊生次》指导和《大乐语精》的传承。此后,一直到十一月初三,给合作寺嘉央达瓦赤巴、贡确曲觉和贡确丹增等三十名闻法僧伽,详细地讲了《三事明解》,使他们做到了熟练的掌握。接着,对索仓活佛、贡确曲觉和贡确丹增等少数僧伽,以秘密方便法门,授予了《文殊父母静猛合修法》的独特口诀。在授赐上列经教的同时,反复地讲授了绘制各种曼荼罗的《尺度经》《四业护摩尺度经》和《摩睺罗伽尺度经》《三十颂》《字性论》和《正字学》等各种知识。此外,给十余名闻法僧伽,讲授了《圣道三要引导文》,并坚持常授经课的照常传授。十二月,又来到了吾屯,对吾屯上下二寺的《摄类学》教学,给予了多次的督导和指示。

六十三岁,正月,来到下吾屯寺正月祈愿大法会首席,通过念诵《回向文》《极乐愿文》和《格鲁派圣教兴盛愿文》,以清净的回向祈愿,成就了缘起。十五日,亲临长净法会首席,讲授了《别解脱戒经》。在那地方,讲授《摄类学》和《菩提道次第论》的同时,撰写了《大慈目甘露志·意乐春光》。二月,开始在吾屯上寺华尔丹曲觉林,给上下二寺的四十来位闻法僧伽,讲授了《温萨耳传上师供养诀引导文》;给各位沙弥,逐一交代了沙弥学处《三十六种犯戒》的每一条内容,并进行了相关考试;给各位比丘,详细指导了丹贝坚赞尊者的《弟子学处》,并就二百五十三条比丘戒的逐一理解，进行了考试；给许多受戒弟子，授予了出家戒和沙弥戒；给廓芒·洛桑曲丹等二十多位闻法僧伽，授予了《三戒学处》的指导；给当地学校的拉隆老师等人，降下了《偈颂体菩提道次第论》等各种常颂经文的雨露。五月二十四日，先后来到合作寺和卡加寺，对这些寺院的讲闻给予了极大的关怀，给各个经院进行督导时，加强了每一个经院的经文教学。这一年前后，至尊亲往常住在西北民族学院的才旦夏茸·久美柔贝洛珠华尔桑沃尊者面前，通过请赐，聆受了《阎摩敌十三尊二次第大乐语精》的经教传承，《圣道三要引导文》《文殊真实名经》《般若摄颂》《普贤菩萨行愿王经》《菩提道次第论释·求解津梁》和《金刚经》的传承。另外通过详细请教和细心听讲《三十颂》《字性论》《正字学》《诗学》和《声律学》等五小明方面的知识，解除了疑惑。以温故释疑等的办法，对一切显密学处做了逐一求教并解惑。与此同时，两人经常进行佛法方面的探讨，才旦夏茸仁波切感到很快乐，对至尊给了眼睛般的呵护。有一次，至尊给才旦夏茸仁波切敬献了一首题为《呈函·白莲束》的赞诗：

> 洞悟无畏无比围轮中，普照教离善说千光焰，
> 无私顺缘智莲蓓蕾笑，绽放语日之尊圣足前，
> 邪慧烦恼敌众化黔首；善说明灯光使祈愿者，
> 浩荡辽阔大地难为容，自许为尊隶民祈祷尊。
> 是尊法幢高举世界顶，传出华翰本生粒粒矍，
> 传成大乐轮饰履此土。欢信喜悦争涌成浩渺，
> 妙依怖吓智中最极智，意乐加行不可思议者，
> 不可思议善说续成流，随同常啼受用成法力，
> 佛法轮至浊世西崦时，至尊讲辩著述起狂飙，
> 滚滚卷拥复移东山顶，吁嚱如此幻变道可叹！
> 末世既出贤正善三德，争相增长尊般善知识，

最后五百年衰佛法语,实为妄乎吾心生犹疑。

如今大小论典纵浩繁,利他之作稀有若兔角。

为何唯尊些许善说语,独成如许广大利他德?

吁嚱妙集三世如来语,根本精义惟依良师法。

仅此言论殊胜于他派,引吭赞为缘生因缘功。

成就百种姓者道歌音,所赐微若芥籽般饶利,

能获宏伟须弥报果语,是尔所施赞辞花鬘饰!

尔散贤正善三德月光,尽除五浊衰法热恼苦,

护佑乐善睡莲展笑颜,飘扬善辩寒月大飞幡!

教证德圆五脸狮子力,遣除浅俗敌论狐狸语,

傲居皑皑佛法雪岭巅,尔乃善辩狮子佛法亲!

久远慈爱发心根基固,增上三学硕果丰垂累,

洞察五明枝叶竞葳蕤,惟爱赞此辩王如意树!

无畏智慧浩瀚又深渊,满盛教证善说璀璨宝,

如同具足大智龙王国,导师尔名如海誉腾飞!

作怖金刚胜佛心传子,能明文殊如来妙法圣,

能现困顿众生解道眼,得见足下百劫常稳兆!

亦祈我至菩提道场前,慈眼垂顾始终不舍弃,

世世亲赐训诫花环若,源源不断次第连环套!

所献如许《呈函·白莲束》,为求如蜂慧眼须臾飘,

连同哈达在此祥月日,卡道伽蓝身语意敬上!

　　至尊敬献这封呈函之后,才丹夏茸尊者心中大悦,回赐了复函,其中写道:"诗文,闻之悦耳,思之义深。"还说:"我虽有一群学生,无人寄来如此深奥诗文。以后要收录在我的传记中。"如此等等,洒下了表扬和称赞的花雨。后来,至尊自己说:"我在此前的一个梦里,看见一个女人说:'你想取得北方红嘴秃鹫喙中的鲜血,我会帮你的。'看

来它昭示着,今天能从才丹夏茸前聆受讲学之事。"至尊靠殊胜智慧本尊妙音天女所摄益法力,对于任何一种诗作,变得没有丝毫的障碍,智力获得了极大的增长。对此,他曾亲口说:"从此开始,我作些诗文时,变得文思灵敏了。由于才丹夏茸仁波切也很喜欢我的诗文,上呈一两篇,请他修饰时,他说着'这个不需要修饰了,语言非常优美,诗意尽至'。便不肯作修饰。"这么多年来,驻锡卡加道寺时,总是看见所有学僧急缺经书,购买了一切智嘉木样尊者讲解五部大论的读物和其他许多亟需的经书,供放在寺院的藏经殿里。六月,来到索仓寺,从廿三日开始,利用一个月的时间,给全寺所有活佛和弟子,详细地进行了《偈颂体菩提道次第论》的指导,与此同时,和往常一样,继续进行了依据《菩提道次第论释·求解津梁》科判作探讨的方法和就《摄类学》作辩论的方法,并零零碎碎地赐予了《佛说大方广忏悔梵行净罪成佛庄严经》等经论的若干传承;给若干个受戒弟子,授予了沙弥戒;就果郭尔村造建山神鄂博和伏藏宝瓶等善业,圆满了村落和各个家庭的心愿。

六十四岁,二月,前往大古刹隆务寺,向金席上师宗噶尔仁波切,请求了普明毗卢遮那佛大灌顶,金席上师答应后,给至尊为首的合作寺、卡加道寺和索仓寺的百余位僧伽,愉快地讲授了包括前行导论在内的普明毗卢遮那大灌顶,他们做了认真的聆受。至尊由此亲临隆务寺辩经院,跟所有精通正理者,一起投入了辩论和立宗等辩经院课业中。因至尊辩论思维极其敏捷,教理引证切中要义,所有善巧贤士,给至尊挥洒了赞美的花朵,诚如萨班尊者所说:

> 智者爱智者,无智者无爱;
> 蜜蜂爱花朵,牛虻虫无爱。

又说:

> 智者群中智者美,愚人岂解智者语?

接下来,移锡吾屯,给上下二寺的所有僧伽,通过授课,继续了《菩提道次第论》和《因明摄类学》的讲风。三月十六,返回合作寺,和以往一样,继续讲风的同时,就长期坚持辩经院辩经传承等方面,做了极其详细的指示。五月初一,又移锡卡加道寺,利用二十天的时间,就所需课业做了各种讲授。又随多玛活佛,应汉族人的迎请,去汉民那儿,给部分汉民授予了近住戒。廿五日,又还锡合作寺。六月初四,给来自上下各寺的五十七位受戒沙弥,授予了近圆戒。这座寺院学修《现观庄严论》学僧,有着建立班级的惯例,对此,赤巴仁波切写过相关寺规,但找不到了。经至尊从多方寻找,终于找到,依此恢复了建立班级的制度。继而,给这座寺院的法台嘉央达瓦和贡确丹增二人,讲授了《独勇大威德生起次第引导文》。十一月,通过严格闭关,念修着本尊。十二月,应热贡吾屯之请,去了热贡。此前,至尊吉麦丹曲仁波切,亲口讲授各部经教时,曾多次地说过,在整个热贡地方,不管是哪一座寺院,都没有建立修行《毗卢遮那现证菩提续》方面的修行仪轨,致使这一地区密宗四部尚待完整。如果谁能创建《毗卢遮那现证菩提续》中的修供仪轨,就能使四部密宗变得完整起来,非常得好! 这个传说,至尊听过很多次,便想在吾屯寺里创建《毗卢遮那现证菩提续》的修供仪轨,并为此备齐了所有条件。

六十五岁,让上下两座吾屯寺院的僧众,聆受了《毗卢遮那现证菩提续》之灌顶,以补全护摩等仪轨为前行,三月份,遵照金刚持上师的意愿,依据拉加实修法,《毗卢遮那现证菩提续》的修供仪轨,连同其自入仪轨,进行了全面的创建。在此期间,至尊还撰写了《热贡吾屯志·右旋螺音》和《甘丹平措林寺规·白莲花束》两部书。在热贡霍加尔以下、替莫以上的所有信士,向至尊表达了修建一座方总福足大佛塔的愿望。继而,根据至尊的统筹安排,自觉地捐来了积福募助金,在这一年内,铺垫了大佛塔的地基。六月份,回到合作寺,给各位学僧,继续了各部大论的讲风,就授教内容,进行了多次的教导。此外,就密宗和一般知识,每日讲授着四五堂课。

六十六岁,第十七饶迥的头年,即火兔年,和我一起过了新年,且在正月祈愿法会上,我们一起观看了法舞。从二月初二开始,利用一个多月的时间,经时任霍尔藏格尔底寺总经师的原郎木格尔底寺格西贡却宗追所请,给他和该寺五十位僧伽,对格尔底仁波切所造《摄密》做了详细指导。三月初一,移锡热贡吾屯,开始了修建福足大佛塔的工程,长达七个月的时间,在广大的汉藏信佛群众的虔诚信仰为纯净等起,克服困难,见得解脱大佛塔顺利落成。九月廿二日,以至尊为首的上下二寺所有僧众,依据章嘉呼图克图所创仪轨,进行了广大的开光安神。在这个时候,至尊撰写了《大佛塔志·善缘意饰》。廿七日,返回了合作寺。十一月十五日,前往卡加道寺,通过给当地学僧继续推进讲学课业,驻锡了二十天。继而还锡合作寺,根据以往讲风,进行讲授。

六十七岁,二月初八,来到下吾屯寺平措曲林。十五日,在大经堂内,给上下两座吾屯寺的所有僧众,讲授了前藏密续传统之密宗事部三怙主总修随许法和《宗喀巴大师四殊胜赞》的传承。三月初八,给十名受戒弟子授予近圆戒的同时,清楚地讲解了比丘戒的总内容和五种犯戒之每一个细则,并依律受戒的功德入题,进行了认真的训诫。应若干名修学僧伽的请求,赐予了《四业护摩尺度经》《曼荼罗尺度经》和《星命学》等的指导;给十六位闻法僧伽,赐予了《三十颂》《正字学》和《字性论》引导;给上下两座吾屯寺的所有僧众,赐予了《作怖金刚独勇本尊现观》的传承。与此同时,撰写了《平措曲林寺发愿清规·饶利希求》。四月初一,回到了合作寺。当时我请求至尊给德尔隆寺和戎阿寺各位僧众讲授一遍《三戒学处》,他便于初五来到了德尔隆寺,当时戎阿寺的僧伽们也齐聚德尔隆寺。至尊就佛法的入门《皈依经》

和《三戒学处》，给两寺僧众做了详细的指导，并亲自进行了考试；给各位沙弥详细讲授沙弥学处三十六犯戒之逐条内容后，便叫他们到我的跟前来应考偈颂体《三戒学处》。我进行完考试，为了表彰所有学僧和感谢至尊的讲学之恩，敬献了礼品和哈达。那段时间内，又给僧众进行了《三十颂》《正字学》和《字性论》的指导。八月初二，返回合作寺，继续加强着常规教学。十一月初一，前往上吾屯华尔丹曲觉林寺，决定居冬。作为释迦牟尼大雄佛像制造完工的法宴庆典，初八日，在释迦牟尼大雄佛像前，给数十名受戒弟子授予了近圆戒，讲授了赤甘·嘉央图丹嘉措所造《三戒学处广论》；给若干位求学僧进行了《曼荼罗尺度经》《星命学》《三十颂》和《字性论》等方面的指导；撰写了《释迦牟尼大雄佛像志·善缘意乐》和这座寺院的两部清规。

六十八岁，过新年时，在上吾屯寺举行了盛大的庆典活动，使至尊的心达到了愉悦的极致。继而亲临正月祈愿法会首席，通过念诵《极乐愿文》《格鲁派圣教兴盛愿文》和《回向文》，以清净的回向祈愿，成就了缘起。讲经时，讲解了《安乐道论》。祈愿法会结束后，给上下吾屯、西面的噶尔泽、上部的西玛和噶赛等好多个寺院的僧众，赐予了《誓言法王外修成就法》《三天母随许法》《三戒学处》和《速疾道论》的指导，并开始了宗喀巴尊者《密宗道次第广论》的讲授。三月廿五，返回了合作寺。当时，给般若班依据《现观庄严论疏·总义游戏海》完成了第一阶段的讲经内容，继而又根据班禅索南扎巴的教材，开始了第二次讲经；给各高级班僧伽，又根据尊者所造教材，进行着指导。通过勤勉教学，极大地加强了对寺院讲风和经院辩经的常规管理。

六十九岁，正月祈愿法会结束后，在进行常规讲经的同时，答应部分学僧的请求，分别授予书法和《尺度经》方面的知识，圆满了他们各自的心愿。三月十五，来到吾屯，给上下二寺的僧众、德察·金巴达杰等人，赐予了阿拜尊者所造《偈颂体菩提道次第论》的教授，《摄密》

《声明学·梵文五种拼合法》和声律学的指导。三月廿七日，返回合作寺，给各高级班开始了中观和依据《毗奈耶祥日疏》进行的律经之指导。与此同时，认真督导了经院辩经。四月十五日，来到了德尔隆寺，给新建经堂内所供无量光佛像装藏时，帮助了我，经严谨供藏，做到了层次井然，上下无倒。顺便又给各位弟子，详细地进行了《三十颂》《正字学》和《字性论》的指导。五月十五日，返回合作寺，按常规进行了讲经。廿五日，给杓唯寺沙弥等若干受戒弟子，授予了近圆戒。六月初七日，又移锡吾屯，给若干受戒弟子，授予了沙弥戒和近圆戒。从十五开始，与众比丘一起夏令安居时，给僧众赐予了《金刚经》和至尊《自传》二典的传承。此外，又就各种《尺度经》《梵文声明指点》和《声律学·宝生论》等，进行了详细的指导；依据《现观庄严论备忘录》进行讲经，加强着经院的每日切磋、释疑和辩论的常规管理；应出离比丘更登雅佩和更登才让等人的请求，讲授了《宗轮宝论》。又亲临居夏庆典，说："在这儿夏令安居，使我满心喜悦，看以后会不会还有这种机会。"夏令安居结束后，应宗玛寺的强烈请求，前去该寺，赐予了《偈颂体菩提道次第论》和《功德根本颂》的指导。另外还讲授了《梵文拼读法》和《佛塔尺度经》等，且赐予了至尊自己所造《现观庄严论备忘录》的传承。给一部分居家信士授予了近住戒；给所有僧俗授予了《大通方广忏悔灭罪庄严成佛经》的传承。然后，来到吾屯，应德察的更登吉麦和更登泰凯两位善讲教理的比丘之请求，给十名求学僧伽，根据贡唐仓所造《阿赖耶难要疏》，指导了阿赖耶；根据贡唐仓所造《缘起教理库藏论》，指导了缘起。八月廿五日，返回了合作寺。当时的戎阿寺尚未建立长净制度。我对至尊说："您去戎阿寺，在那里创建长净制度的同时，给他们讲授一遍纯净的《三事仪轨》加行法。"于是，九月十四日，至尊到了戎阿寺协竹达杰林，给僧众赐予了《三事仪轨》的教授，创建了长净制度。十月初一，返回合作寺，和往常一样，进行各班常规讲经的间隙里，给赛喀活佛、德尔隆寺的扎西嘉措和合作寺的嘉央桑智等若干僧伽，赐予了《三十颂》《正字学》和《字性论》的指导；给全寺僧众，详细地讲授了《菩提道次第广论》和《菩提速疾道论》。十二月初四，我给整个扎仓的僧众念诵《智慧三尊随许法》时，至尊也随同全扎仓僧众，进行了聆受。从十五日开始，如理进行了对智慧三尊的念修仪轨。

七十岁，和我一起过了新年。二月初八，给索仓瓦纳活佛等六位受戒僧伽，从圆满无过之门，授予了至正的近圆戒。十五日，给十位受戒弟子授予了沙弥戒；给瓦纳活佛等若干名学僧进行了《正字学·贤者口饰》和《七十义》的指导。十五日，前往智慧本尊文殊道场五台山，通过逐一顶礼各伽蓝胜地，进行了朝拜。在当地的一座寺庙里，同各位随从一起闭关念修了赤黄文殊。宏观上为了饶利佛法众生，微观上为了生生世世受到文殊怙主的摄益，而使闻、思、修三业与讲、辩、著三事的智慧获得极大的增长后，能给文殊怙主佛法奉献极大功业，作了非常广大的发愿。接着，给一些汉族信徒授予了《六字真言》和《皈依经》的传承。回来的时候，途经西安，给好几座汉传佛教寺庙进行了朝拜，并应当地一位汉民的迎请，前去给他们正在着手新建的寺庙按他们所求做了净地仪轨，遵照显教理路，念诵《缘起心要颂》和空性方面的经文的同时，抛洒了花朵，继而体恤他们的意愿，授予了《皈依经》《六字真言》和《无缘慈悲颂》的传承，便返回了合作。上一年，噶尔泽寺总经师、第六世嘉木样的经师、拉卜楞寺大格西桑丹尊者圆寂了，所以，噶尔泽仓希望能把至尊请为该寺总经师。他把这个愿望说给了我，我便把这些情况讲给了至尊。至尊答应了，他对我说："我因经常要去卡加、索仓和合作三座寺院，非常忙碌，但为了尊重各位上师的谕令，可以到那儿去一两年。"到三月上旬，前往噶泽尔寺图丹曲廓林，从十五日起，开始了讲经。当时给八个班级，按照各自程度，分别按摄类班、心因类班和般若班的授课标准，从大车辙师论点内容起首，次第进行了三皈依、空性和二十一种僧伽等方面详细指导。五月初一，返回合作寺。五月二十日，又移锡卡加道寺，进行了十天的讲经。六月初二，转锡索仓寺吉祥大乘洲，给全寺僧众，讲授了阿拜尊者所造《偈颂体菩提道次第论》和《偈颂体密宗道次第论》两部论典的传承，并以至尊自己所造《疏尺度论》为讲本，进行了大威德和毗卢遮那等本尊曼荼罗的《尺度经》《四业护摩燔台尺度经》和《摩睺罗伽尺度经》等方面的指导。有人为了超度当地的一位死者，想在索仓寺修建一座佛塔，这件事情被请示给至尊。至尊说，若建成和好塔最好。十五日，在所选塔基地上，举行了吉祥长净法会，至尊念诵了《别解脱经》。继而，又同僧众一起，供奉了胜乐金刚护摩；给全扎仓僧众，授予了《智慧三尊随许法》；给若干受戒僧伽，授予了沙弥或近圆戒。这些年，正好我在德尔隆寺，遵照一切智班禅大师法敕，修建着无量光怙主佛殿。至尊为了帮助我，亲自前往热东巴牧区，进行着募化。他给广大牧民群众说，若能与这次的无量光怙主佛殿的修建结得善缘，定能在来世往生极乐世界。他冒着大暴雨和狂飙，不辞辛劳走遍了每一个部落。一些牧民问道："您跋涉在这么大的泥泞和大雨里，不辛苦吗？"至尊说："只要能给上师奉献很好的承侍，这点苦，算不了什么。"牧民们说："这么大的暴雨里，我们这些普通人，都难以行动，他真是个非凡的补特伽罗。"他们在谈论中，感到更加的稀奇和仰慕了。至尊不管走到哪里，他给那里所有牧民，不分老中幼，从皈依和因果理论入题，授予了大量的教诫。通过广为宣说弃恶从善和出离出家的功德，有一些幼童从他受戒出家了，一些居家俗人也从他处受领了近住戒，另有许多人也从他处受领了八关斋戒，他努力以此将所有众生引向善道。七月初，亲赴噶尔泽寺，给各个低班和上次一样，按常规继续授予了《摄类学》《心类学》《因类学》和《七十义》课程；给般若新班，赐予了慈氏论典和法轮方面的指导；给各个般若高班，从经论到教授，附带着《现观庄严论》中的缘起和阿赖耶内容，或从《现观庄严论》第一品加行道到第五品之间，附带着四禅八定到了不了义唯识之间，次第赐予了指导；给若干个居家信士，授予了近住戒。九月初一，返回合作寺，在进行常规讲经的同时，开始了《佛子行释》的撰写工作。十五日，来到了下吾屯寺。廿二日，金色谷底热贡怙主第八世夏日仓·格丹嘉措坐床。吾屯所有僧俗，为庆祝大怙主坐床，敬献《甘珠尔》和《丹珠尔》两部整套典籍及其他供物，进行盛大的供奉时，至尊作了讲解曼荼罗供。接下来，至尊来到吾屯寺，给扎仓，根据该寺清规，做了严肃的训导；赐予了《偈颂体菩提道次第论》的引导；给部分学僧讲授了制造佛像和佛塔的《尺度经》《三十颂·八畴声》和《三十颂·虚词搭配规律》等知识。十二月初一，来到上吾屯寺华尔丹曲觉林，给众多僧伽，依据《拉加皈依经引导文》，赐予了《皈依经》的引导；应隆务大寺精通教理的西萨·达尔杰等若干弟子的请求，讲授了《声明学·梵文五种拼合法》和《声律学》。与此同时，完成了《佛子行释》的撰写工作。接下来，移锡下吾屯寺甘丹平措林，给吉祥天母奉献大年初一多玛时求得受福蒙麻的敲击法器和念诵编排方面，做了审核。

　　七十一岁，水蛇年，担任了下吾屯寺正月祈愿法会法台。正月十五，去年妥寺扎西达杰林，给各位僧伽，依据《速疾道论》，进行了《菩提道次第论》的指导；给部分僧伽，讲授了《正字学》和《三十颂》等内容；给十多位受戒弟子，授予了沙弥戒。由之返回吾屯，二月初三，给上下吾屯的四十五位受戒僧伽，授予了近圆戒。十八日，回到合作寺，应般若新班学僧的请求，依据索南扎巴尊者所造《现观庄严论》教材，开始了讲经。十五日，给十五名受戒弟子，授予了沙弥戒。在讲经的间隙里，开始了《现观庄严论洛赛林、杰尊、果芒三家注比较善说·白莲鬘妍》的撰写，并给若干名学僧，赐予了《三戒学处》的指导。七月十五日，完成了《现观庄严论洛赛林、杰尊、果芒三家注比较善说·白莲鬘妍》的撰写工作。八月十一日，前往噶泽尔寺。在那地方，我念诵了一遍时轮大灌顶，他也同大家一起进行了聆受。由之返回了合作寺。十一月，为了修养身体，去兰州给当地的一些汉族信士，以《皈依经》等常诵经文，圆满了心愿。十二月初一，完结了《现观庄严论》第一品的讲授，开始了闭关修行。

　　七十二岁，正月初，开始了《吉祥密集妙法四家合注讲解法·睁见续义目》的撰写，到二月初八，顺利完稿。继而给各位弟子，授予了这部论典的传承；给二十多名闻法弟子，赐予了《三戒妙道》的教导；给全扎仓僧众，赐予了《律海藏》讲解。三月，前往热贡，宗噶尔赛赤仁波切的转世灵通坐床庆典上，吾屯僧俗敬献广大供奉的时候，至尊作了讲解曼荼罗供。完成这件事情后，返回了合作。四月十二日，给瓦纳活佛等般若班僧伽，从《现观庄严论总义洛赛林疏》第二品到第四品解脱同分之间，进行了指导。五月，移锡索仓寺，给该寺所有活佛和弟子赐予了《安乐道论面授法》的指导、《道次第摄义论》的传承、《圣道三要》和《三事仪轨》的引导等；给部分僧伽从《诗学总义》赐予了指导；给全扎仓僧伽赐予了《吉祥密集妙法四家合注讲解法·睁见续义目》的教导，并就命名细要、区域划分、前后上师、常供实践等，要严格依据密续实修，不可出错，做了详细指示。接下来，用以开光的经书、沐浴台曼荼罗、香皂、沐浴瓶和曼荼罗画片等，做到完全齐备后，重新举行的大开光安神仪轨，结合经文第三品内容，至尊亲自进行了讲解。在竖立和好塔中柱的时候，在至尊的起头策勉下，僧众高声长吟文殊种子字母三遍后，伴随着《祈祷佛法兴盛文》的念诵声，竖起了中柱，并做了简略开光安神法事。后来大家都回忆，就在那时，天空中架起了彩虹，降下了毛毛细雨，日月星辰在同一时间内出现在天际。至尊指示，要在那座佛塔的塔门内侧，将他当时第一次来到这座寺院时赐给寺院的那尊释迦牟尼佛像供作内藏。并对制造新建经堂内所供佛像的艺人们,给予了要认真制造和不可耍奸的严肃教诫。六月,返回合作寺,应隆务寺讲辩教理之王洛追的请求,对他与合作寺学生一起授予了《七十义》的教导。索仓阿旺也提出请求,希望至尊给他赐授一遍前藏传承《文殊教言》的教导,因至尊当时非常繁忙,便让贡确丹增格西代他进行了讲授。六月十五日,至尊被请到了热贡麦秀宗玛寺扎西曲林,连续数日,修改着至尊自己所造论典《佛子行释》。从廿三日开始,给来自麦秀宗玛寺上下各地的百余名闻法弟子,授予了这部论典的传承,《独勇金刚制胜诸魔》、《金刚经》、若干《经忏祈愿文》、《文殊真实名经》、《般若摄颂》、《普贤菩萨行愿王经》和断行仪轨印板之《祈愿文》等的经教传承。与此同时,又给不少人讲授了《正字学》,给很多居家信士,授予了近住戒。由此转锡隆务寺,拜谒了卡索赛赤活佛。六月廿九日,又前往吾屯,给当地僧众,授予了《三事仪轨》的教导;叫来自上下各寺的讲辩教理者,利用好几天,在辩经院内,就《摄类学》进行着辩经。七月初九,回到合作寺。十三日,移锡卡加道寺,给该寺法座上供镶了一个金顶。继而,再次赐予了《佛子行释》传承和《字性论》的指导;给若干受戒弟子,授予了出家戒和比丘戒。八月,返回合作寺,完结了《现观庄严论》第四品的讲授。当时,我再给万余名僧伽和居家群众,讲授着包括前行引导文在内的大悲观世音大圣菩萨大灌顶,至尊也和寺院僧众一起,进行了聆受。接下来,给德察的教理师吉麦和泰凯二人,以及合作寺的各位闻法学僧,授予了《现观庄严论洛赛林、杰尊、果芒三家注比较善说·白莲鬘妍》的传承和《律海藏》的讲解与传承。从九月初一开始,对《辩了不了义善说藏论》之"白彼结成义"部分前的内容,进行了指导。十一月,授予了尊者所造《入中论疏》的指导。在此期间,又演造了《入中论三教材比较·珍珠鬘妍》。刚造完,就授予了这一方面的传承。从二月初一开始,利用两天时间,担任着贡确丹增格西立宗辩经博取饶江巴学衔时的中证人。立宗辩经法会刚结束,给新取得饶江巴格西学衔的贡确丹增赐予世间最长洁白哈达的同时,表彰道:"你对文殊怙主宗喀巴教法之讲修宗轮,做出了甚大贡献!"

七十三岁,不仅和我一起欢度了新年,而且一起瞻仰了正月祈愿大法会上的法舞。正月十五,到达吾屯,给若干受戒弟子授予了出家戒;给另一些受戒弟子一起授予了出家和沙弥两套戒律。接着,撰写了一部《清规附则》。又给项詹索巴和桑佩等人,讲授了《大威德金刚生圆次第修法略引》和《中阴关救度引导》。二月十二,返回合作寺,在进行常规讲经的同时,应若干个学僧的请求,讲授了《大乘修心七义引导》。在这段时间内,创造了指明《阿毗达摩集论》和《阿毗达摩俱舍论》二典意趣的《指明上下对法所诠法·总义明镜》,完成后,便赐予了这部论典的传承。接下来,给桑佩、索仓堪布·金巴达杰和洛追等若干学僧赐予了《温萨耳传·上师供养法》的引导、《大乐语精论》的传承和《道次第加行经教》的引导。三月十五,给若干受戒弟子授予了沙弥戒。至尊心中铭记着贡唐·丹贝仲麦曾说过的话:

财虽信士虔心施,若不浪费遵佛语,

置为不尽福德藏,犹作自他双利事。

他为了不浪费信徒奉献给他的信财,四月初一,来到了卫藏地区,给以释迦牟尼大雄佛像为主的大昭寺所有佛像、佛经、佛塔和佛殿,布达拉宫的佛像、佛经和佛塔,以及给色拉、哲蚌、甘丹三大寺院和后藏的扎什伦布寺,敬献了无量的供奉,为了跟自己有关系的有情为主的芸芸众生,进行了纯净的回向祈愿,尤其是为了将此佛教的心脏文殊怙主宗喀巴所开讲修宗轮大宝,在三时诸方获得繁荣昌盛,进行了极具饶效的发愿,并给大昭寺如意珍宝释迦牟尼佛像、大悲观世音五位天成像和宗喀巴尊者言如我像,奉献了金汁,供放了一只响铜铃和一盏可燃亮两宿的优质银灯。不管走在前藏后藏的任何地方,只要碰到纯真善知识上师,不管他是谁,定会以请教显密佛法和请求解惑来探讨佛法。所有心态正直的智者中, 不仅没有一个不称颂至尊的,而且出现了许多位请求法缘的人。这一切归功于至尊的每一世都受到了文殊如来的摄益,且在今生以讲、辩、著文殊怙主宗喀巴妙法来度过了每一个时刻,而集成了殊胜与缘起。对此,在《格言宝藏》中说道:

> 常将正士诸功德,殊为一切士夫弘;
> 摩罗耶山旃檀香,由风飘漫于十方。

四月廿八日,尊者回到了合作寺,和弟子们一起,愉快地享受着兼有世间与出世间两种风格的庆典,前来敬献问安礼品的人,也从各地来了许多。五月初四,我和至尊一起接受戎阿寺院和当地部落民众共同举行的僧俗野炊踩青活动的邀请, 去了他们的踩青地。到了那里,至尊受到了圆满丰盛的敬奉,休息的同时,随着世间与出世间两个方面的话题,快乐地享受着野宴的喜庆。此后,前往卡加道寺,向宗喀巴尊者像,进行了丰盛的供养和认真的顶礼。在那里,利用半个月的时间,给各位学僧,依据《三戒学处》,对毗奈耶进行了详细的讲解与指导;给一些受戒弟子分别授予了出家戒和沙弥戒。接着,又返回了合作寺,分别满足了信奉至尊的十余名汉族信士的求法心愿;给各位学僧加强了常规经文讲风;给多名新弟子赐予了《摄类学》和书法的指导;应瓦纳活佛的请求,给多名学僧赐予了《因类学》、《心心所》、宗轮和《地道论》的指导;给一些弟子授予了沙弥戒;给瓦纳活佛、辩理师阿旺和贤德僧伽金巴南杰等许多学僧承接上次的讲授进度,授予了《辨了不了义善说藏论》之剩余内容。到了八月十七日,圆满讲完了《辨了不了义善说藏论》全部内容,便开始了对三十五名闻法僧伽的《菩提道次第广论》的指导。就在那个时候,米拉日巴九层佛阁圆满落成,进行庆典的时候,先后请来了一切智嘉木样大师和贡唐仁波切两位尊者,将当时两位尊者的曼荼罗讲解和法会上的讲话内容为题材,至尊创作了美文。至尊的至正经师贡确桑丹尊者和至尊阿拜足下两位的忌辰,至尊陈设不可思议的大供养,为祈求圆满上师的心愿、善业回向为圆满菩提和佛法久住不灭等的纯真发愿,成就了顺缘。十月廿五日,五供节,宣讲阿拜尊者所造《至尊宗喀巴殊胜赞》中所载宗喀巴大师的诸重要功业事迹,而且让各个至尊经常践履的寺院,将此讲风传作惯例,要求只要佛法住世,每年的五供节,宣讲《至尊宗喀巴殊胜赞》并作祈愿之风,一直传承下去。十一月初一,给青海一带的若干受戒弟子和合作寺的十余名受戒弟子,授予了沙弥或近圆戒。十四日,是一切智索南扎巴的忌辰,进行了盛大的会供祈愿;应汉族比丘丹增嘉措的请求,给丹增嘉措和大医师洛桑丹增等十余名信士,利用七天的时间,授予了《上师供养》传承。他们给至尊奉上了丰厚的感恩供养。十二月十五日,开始了《辨了不了义善说藏论备忘文》的造论工作。

　　七十四岁,完成新年庆典后,来到卡加道寺,为大经堂落成,举行了盛大的庆祝活动。由之转锡合作寺,给十余位辩理师,进行了尊者所造《入中论》教材的详细指导。三月十五日,给二十余名受戒弟子,授予了出家戒或沙弥戒。廿五日,完成了《辨了不了义善说藏论备忘文》的造论工作。廿七日,来到吾屯,前往宗玛寺,给该寺僧众和来自各地的其他百余名学僧,利用数天时间,赐予了《修持灌顶本尊作明佛母法》随许法、《上师供养法》的指导和毗奈耶诸学处的讲解。在宗玛寺,依据《作明佛母修持法》,招收了僧伽;给数名受戒弟子授予了出家戒、沙弥戒和近圆戒;给许多居家信士授予了近住戒。四月初十,来到隆务寺,给饶江巴格西卓玛才丹、洛桑更登、尖扎·年扎、西萨·云丹、更登达杰和嘉央维赛等三十位闻法僧伽赐予了《温萨耳传·上师供养法》的指导；给百余位闻法僧伽赐予了《大乘修心七义论》的引导和《文殊胜德云海赞》的念诵传承。十五日夜，瞻礼了隆务寺大扎仓四月立宗辩经大法会，应隆务寺法台卡索仓之请，和法台一起就佛法进行了促膝长谈，与此同时获得了无量的礼遇和承侍。二十日，返回合作寺，继续讲授着《入中论》课程。给般若班，以班禅·索南扎巴所造《现观庄严论》方面的教材为主，比较多部讲解《现观庄严论》的教材中的观点，赐予了详细的指导；给若干位辩理师赐予了宗轮和《七十义》的指导；给多位新出家的学僧赐予了写字方法等方面的教导；给来自上下各地的若干位受戒弟子授予了沙弥戒；给隆务寺纳索·扎巴和贡确丹增格西两位，依据第一世赛赤活佛洛桑坚参桑格所造《大威德独勇金刚生起次第修行指导》，赐予了修持该本尊的引导。五月廿五日，前往兰州，给多名汉族信士讲授了《红黄文殊随许法》《六字真言》《皈依经》和《回向祈愿文》。六月，返回合作寺。十五日，来到了索仓寺扎西塔沁林。次日，煨桑祭祀各位护法，请求他们奉行护法事业。接下来，承接上一次讲授内容，从《菩提道次第论·求解津梁》的"大士"部分开始，继续讲授。又结合这次讲授，就应当依照律仪严格遵守佛法的根本戒律方面，赐予了教诫；就自己所闻所思的佛法，应结合自己的心，让闻思变得有意义，并通过将所闻教义付诸修行实践来护持教证佛法大宝等方面，赐予了极富饶效的教诫。接下来，给来自阿坝地区的玛旺活佛和噶日喇嘛等若干位专程前来求学的正士，以及索仓寺全体僧伽，赐予了《修部总义》和《摄密》《密宗道次第略论》的引导等许多所求佛法。廿三日，给十八位受戒弟子，授予了出家戒和沙弥戒。廿五日，给郎木格尔底寺的林巴嘉热活佛等十八名受戒僧伽，从无过清净践行之门，授予了纯真的近圆戒，并由之数日结合阿底峡尊者的宏化事迹，讲授了《比丘学处》；索仓堪布·金巴南杰和广览五明的洛桑桑佩两位，被任命为各位新僧的经师，让他俩依据那些新学僧各自所求,传授各种知识。从廿二日开始,利用一个月的时间,给瓦纳·嘉央图丹嘉措等全扎仓僧伽授予了《菩提道次第广论》的传承,并依据贡唐·丹贝仲麦《大威德金刚生圆次第修行简轨》,大威德金刚生圆次第修行法做了极其详细和极具饶效的指导。瓦纳活佛等聆受僧伽由衷感激宏恩,敬献了丰厚的供奉。廿八日,随同护送队伍,还锡合作寺。从八月初二开始,加强着各班级的常规讲经;给好几位新学僧,依据贝巴·弥旁达瓦《书信论·白莲鬘妍》,就向上、中、下三种地位的人,分别去信的文体知识、范文乃至以不同规格折叠信纸的规则等书信知识,进行了详细的说明和指导;给好多慧思勤学的僧伽,依据尚未结稿的摄类学讲稿,进行了有关惑思乱理问题的详细说明;给各位般若班学僧,讲授了根据综合上下内容进行释疑的办法;给全扎仓学僧,授予了《三戒学处》的卓有成效的教导。闰八月十一日,给贡确桑丹经师的忌辰,进行了盛大的供奉仪轨。十九、二十两天,给般若以下各班级学僧进行了辩经考试。廿七日,偕同桑佩和金巴南杰堪布二人,专访至尊的贡确桑丹经师的家乡,心中铭记着供养上师身上一根汗毛毛孔的功德胜过供养三世一切如来的总体功德的教言,给经师家——当时的德格尔家,供施了银圆 10 枚,人民币 1000 元,敷具 1 件,僧裙 1 件,僧鞋 1 双,坎肩 1 件,帔裙 1 套,上衣 1 件,祖衣 1 件,平常僧帽 1 顶,鸡冠僧帽 1 顶,优质眼镜 1 副,大量的烧饼、水果、冰糖和葡萄等,酥油 30 斤,大茶 2 大件,砖茶 2 块,优质矮桌 1 张,红铜茶壶 1 把,瓷碗 2 只,盘子 2 只,箸勺 1 套和冕旒 1 副,加之哈达,一切资具,完备无缺,奉献了如海般不可思议的供云。九月初一,返回合作寺,给中观班,通过《析入中论再明灯疏》和《入中论三教材比较·珍珠鬘妍》相结合,讲授了中观学;给新班和般若班,依据《中观总义》进行了讲授。十五日,给若干受戒弟子,授予了出家戒。这段时期内,有一天,贡确桑丹尊者的侄子丹曲主仆二人的莅临,在给予盛大款待的同时,供施了银圆 2 枚、人民币 250 元、茶壶 1 把、优质瓷碗 2 只、钟 1 座、大茶 1 大件、砖茶 1 块、前半角猪肉 1 块和供神灯盏 5 个。在讲经的间隙里,给我撰写的《殊胜赞注疏》进行了校对。接下来,创造了《发愿往生兜率天文》,索仓寺经论两大经轮,加上《无缘慈悲》经轮,共三大经轮之志。十一月十四,到了吾屯。十五,亲临上下二寺法会中央,念诵了《回向祈愿文》。从十九到廿一,给宗噶活佛,年扎、云丹、吉麦洛追和吉麦曲达等隆务寺出类拔萃的辩理师,上下吾屯寺僧众,结合上师教授,详细地赐予了色派密宗所传上师瑜伽修《兜率天内院百尊赞》的深邃教导。此外,还赐予了《诸功德根本颂》的教导,《皈依经》、《心经》、《度母颂》、《佛顶大白伞盖陀罗尼》三大经忏,以及《长寿经》、《六字真言》、《至尊宗喀巴殊胜赞》、《文殊殊胜云海赞》和许多咒诀等的念诵传承。次日,给智华仁波切,赐予上师瑜伽修《兜率天内院百尊赞》的简略教导的同时,请求他要从政教两个方面很好地管理这座寺院。从廿八日开始,给宗噶活佛和隆务寺年扎格西等十余位善知识,进行着极为详细的《入中论》教导,到了十二月十九日,在"辨所破"部分,暂停了讲解。接下来,应德察的吉麦和泰凯等格西的强烈请求,给他们赐予了《四禅八定论》的指导。

　　七十五岁,正月初五上午,亲临吾屯下寺甘丹平措曲林迎请吉祥天母降福法会中央。新年庆典过后,担任正月祈愿法会法台,并瞻礼了上下二寺的法舞。在过年期间,给来自隆务寺、合作寺和卡加道寺等外寺许多僧伽与当地上下二寺的僧众,赐予了至尊自己所造三函论典的讲解传承。接下来,来到隆务寺,接上次进度,继续讲授了《入中论》课程;给宗噶活佛等许多闻法僧伽,赐予了《温萨耳传·上师供养法》的教导,并依据吉麦丹曲嘉措尊者《道歌》,赐予了《修心耳传》的卓有成效的教导。二月十五日,为了避免信徒所供资财的浪费和饶利佛法众生,开始了下吾屯寺菩提大佛塔的修建工程,通过给各位施工人员以甘美伙食等的奖励,满足了他们所有人的心愿。廿五日,大佛塔中柱刚刚竖立起来,彩虹在辽阔的天际搭起了宝帐,出现了种种稀有祥瑞,所有施工人员和当地居民因之大为惊异,倍增信仰。三月初七,前往宗玛寺,给全寺僧众,依据《速疾道论面授法》,开始了《菩提安乐道论》之卓有成效的指导,到廿七日,完成了讲授。就在这期间,好些人询问《黑色断金刚帐仪轨》中所说"神像、手帜、精子、大种毒、霹雳、众、替身品和甘露啊"的掷多玛法,究竟是一种什么样的仪轨。至尊按下心中的不悦,对求教者说:"这些都是极其严密的秘籍内容,对我们没有用处,本应暂时放在一边,现在只说部分意思:将致人弱小之魔,应以多玛镇在须弥山下;将草魔,应以火焚烧。被风推兴等事,成四大种增长之理。在敌魔灵魂的心间,起燃一盏将灭之麻油灯时,应将多玛以精子标帜相,通过肛门浇在心间,使其灯灭光暗后杀死。虽然有这类办法,但符合咱们宗轮的最好的做法是,把多玛转化为甘露,祈祷诸神加行所求事业。心念妙义,能使邪魔竭为法空,或于胜义无二光明自性敛溶净尽。戏变为万众,双手于霹雳轮间,毁灭了邪魔,是戏变神的回遮法,一切实修中,要把戒律奉为重中之重。这是前辈正士们的教诫,我们应将它理解为最主要的精义,它们是很好的教诫。"四月初,大佛塔圆满竣工。于是,通过马上举行大型开光仪轨和给各位施工人员赏赐大量的赏品等活动,进行了盛大的庆祝。此外,心念父母的善根,担任施主,给上下二寺,奉上了圆满的毗卢遮那现证菩提自入仪轨法会之供养。此后去隆务寺,连续地创造了为供宗噶活佛初入闻思尊胜洲经院时从《摄类学·贤者项饰》开始闻思摄类学之用而专造的《摄类学方便指导》、《经忏祈愿文》和《大善巧王贡确桑丹仁波切部分事迹·增盛信海之月光》两部,以及应前后两任索仓堪布的请求而造的《久住概说》和《利见塔志·叩绕功德》等。然后又返回吾屯上寺华尔丹曲觉林,给多名受戒弟子,授予了出家戒;给四十多位受戒僧伽,授予了近圆戒。十五日,到了宗玛寺,给二百来个居家信士,授予了近住戒。由之转锡宗俄寺扎西曲宗林,给若干受戒弟子,授予了出家戒;给若干受戒僧伽,授予了近圆戒。全寺僧众一直请求至尊,给该寺创建一套纯净的《三事仪轨》加行传承。但至尊却说暂时没有空,以后一定会创建的。接下来,在宗俄活佛喜饶拉智尊者的强烈请求下,至尊便给他和宗俄寺僧众一起,赐予了《三事仪轨》的引导的同时,给该寺僧众的三事给予了认真的整改和关心,并赐予了至尊自己所造《佛塔尺度论》和纳唐译师所造《梵文拼读法》的引导。接下来,应多次所呈整个麦秀地区,尤其是该地宗玛寺需要一座佛塔的禀报,至尊开始了为该地修建一座名为"利众见解"佛塔的工程,并给当地的许多居家信士,赐予了近住戒。四月廿二,返回合作寺,给卫日活佛为主的摄类班学僧,授予了《摄类学方便指导》的课程,给各高班,分别授予了《入中论》《现观庄严论》《俱舍论》和《戒律本论》等的课程,以此继续着各自的进度;给所有学僧,赐予了《续部总义》的指导;应嘉央洛追所请,给他授予了有关修行智慧不共教义方面的秘籍内容。然后,按我的愿望,来到德尔隆寺,给各位弟子,不仅面授了《三事仪轨》的纯真实践法,而且赐予了居夏遮遣实修方面的引导。五月廿六,来到卡加道寺,给当地僧众,从像保护自己眼睛一样严格守持自己所领戒律,且由之以严谨的闻受和精进来学习自己所喜欢的显密学处的教导为开头,赐予了教诫,还给好多学僧,讲授了一些经文。六月初,来到合作寺,从初四到十三日,开始了至尊自己所造《指明上下对法所诠法·总义明镜》的指导和《续部总论·善缘意乐》的指导;给卫日活佛等学僧,赐予了《诸功德根本颂》的引导和《教派史入海船论》的讲授。十四日,完成了《续部总义》的教学进度。当日,给卫日活佛等许多僧伽,授予了《至尊宗喀巴殊胜赞》和《智慧三尊修行传承》的念诵传承。七月初五,来到索仓寺吉祥大乘洲,依据《入菩提道次第修心论》和《三事仪轨》,赐予了戒律实践法和《三戒学处》中所讲每一条细则具体守持的方法方面的详细教诫。从十六日开始,一直到廿五日,依据格尔底仁波切所造《释三戒求解项饰论》,对五堕罪目识别、守戒方法和守戒功德,做了详细的讲解。并结合这次讲授说,律经是佛法的内库,依律使用各种资具,尤为重要。该寺一些比丘乱用着各种各样的僧钵,这是绝对不允许的。他为此就依律持用僧钵等方面,做了详细的教导。另外,赐予了《密宗道次第广论》,以及依据至尊自己所造《尺度论》,授予了《毗卢遮那佛现证菩提行续尺度经》《八佛塔尺度经》和《摩睺罗伽尺度经》等的指导;给新学僧们,讲授了《正字学》和写字等课程。八月初,给来自上下各寺的诸多弟子,讲授了《文殊怙主耳传三怙主合修仪轨》随许法。初七、初八两天,讲授了包括前行引导文在内的大威德十三尊全套灌顶。为报恩和酬谢,以广大供奉,祈请了永久住世之愿。应金巴南杰堪布的请求,依据《中阴关解说》,不仅讲完了《大威德圆满次第》的引导,而且赐予了《六座上师瑜伽》的引导。十三日,来到四川成都,前往普贤菩萨的道场峨眉山,进行了朝拜、顶礼和转绕。在峨眉山上,至尊长吟文殊菩萨种子"dhvi"字后,发出了能于生生世世修持和弘扬文殊怙主、第二佛陀宗喀巴的显密相结合的讲修佛法大宝的祈愿。当地的许多汉族和尚看见至尊高声念咒及祈愿的声音,大为惊异,许多汉民朝拜者也纷纷向至尊磕头,表达了极大的敬意。这时,至尊心中想道:如果这里所有汉民,到了来世能礼拜并依止佛法大宝,闻、思、修获得圆满,那该多好啊!于是,为他们进行了这一方面的反复祈祷。这些是至尊后来说的。接下来,巡礼乐山大佛等神圣所依处,进行了顶礼、磕头和敬献供养等的极大承事。对成都市里的文殊庙为主的五百罗汉庙等道场,逐一进行了礼拜。然后,返回索仓寺,给多名受戒弟子,授予了出家戒、沙弥戒或近圆戒。紧接着,依据《大密精要》,给全寺僧伽,进行了《吉祥密集五次论》的详细讲授。八月初三,回到合作寺。从初四开始,接上次讲授,继续着各课程的进度。并忙里偷闲,在至尊的近侍洛桑桑佩的协助下,对至尊自己的若干著作进行了校对。就在那段时期内,我给全扎仓僧众,讲授包括前行导论在内的大威德独勇金刚的完整灌顶,以及长寿佛灌顶、狮面母佛和宝帐佛母的随许法的时候,至尊也做了聆受。此后,来到卡加道寺,在继续推进各班讲经课程进度的同时,给好多名学僧,讲授了《现观庄严论》;向至尊宗喀巴大殿等许多佛殿,敬奉了广大的供养。九月初,返回合作寺,给卫日活佛、合作寺各位学僧、索仓寺的瓦纳活佛等十余位僧伽和卡加道寺若干名学僧等来自上下各地的求学僧伽,根据此前贡确丹增格西所请求内容,赐予了《般若波罗蜜多教授论现观庄严本注详解金鬘疏》的指导。在此期间,给若干名初学般若的学僧,依据是所编《现观庄严论总义洛塞林疏》,进行了详细的《现观庄严论》之讲授。初七,为至尊自己的根本上师吉麦丹曲嘉措尊者的圆寂日供养仪轨,奉献了丰盛的供养,进行了祈求生生世世摄受的真诚发愿;给若干名受戒弟子授予了沙弥戒。应近侍洛桑雅佩的请求,从初八开始,利用五天的时间,给八名闻法学僧,讲授了三怙主合修的念修法引导。廿二日,到吾屯,为了报答自己父母的恩德,用砖头修建在家里的利见塔上,贴上优质的白瓷砖,做了各种庄严装饰。这件事情竣工后,经向寺院扎仓请求,再一次进行了开光安神仪轨,并进行了毗卢遮那现证菩提修供及其自入仪轨。在此期间,依据所需,进行了各种讲经。十一月十二日,刚返回合作寺,接上次的进度,继续着对《般若波罗蜜多教授论现观庄严本注详解金鬘疏》的教授,并给各位因明班学僧,开始了《释量论》的讲授;应阿坝寺宗追格西的请求,给卫日活佛等学僧,授予了《现观庄严论》《诗学总义》和至尊自己若干论典的念诵传承。十五日,给若干受戒弟子,授予了出家戒和沙弥戒。廿五日,结合至尊同前来拜至尊学经的所有学僧一起所行大规模供养仪轨,经念诵《至尊宗喀巴殊胜赞》等经忏,以清净发愿,促就了极好的缘起。应教理师嘉央桑智等学僧的再三请求,从十一月初一起,一直到十五日,认真授予了,对至尊自己的论典《了不了义中观击掌回遮论》的详细讲解。从十六日开始,应达扎郎木寺教理师索巴和云丹两位所作赐讲《现观庄严论洛赛林、杰尊、果芒三家注比较善说·白莲鬘妍》的请求,给这两位高僧及所有学僧,通过广征博引各种相关文献,进行了《现观庄严论洛赛林、杰尊、果芒三家注比较善说·白莲鬘妍》之极其详细的讲授。十二月十四日,是一切智索南扎巴的圆寂纪念日,至尊作为忌辰善行佛事,给合作寺甘丹曲林所有僧伽发放了大量供施,夜晚点酥油灯时,通过念诵赞颂索南扎巴尊者的《赞颂祈愿文》,发出了佛法昌盛之愿,并经我的托付,开始了《德尔隆寺无量光佛大殿志及法嗣传承》的撰写工作;用旺秀等学校教师的请求,给卫日活佛等多名求学者,讲授了《菩提道次第论摄义颂》传承。从廿七日到廿九日,进行了六十食子求祷护神回向仪轨。

七十六岁,和我一起欢度了新年。初二,应下吾屯所有僧俗的恭请,到达下吾屯寺时,受到了僧伽仪仗的隆重礼迎,由之亲任寺院法台,以清净的回向祈愿,成就了缘起;在设有法座的辩经院,对《菩提道次第论》进行了最详细的讲解。与此同时,忙里偷闲,写完了《德尔隆寺无量光佛大殿志及法嗣传承》,交付刻经者,刻成了印板。二月初五,在僧伽仪仗的迎请下,前往上吾屯寺,结合至尊自己的部分论典传承的讲授,以闻思经论和守持清净戒律的重要性切入主题,赐予了极具饶效的教诫。十二日,在会聚所有僧俗的大会中心,以造供弥勒佛怙主佛像的功德和储积财产毫无意义的道理为切入点,广为授赐教诫后,所有僧俗一致做出塑造弥勒如来利见佛像的决定。至尊自己以300元和5件大茶做了第一个捐资者。接下来,应隆务寺和德察寺许多学僧的请求,结合果芒扎仓教材对《般若波罗蜜多教授论现观庄严本注详解金鬘疏》第五品所作的阐释,对该品般若内容进行了详细的指导;给上下两座吾屯寺的僧众,以至尊自己所造般若论典为补充说明,赐予了研读传承;给三十名在家男女信士授予了近住戒传承。三月初二,到了宗玛寺,对该寺利众见解塔的装藏等方面进行了安排;给丹增嘉措等受戒弟子授予了沙弥戒。初八日,来到吾屯,于修建在家里的利见佛塔前,为了报答父母之恩,进行了弥勒千供和毗卢遮那现证菩提修供等无上的善行;应吾屯全村的请求,撰造了专门用以供奉当地世代拜依的地方护神达杰的叫做《诸愿之源》煨桑供祭法册子,并赐予他们。接下来,来到噶让寺,向吉麦丹曲嘉措尊者的舍利塔,敬献盛大的供养的同时,进行了叩拜,并为佛殿的维修,供奉了5000元。至尊由之广为发愿道:为了圆满吉麦丹曲嘉措正士的心愿,祈愿靠已于两座吾屯寺建立的行部毗卢遮那现观菩提修供传统如海般的善业之力,能在生生世世受到金刚持上师的摄受,不离不弃! 愿文殊怙主宗喀巴·洛桑扎巴的宗轮久住不灭! 愿以《毗卢遮那现观菩提行续》为主的四续部事业获得宏兴! 四月,返回合作寺,给上下对法班、摄类班和心因类班,根据各班讲授进度,进行了最详细的课程讲授;给若干学僧,授予了出家戒和沙弥戒。就在这个时候,收到了胜王丹增嘉措特赐给至尊的华翰,其中写有"专为大善知识洛赛嘉措贤士贵体安康"等的敬重之语;格尔底寺至正救怙所赐华翰里,也以"前后两次所寄阁下著作,悉已收到,非常感谢! 著作写得非常好,还望今后赐予更多著作。从今开始,要驻锡在郎木寺"等句,进行了极大的表扬。至尊由之喜悦之心、虔诚之心和激动之心,争相蓬勃开来。接下来,为着服务于文殊怙主佛法宗轮,给宗喀巴三师三尊的著作和诸多正士的著作等论典,印供了四百多函,再一次赐予了《行部毗卢遮那现观菩提修供仪轨》的传承。五月,来到卡加道寺,给全寺僧众,赐予了殊胜救主格尔底仁波切所造《菩提道次第论》引导文《菩提道次第论释·求解津梁》的引导;给通过了《菩提道次第广论》科判之考试的二十多位僧伽,赐予了以示表彰的奖赏;给若干新班学僧,就"红白显色"之周遍断语的分析判定方法和写字书法等方面,根据各自所需,赐予了讲授。接下来,返回合作寺,给般若班各位新学僧,从《现观庄严论疏·总义香海》卷首起讲,进行了讲授;给卫日活佛和瓦纳活佛等三十多位闻法僧伽,利用二十天的时间,赐予了《菩提安乐道论》的传承。当时,有一天晚上梦见大金刚持阿拜足下和贡确桑丹尊者两位对至尊说:"你的头上印有一尊无量寿佛像。"至尊说,这个梦是受到根本上师摄受和还能住世若干年的征兆。在此期间,好几个人请求至尊给他们讲授五部大论正文的研读传承,但因至尊当时特别忙,便叫贡确丹增格西替他进行了讲授。六月初十,来到吾屯,给各位僧伽,按各自所需,讲授了佛法,并创造了《显明大续部毗卢遮那现证菩提灌顶仪轨大宝灯论》这一论典。从十五日起,和当地僧众一同,开始了坐夏,给若干名居家信士,从皈依、业果和弃恶从善切入,赐予了大量的教诫;先后给两批受戒弟子,授予了出家戒和沙弥戒。接着,给自己的多部论典进行校订后,叫人刻成了印板;给各位僧伽,赐予了《三事仪轨》的引导;给来自各地的求学僧伽,依据各自所需,每天进行着三四堂课的讲经。因为毗卢遮那现证菩提仪轨方面念诵经函紧缺,便将所有相关念诵内容刻成了印板。九月初,应麦秀宗玛寺的迎请,移锡该寺,给全寺僧伽,依据夏日仓·格丹嘉措尊者的三戒论典,进行了极具饶效的指导,并授予了《密集本续》的研读传承。宗俄活佛也为了感谢至尊和请求至尊以后经常亲临该寺而奉上禀报的同时,进行了碰额礼。廿二日,为举行降神日仪轨,在佛塔前陈上广大供奉的同时,依据章嘉呼图克图所创开光安神仪轨,进行了广大的开光和祝祷,以此将佛塔修成了加持不衰之藏蕴。应全寺僧众的祈请,很快撰造了《寺院志》和《塔志》,并认真整饬和规范了该寺《三事仪轨》的实修法;给一百多名男女居家信士授予了近住戒。十月初二,来到吾屯,给自己的多部著作进行校订的同时,应来自上下各地的部分信士所请,莅临了他们的家。五供节,坐在法会末席,僧众念诵《毗卢遮那现证菩提行续》时,进行了监督,对他们所作毗卢遮那现证菩提仪轨,给予了详细的观察。廿七日,亲临噶让寺扎西曲廓林,应该寺所有活佛和弟子的请求,赐予了《偈颂体菩提道次第论》的指导,以及绘制胜乐、密集、大威德三尊坛城和毗卢遮那现证菩提坛城的《尺度经》《摩睺罗伽坛城尺度经》《四业护摩燔台尺度经》等的详细教导。在此期间,于吉麦丹曲嘉措尊者舍利前,呈上最丰盛的供养,进行顶礼并大量的磕头和转经的同时,发出了广大的祈愿。给当地的僧众说,因为这座寺院是根本上师所住持的古刹,如果能对这座寺院提供一些服务,那就是在感受最大的暇满要义了。至尊给他们赐予了类似的诸多教导。接下来,为修建向隆务寺赤甘活佛进行过请示的大佛塔,铺垫了塔基。这时,虽然全寺活佛和弟子一致地向至尊提出了还要在那座寺院继续驻锡很长时间的强烈请求,至尊因教务繁忙,给他们回话道,这一次确实没有时间了,下一次一定会回来。接下来,再一次回到吾屯,安排了用彩色细砂绘制毗卢遮那现证菩提彩粉坛城的准备工作,给自己的若干著作做了校订;应藏贡寺盘德列协林的辩理师索巴嘉措和妥美嘉措两人的请求,给他俩和吾屯上下各寺的教理师,赐予了《辨了不了义善说藏论》的指导。从十二月初十到廿六日期间,给上下两座寺院的僧众,就用彩色细砂绘制毗卢遮那现证菩提彩粉坛城的相地和护木加被等的灌顶基地仪轨、宝瓶预备、绘线及呈现彩粉等方面实践法,进行了极其详细的指导。在上吾屯寺,也和下吾屯寺的一样,对绘制毗卢遮那现证菩提灌顶仪轨彩粉坛城的尺度标准、灌顶地基仪轨方面诸内容及呈现彩粉等方法,进行了细致的讲解。又给下吾屯寺所举行的正月初一清晨吉祥天母多玛献供仪轨,进行了详细的观察。

　　七十七岁，亲临大年初一清晨献供吉祥天母多玛法会首席，观察了整套仪轨，继而担任了正月祈愿法会的法台。二月初二，给宗噶活佛、下吾屯寺寺主智华俄仁巴活佛和合作寺的卫日活佛等从四方汇聚于此的近千名僧伽，四千多名居家男女信士，极妙地讲授了包括前行引导文在内的大续部《毗卢遮那现证菩提行续灌顶》，给一切信士成就了解脱和遍知一切的种子；应格尔底寺的数名活佛和吾屯的数名咒师的请求，给他们授予了密修马头明王、修持阎罗王和吉祥天母的随许法；给许多受戒弟子，从"da"字教法无过吉祥门，授予了清净污垢的近圆戒；让全寺的活佛和弟子，在辩经院进行了辩经。这时，连续数日，有贵体微恙之感，便休息下来进行了疗养。然后，又给若干名求学僧伽，讲授了《菩提道次第论》和《因明摄类学》等内容的课程；给若干名居家的男女信士，授予了近住戒。接下来，作为对这所寺院奉献的服务，他自己担任施主，出资新建了一座印经院和藏经殿；应部分信士的请求，授予了达尔墨·曼让巴·洛桑曲扎汇编医学秘诀而撰造的《秘籍》的传承。三月初三，回到了合作寺，因为难辞卫日活佛和瓦纳活佛等辩理师的反复的执着请求，从初期开始，依据至尊自己撰造的《辨了不了义善说藏论疏》，赐予了详细的《辨了不了义善说藏论》的指导；给格尔底寺嘉格活佛等僧伽，授予了往生法的引导。从四月初一起，利用三天的时间，前去出席各班间的大辩论会，担任了裁判辩经立敌双方是非胜负的中证人。大辩论会结束后，继续上次授经进度，讲授着《辨了不了义善说藏论》的课程。十八日，来到卡加道寺，在半个月的时间内，给各位学僧，按各自班级的讲学课程内容，进行了分类讲授，并给所有学僧，赐予了《偈颂体菩提道次第论》的教导。正五月初二，来到合作寺，圆满结束了《辨了不了义善说藏论》的指导进度。从闰五月初三开始，承接上次的讲授，继续着尊者所造《俱舍论》注疏的讲学，推进着课程进度。在那段时期内，我给全寺活佛与弟子讲授黑布禄金刚修行随许法时,至尊也参加了聆受;给许多受戒弟子,授予了出家戒和沙弥戒。廿一日,前往索仓寺,应索仓寺所有活佛和弟子的请求,赐予了《菩提道次第广论》的讲授引导,以及包括前行引导文在内的吉祥密集金刚、胜乐金刚和毗卢遮那现证菩提的行续灌顶,修行三大智慧本尊的随许法等。在赐予《菩提道次第广论》的讲授引导的时候,对其中的"胜观"一品,做了非常详细的讲解。与这些讲授的同时,就至尊自己所造《尺度论》,详细地赐予了传承和引导。又给各位少年学子,讲授了《三十颂》、《字性论》、《正字学》、书法和《正字学·贤者生喜》等内容,心中只想着用各种方便法,大力推动讲学的发展,对学僧的清规戒律和行为举止方面,给予了认真的督促。七月初七,返回合作寺,讲授《俱舍论》的同时,给卫日活佛等若干求学僧伽,初次讲授了《般若七十义》的理论;给各位摄类学班学僧讲授了《周延判断玄机》。八月初二,前往弥勒洲塔尔寺,为了避免信财的浪费,通过向至尊宗喀巴金光灵塔,进行磕头转劲爆和敬奉广大供养,发出了文殊怙主胜者宗喀巴妙法宗轮长盛不衰的正确祈愿。归途中,前去瞻礼吉麦丹曲嘉措尊者灵塔,进行了转绕巡礼、磕头和广大供养。初九,回到合作寺,为他的尊贵经师的忌辰,做了盛大的圆寂日供养仪轨。十五日,给十余名受戒弟子授予了出家戒和沙弥戒。从初九开始,督导辩经考试,就理路的走向和承许的方法,给予大量指导。廿八日,来到下吾屯寺,让下吾屯寺僧,在此前所建藏经殿里,供放了吉麦丹曲嘉措尊者 20 函《偈颂体菩提道次第论》和智华俄仁巴所造《秘籍》等许多函经书。接下来,以各自所需,进行了讲经,且为下吾屯寺的讲风获得不断的发展,将宗噶活佛的经师吉麦洛追任命为讲闻上师父,督促了各位学僧的功课。九月十二,又返回合作寺,给卫日活佛等学僧开始了《理路玄钥》的指导;给瓦纳活佛等学僧开始了《现观庄严论》第二品的指导;给来自郎木格尔底寺部分弟子和来自上下各寺的若干受戒僧伽授予了近圆戒。十月初二，我也在合作寺，按至尊的意愿，分别给各班进行了五部大论的辩经考试，给卫日活佛等每一名考试成绩并列第一的学僧，奖励了一套帔裙，给每一个获得并列第二名成绩的学僧，奖励了一件肩帔，并为高质量的学风和辩经，给予了表扬。初四，来到卡加道寺，利用半个月的时间，依据《弟子教言》，进行了讲授；按各个学僧的实际需要，进行了其他内容的分类讲经；给一些受戒弟子，授予了出家戒和沙弥戒。然后返回合作寺，撰造了《愿心仪轨受法白莲鬘妍论》；通过安排，叫近侍金巴等人誊抄了许多善本经函；给若干受戒弟子，授予了沙弥戒。

七十八岁，和我一起庆祝了新年。正月初七，前往热贡，给宗噶活佛的经师、年扎和云丹两位教理善知识，以及来自德察和卡加等寺院的其他众多教理善知识云集的僧众，利用一个月的时间，就所破除依和发问责难等方面的正理，做了穷尽究竟的讲解。接下来，承接上次的《入中论》教学，继续推进着进度；对《续部总义》和《密宗道次第广论》两部密宗论典，从第一品起，进行了讲授。二月廿三日，前往宗玛寺甘丹扎西林，赐予了《偈颂体菩提道次第论》的教导和《星命学》的教导；给各位僧伽授予了大乘长净戒；给众多居家信士授予了近住戒。接着，来到下吾屯寺，向利见大佛塔，进行了磕头、转绕和供养。迎请上下两座寺院的众多僧伽，和至尊自己一起，念诵了《毗卢遮那现证菩提修供及自入仪轨》；为促成往生兜率天意乐持法世界的缘起，塑造了一尊弥勒悬记佛像。下吾屯寺扎西顿智，向至尊提出了在他们寺院赐予密宗事部三怙主合修随许法与十三尊大威德金刚灌顶的心愿，至尊答应了他的请求。接下来，给若干受戒弟子授予了沙弥戒；汉族比丘丹增嘉措等众人为了向至尊求得法缘，来到了下吾屯寺，至尊根据他们各自所愿，以佛法满足了全部的需求。讲授完《偈颂体菩提道次第论》，给下吾屯寺参加《偈颂体菩提道次第论》考试的众多弟子,作为奖赏,逐一赐予一条哈达和一定数量的钱的同时,非常高兴地做了大量的表扬。于是,廿四日移锡五台山,投入全身心,进行了供养和叩拜。应当地的一名汉族信士的反复请求,给他授予了一套修行黑布禄金刚的随许法。接下来,来到西安,通过叩拜和转绕供有佛指舍利的法门寺大宝塔,进行了非常清净的祈愿。然后从西安来到北京,对大量的古迹和道场进行了观光和瞻礼,应多名汉族居士的笃诚祈愿,给他们赐予了修行红黄文殊怙主的随许法和《六字真言》等许多密咒真言的念诵传承,依次圆满了他们的所有心愿。五月十七日,回到了合作寺,继续上次的讲经课程,从《俱舍论》第七回开始,进行了指导,其他课业也根据各自的进度,做了详细的讲授。给来自于南京的多名汉族信士授予了《长寿经》和《六字真言》的传承。六月十六日,来到卡加道寺,依据至尊自己所造论典《周延判断取耳精论》,对《周延判断玄机》进行了指导。又给各位般若班学僧,依据《现观庄严论》,讲授了许多周延判断方面的知识细节。七月初三,来到了索仓寺吉祥大乘洲。从十三日开始,给千余名僧俗信众依据具足密续传承的良正上师实践理路,详细地讲授了称作发心供养的作了轨范的愿菩提心仪轨的详广轨范仪则,给他们所有人的心中置入了生发菩提心大宝的殊胜习气。就在那个时候,出现了许多善品当方神心生欢喜的吉祥瑞相。顺带给许多居家信士授予了近住戒;给许多受戒弟子授予了出家戒和沙弥戒;给二十多名闻法僧伽赐予了《梵文拼读法》的指导。廿五日,来到了合作寺,给卫日活佛等的摄类班和心因类班学僧,讲授了《因类学》和《七十义》,给各高级班讲授了《现观庄严论》和《俱舍论》。依据每一个班的教学进度分别进行了不同内容的讲授。八月十二日,应郎木格尔底寺三位格西的请求,利用长达十三天的时间,给这三位格西、卫日活佛、汉族比丘喜饶嘉措和合作寺的所有学僧,进行了格尔底仁波切所造《菩提道次第论释·求解津梁》的指导。九月廿四日，来到吾屯下寺。当时，缘于鬼蜮作祟，吾屯的上下两座寺院出现了微妙的不和迹象。至尊通过方便法门，反复赐予教导，最后大家同着忏悔，两寺僧众回归了团结。给这件事情的当事人智华俄仁巴仁波切与宗噶仁波切和卫日活佛等从外寺僧伽，至尊讲授了大威德金刚灌顶和大悲观世音菩萨灌顶，以及合修密宗事部三怙主、修行红黄文殊怙主、密修马头明王、修行阎摩罗王和修行吉祥天母的随许法；给若干名受戒弟子，依次授予了出家戒、沙弥戒和近圆戒；给寺院的法会诵经，给予了规范；任命宗噶活佛的经师吉麦洛追和洛桑桑佩二人，去做了下吾屯寺的经师；给所有寺僧，由衷教诫道：僧众要团结一心，要以精进实践《律经》所讲戒条为要务而持作根本，并在此基础上，在任何时候，都不可懒散懈怠，寺外闲逛，而清净闻思摄汇一切佛法要义的《菩提道次第论》，使今生依止宗喀巴·洛桑扎巴胜尊的顺缘，变得有意义；为着成就《菩提道次第论》的讲风的缘起，给寺院起名为"桑格雄替桑扎西曲林"；给宗噶活佛为首的来自各寺僧伽和吾屯上下二寺的僧众赐予了至尊自己《文集》的念诵传承。十月初二，给一些受戒弟子授予了出家戒和沙弥戒。初四，返回合作寺，给瓦纳活佛等学僧赐予了《现观庄严论》的指导；给其他各班级，承接上次的教学内容，继续着讲经进度。初八，请来卫日活佛，共进午斋，因卫日活佛学经勤奋，至尊心中非常高兴，给他奉上 1 件敷具套子、绸缎、1 大件大茶、7 块砖茶和 1000 元的同时，怀着呵护之心，教导活佛道，今后还要和过去一样继续努力学经，保持戒律清净的贤正德行。给了索仓活佛同样的赏赐和教诫。给卫日活佛等因明班学僧，通过至尊自己所造《心心所疏》和阿拜尊者所造《心心所释》两部论典相结合，赐予了指导；给许多学僧，赐予了至尊自己所造《教派史》的讲授。

七十九岁，和我一起庆祝了新年。这一年贵体被恙，略显沉重时，马上到兰州市的大医院住院就医。其侍从金巴精心陪护。从各地来了许多探病的人。他的近侍洛桑桑佩立即从热贡赶来,献上 500 元,探病的同时,认真地进行着护理。即使在病情非常严重的时候,从过午不食、午斋时的净水漱口和洒净水,所有生活小节,绝不让越出戒律条款,且坚持念诵着每日的常诵经忏。看见病情稍有缓和,二月初三,出院回到了合作寺。从五月十五日起,又开始了讲经,给索仓堪布·金巴南杰等多位僧伽,讲授了《三昧耶金刚念诵仪轨》和《噉食金刚空行护摩仪轨》的念诵传承;给其他学僧承接上次的进度,继续着讲授;给十余名童子授予了出家戒和沙弥戒。三十日, 移锡索仓寺吉祥大乘洲,针对该寺僧众对《三事仪轨》的实践,进行了整饬,讲授了《胜乐、密集、大威德三大本尊坛场尺度经》《遍照毗卢遮那佛坛场尺度经》《毗卢遮那现证菩提坛场尺度经》《四业护摩燔台尺度经》《摩睺罗伽坛城尺度经》,并创建了长期学习这些坛场之绘制的清净惯例;给十名受戒弟子授予了出家戒和沙弥戒;给二十名受戒僧伽授予了近圆戒;给二十来名闻法学僧依据《诗学胜律明论》,进行了诗学指导;给扎仓僧众进行了《三戒学处》的教导;任命密宗院金刚持香巴嘉措、相詹·桑杰嘉措和阿旺嘉措三人为经师,安排了《菩提道次第论》、一般文化知识和《尺度经》等教学任务;给若干个居家信士赐予了近住戒。七月十七日,返回了合作寺,先往兰州住院半个月,身体有所缓和后,又回到合作寺,给宗噶活佛等许多前来探病的人进行了相应的谈话。莲花手化身胜王和尊贵的格尔底大士二位,早就收到了至尊撰造的《毗卢遮那现证菩提灌顶仪轨论》,他俩在收到后回赐的华翰里对至尊给予了赞许,且附有哈达,至尊的心由之达到了欢喜的顶端。在那段时期内,在北京、南京、上海和兰州等地,出现了许多向至尊请求法缘的人,至尊给他们分别赐予了《皈依经》《兜率天内院百尊赞》《诸功德根本颂》和《六字真言》等若干陀罗尼传承,以此满足了他们所有人的愿望,使他们心中生起了殊胜的欢喜。应郎木格尔底寺中观班格西贡确丹增和其他班的两位格西、热东巴的维赛尔等人先后提出的请求,给卫日活佛、瓦纳活佛、各位请求者和所有学僧赐予了格尔底仁波切所造《摄密》的指导和《三十颂》与《字性论》正文的传承等。九月廿二日,被请为德尔隆寺大经堂落成庆典上的特邀嘉宾,至尊应邀到达后,寺内进行了尽量盛大的供养和隆重的礼拜,并给我也呈送了表示感谢的厚重礼物。从十二月初一开始,在合作寺,监督了立宗辩经考取饶江巴格西的法会。他给新考上的饶江巴格西愉快地说:"这次感谢你的辩经,你的顺缘极佳。"并赐予了吉祥的祝贺哈达。十五日参加了长净法会。他就这样坚持参加着每一次的长净法会。在进行常规讲经的间隙里,给多名学僧,赐予了《梵文拼读法》的指导;给若干位聆受者,赐予了《长寿经》等的经教传承。

八十岁,铁蛇年(2001),新年庆典,和我一起度过。我捧着吉祥的哈达,强烈地请求到,一直到八十岁高龄,为了饶利佛法和众生,进行了广大的功业,尤其是牵心各寺院的讲风和闻思事业,使趋向衰退的得到了振兴,未趋衰退的得到了发展,以如此的善行给佛法立下了巨大的功劳,恩德极大,今后仍然要在此浊世岁月,为了整个如来妙法和芸芸众生,特别是为了这些将一切希望寄托在至尊您身上的寺院,要长久住世。接下来,合作寺全体寺僧给至尊奉上隆重的新年庆贺的同时,作为给至尊的经忏祈福,进行了祷告与永久住世的祈愿。至尊非常高兴,给予了最热忱的接受。初二,卡加道寺的僧伽们到合作寺给至尊拜年来了,他们也在祈求至尊长久住世,至尊给他们和其他所有祈求长寿的人,一一答应下来了。此后,在几天之内,给三拨受戒弟子,授予了出家戒和沙弥戒;给多名居家信士,授予了近住戒;给一些受戒僧伽,授予了近圆戒。十四日,和我一起,瞻礼了寺院祈愿法会上的大法舞;十八日,我给全扎仓僧伽讲授《白布禄金刚随许法》时,至尊同僧众一起,进行了聆受。从二月初一开始,按进度继续着《俱舍论》课程的讲授;给摄类班、心因班和般若班等各班级学僧,按各自的讲经进度,继续着各课程的教学。三月初一,到下吾屯寺,给大弥勒殿利见佛堂屋顶,出钱置办并安供了一个非常好的金顶;给修建在自己诞生之家园的利见塔顶日月和顶饰等,耗资四万元,镀上了金汁,并给佛塔进行了最好的修葺。各位僧伽,根据详广实修仪轨,念诵了《毗卢遮那现证菩提行续》以及《毗卢遮那现证菩提自入仪轨》。以如此等等的善举,为饶利佛法和众生,进行了广大的事业。十四日,返回合作寺。经我的安排,合作寺决定在寺周围修建一座密主金刚手制伏诸魑魅的密主伏魔塔。十五日,至尊去建塔基地,担任吉祥长净仪轨的主持时,该地所有活佛和弟子,排成僧伽仪仗,拥送徐行,在那地方,念诵《别解脱戒经》后,圆满完成了长净仪轨。接下来,在继续按进度进行讲经课业的同时,十四日,为了饶益佛法的根本《毗奈耶》的教学,购来十七套《毗奈耶圆满日论》经函,送给了藏经殿。为使《毗奈耶》的讲风更胜于前,将贡确丹增格西任命为给僧众专讲《毗奈耶》的经师,并赐予他训示:“你要在今年,利用三个月的时间,给三十来名《毗奈耶》学僧,依据《毗奈耶圆满日论》,给予持之以恒的教学。而且在今后,要在漫长的岁月里,进行《毗奈耶》方面不懈的教学。”通过如此等等的努力,为使佛法的根本《毗奈耶》的讲风取得发展,赐予了更大的关心和重视。有关要求严肃对待《毗奈耶》戒律的教诫,也反复地赐予过好多次。四月十五日,来到卡加道寺,依据《菩提道次第论释·俱胝持法师源》,赐予了《菩提道次第论》的指导。另外,还赐予了《祈生兜率天·仙人真言》等经论的传承;给若干名受戒弟子,授予了出家和沙弥戒。闰四月初四,返回合作寺,和他的弟子华尔桑两人一起,修念了遍照毗卢遮那本尊。五月十五日,来到索仓寺,连续好几天,以休息疗养着身体。廿二日,给全扎仓僧众,给数千名居家男女信众,授予了胜圣十一面大悲观音灌顶。接下来,以本注相结合的讲授方法,赐予大

金刚持阿拜尊者思想的精华《大乐语精论》的教导等，且在完成这类
讲授后，为感激至尊圆满赐讲，供奉了丰厚的谢恩物品。接下来，给索
仓寺的所有僧伽，每人赐予一函结合《本生发愿》的有关发愿往生兜
率天内院弥勒菩萨净土的发愿书，并授予了研读这函书的传承。这件
事的进行，至尊肯定为缘起的殊胜枢要而着想的。六月十二日，来到
合作寺甘丹曲林，休息了两天左右的时间。从十五日开始，继续按各
自的进度，讲授着每一个班的课程。八月初一，夏宴结束后，来到我身
前，手里捧着一条很长的哈达，说："现在，非常感谢！我在这个地方，
有幸为佛法做了一些事。这全仰仗您的恩德。一直到今天，您垂顾我
们弟兄俩，给予了很大的体恤，非常感谢！还望今后和往常一样，生生
世世继续摄受，现在为之祈赐保佑。还有，我如今年届八十，所剩时日
无多，您往后要给我的弟弟更登给予关怀。到目前为止，卡加和合作
两座寺院的教学进行得很好，所有学僧学经很刻苦。从今往后，您对
这些寺院的讲风和闻思事业，进行严格管理的同时，要长久地住世。
我现在准备去吾屯，今天是来这儿请假的。"这些话是含着眼泪说的。
我的心中也有了一种悲戚，说："你不要这么急着走。卡加和合作两座
寺院，这些年来，全靠您一个人的关心，讲风取得了发展。这些都是你
的恩德，对此大家都是很清楚的。如今，能活到九十多岁甚至百岁的，
也多有人在，比起他们，你还不算那么老。今后，还要顾念这些寺院，
按各位学僧的意愿，进行讲经。以此在这个浊世时期，尤要利益佛法
事业，你现在年事又高，贵体也不是特别的安康，前去热贡地方，极为
不便，继续坐在这座寺院里不好吗？"我做了这样的认真请求。"现在
不去不行，许多重要的事情，至今还没有办成，还搁着呢。要把那些事
马上办了。我这个老头子，说死就死了，在任何时候，不可从你的心里
丢掉啊。"说完，怀着的悲伤的心情走了。我也因之心里感到非常痛
楚。这次的谈话，竟然成了长达四十多年来，和这位至尊间形成不同

于他人的情谊而进行的极为投机的谈话中的最后一次了。初三,尊者来到了下吾屯寺甘丹平措林。从十三日开始,给才丹夏茸仁波切的转世灵童洛桑江华尔诺茹、宗噶·嘉央丹贝旺秀活佛和合作寺的卫日·洛桑嘉央列曹嘉措活佛等众多至正大士的转世化身,来自北方六寺等各地众多僧伽,千余名居家善男信女,通过赐予毗卢遮那现证菩提灌顶和遍照毗卢遮那佛灌顶及其前行引导文,修行作明佛母和黑布禄金刚二尊的随许法等,以大密金刚乘道,让所有聆受者获得了成熟。十七日,给许多受戒弟子,授予了出家戒和沙弥戒。二十日,给三十来位受戒僧伽,从"da"字仪轨圆满无过门,授予了近圆戒。九月初一,应恭请而来到上吾屯寺大弥勒佛像圆满造成而举行的庆典上,结合叩拜与供奉,给大佛像给予了开光安神,降下了吉祥的花瓣雨。至尊说:"应该给这座寺院修建一座辩经院佛殿,这次来到这儿的目的,是为了这件事。弥勒殿旁的那块房基地很好,应该把它买进来。"说完马上就买下来了,他因之心情大悦,洒下了花朵。接下来,返回下吾屯寺的驻锡地,说:"这次我去上吾屯寺,做出了修建一处辩经院的安排,这使我心里很高兴。现在更加放心了。"从那时开始,出现了贵体微恙状。十七日,因为病情恶化,来自各地的探病者,尤其是上下两座吾屯寺的僧众,不间断地给至尊进行着经忏祈福。廿二日,举行上吾屯寺弥勒大殿落成庆典时,因病情严重,身体几乎不支了。但他说:"今天有着殊胜顺缘,必须要去。"硬撑着身体,去了庆典上,在弥勒佛像前,敬献供灯和哈达的同时,将《弥勒佛像颂》,缓缓地念诵了三遍,为往生兜率悦意持法刹士,进行了极具饶效的祈愿。然后在弥勒殿檐下长廊,给全体僧伽说:"你们脱鞋吧,咱们现在完成一次讲闻的缘起。"说完,坐在佛殿大门前,又赐予了"各位僧伽,要齐心协力、戒律清净地广大闻思文殊上师善说而使人生变得有意义"等的诸多教诲。并在他观看辩经院辩经的地方,让僧众开展了辩经。接下来,又去了生养他的家里的驻锡处。从廿五到廿六两日，上下两座寺院和附近村落村长等僧俗众人，通过敬献白度母长寿仪轨寿瓶，请求至尊长久住世。至尊高兴地说："你们从寺院到村落，从僧伽到俗人，所有人认真践行着我所说的每一件事情，非常感谢！你们依止善知识上师的态度，也非常得好！你们会因之获得今生来世一切善业资粮的殊胜顺缘。我尽自己所能，给上下两座寺院创建了《菩提道次第论》很好的讲风。你们可别让它衰退下去，要长期地传承下去。尤其要注意的是，两座寺院的所有寺僧，在志同道合、戒律清净的前提下，闻思修文殊怙主宗喀巴上师所开创的妙法宗轮；要坚持践行我秉承金刚持上师遗愿分别创建给两座寺院的毗卢遮那现证菩提修供仪轨，要坚持传续下去，使它在整劫内长盛不衰。这些事情，都很重要啊！"以传授遗言的形式，说完这些教诫，又说："我正在思量，我完全为了利益佛法用毕生认真进行一切善业的所有善根，能使文殊怙主第二佛陀所开教理妙宗繁荣昌盛，永久住世，以及能将一切与我结缘的善男信女为主的曾为我慈母的芸芸众生度脱于轮回痛苦而使之迅捷获证解脱和一切智果位的祈愿，你们僧众也要进行这样的发愿并祈赐护佑！"廿七日，呈现出了病情愈加沉重的症状。廿八日，至尊亲口说："今天，让大家在佛塔前奉上广大的供养后，念诵一套《弥勒千供颂文》。"大家遵照他的安排进行了这套仪轨。到了这天黄昏，他又说："今晚，要安排在佛塔前吹一遍动听的唢呐！"按他的话往寺院派人喊来唢呐手，正在吹奏的时候，至尊强打着精神正襟危坐起来，双手合十，缓缓地念诵着《诸功德根本颂》和《往生弥勒净土祈愿颂》，发出了极具饶效的往生于至尊弥勒怙主尊前成为眷属中的上首弟子的祈愿。从此以后，颗粒未进，身衣袈裟，严格奉持《毗奈耶经》律条，坐定于等持中，长久之后，说了今世的最后一句话："现在，我死而无憾了！"至尊这时的情形，正如《大乘道次第摄义论》中所讲的那样：

> 为使事业圆满故，回遮不欲寂灭故，
>
> 回遮欺侮佛陀故，致使生起欢喜故，
>
> 各自勤德造论故，致使悉速成熟故，
>
> 诸位佛陀化现身，无持永生住世观。

至尊想，他以讲说法旨、辩论经义、擅长世出世间两类著述三业和闻思轮讽颂、断弃轮禅定、摩羯轮所作三轮，为文殊怙主第二佛陀宗喀巴上师所开创的妙法宗轮，奉献了广大的承事，现在将要圆满身之化机了，便于十二月初二日，天将黎明时分，变得口里不再示现气流相了，为策勉所有持士夫相的补特伽罗，色身庄严暂作收敛，往趋到兜率天悦意持法洲弥勒佛尊前去了。接下来，遵照至尊遗言所说"要让善知识贡确丹增首诵《愿文》"的遗愿，这位大善知识，也强忍着哀悼与悲伤，结合内心发愿轻轻地念诵着《临终智大乘经》《兜率天内院百尊赞》和《五愿文》等，寄托了悲心。上下两座吾屯寺的僧众，怀着难以忍受的哀悼与悲伤，夜以继日的念诵着祈愿、经忏、《现观庄严论》和《入中论》等，给遗体供奉着广大如普贤供云般的供养。昼夜不断地供燃百灯的灯光，即使在黑夜，也能照彻如昼。他们为了圆满至尊的一切心愿，奉献着努力。这时，合作寺和卡加寺等的所有僧伽、索仓寺的一百五十名僧伽，次第来到吾屯，顶礼法体的同时，日夜不停地轮流进行着《现观庄严论》和《入中论》经忏的仪轨次第，以此为寄托悲心和圆满心愿，精进不已。贡确丹增格西，以清晰的诵经声，经常地轮番念诵着《菩提道次第广论》和《密宗道次第广论》两部论典，为寄托悲心，进行了祈愿！初四，在洛桑桑佩和金巴两位近侍满怀思念上师的巨大痛苦精心护理下，将法体请到下吾屯寺甘丹平措林去了。在那里，由至尊的亲弟弟和优秀近侍更登嘉措，强忍着无量的悲伤，为供奉广大的圆寂供云，劳累不已。他请来两座吾屯寺僧众为主的众多僧伽，绘制胜乐、密集、大威德、遍照毗卢遮那现证菩提等各续部诸曼荼罗，进行了自入仪轨。另外，隆务大寺、噶泽寺、德尔隆寺、戎阿寺、郎木格尔底寺、霍尔藏格尔底寺、宗玛寺和噶让寺等众多大小伽蓝的许多僧伽，络绎不绝地来到吾屯，叩拜法体后，进行着《现观庄严论》和《入中论》经忏的仪轨总次第，与此同时，还有念诵《偈颂体菩提道次第论》的，有念诵《入菩萨行论》和《呼诵文殊菩萨名号经》的，如此等等，夜以继日，诵祷不绝，为圆满至尊心愿，勤勉不已。以亲弟弟和近侍更登嘉措为主的下吾屯寺和下吾屯村的所有僧俗，祈求我要去吾屯。我应他们的意愿到了那地方，初八上午，在设有法座的辩经院，我和十余名辩经学僧，从吉祥大威德金刚门，进行了隆重的遗体荼毗仪轨。那一天清晨，朝阳普照到山尖时，在东方天际，拉浮着奇异的云纹，中间架起了一座呈弓形的洁白虹桥。大家看见后，都澎湃开了难以抑制的虔信和悲痛交织的心情。数百名善男信女，一起高声咏唱六字真言以寄托悲情，快要把整个山沟给撑爆了。初九上午，我给宗噶活佛为主的上下两座吾屯寺的僧众和其他所有虔诚僧俗，讲授了我自己所写这位至尊《生生世世摄受愿文》一文传承。接下来，我也和大家一样，为至尊的圆寂抬了厚重的供养金。然后，连续七天，在荼毗燔塔前，供奉了供灯、食子、花朵和功德水等不可思议的供物，以贡确丹增为首的众多僧伽，怀着剧烈的悲痛祈祷的同时，不断念诵着《上师供养法》《五愿文》《现观庄严论》和《入中论》和《生生世世摄受愿文》等的法事次第，转绕荼毗燔塔的人，也昼夜不绝。荼毗燔塔外壁自然呈现出了许多文字字形和树叶模样的图纹，这也被当时在场的人看到了。十五日，打开荼毗燔塔，大家看见灵骨中有许多舍利子和文字，这使所有人心中的虔信和悲痛争相汹涌起来。接下来，利用七天的时间，贡确丹增格西进行了严谨的圣骨仪轨，每天以回向发愿和合着因缘。廿二日，将圣骨圣缘，平分给了吾屯上下两座寺院、宗玛寺、合作寺、卡加道寺和索仓寺。人们将分到的圣骨请到各自的寺院，分别建起了工艺精细的稀有灵塔，经常进行广大的叩拜和供养而积集了无上的福德资粮，遇到各种节日或忌辰，就会有弟子汇集到塔前，陈设丰盛的供养后，尽量详广地念诵着至尊的《生生世世摄受愿文》《献沐浴文》和《发愿文》等。

至尊的弟弟更登嘉措，作为对至尊的圆寂供养方便，广开不尽施舍之门，给吾屯二寺、合作寺、卡加道寺、索仓寺、宗玛寺、德尔隆寺、霍尔藏格尔底寺、戎阿寺和曲宗寺等道场，以最盛大的僧斋茶，给予了圆满的承侍；给这些寺院的每一位活佛，都供献了一份厚重的回向礼；给前藏哲蚌寺、色拉寺、格丹寺，后藏的扎什伦布寺，安多的拉卜楞寺和隆务寺，也一一敬献了不菲的供奉。就这样，用圆满心愿的大海般的供云，庄严了诸方。

修建灵塔的情况：

将灵灰分成了六份，在上述每一座寺院，都为一切虔诚有情福德祥瑞，各自修建了一座无上燃烧着加持力的千道光焰的灵塔。

在下吾屯寺甘丹平措林，以宗噶活佛为主的下吾屯寺院和村庄里的所有僧俗，虔诚心愿凝结在一起，总共捐献了 120000 多元。由近侍洛桑桑佩、寺管会主任格桑洛追和曲扎三人担任负责人，制造了一座镶嵌了松石和珊瑚等各种珠宝的八尺高银质灵塔，将舍利子盛进一只银箧中，再同着各种内藏和神物，供进了塔内。这些工序一完成，便将灵塔请进宗喀巴尊者佛殿里，供放在了宗喀巴尊者像前。

在上吾屯寺华尔丹曲觉林，所有僧伽和虔诚的群众，敬信之心凝结在一起，总共捐献了 71300 元。由这座寺院的年扎和洛桑桑丹两位比丘担任负责人，制造了一座镶嵌着各种松石和珊瑚的六十五寸高银质灵塔，将各种内藏、神物和舍利供进了塔内。就这样，灵塔刚造成，便被供放在了大雄宝殿里。

合作寺甘丹曲林，按照索仓活佛的统筹安排，以卫日活佛为主的寺院僧众和虔信群众,以纯洁诚挚之心,总共捐献了64421元,由贡确丹增、嘉央洛追和洛桑桑佩三位格西担任负责人,制造了一座镶嵌了各种珠宝的三尺五寸高银质灵塔,将舍利盛进一只银箧中,再同丰富的内藏和神物,供进了塔内。这些工序一完成,便把灵塔供放在了小经堂内。

索仓寺吉祥大乘洲,按照索仓活佛的统筹安排,所有活佛、寺僧和虔信群众,以无上的虔诚之心,总共捐献了163638元,由贡喜饶丹增嘉措尊者担任负责人,瓦纳活佛、金巴南杰堪布、香巴嘉措上师、索仓寺多当巴鲁智扎西、阿旺嘉措、洛桑格佩、洛桑曲扎、洛桑达瓦、洛桑金巴和嘉央洛赛等人襄助,制造了一座贴有黄金图纹、镶嵌了各种美丽的松石和珊瑚的七尺零三分高银质灵塔,将舍利盛进一只银瓶中,再同丰富的内藏和神物,供进了塔内。完成这座灵塔后,供放在了大经堂弥勒佛像前。

卡加道寺甘丹丹佩林。此前,至尊叫他们在宗喀巴尊者佛殿内供放了一座三尺高的黄铜塔,并对弟子们说,这座塔是以后安放他骸骨的地方,要往这座塔里,将骸骨连同珍贵的内藏和所依处一起装进去。于是尊重这个安排,没有新造灵塔,众多虔诚僧俗信士,以纯洁诚挚之心,总共捐献2400多元,给宝塔进行了修补并置办了一切所需,又由至尊的弟弟更登嘉措捐出1500元,给塔身敷上了金黄色彩汁,由至尊的弟弟更登、曲扎和洛桑达瓦三人担任负责人,将舍利、丰富的内藏和神物供进了塔内,便和过去一样,依旧供放在了宗喀巴大师佛殿内。

宗玛寺甘丹扎西曲林,僧众和虔诚的群众,虔诚的心愿凝结在一起,总共捐献了1517多元,另由丹增维赛和洛桑协智二人作施主,筹齐了各种内藏和神物,连同至尊舍利装藏后,灵塔圆满地造成,便供放在了经堂内。

这样,上述寺院的寺僧、弟子和所有信士,以纯洁诚挚之心,虔诚的心愿凝结在一起,敞开不尽施舍之门,将一座座藏心装有圣骨舍利的灵塔,供做了一切有情的福田、人天众生的眼之甘露和利乐顺缘的祥瑞!

至尊的亲弟弟和近侍更登嘉措,从十五岁那一年起,就和至尊在一起,不曾分离,总揽了所有服务至尊生活的工作,从生火、打水、洗叠僧衣和穿鞋脱鞋等每一件日常小事,只为服侍至尊和为至尊办理各种琐事,耗尽了毕生精力。水马年至尊圆寂后,为圆满至尊的遗愿,进行各种广大事业的情况,如上文中所述的那样。

水羊年忌辰,进行纪念供养的时候,在下吾屯寺,展开毗卢遮那现证菩提曼荼罗,进行修供及自入时,担任了整个曼荼罗会供仪轨的施主,并为供奉广大的弥勒佛千供法会等佛事,以1840元,给予了亲近承事。

木猴年忌辰,进行纪念供养的时候,也和上年一样,为供奉广大的弥勒佛千供法会等佛事,以1840元,给予了圆满的亲近承事。

在合作寺,水羊年忌辰,进行纪念供养的时候,为供奉广大的弥勒佛千供法会,以1200元,给予了亲近承事。

木猴年忌辰,进行纪念供养的时候,也和水羊年一样,为供奉广大的弥勒佛千供法会,以1300元,给予了圆满的亲近承事。

在索仓寺,水羊年忌辰,进行纪念供养的时候,通过供奉广大的弥勒佛千供法会,以1570元,给予了亲近承事。

木猴年忌辰,进行纪念供养的时候,也和上年一样,为供奉弥勒佛千供法会,以1570元,给予了圆满的亲近承事。

在上吾屯寺,水羊年忌辰,进行纪念供养的时候,为供奉弥勒佛千供法会,以1420元,给予了亲近承事。

木猴年忌辰,进行纪念供养的时候,也和上年一样,为供奉弥勒佛千供法会,以1420元,给予了圆满的亲近承事。

在德尔隆屯寺,水羊年忌辰,进行纪念供养的时候,为供奉无量光佛千供法会,以1350元,给予了亲近承事。

木猴年忌辰,进行纪念供养的时候,也和上年一样,为供奉无量光佛千供法会,以1350元,给予了圆满的亲近承事;木猴年忌辰,也和过去一样,供奉弥勒佛千供法会,又以1350元,给予了圆满的亲近承事;

在卡加道寺,水羊年忌辰,进行纪念供养的时候,为供奉宗喀巴尊者千供法会,以1230元,给予了亲近承事。

木猴年忌辰,进行纪念供养的时候,也和上年一样,为供奉宗喀巴尊者千供法会,以1230元,给予了圆满的亲近承事。

在宗玛寺,水羊年忌辰,进行纪念供养的时候,为供奉弥勒佛千供法会,以1480元,给予了亲近承事。

木猴年忌辰,进行纪念供养的时候,也和上年一样,为供奉弥勒佛千供法会,以1480元,给予了亲近承事。

木猴年忌辰,进行纪念供养的时候,还为修建在至尊诞生家园的利见佛塔维修,出资9000多元,完成了圆满的修葺。

于至尊的卧榻,供上了释迦牟尼佛十万佛像塔,继而又供上了至尊宗喀巴、上师、胜乐、密集、大威德、大轮金刚、金刚萨埵、马头明王、威猛三合、金刚手密主、白伞盖佛母、长寿三尊、密宗事部三怙主、度母、药师佛、阿閦佛、龙王、六臂怙主和布禄金刚等每一位本尊的十万佛像塔。在这么多的十万佛像塔对面的经堂里,供有一尊这位至尊像,并陈列曼荼罗、金刚骠杵、内供、青稞供碗和花朵五种供养为主的供物,显得庄严而整齐。

木猴年四月十五日,在弥勒洲塔尔寺大金瓦殿大金塔前,供奉了用26块银圆铸造的大银灯1盏、150元的佛面金汁钱、18尺余长的优质大口面绸缎哈达 1 条和百盏酥油灯供,并请来十五位僧伽,念诵《献沐浴仪轨》和《五愿文》,给他们每一位僧伽布施了 30 元,给塔尔寺闻思院所聚三百多名僧众法会每一位僧伽布施了 1 元。

此外,给胜王活佛供奉了 1000 元,给各寺活佛、合作寺赛赤活佛和拉萨三大寺院,分别以 1000 元,进行了圆寂荐亡供养。

通过上述这一切善行,至尊的纯真弟弟和亲近侍从更登嘉措为了避免任何信财和遗物的浪费流逝,将所有遗产全部供养上师和僧伽福田进行了回向。连续三年,供在各寺院的至尊灵塔前,进行着两套弥勒佛千供、三套无量光佛千供和多次的毗卢遮那现证菩提曼荼罗会供。总而言之,为了托付至尊的意愿和圆满无漏心甚深意愿,以纯洁无垢的心,广开不尽布施的大门,呈现了普贤供云无穷大海的庄严!

《白莲华经》中说:

> 仅向彼尊诸舍利,掉举心日礼佛陀,
>
> 如是一语数言者,亦皆得此妙菩提!

为此,现在对这位至尊事迹功业,做一下概括性叙述:至尊幼年时,一切举止都越出了庸俗行相,生来具足着虔诚、精进、智慧、正知、不放逸、博施、胆识、知耻与知愧等正士独有的圆满殊胜功德。因为心向出离轮回的习气所成之力非常旺盛,便师从遁世隐修师洛桑丹巴和殊胜救主大金刚持阿若仁波切,依次正确受领了出家戒、沙弥戒和近圆戒,严谨守持清净戒律的情况,绝不像时下的那些仅剩外表形相的沙门,他将立誓许诺的每一条别解脱戒内容,像自己的眼睛一样,严格守护起来,以贫苦僧徒、淡泊少事和知足寡欲的平常生活,避免了二边之堕,甚至严格践行着过午不食、斋前斋后净水漱口和正食净水等的细则,从不草率敷衍,不管是在明处,还是在暗处,会遵守别解脱戒的所有细条。土狗年和"文革"时期,政策非常紧。即使在那种年代里，怀着更大的胆魄，不顾各种威胁，化恶缘为善友，对包括过午不食和正食净水等的比丘生活细节从不间断，严格守持着沙门的威仪，而且包括随从等的所有处在身旁的人，对过午不食和正食净水等，也依据《毗奈耶经》认真奉行着。不管走到哪一座寺院，总会给僧众赐予教诫道，要严谨守持奉行《三戒学处》的总体内容，尤其是别解脱戒的细条，使佛法的根本戒律保持其固有的纯真。《毗奈耶本事》中说："何处有业，亦有治罚，是谓正法住；何处无业，亦无治罚，是谓正法灭。"这是在说，法住法灭，主要决定于对毗奈耶的践行情况。所以，完全为了芸芸众生一切利乐之源佛法大宝长久住世而如此地发奋精进的善行，是名副其实的持法正士殊胜行业。对此，马鸣论师曾说：

> 将变圣足祥尘埃，亦被人天正置顶，
>
> 尽持拜礼所获故，惟具戒师为贵种。

关于闻思的方法，在《智树论》中说：

> 只从经函学明处，不由上师口传得，
>
> 如同娼家烟花女，众人场合不为美。

至尊不像偈文中所说的那样，而从七岁开始，一直依止着各位贤良正士，尤其是从意乐、加行两个方面，依次师从于诸门堪似第二佛陀世亲行业的浊世大班智达吉麦丹曲嘉措尊者和贤哲善知识贡确桑丹等二十多位善知识的足莲。以《摄类学》开头，于《密集》结尾，对显密明处所涵盖的一切经典理论，绝不会泛泛闻之，泛泛过之，而依据一件件读物，断除了戏论之边；不以整句囫囵吞枣，浅尝辄止，而从经典本身的正文和注疏、各学院读物所立之宗特别是从四大部派对每一条细之又细的内容的独立见解以百数教理得出的择定情况，能够断除戏论。具体情况，也如前文中所说的那样。就靠吃苦、忍辱、精进和大魄力，将所闻教义付诸修行实践的情状，至尊自己说："过去的正士们为了闻得正法，甚至不惜牺牲生命，有着不可思议的苦行难行的胆魄志向。而像我这样的卑微人,也产生过那样的勇气。一想起小时候的修习佛法和刻苦精进情况,心中就有一种真正的快乐。"又说:"我在郎木寺学经的时候,因为断了糌粑口粮,除了喝一口烫嘴的热开水,找不到任何下肚的东西。这种情况,遇到过好多次。但尽量投入于研读经文中,对生计方面,没有做过大的思索。经常忍受困苦,夜以继日地忙于聆受讲座、阅读书函、进辩经院辩经和反复诵读记忆巩固等课业,匆忙之极,甚至连慢慢喝一口茶的想法都没有了。"对此,萨班尊者说:

> 智者学时皆辛苦,乐逸无以成智者。

至尊如萨班所说,不耽安逸,刻苦学经,使闻法达到了大海的彼岸。接下来,绝不会驻足于闻法,而将所闻教义紧贴自己的相续,为调伏自己的心,付出着努力。至尊自己亲口说:"金刚持上师,为了将我们的心引向佛法,给我们恩赐过许多爱之心切、切中枢要的教诫。他说:'我们小的时候,为使辩经院里的辩经获得发展,作为方便法,只从讲经加强了教学,没有能够与相续相结合。现在要重点地将所闻经义,我与相续相结合。要为调伏自己的这个邪恶的自相续的方便,付出精进。'他每一日结合教诫,反复地讲着这个意思。仅仅他用这种办法将我们的心引向佛法的恩德,也是不可思议的。"像这里说的这样,将从经典理论中闻思到的一切的妙义,完全用于调伏自相续的时候,如清净的噶当派圣哲传记中所讲的一样,付诸了实践上。

龙树怙主说:

> 律如地载行非行,一切功德依托处。

具德的月称说:

> 异生凡夫佛语生,已证缘觉菩提者,
> 佛子定胜胜生因,除却戒律无其他。

对佛法的文思,能否切中枢要,决定于能否正确地守持清静的戒律。若奉有戒律，就可以一门心思地投入闻思，不需要在其他地方去祈求积集资粮和净冶罪障。如果不珍惜戒律而丢掉了戒律，进行不实等的善行，难以证得任何的地位。因而，要将正法戒律视为第一，对显密二乘的讲修妙法，如奔流不息的河水般，通过闻思，予以持之以恒的依止。这是所有希求解脱者最主要的修行内容。

二世嘉木样·晋美旺布尊者说：

> 意乐加行依止正士足，为求难得深法如意宝，
>
> 无有餍足不辞辛劳者，乃为佛法浩海本与支。

至尊精进修行的情形：每天很早起床后，口诵《六座上师瑜伽法》，磕完三个头后，与起床的同时，进行着念时依止等。接下来，安坐以后，依次念诵着舌加持咒、翻倍咒、念珠咒和用以依止大威德金刚的《秘籍》等；接下来，结合以《皈依发愿文》为前行的《兜率天内院百尊赞》，念诵着五百遍《无缘慈悲颂》、五百遍《誓言金刚念诵》和一百遍《长寿三尊陀罗尼》；最后，进行焚烟供施并念诵完这个供施的念诵文，便开始早茶。然后，依据《诸功德根本颂》，对一切道进行略修；接下来，结合《上师供养加行法》，念诵完《曼荼罗祈祷详诵》，念诵《地母颂》二十一遍、《三聚经》和《总忏悔文》各三遍、《宗喀巴大师殊胜赞》和班钦·索南扎巴所造《宗喀巴赞》各一遍、《上师名号赞》一百遍，诵毕，诵《上师供愿文》，圆满完成后，进行读经与讲经等事。午斋进罢，进行斋后漱口并念诵《供施回向》和《三聚经》后，通过念诵积集《六字真言》。接下来，又进行读经、讲经和撰造论典等诸项工作。黄昏时分，通过洒净水，饮完少量的茶，依据《菩提道次第略论》和《圣道三要论》，对若干道次第境相，进行着重体验。接下来，尽量积集着作明佛母和三昧耶金刚的心咒，并同着祈愿，念诵着《至尊文殊赞·赞颂云海》《妙音天女赞·白云电鬘》《弥勒赞》和《文殊大威德金刚中阴关解脱祈祷文》。接下来，从某一种版本的《三戒仪轨》，诵完三戒内容，念

诵着以《六座上师瑜伽法》为其前行的完整《大威德金刚仪轨》。在这个时候，会坚持念诵《百字真言》二十一遍、《十大忿怒明王心咒》十遍以及诸本尊心咒各百遍。又遵照赛康哇师尊和阿拜尊者的所行传统，黄昏供燃酥油灯的时候，以顶礼和加行七法为其前行，完成了发菩提心，念诵着《生生世世摄受愿文》《五愿文》和《香巴拉祈祷文》，进行着祈祷。临睡前，又念诵着《六座上师瑜伽法》《三聚经》和《总忏悔文》，磕完夜晚睡前的头，进入了睡卧瑜伽。这些念诵仪轨，除了非常繁忙、水狗年和"文革"等政策最紧的时候外，每天都坚持奉行，这种情形被所有的人看在眼里。从十八岁那一年起，就进行一百零八次禁食斋，除了一些恶缘年份，每一年的氐宿月，坚持奉行着禁食斋，未使其间断。从二十一岁那一年，受领到大威德金刚灌顶的时候起，一直到三十七岁，每天都坚持修行着大威德金刚十三尊自入仪轨。就这样，从来没有离开过闻思修三业。至尊宗喀巴大主宰曾说"能依刹土之力者，是咒诀"。至尊对积福净罪和闻思修相互为友、相依相成的方法，获得了坚定的信念，躬行了上述圆满了一切显密道的修行次第。

至尊利益佛法的情形。至尊宗喀巴大主宰曾说："朝那佛法大宝未能遍及或虽被佛法所遍却趋衰退的方向，行大悲悯心，能使利乐……"在此污浊横流的末世边沿，所有佛法，特别是文殊怙主、第二佛陀宗喀巴大师显密合璧的妙法宗轮大宝，已经变得极其衰微和薄弱，受到了各种破坏。在这样的时代里，至尊心中澎湃着重振衰退之法和发展未衰之法的胆识，在卡加道寺甘丹丹佩林、合作寺甘丹曲林和索仓寺扎西塔沁林三个伽蓝，担任着总领经文的总经师；反复莅临他的故乡下吾屯寺甘丹平措林、上吾屯寺华尔丹曲林、噶尔泽寺图丹曲廓林和宗玛寺甘丹扎西曲林等伽蓝，为了用讲修讲闻弘兴佛法，进行了对《五部大论》为主的各种显密大经论的指导，对菩提道次第方面各种论典的讲解引导和体验引导，对反问声韵学、诗学、《三十颂》、

《字性论》和《正字学》方面小五明的指导，甚至对绘制曼荼罗的《尺度经》、进行护摩供施时的《燔台尺度经》、写字书法等方面都给予了指导。至尊依据各自所求，遵照每一个所化缘机的大种、识根和意愿，进行讲授的时候，从来没有丝毫怖厌、烦心和疲累的表情，通过愉快地执讲，满足了他们的所有求学心愿。不管讲授的是哪一部大经论，一定会把用以理解深意的经论引证、用以梳理思维的因明正理和用以清晰疑难的实例引证三者，紧密地结合起来，驱散了聪慧求学的弟子们心头之昧；会用经论总义的光明，摧伏求学弟子们无知之暗；会通过展开指导每一个语义，断除邪分别之闻，解开疑难的死结。所以，至尊的讲解，会具足着断犹豫之惑等五支讲授方便，会从七庄严门进行赐讲，会以所讲知识功德，使听讲者心中增长起顺利领会甚深奥义的智慧。至尊在讲述菩提道次第等内容时，善于通过展开讲述来归纳要义，便于学子轻松掌握深义，前后内容相为呼应，依托经教来把握教诫分支，有助于学子顺利领会所讲内容的事例和故事，以各种前辈正士的说法和口授教诫丰富所做讲授来使所述对镜次第落入体验，等等功德，所以，他的讲经能贴入学子的心，能让学子深入掌握奥义，将他们度到讲述善巧的彼岸。至尊平时除了有关利益佛法众生的言谈外，很少闲聊一般的话语，甚至开玩笑时，所说的话都成了格言宝藏。例如，一次聊天的时候，说："我在吃喝住行的任何一种威仪路中，内心从未放下对当时所涉经论教义的分析，如果你们也能那么做，那就最好不过了。说到这个学习，要如雀妈妈不忘雀仔般，反复地加以记忆巩固，不能把它给忘掉了。如果忘掉，那学习就变得残破不全了。咱们出家人，有殊异于居家俗人的修习佛法的方法。那就是，在清净守持所受领戒律的前提下，时刻不离闻思修三业。这就是从咱们的修行，得出的大结论。"此外，至尊所做大小诸事，都在催勉自己和他人，趋向佛法。如，由至尊亲自筹划，并且自己带头捐钱，由此向大家做出倡导,先后修建了下吾屯佛塔等十座大佛塔。又遵照上师的意愿,给吾屯上下二寺,创建了毗卢遮那现证菩提曼荼罗修供和绘制尺度、仪轨、自入等的传承,让热贡地区完整齐备了四大续部的修供仪轨。又为佛法的道统传承着想,从各地,给数百名受戒弟子,授予了出家戒、沙弥戒和比丘近圆戒;给千余名居家信士,通过授予八支近住戒,引入了弃恶从善的正道中。总而言之,至尊穷尽毕生,通过不断赐予深广佛法的甘露,给一切有情众生创造了获证解脱和一切智的殊胜种子,全身心地进行着使文殊怙主、第二佛陀洛桑扎巴所创无与伦比教证妙法宗轮大宝,从高处往更高处,不断获得增长的方便法门,饶益佛法的功业,一直到轮回尽头,绝不会被埋没。伟大的宗喀巴大师说:

> 广大多闻断增益,无过三戒调自续,
> 教证双轮兴佛法,无比尔持法顶饰!

赞　曰:

> 大心圆满皎月轮,智慧慈悲皓光明;
> 功德海浪澎湃出,所知漫游虚空边;
> 沥沥光施利乐凉,芸芸众生笑颜展;
> 定胜解脱广厦中,善巧乐置妙商主。
> 炫耀狮夺力,飞跃天际技,
> 盆地成右旋,乳海吾屯地。
> 绽放世希有,天界奇葩颜,
> 妙善芬芳解,百香大宝藏。
> 韶光新蓓蕾,未放童子瓣,
> 心已怀厌离,轮回毒蛇家,
> 和同求解心,所发嘈切音,
> 得解持戒学,炫为斑纹美。
> 悉将圆五明,诸多班智达,

足下微尘粒,置于头顶故,
得以深广言,善说瑰宝珠,
璀璨尽充裕,意密佛法库。
闻法广度达,大海彼岸故,
已将印藏贤,百典经论义,
了若视掌心,物般圆智力,
由之发狮子,疯狂长吼声。
缘将诸典成,妙歌犍稚声,
发于红黄色,黄丹园林间,
讲修莲池生,众鸟展双翅,
翩跹欢喜舞,迎为佛法客。
讲经云中擂,大鼓隆隆声,
缘机孔雀童,双耳以赐予,
利药甘露故,孔雀童生喜,
疯狂开屏于,解脱大城中。
闻思修三业,讲辩著三事,
已得教证法,深奥枢要义,
由之执文殊,怙主宗师法,
高耸巨幅幡,直至轮回边。
佛法众生药,善行善线色,
绘制地上功,十万华美图,
尽睁自在天,发疯千数眼,
遍览不餍足,于心持希有。
如许妙行具,蕊香甘露味,
弱小智增上,意乐持味舌,
品故从受用,吉祥圆满轮,

奏此悦耳音,天界妙乐章。

兹奋善资粮,云间龙王冠,

赐降调妙善,滂沱如意雨,

滋育红花童,满园艳请由,

讲修云霞光,运向四方地!

殊正贤良师,脚趾画纹理,

永固无比劫,无量寿命际,

深奥详广法,千道辐具轮,

请为佛法众,利乐而转动!

请将轮回泥,深陷众有情,

大慈悲悯手,悉数救护已,

引向善妙地,无忧荫凉下,

得获妙休憩,安慰轻苏息!

这部照耀着十明智慧太阳万道光芒的了义大善知识洛赛嘉措尊者的传记《善缘耳饰》,是接受由侍奉这位至尊无与伦比的亲近侍从和亲弟弟更登嘉措,带着数匹大口面绸缎和一千元等各种厚礼,连同吉祥的哈达,所提为至尊写一部传记强烈请求;由这位至尊合作寺索仓活佛和卫日活佛两位上首弟子,身负至尊三密事业重任的至尊主要弟子和前法台贡确丹增、贡确华觉和嘉央洛追三位大格西,以及长期依止至尊足莲且以病榻前精心护理等进行过严谨服侍的贤良近侍金巴等,带着整匹的大口面绸缎和哈达,所作认真催勉;由索仓寺至尊贤良弟子和前堪布瓦纳活佛、寺管会主任鲁珠扎西、阿旺曲扎和洛桑曲扎等为主的全寺僧众,带着整匹绸缎和哈达,对我的认真催勉;下吾屯寺长期依止至尊足莲的上首弟子洛桑佩和德察的更登吉麦等人,带着整匹的大口面绸缎、茶叶和哈达,所作认真催勉,便由我——殊胜遍智上师贤良弟子名号冕旒系于头顶的释迦比丘赛仓·罗桑华丹曲吉多杰,将这位至尊所写自传和相关笔记,作为主要依据,再用大善知识贡确桑丹克服百遍辛劳细致编写的材料,索仓寺堪布金巴南杰落成文字的许多补充性材料,做了必要的补充,这些材料,对年代等方面出现分歧时,重点依据了至尊自己撰写的自传,怀着纯洁的增上意乐,在合作寺甘丹曲林,于藏历年十七饶迥的第十个年头,名叫日度的土猴年觜宿月开始撰写,仲冬月上弦第一日完稿。愿能此善,回向为文殊怙主、第二佛陀宗喀巴显密佛法宗轮大宝繁荣昌盛、永久住世之因! 吉祥!

(卓尕次力尼布亚译)

附　录

（一）赛仓·罗桑华丹先生年谱

1931 年 1 月 13 日，出生在青海同仁隆务泰吾村。

1939 年，被九世班禅认定为德尔隆寺第六世赛仓活佛，取法名为赛仓·罗桑华丹·曲吉道吉。

1940 年 9 月 23 日，迎至德尔隆寺坐床。

1944 年，7 岁时，从根噶华藏、阿绕仁宝切、然卷巴嘉央智华等高僧学习藏文书法、语法、修辞以及经典诵读。

1952 年 10 月 15 日，15 岁时，前往西藏拉萨，进入哲蚌寺郭莽学院求学深造，拜华秀·嘉央嘉措等知名学者为师，学习因明、修辞、历算等学科。同年 9 月 13 日，赴甘丹寺。

1953 年，前往日喀则扎什伦布寺，并拜见十世班禅大师学习佛学，获得"诺门汗"封号、册文和印鉴。

1955 年，17 岁时，完成学业并获得般若部格西学位后，返回德尔隆寺。

1956 年，在德尔隆寺主持寺院，多次赴青海，恭请丹巴嘉措等诸多高僧到德尔隆寺讲法，其间修习了《中观论》《俱舍论》等经典。到青海兴海县赛宗寺，师从阿绕大师学习佛学，接受密宗灌顶。

1957 年，再次到青海兴海县赛宗寺，师从阿绕大师学习佛学。

1958 年，被捕入狱，送到青海监狱接受劳动改造。

1962 年，释放出狱，生活漂泊不定，并与拉卜楞寺寺主六世嘉木样活佛见面。

1963年，当选为甘南藏族自治州政协委员。

1965年，派到甘肃省政治学校学习政治。

1966年，"文化大革命"开始，又被送往监狱。

1968年，释放后被送往拉卜楞寺受监督，后被送到夏河县王格塘村接受劳动改造。

1979年，受党和政府的邀请，参加工作，任教于甘南藏族自治州民族学校。

1980年，十世班禅大师到甘南藏族自治州视察，赛仓活佛陪同考察。

1981年，修复德尔隆寺大经堂、无量寿佛殿、文殊菩萨殿。

1982年，全国人大常委会副委员长、十世班禅大师再次到甘南藏族自治州视察，赛仓活佛陪同考察。

1984年，合作民族师专建立，从事教学工作，就任藏语系主任、藏学研究所所长、副校长等职务。

1985年，调入合作民族师范高等专科学校担任藏语系系主任、藏学研究所所长和副校长等职务。

1986年，十世班禅大师前往四川甘孜藏族自治州视察，赛仓活佛陪同考察。农历四月初米拉日巴九层佛阁破土动工。《修辞学明鉴》获得第四届北方十五省、市、自治区优秀图书奖。

1987年，全国人大常委会副委员长、十世班禅大师要求他作为处理事务的助理，去北京参与中国藏语系高级佛学院的筹建工作，委任他为教材编写组总编，主持并撰写《格鲁派史略》。《修辞学明鉴》，获得甘肃省哲学社会科学优秀成果奖和甘肃省优秀教材奖。

1988年，遵照全国人大常委会副委员长、十世班禅大师的指示，定期到中国藏语系高级佛学院授课，长达6年时间，先后出任全国佛教协会理事、甘肃省政协常委、甘南藏族自治州政协副主席等职务。

1989 年,为中国藏语系高级佛学院撰写的《格鲁派史略》教材完稿,被列入"雪域知识百科金钥匙丛书"。

1991 年,合作藏族中学筹建,邀请就任名誉校长,率先捐资助学。

1992 年,被甘肃省委、省政府授予"民族团结进步先进个人"荣誉称号。被国务院授予"有特殊贡献的专家"称号,享受政府特殊津贴。

1993 年,合作藏族中学开学招生,在他的指导下确定了学校的发展方向。

1994 年,合作寺米拉日巴九层佛阁建成,建筑面积 4118 平方米,高 40 余米,共 9 层。

1996 年 7 月,应邀就任卓尼县尼巴九年制寄宿学教名誉校长。

1997 年,被甘肃省委、省政府授予"民族团结进步先进个人"荣誉称号。

1998 年 6 月,就任青海隆务寺和卓尼禅定寺法台。《阿若罗桑隆多丹贝坚参传》(skyabs-rje-Aa-ro1-rin-po-cheyi-rnam-thar)成书。

1998 年夏天,抵达卓尼县尼巴九年制寄宿学教,受到了地方领导、群众以及全校师生的热烈欢迎。

2001 年 1 月,中国藏语系高级佛学院撰写的《格鲁派史略》教材由王世镇翻译成汉文,由宗教文化出版社出版发行。

2002 年 5 月,御任青海隆务寺和卓尼禅定寺法台。

2003 年,荣获"全省高校名师奖"。

2006 年,主持修建卡加道寺宗喀巴佛殿。

2009 年,修建了合作寺大经堂,并主持开光典礼。

2010 年,获甘肃省委、省政府"甘肃少数民族杰出人才奖""全省藏传佛教寺庙法制宣传教育工作特别奖"。8 月,《赛仓·罗桑华丹文集》(1—9 册),由民族出版社出版。

(丹曲辑)

（二）赛仓·罗桑华丹先生著作简目

一、显密经典注疏方面

《〈殊胜赞〉的注疏》（khyad－par－vphags－bstod－kyi－vgrel－ba－thub－dbang－dgyes－pavi－mchod－sprin－zhis－bya－ba－bzhugs－so）

《显密宗佛经注疏》

《多罗那他大师教言—〈比喻法明鉴〉注疏》

《〈教言〉之三十二比喻法注疏》

二、教法史方面

《格鲁派教法史》（dpal－mnyam－med－ri－bo－dge－ldan－bavi－grub－mthavi－rnam－bzhag－mdo－tsam－brjod－pa－vjam－mgon－bstan－pavi－mdzes－rgyan－zhis－bya－ba－bzhugs－so）

三、修辞学方面

《妙音天女之欢歌——诗学明鉴》（snyan－ngag－la－vjug－pavi－tshul－rgya－cher－bshad－tshangs－sras－bzhad－bavi－sgra－dhyangs）

《修辞学入门》（gang－can－bod－kyi－snyan－ngag－la－vjug－pavi－sgo）

四、寺院志方面

《合作寺志》（mdo－smad－gtsos－dgav－ldan－chos－gling－gi－gdan－

rabs-legs-bshad-nor-buvi-vphreng-ba-mdzes-pavi-rgan-shes-bya-ba-bzhugs-so）

《德尔隆寺志》（gter-lung-dgon-pavi-lo-rgyus-dang-gdan-rabs-mdor-bsdus）

《夏秀寺志》（zhal-shul-dgon-dgav-ldan-bshal-sgrub-bkra-shis-vbyung-gnas-gling-gi-gdan-rabs-dang-vbrel-bar-lo-rgyus-cung-sad-brjod-pa-bden-gtam-tshangs-bavi-dbyangs-snyan-zhes-bya-bzhugs-so）

《瓜什则寺志》

《纳仓寺志》（dkar-mdzes-nag-gtsang-dben-gnas-bshad-sgrub-vphel-rgyas-gling-gi-dbyen-zlum-mchod-rten-chen-po-mthong-ba-kun-grol-gyi-dkar-chag-shel-dkar-me-long）

五、高僧传记方面

《智观巴·格桑丹巴格勒嘉措传》（nges-don-grub-pavi-dbang-phyug-chen-po-brag-dgon-pa-rje-skal-bzang-bstn-pa-dge-legs-rgya-mtsho-dpal-bzang-povi-rnam-par-thar-ba-pad-ma-dkar-bovi-phreng-mdzes-zhes-bya-bzhugs-so）

《洛赛嘉措大师传》（nes-pa-don-gyi-dge-bavi-bshes-gnyen-chen-po-rjes-blo-gsal-rgya-mtsho-dpal-bzang-bovi-rnam-par-thar-ba-skal-bzang-rna-bavi-mdzes-rgyan-zhes-bya-ba-bzhugs-so）

《多罗那他大师略传》（vjam-mgon-ta-ra-na-thavizhal-gdams-dpe-rgyan-gsal-bavi-tshig-vgrel）

《历辈阿莽仓传略》（rje-dba1-mang-sku-preng-rim-rgyn-gyi-rnam-thae-mdo-tsam-brjod-pa-bden-gded-gtam-ngag-gi-ril-mtsho-zhes-bya-ba-bshigs）

《热贡夏日仓传记》

《阿若罗桑隆多丹贝坚参传》(skyabs-rje-Aa-ro1-rin-po-cheyi-rnam-thar）

六、宗教仪轨方面

《戒律笔记》(dam-chos-vdul-bavi-zin-btis-thub-bstan-lhun-grub-povi-mdzis-rgyal-zhis-bya-ba-bzhugs-so）

《无上金刚勇识念修法》

《吉祥天母酬忏略摄》

《吉祥天母祈祷文略摄》

《护法神祈祷文略摄》

《多杰来合巴祈祷文略摄》

《时轮发菩提心之火供诵》

《白度母长寿瓶献法》

《除信财障仪轨》

《不动佛供品献水法》

《金刚手大轮火供仪轨》

《寺庙规章明镜》

（丹曲译）

后 记

　　提起赛仓·罗桑华丹教授(1931—)，我们的交情也有几十年了，每次见到他总是神采奕奕，先生的诸多教诲总是令我终生难忘。赛仓活佛经历丰富，人生坎坷，佛学功底深厚，著述颇丰，不愧为我国藏传佛教的宗教领袖、佛学家、知名学者、教育家。从 2007 年开始，甘肃民族师范学院副校长道周教授就组织专家学者着手编纂《赛仓·罗桑华丹文集》，通过大家的共同努力，13 年后的 2010 年 10 月，《赛仓·罗桑华丹文集》(藏文) 由民族出版社出版发行，终于呈现在藏学界同仁面前，人们无不欢欣鼓舞。2011 年，甘肃民族师范学院在兰州宁卧庄隆重举行了《文集》发行式暨汉译工程启动仪式，与会的诸多专家学者对该宏世精品的价值和地位给予了高度赞扬。《文集》的出版，意义重大，它拓展了学界同仁的视野，为研究藏传佛教的历史与文化提供了丰厚的文献史料。纵观全集，内容广博，但难免有不足之处，在编排上略显唐突，体例上没有按照学术规范将同类文章集中编排。但瑕不掩瑜，毕竟还是经历了"搜集、整理和编辑的十三载历程"①，实属难能可贵。更令人激动的是《文集》的出版，并不是终结，发行仪式上，甘肃民族师范学院副校长道周先生表示，还要组织人力将这套丛书翻译成汉文，呈现给大家，成为新世纪一项浩大的工程，藏学同仁为之而期

---

　　①甘肃民族师范学院安多藏文化研究中心：《〈赛仓·罗桑华丹文集〉简述》，110 页，内部资料，2011 年。

待。

2013年，甘肃省社会科学院院长范鹏先生，启动了《陇上学人文集》编纂工作，也将赛仓·罗桑华丹列入其中，命名为《赛仓·罗桑华丹卷》，这对赛仓活佛而言不得不说是一个荣耀，整理的任务自然就落在了我的身上。我之所以能够胜任这份工作，可能还是得益于多年来对拉卜楞寺的研究。研究拉卜楞寺，不得不研究第一世赛仓活佛，他是拉卜楞寺根本寺主第一世嘉木样活佛的心腹弟子，在拉卜楞寺的创立和发展过程中，第一世赛仓活佛建立了不朽的功勋。到第二世赛仓活佛在位期间，由于与拉卜楞寺的部分高僧意见不合，最终分道扬镳，抵达距拉卜楞寺40公里处的德尔隆寺，形成了大夏河沿岸第二大藏传佛教寺院，成就了历辈赛仓活佛弘扬佛法中辉煌的事迹。

原本计划将赛仓活佛有代表性的部分藏文论作整编在一起交付课题组就算完成了任务，但意想不到的是与课题组的负责人马廷旭副院长和王巍女士几经磋商，最终的意见是将汉译本整编起来，呈献给广大读者，让国内更多的学人共享学术资源，但这一大胆的构想又给我增加了选编的难度。一方面汉译的精准度是否能达到，一方面课题完成的时间问题，另则组织专家学者翻译的问题，这一系列问题对我而言是一个挑战。

第一，就《赛仓·罗桑华丹卷》汉译来讲，早在2010年10月，《赛仓·罗桑华丹文集》出版后甘肃民族师范学院道周副校长亲自到了甘肃省藏学研究所，登门拜访并给我赐了一套《文集》，要求写篇短文在《文集》的发行仪式上进行学术交流。但由于时间的关系在《文集》发行之际也没有能完成这篇短文，会上又令人欣喜的是道周副校长正在调集各方面的力量，组织人员进行汉译工作，9卷《文集》的翻译工作是一个很大的工程，我一直期待着这项工作的完成。

　　第二,就整理《赛仓·罗桑华丹卷》的时间来讲,曾记得 2013 年 10 月甘肃省社会科学院的马廷旭先生和赵敏老师,将此课题下达给本人。下达后由于《文集》的部分汉译工作迟迟不能完成,这就给本卷的选编带来了很大的制约。好在征得道周副校长的同意后,由藏文文献研究中心提供了部分译稿,为本卷的完成创造了条件。

　　第三,就《赛仓·罗桑华丹卷》收录文章的翻译问题,本卷收录了赛仓·罗桑华丹的部分具有代表性的专著和论文的汉译文稿,由于译者水平参差不齐,翻译的风格也不尽相同。为了忠实原文,我们除了对个别的误译作了纠正外,基本保持原貌,没有做较大的改动。

　　第四,就《赛仓·罗桑华丹卷》收录文章名词的统一问题,藏学研究的文献资料中,常出现的名词,如译者将"智观巴"翻译为"扎贡巴",我们也将其改为"智观巴";"多麦雅莫塘",翻译为"报春花",此为地名不能意译,只能音译为"多麦雅莫塘";将拉卜楞寺的创建者原本是"第一世嘉木样活佛·阿旺宗哲",译者便说成是"格丹嘉措"等等。对人名如赤钦·洛桑楚程还赘有意译(善慧戒)、赤钦·楚程班丹(戒吉祥)、策门林巴·洛桑坚赞(善慧幢)、赤钦·阿旺土丹旦白坚赞(语自在佛教教幢)等等,我们将括号中的意译的全省略了。上述名词译法,已经约定俗成得到了公认,再三斟酌后还是做了修改。此外,为便于阅读,防止排版出现乱码,原译文的藏文全转成了拉丁文。

　　《赛仓·罗桑华丹卷》,收录了赛仓活佛研究成果中最有代表性的重要著作,其中包括注疏类、教法史类、传记类以及附录四大部分,总计 5 部作品,其中有土世镇汉译的《格鲁派教法史》、苏得华汉译的《藏族历代法王传略》、仇任前汉译的《智观巴·格桑丹巴格勒嘉措传》、卓尕次力汉译的《洛赛嘉措大师传》以及卓尕次力汉译的《历辈阿莽仓传略》等著作。总之,如果说赛仓活佛的著作有诸多闪光点,其中也倾注了译注者的心血和智慧,《文集》的汉译为广大读者提供了阅读的便利条件。

本书在编纂过程中，甘肃省社会科学院的马廷旭副院长和赵敏女士给予了各方面的关心和支持；参与汉译的专家学者花费了很大的心血和精力；责任编辑马晓燕女士也提出了宝贵的意见,在此深表感谢！书中涉及宗教、历史、人文、地理等方方面面,内容非常广泛,由于水平所限,疏漏之处肯定不少,诚望读者批评指正。

西藏民族大学　丹曲

2016 年 10 月 1 日

《陇上学人文存》已出版书目

第一辑

《马　　通卷》马亚萍编选　　　《支克坚卷》刘春生编选

《王沂暖卷》张广裕编选　　　《刘文英卷》孔　敏编选

《吴文翰卷》杨文德编选　　　《段文杰卷》杜琪　赵声良编选

《赵俪生卷》王玉祥编选　　　《赵逵夫卷》韩高年编选

《洪毅然卷》李　骅编选　　　《颜廷亮卷》巨　虹编选

第二辑

《史苇湘卷》马　德编选　　　《齐陈骏卷》买小英编选

《李秉德卷》李瑾瑜编选　　　《杨建新卷》杨文炯编选

《金宝祥卷》杨秀清编选　　　《郑　文卷》尹占华编选

《黄伯荣卷》马小萍编选　　　《郭晋稀卷》赵逵夫编选

《喻博文卷》颜华东编选　　　《穆纪光卷》孔　敏编选

第三辑

《刘让言卷》王尚寿编选　　　《刘家声卷》何　苑编选

《刘瑞明卷》马步升编选　　　《匡　扶卷》张　堡编选

《李鼎文卷》伏俊琏编选　　　《林径·卷》颜华东编选

《胡德海卷》张永祥编选　　　《彭　铎卷》韩高年编选

《樊锦诗卷》赵声良编选　　　《郝苏民卷》马东平编选

第四辑

《刘天怡卷》赵　伟编选　　《韩学本卷》孔　敏编选
《吴小美卷》魏韶华编选　　《初世宾卷》李勇锋编选
《张鸿勋卷》伏俊琏编选　　《陈　涌卷》郭国昌编选
《柯　杨卷》马步升编选　　《赵荫棠卷》周玉秀编选
《多识·洛桑图丹琼排卷》杨士宏编选
《才旦夏茸卷》杨士宏编选

第五辑

《丁汉儒卷》虎有泽编选　　《王步贵卷》孔　敏编选
《杨子明卷》史玉成编选　　《尤炳圻卷》李晓卫编选
《张文熊卷》李敬国编选　　《李　恭卷》莫　超编选
《郑汝中卷》马　德编选　　《陶景侃卷》颜华东　闫晓勇编选
《张学军卷》李朝东编选　　《刘光华卷》郝树声　侯宗辉编选

第六辑

《胡大浚卷》王志鹏编选　　《李国香卷》艾买提编选
《孙克恒卷》孙　强编选　　《范汉森卷》李君才　刘银军编选
《唐　祈卷》郭国昌编选　　《林家英卷》杨许波　庆振轩编选
《霍旭东卷》丁宏武编选　　《张孟伦卷》汪受宽　赵梅春编选
《李定仁卷》李瑾瑜编选　　《赛仓·罗桑华丹卷》丹　曲编选